古代歷史文化研究輯刊

十八編

王 明 蓀 主編

第1冊

《十八編》總目

編 輯 部 編

「三禮」樂器及樂制考述

葉 敦 妮 著

國家圖書館出版品預行編目資料

「三禮」樂器及樂制考述／葉敦妮 著 — 初版 — 新北市：花木
蘭文化事業有限公司，2017〔民106〕
目 2+274 面：19×26 公分
（古代歷史文化研究輯刊 十八編：第 1 冊）
ISBN 978-986-485-180-5（精裝）
1. 三禮 2. 研究考訂
618   106014288

ISBN-978-986-485-180-5

古代歷史文化研究輯刊
十八編 第一冊   ISBN：978-986-485-180-5

「三禮」樂器及樂制考述

作　　者　葉敦妮
主　　編　王明蓀
總 編 輯　杜潔祥
副總編輯　楊嘉樂
編　　輯　許郁翎、王筑　美術編輯　陳逸婷
出　　版　花木蘭文化事業有限公司
社　　長　高小娟
聯絡地址　235 新北市中和區中安街七二號十三樓
　　　　　電話：02-2923-1455／傳眞：02-2923-1452
網　　址　http://www.huamulan.tw 信箱 hml 810518@gmail.com
印　　刷　普羅文化出版廣告事業
初　　版　2017 年 9 月
全書字數　239851 字
定　　價　十八編 18 冊（精裝）台幣 36,000 元

《十八編》總目

編輯部　編

《古代歷史文化研究輯刊》
十八編　書目

《古代歷史文化研究輯刊》十八編 各書作者簡介‧提要‧目次

第一冊 「三禮」樂器及樂制考述

作者簡介

葉敦妮，1983 年 7 月生於江西贛州，漢族，廣西師範學院教師。先後獲華中師範大學音樂表演專業學士、華中師範大學音樂學專業碩士、華中師範大學歷史文獻學專業博士。

提 要

本文是對「三禮」中樂器及樂制的研究。本文的研究是立足於三禮學與音樂學的交叉研究。有關資料的收集，一方面，通過全面研讀歷代三禮學家有關「三禮」的研究著述，對所作的「『三禮』樂制」這一音樂學選題提供更多的文獻資料及更開闊的詮釋空間。另一方面，通過對出土樂器形制的描述與分析，對「三禮」文獻中有關「樂」的內容提供具體的實物資料，與文獻合證。總之，本文之樂制研究，立足於禮、樂、音三個方面，禮是樂使用的依存，樂是樂器的選擇和使用方法，音是樂的表現形式。

全文分四章。第一章爲「『三禮』樂器」，主要討論了「三禮」中出現的四類樂器的問題，重點是對「鼓」與「金」的考述。通過對《鼓人》所載「六

鼓」與「四金」，考古所發掘的商代、西周、春秋戰國時期有關「金」的實物資料及「三禮」所用鼓的辨析，提出「三禮」說鼓，大多以「三」呈現，鼓用爲「三」制；「三禮」所記用作奏樂的金類樂器僅有鍾、鎛二種，用於軍或用以節樂舞之鉦、鐃、鐲、鐸爲「武」用之器，非奏樂之器。磬用於樂，設於堂下與鍾編列使用，列於堂上與歌者、琴瑟合，用以和堂上歌。琴、瑟雖同爲絲絃樂器，形制不同，使用的場所也不同。筆者認爲瑟多用於禮儀活動中，與眾多樂器一起演奏，其禮之用重於樂；琴作爲君子修身之具，多用於獨奏，僅與瑟、歌等合奏，其樂之義重於禮。管與笙，前者之用重於禮，後者之用重於樂；下管用播，由瞽矇播之，笙奏用吹，由視瞭吹之。

第二章爲「『三禮』樂縣」。此樂縣非「樂懸」，指用於諸禮各樂器的排列組合形式。其中有懸掛著的編鍾編磬及特鎛，不懸的各類鼓（鼓、鼗、鼕）、管（簜）等此類先於樂作以縣之器，亦有用於樂之進行時由樂人帶入儀式中的瑟、笙等。首先，通過對依據文獻中有關鍾磬編列的相關記載，結合商代、西周墓葬、窖藏出土金石之器考古實物資料，提出鍾磬編列可分作兩類：一類如杜預所說，十六鍾分兩虡成肆，每虡八鍾，磬或爲十枚，大抵與鍾上下成列，鍾磬不同數。另一類大抵如鄭玄所說，十六鍾共一虡成肆，肆中另一虡大抵另有磬十六枚，半之以鍾八磬八同虡而爲堵，鍾磬同數，編鍾編磬之虡成直角排列。其次，對《儀禮》五種用樂之禮樂縣的場所、屬性進行探討，結合《大司樂》中有關樂之方位的敘述綜合考述《儀禮》五禮樂之方位的情況，得出樂縣之設與禮儀向位相合，都是以東上爲原則。

第三章爲「『三禮』樂章」。首先，通過對「三禮」中所出現的金奏之樂及金奏樂章的考述，提出用於金奏之樂的樂章有兩種，用以迎賓的《肆夏》與用以送賓的《陔》。其次，對樂賓樂中歌、笙、間、合之節的樂章進行考述，得出「歌」有三種：一爲升歌、二爲工歌、三爲間歌，使用樂章各不相同；與歌之樂章相似的是，笙奏也有兩種：一是笙入獨奏之樂，二是間歌之節中的笙奏之樂；合樂是歌與笙之樂合奏之節，是樂賓之節即將結束的標誌，合樂的詩歌是《二南》，《二南》有三種用法，一爲合樂，二爲房中之樂，三爲無箅樂。演奏時都用鍾鼓。

第四章爲「『三禮』樂節」。樂有九節，禮有九種，各禮用樂之節有等差之別。通過對《九夏》名義考辨及與「三禮」中天子、諸侯、大夫、士之禮使用樂節的對比，提出九禮、《九夏》與樂節的對應關係爲：王祭祀，對應《王

夏》，爲金奏《肆夏》、《陔》之節；王射，對應《肆夏》，爲下管《象》、下管《新宮》之節；王大饗，對應《昭夏》，爲升歌《清廟》之節；王大食，對應《納夏》，爲樂舞《大夏》、《大武》、《象》之節；大射禮，對應《章夏》，爲合樂《二南》之節；納賓禮，對應《齊夏》，爲間歌之節；燕禮，對應《族夏》，爲工歌《鹿鳴》三、笙入《南陔》三之節；鄉射禮，對應《裓夏》，爲射樂《騶虞》之節；鄉飲酒禮，對應《驁夏》，爲房中之樂之節。

目 次

第二、三冊　東周青銅禮器制度研究──以中原和楚地爲中心

作者簡介

張聞捷，男。北京大學考古文博學院博士畢業，師從高崇文教授。現任職於廈門大學人文學院歷史系考古專業，助理教授（講師）。主持國家社科基金青年項目一項。已在《考古學報》、《文物》、《考古與文物》等期刊上發表多篇學術論文，出版專著《楚國青銅禮器制度研究》。

研究領域：考古學禮制研究、東周青銅器、楚文化

提　要

周代禮制的核心在於定名位、息紛爭。「名位不同，禮亦異數」（《左傳·莊公十年》）。而名位者，即是各級貴族的身份等差，《孟子》：「周室班爵祿」雲公、侯、伯、子、男五等通於天下，君、卿、大夫、上士、中士、下士六等施於國中，大略可參。但在具體的禮儀活動中，「名位」又需要通過特定的青銅禮器來體現：不同等級的貴族被嚴格限制使用不同數量、規格的禮樂器，尊卑降差，森嚴有序。故孔子稱：「唯器與名，不可以假人。」（《左傳·成公二年》）可以說，青銅彝器正是周代禮制最爲重要的物化表現形式。

而在東周時期，由於政治、經濟領域的巨大變革，隨之也帶來了社會等級結構的相應調整。史墨在描述這一巨變時，曾引用《詩經·十月之交》中的記載，「高岸爲谷，深谷爲陵」，可見其之劇烈程度。相應地，東周時期青銅禮器的使用制度也發生了影響深遠的變革，此即是本書所希望著力探討的地方。

本書的初步結論可歸納爲以下幾點：

1、釐清了用鼎制度、粢盛器制度、酒器制度和盥洗器制度在東周時代的發展變化過程，及其在不同地域間的差別與聯繫。

2、分析了關中地區、中原地區和南方楚文化區在東周時代的不同「禮制改革」途徑：關中地區主要以保存和延續西周古制爲代表；中原地區則採取了一種「自下而上」的變革道路，中小貴族們往往充當了禮制改革的先行者；而南方的楚文化區則採取的是一種「自上而下」的禮制變革方式，對於古制保存較爲完善，同時社會上層也積極地學習、傚仿和推廣中原地區新興的禮器制度。

3、探討了東周時代青銅禮器使用的一些特殊現象，尤其是復古思潮的盛行及由此衍生出的今、古式器物兼用的現象，並將其與禮制文獻中廣泛討論的「文、質之異」進行比照與聯繫。

4、梳理了青銅禮器的稱名方式在東周時代的具體變化過程，包括寶尊器、媵器、行器、食器等爲代表的青銅器有限共名的變化和升鼎、薦鼎、鑐鼎、鑊鼎等青銅器專名的流行，以及由此所反映出的青銅器功能的多樣化與複雜化，與當時的禮制變革趨勢是一致的。

5、通過將考古材料與文獻記載相對照，分析了《儀禮》、《禮記》和《周禮》等文獻的創作背景、年代和地域等問題。

目 次

上 冊

第四冊　漢唐「匿哀」等罪研究

作者簡介

倪彬，1981 年生於河北石家莊市。於河北師範大學獲得歷史學學士、碩士學位，師從邢鐵教授。後考入南開大學歷史學院攻讀博士學位，師從李治安教授。現爲河北省社會科學院哲學研究所助理研究員。主要研習領域爲中古時期政治史、制度史及出土文書研究。在《史學集刊》、《西夏學》、《寧夏社會科學》、《歷史教學》、《文物春秋》等刊物發表論文數篇。

提　要

本書從「事死之孝」的意義入手，探究《唐律疏議》中「匿哀」、「釋服從吉」、「冒哀求仕」、任官避家諱等條的發展脈絡及其法律化的過程。

儒家喪祭之禮，從感情上說是在節制悲痛；從社會意義上說，是在借助禮儀等差來重新安排宗族之內的等級秩序。官員居喪、避家諱等行爲會對政務運作帶來不便。因而，在「匿哀」等罪的產生、發展過程中，宗族形態與君臣關係是貫穿其中的兩條線索。

宗法制下喪祭之禮是喪主特權，秦漢時期喪禮虛儀化，才會出現「匿哀」、「釋服從吉」等社會現象。秦漢制度「重生不重死」，而魏晉南北朝的居喪則越禮無序，這是社會變遷的反映。隋唐時期力圖通過在禮、法、制上全面規範而將舉哀、居喪納入平衡的軌道。君臣關係是居喪出仕問題的主導，禮中「喪不二事」和「金革之事無辟」爲歷代討論此問題的正當性來源。兩漢大臣居喪無定制，反映了制度的「霸道」本色。魏晉南北朝時期則屢見「哀毀」之舉，隋唐時期力圖依靠制度和法律來規範官員的服喪行爲。任官避家諱問題上，孝子避家諱之心與維護君權之尊的矛盾推動著此問題的發展。

自秦漢之後，皇帝之「天下」與大臣之「私家」分屬於兩個體系。皇權

要融合「忠」、「孝」，只有在「國法」之內吸收大臣私家之「禮」。這與其說是「家國同構」，不如說是在「國法」與「家禮」的「複合結構」下，大臣的私家傾向與皇帝的專制傾向互相妥協。

目 次

第五冊　北魏王言制度

作者簡介

王興振，公元一九八九年生，安徽碭山人，二〇一三年獲蘭州大學歷史學學士學位。二〇一六年獲華東師範大學歷史學碩士學位，師從牟發松先生，主修魏晉南北朝政治制度。二〇一六年入復旦大學中國歷史地理研究中心，受業於周振鶴先生，致力於學習魏晉南北朝時期的政治地理。

提　要

　　王言制度是文書學研究的重要內容，也是中古時代文書行政研究的題中之義。自秦始皇建皇帝號，改「命」曰「制」、「令」曰「詔」，經西漢的發展完善後，王言形成制書、詔書、策書（冊書）、戒敕四種較爲規整的御用文書體制（文體），歷漢魏而不移。北魏的王言之制承繼魏晉，其文體亦與之同。作爲皇帝御用文書，制書、詔書、冊書、敕書四者具有書式、行用場合、行政機能之差異。以行政機能而言，制書、詔書與敕書皆可在官僚系統中流通並發揮政令效力，如頒行法令、處理政務，而冊書則與前三者存在較大差異，最直接的體現有兩點：其一，冊書作爲禮儀性皇帝文書，不需要官僚署位；其二，冊書的生成必須以冊命制書或冊命詔書爲前提。據書式而言，制書行用「制詔御史」（西漢）、「制詔三公」（東漢魏晉），詔書行用「制詔某官某」式，冊書行用「皇帝咨某官某」式等。北魏制書、詔書的書式，見於史載的既有「制詔」式亦有「門下」式，這是南北朝時期王言生成與出納程序發生變革之後的政治現象。除了以上四種文書體之外，還存在一種文書——璽書。璽書雖然屬於詔書體的分支，因具有獨立的公文書式與行用方式，所以本文將其特列爲一類文書體進行討論。

　　制書、詔書等四種王言，既然是北魏皇帝的命令文書，則必以皇帝的名義發出，但皇帝並不一定要親自草擬，故而皇帝設立草詔機構，以協助完成王言製作。拓跋珪建魏之初已經效法魏晉制度，設立中書省「綰司王言」。太武帝至獻文帝時內侍省成爲王言草擬、出納的主要機構，居於外朝的中書省雖有草詔權，主要體現在「職典文詞」，卻無參議詔旨之權。職是之故，在北魏皇帝親擬詔書之外出現復合式草詔機構。在孝文帝前期，馮太后臨朝時開始恢復中書省的擬詔權，但並未跳脫出前朝模式。至孝文帝廢內侍省，中書省的草詔權才回歸到兩晉時的軌道上。即便中書省恢復了制度內的草詔權，卻非穩定不移，在孝明帝時期，具有內侍性質的門下省一度侵奪中書草詔權，形成草詔、出納合二爲一的政治現象。確切而言，門下省自胡太后返政後參預到草詔環節，直至高澄任中書監才將草詔權扳回中書省，這一段時期的草詔權基本處於遊移狀態。這或許與皇帝權力的式微不無關聯。作爲皇帝的秘書機構，無論中書省還是內侍省，亦或一度掌草詔的門下省，其草詔權來源一則在政治運作層面受制於皇帝，或隨皇帝意志而調整，二則在政治機理層面受制於拓跋氏的內侍傳統。

　　草詔權是王言生成的核心，其所指與歸屬，決定了王言的生成機制與操作原理。除了皇帝是當然的草詔者外，在北魏的制度設定中，中書省是法定草詔機構，並受旨草詔，構成王言生成機制的一種。中書省草詔是王言生成的重要渠道，卻非唯一渠道，因為王言的生成機制並不只有草詔行為這一種，還包括由上行文書轉化為王言的生成機制。根據北魏王言的生成機制與程序，本文將皇帝親擬詔書（或制書）、中書省（或內侍機構）草擬詔書（或制書）這兩種方式生成的皇帝文書目為「第一品王言」；將官僚機構奏書、臣僚表疏啓（上行文書）所引發的皇帝詔答——「詔曰（云云）」、「詔可（制可）」目為「第二品王言」。《魏書》所載皇帝文書在皇帝手詔、中書草詔方面並無明確劃分，所以對第一品王言的考察主要基於兩點原則：一，史料明確稱「手詔」或皇帝草詔者，劃為第一品王言的第一種；二，史料明確稱某某官草詔者，劃為第一品王言的第二種。若不滿足二者，如見於史載的「制曰：云云」或「詔曰：云云」，是歸入第一品王言抑或第二品王言的範疇，尚無判定標準，只能依據內容與語境作出判斷。第三章所探討的草詔者與草詔機構，是第一品王言生成機制的運作媒介。由皇帝批答奏書或表疏啓而產生詔書或制書的程序，構成第二品王言的生成模式，這一模式有兩套系統：一，官僚機構（尚書省）上奏書，皇帝詔答「可」（或「詔曰：云云」），奏書署位與皇帝詔答是王言由生成、執行到調整、再執行的兩個關鍵環節，二者支撐著第二品王言生成出納的程序；二，臣僚上表疏啓，皇帝詔答。在第二品王言生成的模式中，兩套系統雖然相互獨立，但絕非完全隔絕，二者溝通的關節點在皇帝，確切的說是引導文書流通的「詔」。當皇帝下詔「付外詳議」，將臣僚的表疏啓轉入官僚機構中時，第一個系統的王言生成程序便被啓動。無論是第一品王言還是第二品王言，最頂端的裁決者皆是皇帝，皇帝之下還有一套輔助草詔或答詔的秘書機構（中書省、門下省），所以即便是在第二品王言生成程序中，草詔機構也會參與其中。在王言生成系統中，無論是作為命令文書的制書或詔書，還是作為草詔者的皇帝或中書省（內侍省），皆構成王言制度的不同面向，並在同一政治行為中發揮相應的功能，共同將「皇帝」、「皇帝——臣僚」兩種意志轉換為國家意志或國家政策、制度。

　　作為皇帝權力的象徵，王言既是制度革創的載體，亦是政治決策的最重要方式，經皇帝下達的命令文書，第一須遵循王言之體的書式、用語，第二須遵循王言的生成與出納機制，二者構成王言制度的雙重面向。包括北魏在

內的魏晉南北朝的王言，在參與制度革創與決策過程中，必然具有這兩個面向。在這兩個面向中，王言既是改革制度、完成國家決策的媒介，亦是我們反向考察北魏及南北朝政治史成立的一扇窗。

目　次

第六冊　侯景之亂對南北朝政局的衝擊

作者簡介

許高祥，私立文化大學史學系文學博士，現職：臺灣警察專科學校組長、兼任講師，專長：中國歷史中古史、中國古典散文、史傳文學。

提　要

「短促無常、紛亂多故」的魏晉南北朝（西元 220 年～589 年），又稱三國兩晉南北朝，是中國歷史上的一段長達近四百年混亂、戰亂不已的時代。此一朝代政權更迭快速，長期割據和戰爭連綿不斷，形成多個政權併存局面。

東晉於恭帝元熙二年（西元 420 年），為劉裕所篡，建立南宋，南朝開始。然而北朝直至北魏太武帝始光十六年（439），五胡十六國時代結束，華北為北魏統一，正式與南宋形成南北對峙，中國歷史進入南北朝時期。

北魏孝武帝太昌六年（534），北方雙雄並列，北魏孝武帝末年，權臣高歡、宇文泰將北魏轄區切割成東、西兩塊版圖。東、西魏分裂以來，雙方處於敵對交戰狀態。東魏孝靜帝武定五年（547）元月，東魏高歡崩殂，悍將侯景因無法見容於繼任者高澄，叛逆高氏，轉投宇文泰不成，最終落腳梁朝。但未料侯景的入梁，並未為梁朝帶來絲毫利益，卻為梁朝肇生無以復加的禍害，發生梁最嚴重內亂侯景之亂。侯景動亂雖已平，然梁朝與北齊、北周間問題卻未息，仍舊處於爭戰餘續。北齊尤以末期國政更是荒誕不經，皇帝以降，昏庸殘暴，賦斂日重，徭役日繁，造成人力竭盡，府庫空虛。階級矛盾日趨尖銳，統治階級內部矛盾更加激烈。自成帝高湛後，國勢衰頹，對北周之攻擊僅能採守勢。北周武帝宇文邕即位，勵精圖治，國力轉強，在短短三、四個月內，一舉吞併了相持四十餘年的強敵北齊，完成宇文泰未竟之業。使人民免受戰爭之苦，家園得以重建，生產恢復，從而促進了整個北方政治、經濟、文化方面的廣泛交流和發展，為隋的統一，奠定堅實的基礎。因此可說，沒有北周滅北齊的統一，既無後來之南北朝統一。

目　次

第七冊　唐代嶺南地區經濟發展研究

作者簡介

　　朱祖德，台北市人，祖籍湖北省黃陂縣，1965 年生於台北市。1991 年畢業於淡江大學歷史學系；1997 年獲中國文化大學史學研究所碩士學位；2005

年獲中國文化大學史學研究所博士。現爲環球科技大學通識教育中心副教授，曾任96年度教育部人文社會學科學術強化創新計畫「經典文獻史料研讀教學」三國志研讀會計劃主持人。並先後擔任「近代歷史文化與社會變遷」課程負責人及社會學科領域召集人。主要學術專長爲隋唐五代史、中古經濟史及區域經濟研究等領域。著有《唐五代時期淮南地區經濟發展之研究》，目前已在學術期刊上發表區域經濟史、城市經濟研究及手工業發展對自然生態影響等方面學術性論文二十餘篇。

提　要

第一章「論」，首先闡述《唐代嶺南地區經濟發展研究》一書的撰寫動機及期望達成的目的；其次，並對本書的研究範疇及研究方法加以說明；再者，對於唐代嶺南地區及區域經濟等相關論著，加以簡要介紹。

第二章「唐代嶺南東道地區的經濟發展」，唐代的嶺南東道地區，大致爲今日的廣東、海南島及廣西部分地區，幅員相當遼闊。嶺南東道地區的廣州有良好的手工業基礎，加以是唐代第一大國際貿易港，商業貿易發達，因此相當繁榮；韶州、桂州及恩州等地則因有良好的交通條件，因此亦有一定的發展。除上述地區之外，嶺南東道的部分地區在唐代仍是開發較遲之地。嶺南東道部分地區因地處偏遠及交通不便等因素，而與廣州、韶州、桂州及恩州等地的發展，存在著區域性的差異。然而即使是這些經濟發展較落後地區，也因嶺南東道地區交通路線的開闢，以及伴隨著廣州、韶州、桂州及恩州等地經濟發展的帶動下，在晚唐五代以後有進一步的發展。

第三章「唐代嶺南西道地區經濟發展析論」，唐代的嶺南西道地區，大致爲今日的廣西壯族自治區西半部、越南中北部地區。嶺南西道地區的交州有良好的手工業基礎，加以是秦漢至魏晉南北朝時期主要的國際貿易港，商業貿易發達，因此相當繁榮。邕州則因位於嶺南地區主要河流鬱水（西江水）支流的會合點上，擁有良好的交通條件，因此有一定的發展。除上述地區之外，嶺南西道的大部分地區在唐代仍是開發較晚之地。嶺南西道部分地區因地處偏遠及交通不便等因素，而與交州及邕州等地的發展，存在著差異。然而即使是這些經濟發展較落後地區，也因嶺南西道地區交通路線的開闢，以及伴隨著交州、邕州等地經濟發展的帶動下，在五代以後有進一步的發展。

第四章「唐代廣州的經濟發展——並論市舶使的設置」，唐代是廣州地區經濟發展的重要時期，此時期廣州不但以其優越的地理位置，取代了交州在

海上絲路的終點站地位，而成為當時第一大外貿港口，在農業、手工業及商業貿易等方面均相當地發達，同時人口也相對地快速地增加，並成為唐廷極為關注之地。本章從唐代廣州地區的農業、手工業、商業貿易發展及交通條件等方面加以探究，並且對於市舶使的設置、職權及廣州的胡商等課題，亦據相關史料加以辨析，期望藉以明瞭唐代廣州社會經濟的總體發展及其影響。

第五章「唐五代廣州的商業貿易」，唐代廣州以其優越的地理位置和便捷的交通網絡，成為當時第一大外貿港口。在農業生產、手工業技術及商業貿易等方面均相當地發達，同時人口也相對地增加。本章以廣州的商業貿易為研究對象的主要原因，在於廣州可以大庾路及靈渠等路線通往淮南及中原地區，且境內河川橫，有利於交通運輸，因此國內貿易相當興盛；由於廣州擁有良好的地理位置，因此在海外貿易方面亦佔有舉足輕重的地位。本章從唐代廣州的地理環境及交通條件、國內貿易及海外貿易等方面發展加以探究，並且對於學界意見較為分歧的舶腳、稅率，以及「南貨」等課題，依據相關史料及研究成果加以分析，期望藉以明瞭廣州在有唐一代經濟的發展及其影響。

第六章「結論」，總結《唐代嶺南地區經濟發展研究》一書的研究成果及未來展望，並期望在未來能對於五代時期和宋代的嶺南地區的區域經濟，有進一步的探究。

附錄「劉宋時期廣州地區的經濟發展」，廣州地區的區域經濟在劉宋時期，已較前代有進一步的發展。農業方面由於本區氣候溫暖多雨，適宜農作物的生長，加以自東漢以來耕作技術的改良和進步，使農業生產量有所增加。冶金業、紡織業、製鹽業、造船業及鑄錢業等手工業的製造技術亦有相當進步。廣州地區境內河流密佈，鬱水、溱水及涅水及其支流可以說幾乎遍佈全區，因此本區的水上交通可謂便捷；加以可從靈渠北通湘水，對外交通運輸亦相當方便。在商業貿易方面，由於航路的改變，三國時期以後南海郡的番禺已逐漸取代徐聞、交州，成為嶺南地區最大的對外貿易港口，因此遠來的商舶絡繹於途。

目　次

第八冊　楊吳政權家族政治研究

作者簡介

胡耀飛，浙江德清人，1986 年生。陝西師範大學歷史文化學院講師，中國民主同盟盟員，中國唐史學會、中國宋史研究會會員。先後就讀於中央民族大學（歷史學學士）、陝西師範大學（歷史學碩士）、復旦大學（中國史博士），主攻隋唐‧五代‧宋範圍內的各類專題研究。已出版譯著兩種（王賡武《五代時期北方中國的權力結構》，與尹承合譯，上海：中西書局，2014 年；譚凱《中古中國門閥大族的消亡》，與謝宇榮合譯，北京：社會科學文獻出版社，2017 年）、古籍整理一種（《錢惟演集》，杭州：浙江古籍出版社，2014年），在《漢學研究》、《文史哲》、《唐史論叢》、《魏晉南北朝隋唐史資料》、《唐研究》、《中國社會歷史評論》等刊物發表論文、書評 60 餘篇。

提　要

本書是對五代十國時期楊吳政權（902～937）時期的家族政治進行研究的著作。其中「家族」是指相對於綿延十幾世的中古士族（世族）、宋以後宗族（紳族）而言，僅在政治上存續五代以內的仕宦家族。這些短期政治家族幾乎遍佈於整個中國古代，但相對集中於唐宋之際。隨著士族社會的崩潰，以及宗族社會的尚未完全建立，政治上的動盪局面，造就了這些歷時僅數代的政治家族。而所謂「家族政治」，即由這些家族而造就的政治現象。但這種家族政治，並不像中古時期門閥那樣有所特指，而是隨著家族類型的不同而有所區別。此外，由於唐宋之際各類割據政權的存在，這些短期政治家族與這些政權的關係十分密切，也隨著政權的不同而各有特點。在本書中，所謂楊吳政權的家族政治，就是不同類型短期仕宦家族與楊吳政權政治之間的各種結合。

在第一章中，筆者結合心理史學來探究參與政治事件的主要人物之心理變化過程，並採取統計方法梳理楊行密元從群體的政治態度。但對於家族史研究而言，還需要適闔家族史的研究方法。故而在第二章中，筆者重點分析了楊吳權臣家族東海徐氏的發展歷程，包括成員世系、命運、信仰。另外，還透過洪州大安寺鐵香爐的銘文，來探究徐氏家族內部在養子徐知誥取代徐溫之後，其他徐溫親子的心理狀態。本書第三章，則從在北方和南方之間進行「空間轉移」的沙陀武將家族來看楊吳政權（兼及南唐）的家族政治。除了權臣家族、沙陀武將家族，還有其他類型的家族與楊吳政治產生聯繫。在第四章，筆者即從政權嬗代視角，考察了「亡國子孫」及其家族，以及晉陵姚氏家族兩個個案。

目　次

第九冊　宋遼人物與兩國外交續論

作者簡介

　　蔣武雄，1952 年生。1974 年畢業於東海大學歷史學系；1978 年畢業於政治大學邊政研究所；1986 年畢業於中國文化大學史學研究所博士班；現為東吳大學歷史學系教授。主要研究領域為中國災荒救濟史、中國古人生活史、中國邊疆民族史、宋遼金元史、明史。先後在《東方雜誌》、《中華文化復興月刊》、《中國邊政》、《中國歷史學會史學集刊》、《空大人文學報》、《東吳歷史學報》、《中國中古史研究》、《國史館館刊》、《中央大學人文學報》、《史學彙刊》、《玄奘佛學研究》、《史匯》、《中央日報長河版》等刊物發表歷史學術論文一百三十餘篇，並出版《遼與五代政權轉移關係始末》、《明代災荒與救濟政策之研究》、《遼金夏元史研究》、《遼與五代外交研究》、《宋遼外交研究》、《宋遼人物與兩國外交》、《中國邊疆史事研究》、《中國古人生活淺論》等著作。

提　要

　　本書收錄六篇與宋遼外交有關的論文，另外有一篇附錄，討論遼代佛教發展的情形，茲敘述各篇提要如下：

　　一、宋遼皇帝登位交聘活動與相關問題的探討——以宋遼新君登位的交聘活動為主軸，探討宋人史書與《遼史》所記人名或日期不相符合，以及使節與對方君臣交聘時的一些狀況。

　　二、包拯使遼事蹟的探討——論述包拯使遼事蹟，以期有助於填補研究包拯事蹟在此方面的不足。

　　三、宋臣劉敞使遼的行程——從劉敞所作約五十首使遼詩，討論其使遼行程中的所見、所聞、所感，和進行交聘活動的情形。

　　四、宋臣韓縝與宋遼劃界交涉始末——專就韓縝受宋神宗指示，如何與遼進行劃界交涉、會勘，以及後來如何受到指責等史事，加以討論。

　　五、宋臣彭汝礪使遼的行程——從彭汝礪所作約六十首使遼詩，討論其使遼行程中的所見、所聞、所感，和進行交聘活動的情形。

　　六、遼代劉六符兄弟與遼宋外交——討論遼臣劉六符兄弟參與遼宋外交事務的情形，尤其對劉六符在遼宋外交上的表現，和對遼國的貢獻，有較多的論述。

七、（附錄）從石刻文獻論遼人出家眾多的原因——討論遼人出家眾多的原因，包括遼代社會崇信佛教風氣盛行、家庭崇信佛教環境促成、個人對佛教悟性契機、廣建寺院與寺院經濟力量雄厚、遼代社會僧侶地位崇高等五項原因。

目　次

第十冊　賈儒之間：明清之際文學生態中的士商關係類型研究

作者簡介

黃敦兵（1975～），男，河南桐柏人。中國哲學博士（2008），中國古典文獻學博士後（2013），副教授，校學術骨幹，原理教研室主任，中國傳統文化與哲學研究中心兼職研究人員。在中國社會科學出版社等已出版《黃宗羲倫理思想的主題及其展開》、《潛書校釋（附詩文）》、《賈儒之間：明清之際文學生態中的士商關係類型研究》、《士商互動與明清社會轉型研究：以文學生態的主題敘事爲視角》，《子不語選譯》、《孔子家語今注今譯》、《出土簡帛道家文獻輯校》、《列子今注今譯》等即出。在《哲學動態》、《浙江學刊》、《武漢大學學報》、〔加〕《文化中國》、〔韓〕《儒教文化研究》（國際版）、〔臺〕《鵝湖》等海內外刊物上發表了論文 50 餘篇。主持完成了教育部課題、省社科基金課題、教育廳課題各 1 項、校級課題 4 項。目前，承擔國家社科重大基金項目子課題、教育廳重點課題、省教育科學規劃課題、校級教研課題各 1 項。

提　要

本書認爲，在明清之際以小說爲主要載體的文學生態中，呈現了眾多新

生態。對其中士商之間身份轉換、互濟、聯姻等相互滲透、相互傚仿、相互評騭等情形的某些所謂「互動」的諸面相進行剖析，可以發現這一「士商互動」的「母題」或「主題」「敘事」，透顯了明清之際社會轉型的相關信息。

本書包括緒言、主題部分五章、結語、主要參考文獻、附錄及後記六大部分。

緒言部分，對研究現狀作了簡單梳理，引出相關議題及研究思路，希望能從文學生態的主題敘事的視角，觀察「士商互動」主題展開的各面相，從不同側面回應現代社會所遭遇的部分尷尬和緊張。

第一章審視了中國傳統社會的「四民」論與「本末」論相糾纏的學術現象，認為文學生態中的士商關係敘事，也和當時的四民觀有著千絲萬縷的聯繫。以下四章，主要再現了文學生態中「士」與「商」兩階層之間的身份轉換、「聯姻」、「互濟」、「互識」等情況。

結語部分再次強調本議題的意義，並專就幾個重要問題進行了進一步延伸。主要參考文獻列舉了本人近 16 年間閱讀的、與本論題相關的主要書目。

目　次

第十一冊　清代則例適用研究

作者簡介

　　沈成寶，男，1981 年出生，吉林省扶餘市人。分別於 2005 年、2013 年、2016 年在中國政法大學取得法學學士學位、史學碩士學位、法學博士學位，師從劉師廣安、郭師世佑等先生。主要研究方向：中國法制史、中國近代史。

提　要

　　則例是清代最重要的法律形式之一。其卷帙浩繁，適用範圍廣泛。宏大的條目規模與寬廣的規範領域決定其在實際適用的過程中必然複雜難明。它由哪些部門適用？它適用於哪些對象？它是如何適用的？與其他法律形式有無配合或競合的適用？如果有，會是怎樣的情形？它有沒有像律典一樣的適用原則？在這些問題的引導下，本書以關注清代則例中的罰則為切入口，以則例文本規定為基礎，以案例為佐證，來探討則例在清代如何適用。從縱向和外部看，則例的適用在清代十二朝是如何變化發展的；從橫向和內部看，則例條款自身與條款之間、則例之間及其與《大清律例》、《大清會典》、皇帝諭旨如何配合適用。在此基礎上總結則例適用的一般原則，從而得出結論。

　　全文包括緒論、正文四章、結語三個部分。

　　第一部分緒論主要闡明本書選題旨趣，交代研究方法和資料範圍，綜述相關研究的學術史成果，進而總結本書的創新與不足。

　　第二部分正文共四章，分別探討了清代則例適用的發展進程、適用的主體與對象、具體方式和一般原則。

　　第三部分是結語。對正文清代則例適用的狀況做最後的總結。對比《大清律例》的適用，可以看出二者適用原則的異同，進而得出更宏觀的認識，

為進一步認識清代其他法律形式的適用，甚至對全面認識整個清代法律體系的適用奠定基礎，具有重要意義。

目　次

第十二冊　江南文化的詩性精神研究

作者簡介

劉永，字覺中，男，山東微山人，文學博士（上海師範大學，2010）。上海理工大學講師。上海市中級心理諮詢師、上海周易研究會會員、上海高校心理諮詢協會會員。上海高校輔導員工作「大學生國學研習」專案和尚理國學工作室負責人。2015 上海高校輔導員年度人物，榮獲第八屆全國輔導員年度人物入圍獎（2016）和上海市育才獎（2016）等獎項。已出版《詩經選》（合作），發表論文《生死視野下的國學四維度理論簡論》及《中國傳統文化四維結構視閾中大學生心理健康教育體系構建》等十餘篇。

提　要

當前的江南文化研究存在兩個誤區：一是誇大了地理環境對文化的影響，認為南北文化的不同皆是由於地理環境的差異造成，落入了地理環境決定論的誤區；二是本然地認為道家文化是南方文化的產物和代表，甚至將南方文化等同於道家文化。在破除這兩個誤區之後，本文首先從江南詩性文化的歷史形成過程給江南詩性文化理論建立一個更為堅實的基礎。客觀上，江南詩性文化是中原文化南傳並進一步發展的結果；主觀上則是歷代文人士大夫對江南的鍾情與不斷闡釋的結果，其鍾情和闡釋的動因源於地理環境、政治、經濟、南北文化的不同發展等各個方面。其次，本文對江南詩性文化的界定及內涵做了進一步的反思，如「江南軸心期之前，江南文化是怎樣發展變化的？」「江南詩性文化是軸心期的江南人面臨挑戰的痛苦產物嗎？」等等，並對江南詩性文化理論的成立條件、重要意義及江南詩性精神的外在表現作了闡發。再次，本文從哲學闡釋、主體闡釋、空間闡釋和詩意生活理想的闡釋四個方面對江南詩性精神的核心內容做了集中探索。最後，本文結語部分在簡單地描述了江南詩性文化面臨的三種困境後認為，我們不必為古典江南詩性文化的衰落感到惋惜，江南詩性文化在吸納、融合西方文化之後，也許會有一個更高的發展。我們應努力創造出一個更為輝煌的新江南詩性文化。

目　次

第十三冊　陽翟褚氏家族研究

作者簡介

　　許峻維，台北人，中國文化大學史學研究所博士（2016）。現任金門縣金沙國中代理教師，曾任台北市濱江國中、木柵國中代理教師，尋覓大學教職中。著有博士論文〈陽翟褚氏家族研究〉（2016），碩士論文〈唐憲穆二朝的李光顏〉（2010）。發表期刊論文〈東昏侯時期的戰爭對政局的影響〉（2013），研討會論文〈東晉時期的衛將軍〉（2012）、〈中晚唐朝臣間的互動模式〉（2010）、〈唐憲穆朝對藩鎮和戰的決策模式〉（2009）。研究方向為魏晉南北朝隋唐的政治史。

提　要

　　本文研究陽翟褚氏家族，褚家在政治上從東晉開始，經過南朝至隋唐為止。在漫長的政治生涯當中，褚家有多種維持政治權勢的方式孕育而生。最早從以武力效忠朝廷，到與皇室聯姻，再到依附權貴，如劉裕、蕭道成。最終是以自身能力入仕。以上譜成了本文的第二、三、四章，第五章探討宗教，探討褚家與佛教、道教與民間宗教的關係。在宗教方面，褚家參與了因佛教

沙門不敬王著論而衍伸的政治衝突，也參與並見證了，桓溫廢海西公擁立簡文帝，也就是道教上清派的作爲。因爲道教上清派的出現，源於楊許降眞，這場宗教活動起於東晉哀帝止於簡文帝即位爲止，以上是本文主要探討的內容。

目　次

第十四冊　「韓熙載夜宴圖」研究——一幅圖畫的故事、傳播及衍生

作者簡介

彭仁君，民國七十六年六月三十日生。

逢甲大學中國文學研究所碩士。

提　要

本論文以北京故宮博物館所藏之〈韓熙載夜宴圖〉爲研究對象，旨在探討該畫本身的意義與價值。此畫主角爲南唐名士韓熙載，其狎妓宴飲的人物形象一直深植人心。然而，韓熙載的人格形象歷來又有兩種說法，一爲韓熙載確實是耽溺於酒歡女色中，完全不問世事，二則認爲韓熙載的狎妓宴飲只是一種出於自汙以自保的行爲。對於韓熙載的夜宴記錄，除了文字記載外，尚可由〈韓熙載夜宴圖〉窺見，此畫將韓熙載的夜宴活動依時間順序仔細地記錄下來，畫中除可見參與夜宴的人物外，亦可看見當時的室內場景布置、人物服裝、傢俱器用、樂器等生活器物。此外，在人物的神態上，亦有精細地刻畫，使人物性格、心情躍然紙上。〈韓熙載夜宴圖〉對後世產生了不少影響，除了在古代的詩書文作品中可見其影子，在現代文創產業中亦可看見以此畫作爲創作的元素。因此，本文便以此爲研究切入點，先分析〈韓熙載夜宴圖〉中的各項元素，再探討此畫與現代小說與戲劇的交集爲何，從中呈現出〈韓熙載夜宴圖〉歷久不衰的豐富性。最後再統整本文的研究結果，並反思〈韓熙載夜宴圖〉在古今時空的不同價值。

目　次

第十五冊　方寸間的律動——析論唐代玉製腰帶具文化功能的變革

作者簡介

劉榮貴，台中逢甲大學歷史與文物研究所畢業，在學期間跟隨李建緯教授從事中國古代玉器研究，曾參與台中市萬和宮文物陳列室文物普查工作。2016 年獲來台客座北京人民大學考古文博系魏堅教授推荐，參加中國北京科技大學 11 月於北京舉辦之「第六屆北京高校研究生考古論壇」並發表碩士論文，會後評選獲頒該屆 10 篇「優秀論文獎」之一。2017 年獲中國北京聯合大學文化遺產保護協會邀稿，發表碩士論文於《文化遺產與公眾考古》雜誌 2017年第 4 期。

提　要

中國玉器文化歷史悠久、博大精深，其傳承與發展至戰國及兩漢時期達到顛峰，在內涵精義上素以「比德於玉」為要，紋飾則趨於禮天、祭地等巫筮、神怪之氣，刀法拙樸精絕、形態蜷曲怒張而氣勢昂然，其後適逢朝代更迭、征戰頻仍，玉器工藝之發展遂順勢蟄伏。

時序進入「九天閶闔開宮殿，萬國衣冠拜冕旒」大唐盛世，適值中西文化交流巔峰，玉器工藝之內涵、工法、紋飾等產生巨大變革，內涵擺脫前朝巫筮、神怪之風，積極引入西方人本價值思維。工法上採斜刀下壓、剔地隱起之技，襯以細密短淺陰線紋，鉤勒線條流暢且氣韻生動。紋飾廣納自然生

態，舉凡植物、動物、人物等寫實之像無不一一入鏡，其中玉製腰帶具更以方寸之體融會貫通。

唐代師法北方草原民族以鞓帶、帶扣、帶銙、鉈尾組合建構之蹀躞型腰帶具，取代傳統帶鉤成為服裝束繫的主要工具。此際腰帶具其材質多樣舉凡金、金玉、玉、銀等貴重金屬無不具備，素為朝廷律定文武官員品第身分之表徵，玉製腰帶具亦躍升為高階品第身分象徵之器，其紋飾融合中西元素形塑律動歡娛獨特的胡人樂舞裝飾母題，本文透過玉製腰帶具之溯源與創新發展，分就政治、文化、社會、工藝等諸多要因，逐步深入探析唐代玉製腰帶具文化功能變革上之多元樣貌。

目　次

第十六冊　詩意的家居：明清徽州民居的審美研究

作者簡介

　　衣曉龍，男，1978 年生，山東平度人。2006 年起，師從著名民俗學家陳勤建教授，2009 年畢業於華東師範大學文藝民俗學專業，獲文學博士學位。現任職於浙江師範大學文化創意與傳播學院，從事民俗學、民間文學等學科的教學和研究工作。

提　要

　　民俗學是研究人類傳承性生活模式的學科，在民俗中，生活樣式是表象，背後是人的精神生活、情感世界。文藝民俗學的任務之一則是將民俗生活模式作爲審美研究對象，從而揭示模式中內含的民眾心靈生活之美。民居這一民俗事象作爲民眾的「家」居同樣具有文藝民俗學意義上的研究價值。

　　本書選取中國傳統民居中明清時期徽州古村落民居爲研究對象，突破民俗學界傳統研究中側重關注民居中儀式、習俗的研究窠臼，將民居置於文藝民俗學的視域下進行審美研究，重點挖掘其作爲生活藝術的美學內涵，並將民居提高到民眾詩意心靈圖像的物化表達的層面進行解讀。

本書綜合運用民俗學、文藝學、美學、建築學、地理學等學科的理論成果，以田野考察、考古資料和文獻資料相結合的「三重論證法」爲研究方法，以文藝民俗學爲理論工具，對徽州民居進行多學科交叉的嘗試性研究。

目　次

第十七冊　制度環境、社會資本與家族企業──一個長歷史時段的商人社會資本視角

作者簡介

陳倩倩（1985～），女，經濟學博士，山東新泰人，現為浙江科技學院經管學院講師。南開大學法學、管理學雙學士，浙江大學經濟學博士，2011～2012 劍橋大學國家留學基金委公派聯合培養博士生。主要從事家族企業、企業史、儒商研究。

提　要

家族企業是一種古老的經濟組織形態，在現今中國，以家族企業為主要形態的民營經濟部門是國民經濟中最有活力的部分。然而，無論是歷史上，

還是當下經濟轉型時期，中國家族式企業都處於相對不利的制度環境之中。盡管如此，家族企業在中國卻仍然有著旺盛的生命力。這其中的原因是什麼？近年來，許多研究證明社會資本在企業成長中發揮著重要作用，社會資本對正式制度的替代或補充功能成爲上述問題的一個重要解釋視角。正處於經濟轉型時期的中國，企業成長的制度環境也處於不斷建設和完善之中，因而從動態視角對歷史上和當下的制度、社會資本與企業三者之間的關係進行探討，具有重要的理論和現實價值。在此背景下，本研究將社會資本細分爲基於特殊信任的、權力性社會資本，和基於普遍信任的、市場性社會資本。在此基礎上研究發現，制度環境越是不完善，基於特殊信任的社會資本發揮的替代作用越明顯；但隨著制度環境的改善，這種社會資本的作用降低，基於普遍信任的社會資本的作用則相對提高。這無論在較短的時期，還是更長的歷史時段都有所體現。本研究的發現在理論上有助於更爲深入地理解社會資本與制度環境的關係；家族企業應適時調整社會資本投資策略，政府應創造更爲公平和完善的市場和制度環境，則是本研究的現實啓示。

目 次

第十八冊　明代佛教勸善運動研究

作者簡介

　　黃豪，1983 年生，四川寶興人，畢業於四川大學道教與宗教文化研究所，獲哲學（宗教學專業）碩士、博士學位，研究方向為中國佛教，側重於佛教社會史、佛教文化史及佛教與民俗等方面的研究。2017 年起供職於西華師範大學歷史文化學院。現已發表論文多篇，出版學術專著多部。

提　要

　　唐宋之際的社會變革使中國實現了從中世社會向近世社會的過渡，平民取代士族成了社會的主角，因此，近世社會即是平民社會。當中世社會的道德倫理隨著門閥士族的退出而被歷史拋棄後，近世社會就必須面對道德倫理

的重建問題。這種道德倫理的重建在近世社會後期，特別是明清之際尤其顯得迫切。飛速發展的社會經濟帶來了社會地位和社會觀念的極度混亂，舊有的道德觀念已然不起作用，新的社會道德倫理又該何去何從？佛教勸善運動即是對近世社會道德倫理重建的探索和努力。

佛教以其細密的勸善體系充當了勸善化俗的社會道德標杆，擔當起重建社會道德倫理的時代重任，在近世社會掀起了一場轟轟烈烈的佛教勸善運動。作爲重建社會道德倫理的一部分，明代佛教勸善運動是整個佛教勸善運動的一個高潮，本文因之將其作爲研究的主題。本文追述了上至唐宋之際佛教勸善運動的開始，並通過對佛教勸善理念和運行機制的分析，得出佛教勸善運動的概念。再分別從佛教勸善書、佛教勸善戲文、佛教放生以及佛教勸善運動的影響幾個方面詳細論述了明代佛教勸善運動的情況。最後指出，在面臨又一次社會轉型時，佛教仍能發揮其勸善化俗的作用。

目　次

「三禮」樂器及樂制考述

葉敦妮　著

作者簡介

葉敦妮，1983 年 7 月生於江西贛州，漢族，廣西師範學院教師。先後獲華中師範大學音樂表演專業學士、華中師範大學音樂學專業碩士、華中師範大學歷史文獻學專業博士。

提　要

　　本文是對「三禮」中樂器及樂制的研究。本文的研究是立足於三禮學與音樂學的交叉研究。有關資料的收集，一方面，通過全面研讀歷代三禮學家有關「三禮」的研究著述，對所作的「『三禮』樂制」這一音樂學選題提供更多的文獻資料及更開闊的詮釋空間。另一方面，通過對出土樂器形制的描述與分析，對「三禮」文獻中有關「樂」的內容提供具體的實物資料，與文獻合證。總之，本文之樂制研究，立足於禮、樂、音三個方面，禮是樂使用的依存，樂是樂器的選擇和使用方法，音是樂的表現形式。

　　全文分四章。第一章爲「『三禮』樂器」，主要討論了「三禮」中出現的四類樂器的問題，重點是對「鼓」與「金」的考述。通過對《鼓人》所載「六鼓」與「四金」，考古所發掘的商代、西周、春秋戰國時期有關「金」的實物資料及「三禮」所用鼓的辨析，提出「三禮」說鼓，大多以「三」呈現，鼓用爲「三」制；「三禮」所記用作奏樂的金類樂器僅有鍾、鎛二種，用於軍或用以節樂舞之鉦、鐃、鐲、鐸爲「武」用之器，非奏樂之器。磬用於樂，設於堂下與鍾編列使用，列於堂上與歌者、琴瑟合，用以和堂上歌。琴、瑟雖同爲絲絃樂器，形制不同，使用的場所也不同。筆者認爲瑟多用於禮儀活動中，與眾多樂器一起演奏，其禮之用重於樂；琴作爲君子修身之具，多用於獨奏，僅與瑟、歌等合奏，其樂之義重於禮。管與笙，前者之用重於禮，後者之用重於樂；下管用播，由瞽矇播之，笙奏用吹，由視瞭吹之。

　　第二章爲「『三禮』樂縣」。此樂縣非「樂懸」，指用於諸禮各樂器的排列組合形式。其中有懸掛著的編鍾編磬及特鎛，不懸的各類鼓（鼓、鼖、鼛）、管（簜）等此類先於樂作以縣之器，亦有用於樂之進行時由樂人帶入儀式中的瑟、笙等。首先，通過對依據文獻中有關鍾磬編列的相關記載，結合商代、西周墓葬、窖藏出土金石之器考古實物資料，提出鍾磬編列可分作兩類：一類如杜預所說，十六鍾分兩廣成肆，每廣八鍾，磬或爲十枚，大抵與鍾上下成列，鍾磬不同數。另一類大抵如鄭玄所說，十六鍾共一廣成肆，肆中另一廣大抵另有磬十六枚，半之以鍾八磬八同廣而爲堵，鍾磬同數，編鍾編磬之廣成直角排列。其次，對《儀禮》五種用樂之禮樂縣的場所、屬性進行探討，結合《大司樂》中有關樂之方位的敘述綜合考述《儀禮》五禮樂之方位的情況，得出樂縣之設與禮儀向位相合，都是以東上爲原則。

　　第三章爲「『三禮』樂章」。首先，通過對「三禮」中所出現的金奏之樂及金奏樂章的考述，提出用於金奏之樂的樂章有兩種，用以迎賓的《肆夏》與用以送賓的《陔》。其次，對樂賓樂中歌、笙、間、合之節的樂章進行考述，得出「歌」有三種：一爲升歌、二爲工歌、三爲間歌，使用樂章各不相同；與歌之樂章相似的是，笙奏也有兩種：一是笙入獨奏之樂，二是間歌之節中的笙奏之樂；合樂是歌與笙之樂合奏之節，是樂賓之節即將結束的標誌，合樂的詩歌是《二南》，《二南》有三種用法，一爲合樂，二爲房中之樂，三爲無筭樂。演奏時都用鐘鼓。

第四章為「『三禮』樂節」。樂有九節，禮有九種，各禮用樂之節有等差之別。通過對《九夏》名義考辨及與「三禮」中天子、諸侯、大夫、士之禮使用樂節的對比，提出九禮、《九夏》與樂節的對應關係為：王祭祀，對應《王夏》，為金奏《肆夏》、《陔》之節；王射，對應《肆夏》，為下管《象》、下管《新宮》之節；王大饗，對應《昭夏》，為升歌《清廟》之節；王大食，對應《納夏》，為樂舞《大夏》、《大武》、《象》之節；大射禮，對應《章夏》，為合樂《二南》之節；納賓禮，對應《齊夏》，為間歌之節；燕禮，對應《族夏》，為工歌《鹿鳴》三、笙入《南陔》三之節；鄉射禮，對應《祴夏》，為射樂《騶虞》之節；鄉飲酒禮，對應《驁夏》，為房中之樂之節。

目
次

緒　論

　　禮與樂是不可分割的統一體。《禮記‧樂記》:「樂者，天地之和也。禮者，天地之序也。和故百物皆化，序故群物皆別。樂也者，施也。禮也者，報也。言樂出而不反，而禮有往來也。樂章德，禮報情，反始也樂也者，情之不可變者也。禮也者，理之不可易者也。樂統同，禮辨異。禮樂之說，管乎人情矣。窮本知變，樂之情也；著誠去僞，禮之經也。禮樂偵天地之情，達神明之德，降興上下之神，而凝是精粗之體，領父子君臣之節。」禮爲序，樂爲和，禮樂共同作用於天地，表現萬物之貌。

　　禮樂傳統是中國古代思想文化之精義所在，影響了自三代以來社會政治生活的方方面面，涵蓋了從典章制度到精神信仰的各個層面，無論是外顯的如政教的典儀規範，還是內隱的如「六藝」之教，均爲禮樂文化的載體。然令人遺憾的是，從整體上看，對「樂」的研究，或是偏向於重視禮樂之「樂」義，或是偏重於「樂」之音、聲的使用，其「音」、「聲」與「義」的結合，探討尙不深入。本文以「三禮」爲界域，來探討「禮」與「樂」的關係，特別是從樂之「音」、「聲」出發，來探索「樂」所表現的「禮」。

　　「三禮」包括《周禮》《儀禮》《禮記》，是中國最重要的傳統經典──十三經中的三部。《周禮》，又名《周官》，是吸收了夏商社會和先周部族禮的基礎上建立起來的王朝禮，爲周代禮儀的制度規範。《周禮》是王者之禮或替王者制禮，其用樂場合除助射與王者侑食之外，多是莊重重大之處，且以祭地、祀天及享祖考爲主要內容。其中《春官宗伯》專有《大司樂》一章，講述樂官的等級人數、職責及與樂相關的禮儀，即樂的規範。《大司樂》之後載有各樂官之職，樂官稱「師」，這種稱謂體系只有教育之師和樂官之師才有。

「師」之後是樂官於樂的職責，樂師掌國學之政，教國子小舞；大師掌合六律陰陽之聲，以六詩教國子；大胥、小胥、小師等職主管詩、樂、舞。此外還有掌播、鼓樂的瞽矇、眡瞭及掌奏、歗、鼓樂器的磬師、鍾師、鎛師等職，分別掌教諸樂或負責不同類型樂器的演奏。除了「大司樂」之外，《地官‧鼓人》記載了「六鼓四金」的用法；《考工記‧韗人》記載了韗人製鼓的情況。

《儀禮》著重於具體儀制的記載。文本中大多數篇目成書年代在春秋末年到戰國時代，包含了西周與東周之禮的內容，是周諸侯以下所用禮儀的操作。《儀禮》十七篇目，明文記載用樂的篇目有《鄉飲酒禮》《鄉射禮》《燕禮》與《大射禮》四章。《燕禮》另有《燕禮記》記載了納賓禮的用樂，加上四篇，共有五種禮。燕禮、納賓禮、大射禮為諸侯之禮，鄉飲酒禮、鄉射禮為鄉大夫之禮。各禮不僅有等級之差，亦有燕與射之別，鄉飲酒禮、燕禮為燕，鄉射禮、大射禮為射，納賓禮為賓之燕。禮用不同、等級不同，用樂亦不相同。

通常人們說的《禮記》，指《小戴禮記》〔註1〕，《小戴禮記》記述了以周王朝為主的秦漢以前的典章、名物、制度和自天子以下各等級的冠、昏、喪、祭、燕、享、朝、聘等禮儀，是對《周禮》《儀禮》的解說，為禮學思想的闡述，是儒家禮學思想的巔峰之作，屬於言禮的理論範疇。其中對樂與禮的關係，樂制與其他制度的關係，對樂器、樂章、樂節的使用意義都有所闡發，是理解《周禮》《儀禮》禮樂規範及樂之進行的重要資料。

「三禮」相互補充，共同構成了禮樂體系，是儒家的三部主要經書，它們對我國的政治制度、倫理觀念及文化傳統影響甚巨。

第一節　「三禮」樂制研究概述

歷代學者對「三禮」樂制研究性質不同，其成果反映出了「三禮」樂制的不同屬性。筆者將從古代經部禮類「三禮」之學，經部樂類《樂書》，近現當代歷史學研究，音樂學研究等四個方面概述「三禮」樂制研究背景。

〔註1〕由於《大戴禮記》中無涉及樂的使用問題，故本文所用《禮記》為《小戴禮記》，不對《大戴禮記》作過多的論述。《大戴禮記》相傳是戴德選編的，《小戴禮記》相傳是戴聖選編的，大概編成於東漢中葉。通常人們說的《禮記》，指《小戴禮記》，乃十三經中之一經。

一、「三禮」學研究

　　禮、禮學、三禮學三個概念，林存陽在其著作《清初三禮學》作了如下分析：「其關係而言，這三個概念既相關聯，又有一定的區別。從淵源及研究對象上來說，三者是相繼發展的三個階段，且都以禮作爲研究對象，這是其關聯之處。但它們又有所區別：禮的產生最早，其內涵亦最廣。在先秦時期，它幾乎包羅萬象，大凡政治、經濟、思想、社會生活等，無不在其視野之內。禮學，是對禮加以認識和研究的理論思想學說和體系，直到春秋戰國之際的孔子之時，方得以形成。孟子、荀子繼孔子之後，對禮學的研究趨向深入，更具理論性、系統性，並爲此後的禮學研究定下了基調。而三禮學是對《周禮》《儀禮》《禮記》諸文獻思想進行探討和闡發的一門學問。」〔註2〕本文研究「三禮」樂制，是於「三禮」學資料基礎上，通過研讀歷代學者「三禮」學研究中有關樂的內容，探索「樂」的制度規範及與禮的關係。

　　古時禮樂制度的研究可以分爲兩個層面：具體的禮典制定與純學術性的學術考辨。前者是各朝統治者旨在籍禮制的製作、規範來規範、指導現實生活中的禮儀活動，具有明確的事功目的。而「三禮」學的研究是純學術的學術考辨，著眼於搜索考訂，對於繁瑣的名物、制度、禮節，明其沿革，究其禮意。本文所研究的對象是「三禮」樂制，不論及各朝禮樂制度，故以「三禮」學的研究作爲研究資料的基礎。

　　春秋時期「禮崩樂壞」，對於禮學的研究總結受到了這一時代思想家的極大重視，諸子之學興盛的背景正在於此，《左傳》《國語》《論語》等典籍中，有關禮樂的記載眾多，人們從各個方面討論「禮」、「樂」：諸如禮制、樂制，禮用於樂、樂用於禮等等。孔子的中心思想是「仁」，即是以「仁」爲前提所提出的「禮」、「樂」規範。其說於「樂」亦是從樂之本「音」、「義」何以顯「仁」出發，避免了流於鍾鼎玉帛的表面形式而具有更深厚的生命力。孔子以後，儒家的禮樂傳統一以冠之。自漢以降，對「三禮」的研究從未間斷，至清代乾嘉時期，由於考據學的興盛，「三禮」研究出現了前所未有的繁榮局面，研究文獻超過了漢至明「三禮」研究文獻的總和。無論從經文的考釋、文獻的著錄，或版本的鑒別、刊刻及對前人研究成果的總結等，都做出了巨大的貢獻。以下，分別對《周禮》《儀禮》《禮記》及三禮綜述的歷代研究文獻進行簡要概述：

〔註2〕林存陽《清初三禮學》，社會科學文獻出版社，2002年版，第6頁。

1、《周禮》

　　東漢鄭玄作《周禮注》，爲後世學者研究《周禮》之宗。後唐賈公彥作《周禮注疏》，一本鄭玄注疏解，採用南北朝義疏體之體例，旁徵博引，增益闡發，爲後人研習《周禮》彙集了很多資料。至宋，王安石撰《周禮新義》卷，做爲科舉取士及政治改革的依據，《周禮》學漸變。後王昭禹、王與之等注《周禮》，亦多據其說，對後世甚有影響。王昭禹《周禮詳解》、葉時《禮經會元》、易祓《周官總義》、王與之《周禮訂義》等書，多以議論見長，而略於典章。亦有學者如俞庭椿撰《周禮復古編》，謂《冬官》不亡，錯簡置於五官之。於是將《周禮》各篇割裂顛倒，以足其數，至此，開宋以後割裂經文以補《冬官》之惡習，實不足取。至元代，陳友仁輯《周禮集說》，於所引注疏及諸儒之說，俱能擷其精華，於王安石書採摘尤多；元毛應龍《周官集傳》，於諸家訓釋，據頗博，宋以來諸儒散佚之說，藉其得存崖略。明代學者皆承襲俞庭椿之說，所著之書或任意刪改、或牽強附會，於學無補，獨誤後人。

　　清代以考據學爲正統，故《周禮》之研究，一反宋、元、明之陋習，崇尚漢學，爲學重視版本、目錄、校勘及文字、音韻、訓詁，專究名物、典章、制度，出現很多研究《周禮》的名著。如方苞《周官集注》、惠士奇《禮說》、江永《周禮疑義舉要》、沈彤《周官祿官考》、戴震《考工記圖注》、徐養原《周禮故書考》等。清末，古文學大師孫詒讓撰《周禮正義》，詳密審慎，博採眾長，對有清一代研究《周禮》的重要成果，幾乎甄錄無遺，堪稱《周禮》研究的集大成之作。

　　《周禮》所記有關樂的內容，有《大司樂》及《鼓人》二章，《鼓人》屬地官，記載了「六鼓」的用途：分別用於祭祀、軍事、役事及金奏中，鼓的使用不僅限於樂。《大司樂》所記爲周代祀天、祭地、享人鬼之樂的儀式及各級樂官的職能。歷代學者對《周禮》所記用於各種儀式的樂的研究，多是從禮的範疇言樂官的屬性與職能、樂章的意義、樂器及樂縣的等差、樂的教化規範作用等等，較少關注於樂官如何掌樂、樂器如何用於禮、樂章如何用於樂等等問題。筆者以爲，只有將「樂」所包含的「音」、「樂」結合進行研究，才能瞭解樂官的眞實屬性及樂官設立所體現出的涵義。

2、《儀禮》

　　東漢鄭玄《儀禮注》是我們目前所知最早全面箋注《儀禮》的專著。據《隋書‧經籍志》等書的記載，魏晉南北朝時期《儀禮》研究的著作多達一

百多種，大多數散佚，存者多爲後人輯本。這一時期《儀禮》研究特點表現在王學的興起、對《儀禮‧喪服》研究的重視、注音著作的興盛及義疏體著作的出現等方面。至晉初，王肅另立新說，其所作《三禮注》及《喪服經傳注》都故意與鄭玄立異，晉代盛行王學。南北朝時，北朝專崇鄭學，南朝則雜採鄭、王。唐代賈公彥撰《儀禮疏》，以鄭玄《注》爲宗，參酌諸家，擇善而從，鄭學賴以保存。宋儒治《儀禮》者，始於張淳，後朱熹及其弟子黃幹，欲以《儀禮》爲經，以《周禮》諸書爲傳，混合「三禮」論述「禮」，非專解《儀禮》一書。李如圭《儀禮集釋》和《儀禮釋官》、楊復《儀禮圖》、魏了翁《儀禮要義》等均是這一時期的代表之作。元代敖繼公的《儀禮集說》，以鄭注爲主，用先儒之說補鄭注未備，或附己見，完全表現出那一時期儒者的懷疑精神，於樂的論述亦有較多異於鄭注之處。同《周禮》，《儀禮》在明代幾成絕學，幾乎無可稱述。

據《四庫全書總目》、《續修四庫全書總目提要‧經部》、《清史稿藝文志及其補編》及其他私家目錄書的著錄，清人研究《儀禮》的著作多達 220 多種。在經文的考釋、名物制度的考證、禮例的分類歸納研究、版本的校勘等方面，均超過前代。清初《儀禮義疏》，以敖繼公書爲宗，參以諸家，補正闕漏。張爾歧的《儀禮鄭注句讀》定句讀，疏章節，頗具家法。之後如吳廷華《儀禮章句》、萬斯大《儀禮商》、方苞《儀禮析疑》、沈彤《儀禮小疏》、褚寅亮《儀禮管見》、盛世佐《儀禮集編》、江永的《儀禮釋例》、胡匡衷《儀禮釋官》等，皆能探其隱微，多發新義。至凌廷堪著《禮經釋例》分通例、飲食之例、賓客之例、射例、變例、祭例、器服之例、雜例八類，以例釋禮，考其異同，是對《儀禮》所記名物的系統研究。張惠言《儀禮圖》是對儀禮名物的圖說，採前儒之義，作宮室圖、衣服圖等。胡培翬用力四十餘年而成之《儀禮正義》，所引自注疏外諸《史》《志》言禮者，及《白虎通》《經典釋文》《通典》等，凡著述涉及本經者，無不收錄。宋元以來所引多達四十餘家，於諸儒所言，是者明之，非者駁之，疑者存之，廣羅古今治禮精華，是賈《疏》後，言《儀禮》之最爲博大精深之作。

《儀禮》所記有樂用之禮的章節，有《鄉飲酒禮》《鄉射禮》《燕禮》《大射禮》四章，對我們瞭解周代樂制提供了範例。其中詳細記載了各禮作樂的過程、樂器的使用、樂工作樂於禮的次序等內容。歷代學者對《儀禮》所記樂的樂章、樂工、樂器、樂儀等內容都有較詳細的說明，但由於學者論樂時

多是將樂脫離於禮或僅言樂之禮義，故將各禮用樂割裂討論，僅據樂章、樂官、樂器的使用等脫離於樂的整體的零星內容來說樂之等次節差。沒有將「樂」放入禮中，從整個儀式進行來看用於禮之樂的構成形式、樂章的使用、樂器的擺放等內容，給我們辨明周代樂制全貌加大了困難。

3、《禮記》

東漢研究《禮記》的著作有馬融《禮記注》、盧植《禮記解詁》、高誘《禮記注》、蔡邕《月令章句》、鄭玄《禮記注》等。其中以鄭玄的《禮記注》最有名，鄭玄注《禮記》，旁徵博引，箋注禮制，糾正經文的衍錯訛倒，對《禮記》首次進行了全面整理。在此之後，《儀禮》逐漸被人們所接受和傳習，並與《周禮》《儀禮》並稱為「三禮」。

據《隋書·經籍志》等書記載，魏晉南北朝時期《禮記》研究的著作約70多種。王肅、孫炎、劉世明等人先後為《禮記》作注，沉重、熊安生、黃侃作「義疏」。到唐代，政府把它升為「經」，與《詩經》《周易》《尚書》《春秋左傳》相併列，成為朝廷開科取士的必讀之本，這種局面一直延續到清末。孔穎達等奉敕令修《禮記正義》，亦宗鄭《注》，以黃侃書為主，熊安生為輔，遵循疏不破注的原則，不免有附會之處。然《禮記》從漢到唐，都是以鄭玄《注》為中心。

宋遼金元時期，研究《禮記》的專著大約40種左右，以衛湜《禮記集說》、陳澔《禮記集說》為最佳。明永樂中，胡廣等敕修《禮記大全》，廢棄鄭《注》，襲用陳氏《集說》，古義遂荒，鄭《注》幾乎無人問津。

清代漢學以考證為主，《禮記》的研究雖不及《周禮》《儀禮》之盛，但無論從數量或質量上來看，都遠勝宋元明時期。這一時期出現的佳作有張廷玉等編著的《日講禮經解義》、江永《禮記訓義擇言》、杭世駿《禮記集說》、汪紱《禮記章句》、孫希旦《禮記集解》、朱彬《禮記訓纂》、郭嵩燾《禮記質疑》等。比較而言，杭世駿之書，搜採逮於清初，亦稱浩博，但卷帙太巨，中多空論，未免泛濫無歸。孫希旦的《禮記集解》，除《大學》《中庸》僅列目錄外，其餘四十七篇，篇首皆有題解，自鄭玄、孔穎達及宋元諸儒至清人戴震諸人之說，無不採錄，於經文中字句及相關禮制，均能考釋，頗為詳備，於前人糾紛，亦出己見，多有新義，為清人研習《禮記》的傑作。

《禮記》更多的是從理論上來言樂，將樂與其他禮制對比討論，對《周禮》《儀禮》用樂多有論及，為周代之人言禮言樂的理論範疇的論述，對我們

理解周代樂制有很大的幫助。

4、三禮綜論之書

自鄭玄注《周禮》《儀禮》《禮記》後，始有「三禮」之名，隨之出現了很多綜論「三禮」的專著，此就其要者，介紹幾種。

唐杜佑結撰的《通典》，是唐以前禮學發展進行系統梳理的集大成之作。其中有專篇論及樂制及禮制。

宋聶崇義《三禮圖集注》參鄭玄、阮諶、夏侯伏朗、張鎰、梁正及隋開皇時《三禮圖》凡六種，援據經典，考釋器物，由唐虞迄宋初，粲然可徵，爲理解用於禮之樂之形制提供了圖像說明。

宋陳祥道《禮書》綜貫經傳，條分縷析，論辯詳博，前圖後說，於唐代諸儒之論、近世聶崇義之圖，或正其失，或補其缺，考訂甚詳。

清江永的《禮書綱目》，樂六篇 5 卷，凡三代以前禮樂制度獲見經傳者，搜羅賅備，考證詳密，篇章次第，有條不紊。

清秦蕙田《五禮通考》分吉、嘉、賓、軍、凶五大類，冠以禮經作述源流及歷代禮制沿革二篇爲卷首，以樂律附於吉禮宗廟制度之後，其考證具有經緯，較陳祥道書爲勝。

清林喬蔭的《三禮陳數求義》，是書因自鄭玄以來，歷代注家於「三禮」中儀物度數之釋，往往有不相通者，乃專取「三禮」本文，反覆尋繹，前後參證，並旁徵諸子史志，分天時、職官、學校、廟祧、喪服等類，考徵名物製作之意，甚精覈。

清黃以周《禮書通故》，是書發揮禮學，上自漢唐，下逮當世，經注史說，諸子雜家，義有旁涉，率皆甄錄。全書分四十七門，又有禮書圖、名物圖及敘目，凡五十目。較秦蕙田《五禮通考》博或不及，但綜貫群經，博採眾論，惟善是從，足究天下之奧，通古今之宜，精則過秦書。

這類書中均有專門說「樂」的章節，對用於禮中之樂的各個方面進行了較系統的整理，不僅整理了前人之說，亦提出了自己的觀點，是研究「三禮」樂制的重要資料。

由於「三禮」文本，尤其是《周禮》《儀禮》文字簡奧艱澀，不易辨明其義，同時，「三禮」的研討方法也不同，如讀《儀禮》，強調分節、繪圖、釋例；治《儀禮》，應仿劉向《別錄》，分類讀之；讀《周禮》，以大宰八法爲綱

領。基於「三禮」學著作基礎上的樂制研究，就是找出其中與禮相關之「樂」的論述，進行分類整理，從重新建構樂的音樂性詮釋。「三禮」學資料多是禮學家的論著，是以禮的系統言樂，對我們研究樂所對應禮制的規範提供了禮的指導。秦漢以降，對於禮樂的研究主要是依經文和師說，而經文差牾，師說紛紜，對此，古代學者往往強調折中、彌縫、會通，其中亦夾雜了一些為了說禮而作的附會之說，導致了不從樂的構成，僅以禮言樂的問題，忽視了樂作為「樂」的本來面貌，過度強調了樂的教化功能，破壞了禮樂的平衡。故在研究中，需對諸說一一辨明，探尋出最合乎禮及樂雙重規範的樂制規範。

二、歷代樂書

除了經部禮類「三禮」學之研究，經部樂類亦包含有研究「樂」的樂書。宋代學者陳暘的《樂書》，是我國音樂史上第一部大型音樂理論專著，也是對北宋以前的音樂理論一次歷史性的總結。《樂書》詳細記載了宋以前的樂器、樂制、歌舞、雜樂等，收錄了「三禮」等十部儒家經典著作中的有關音樂文字部分，並對之訓義，有著非常重要的歷史文獻價值。可與其兄陳祥道《禮書》相對應明禮、樂關係。

明代學者朱載堉所著《律呂精義》一書，是古代樂書的另一巨著，他不僅發明了「十二平均律」，其書《內篇卷》中對樂器分作「八音」一一進行論述，提出了許多不同於前人的觀點，是今人研究古代樂器的重要文獻資料。

樂書另有明李之藻《頖宮禮樂疏》、清李光地《古樂經傳》，清應撝謙《古樂書》、清胡彥昇《樂律表微》等。

清代亦有學者對樂儀制度作過專題研究，如阮元《天子諸侯大夫士金奏升歌笙歌間歌合樂表說》；金榜《金奏肆夏》等篇；金鄂《求古錄禮說》一書中專門對樂儀研究的章節，主要有《合樂三終解》《古樂節次等差考》《射奏〈騶虞〉、〈狸首〉考》《笙詩有聲無辭考》等。

在使用樂書之論時，要注意各代用律、用樂的不同，不能以後代之論強加於「三禮」所記禮樂制度上，要根據周代之樂產生時的樂律、樂器狀況言「樂」。

三、近現當代學者研究概論：史學領域

王國維先生對禮中之樂進行過專題研究，其《觀堂集林》一書中有《釋樂次》《周大武樂章考》《說勺舞象舞》等文論樂。如《釋樂次》一文對禮中

天子、諸侯、大夫、士用樂之次序和形式進行了詳盡考證，將樂節分作八節：金奏、升歌、管、笙、間歌、合樂、舞、金奏（前後金奏樂章不同）。《周大武樂章考》一文將樂章《大武》分作六成分別進行樂章所象之事、舞容、舞詩篇名、舞詩四個方面內容的考述。

著名禮學家錢玄先生的《三禮辭典》，從禮書中收集了近五千條詞目，分為三十二個門類，禮書綱目，赫然在前。每條之下，詳列異說，並加裁斷。其《三禮通論》對《周禮》《儀禮》《禮記》作了系統介紹，並對禮書所涉及的名物、制度、禮儀作了說解。其中《名物編》中樂舞一章，將文獻資料與考古資料相結合，把樂器分作打擊樂器、管樂器、絃樂器三個方面進行介紹。其對「三禮」中出現樂器收錄的較為全面，但是有部分樂器形制的描述與文獻記載或出土文物有衝突，如打擊樂器「鉦」，錢氏認為是插置的樂器，並認為段玉裁注《說文》為懸置為誤，但據出土文物所示，鉦大部分形制為懸鳴而非插置，且錢氏所舉為鉦的文物被稱作南方鏞。

禮經大師沈文倬先生的《宗周社會與禮樂文明》，結合出土資料，對《儀禮》的《士喪禮》《既夕禮》所記載的先秦喪葬制度作了深入的研究，結合武威出土的《儀禮》漢簡，對《儀禮》的傳授以及今古文問題，提出了許多新的見解。

金尚理《禮宜樂和的文化思想》論述了禮樂文化在先秦時期的發展情況，分析了禮樂文化表現在現代視角下的幾個基本特點。其書第二章：樂與儒家的禮樂思想，包含有先秦音樂簡述和儒家的禮樂思想兩個方面的內容。先是介紹音樂的起源與發展、樂律與樂理、五聲八音及音樂曲調等這些音樂基本形態方面的內容，接下來論述禮經中的音樂及音樂的教化功能，但僅說明了樂與禮的關係，並沒有深入探討樂的形式和構成。

夏靜《禮樂文化與中國文論早期形態研究》是從禮樂的視野考察文學思想，其第三章「禮樂之知識譜系：樂」是作為多角度梳理樂、禮、詩之知識譜系及其精神品格中的一類，探討樂教與中國文化、文學及文論發生期之種種關聯。有關「樂」的討論重點還是樂的教化功能，對於「樂」的形態與構成也沒有作更多的分析。

漆子揚《〈儀禮〉樂制初探》一文從禮儀角度對《儀禮》樂制的探尋，尋找音樂順應於禮制及與等級宗法制度之間的關係。其《從〈儀禮〉樂制的變通看周代樂禮的文化屬性》一文通過《儀禮》順應禮儀主體和主題的論述，

通過對變異樂禮文字的比較解讀，解析禮樂儀節蘊藏的調理人性、和樂君臣情感、維繫社會穩定的調節功能，揭示以樂師、樂器為載體的禮樂文化所負載的鮮明的剛性等級秩序，以及樂禮在具體使用過程中靈活變通的柔性原則和人文關懷的和諧理念，亦是以禮言樂。另有曾永義《禮經樂器樂懸鄭注質疑》、朱孟庭《〈儀禮·燕禮〉用樂考》、馬智全《周代鄉飲酒禮與樂詩運用略探》諸文皆以樂器作爲禮器，對樂之禮義、儀式及樂章進行考述。

從上述論著及論文中可以看出，史學領域有關「樂」的研究，主要是集中在樂與禮的關係和樂的教化功能等方面，較少言及「樂」的構成及形式等問題。

四、近現當代學者研究概論：音樂領域

從音樂角度來認識禮樂文化，有以下四個方面：

（1）音樂思想方面的研究。如蔡仲德《中國古代音樂美學史》中先秦音樂思想部分，蔣孔陽《先秦音樂美學思想論稿》等。

（2）音樂教育方面的研究。如修海林《中國古代音樂教育》、祁海文《儒家樂教論》等。

（3）樂官、樂律制度方面的研究。如張樹國《樂官考源》、陳應時《有關周朝樂官的兩個問題》、孫曉暉《先秦盲人樂官制度考》、曲文靜《關於西周「大司樂」的人數》、方建軍《商周禮樂制度中的樂器器主及演奏者》、康瑞軍《歷代音樂機構與樂官制度研究現狀述評》、王洪軍《〈樂學新說〉「大司樂」之音樂形態研究》《〈樂學新說〉「小胥」之樂懸研究》等。

（4）對考古出土樂器的研究。這一類型的研究在整個先秦音樂領域研究中佔有主要地位。李純一的專著《中國古代音樂史稿·第一分冊》將音樂考古資料運用於音樂史的著述之中，豐富和充實了史前至商代音樂的內容，在音樂史研究上具有方法論的啓示意義。李氏對出土樂器的研究，以考古發掘品爲主，輔以必要的傳世品，並與文獻學、民族學資料相結合，從樂器的形制演變、歷史發展到音響性能（測音及音響分析）進行探討，奠定了古樂器研究乃至中國音樂考古學研究的基礎。李純一的另一專著《中國上古出土樂器綜論》，對考古發現上古（遠古至漢代）樂器的所有品種進行了全面而系統的研究。他主要運用地層學、類型學方法，對不同品種的樂器進行型式劃分，通過樂器的形制排比，探尋其發展演變的序列。同時，又對樂器的製造工藝、安置和演奏方式、音響性能等進行分析。

　　方建軍《商周樂器文化結構與社會功能研究》對中國出土商代和西周樂器的文化結構與社會功能的研究，根據迄今出土商周樂器的地理分佈及其考古學文化內涵，劃分出七個音樂文化區，進行形制、組合和音樂性能等的排比分析，探索各區樂器所包含的音樂文化因素、反映的區域性音樂文化特點以及各音樂文化區之間的相互影響和互動關係。其後，依據出土樂器資料，結合甲骨文、金文和古代典籍的相關記載，對樂器的祭祀功能和禮樂功能進行了探討。但是，其論述是基於出土樂器之上的民族音樂學研究，沒有充分利用古代文獻有關於樂器及樂制的記載，運用的材料多是如「三禮」、《左傳》等原典，沒有系統梳理歷代學者的研究，故其在文獻方面的說明有局限性。

　　陳荃有的專著《中國青銅樂鍾研究》，探索了青銅樂鍾的發生、發展、演變直至輝煌、衰落，而後重獲「新生」的歷程。但其所用的文獻資料僅僅是金石學方面的內容，過於片面，不能展現出歷代學者對於青銅樂鍾研究的全貌。

　　王清雷博士學位論文《西周樂懸制度的音樂考古學研究》著重從音樂考古學的角度出發，對西周樂懸制度作較為系統的考察與研究，探索西周樂懸制度的真實歷史面貌以彌補文獻記載的不足。但其論述僅僅從音樂考古學入手，過於片面，對文獻中有關「樂縣」與「樂懸」內容的記載挖掘的不夠深入。

　　其他有關此方面的研究成果還包括：高至喜《論中國南方商周時期銅鐃的型式、演變與年代》、方建軍《兩周銅鎛綜述》《商周時期的禮樂器組合與禮樂制度的物態化》、陳荃有《從出土樂器探索商代音樂文化的交流、演變與發展》、井中偉《我國南方出土商周銅鐃的類型學研究》、仇鳳琴《商周鎛之考古學研究》、鄭祖襄《出土磬和編磬的考古類型學分析》、王安潮《從早期的石磬形制看石磬的起源》、張琳碩士學位論《商周青銅鐃研究》、劉新紅碩士學位論文《殷墟出土編鐃的考察與研究》等。

第二節　本文研究內容、方法

　　考察兩千多年來的禮樂研究，按內容可分作禮學與樂學。禮學研究，或傳注箋疏，或考索典章制度，或研討名物度數，代有著述，成果豐碩，難以計數。與之相比，樂學研究則存在嚴重的不足，在 20 世紀以前，禮樂合一言

禮。從孔子以來的儒者用一個「禮」字總括傳統文化，禮學與廣義上的文明或文化乃同一概念，因而傳統禮學常常包含禮學與樂學。從上個世紀初開始，受西學專業劃分以及相應知識工具的限定，樂學研究主要局限在藝術史和藝術研究領域。對於樂學本身知識譜系的梳理，如樂器的發展、樂歌的制定與分離、雅俗樂與禮制的關聯、樂舞起源等等，少有涉及，相對於禮學研究的豐碩成果而言，過於薄弱。

綜觀現有的研究狀況，可以從研究材料和研究方法及內容兩個方面進行概括：

第一，研究材料運用上的兩個特點：一是運用古代典籍記載的相關史料對「三禮」樂的有關內容作名物分析或對樂的儀式制度考述，即有關樂制「禮」的研究。此種方法在史學界運用的較為普遍。二是運用音樂考古材料，對出土樂器作考古學（如形制學和類型學）研究，即構成「樂」的音與樂中「音」的研究。此種方法在音樂學界運用較多，如李純一《中國上古出土樂器綜論》、陳荃有《中國青銅樂鍾研究》都屬於此範疇。

由於古代典籍「三禮」中樂制的記載內容十分有限，且較零散，若僅依文獻記載探索當時樂制，具有相當的局限性，僅用禮來言「樂」，割裂了「樂」之本體音與樂的關係，不合樂的形制規範。音樂考古材料雖較文獻資料而言，更據真實性和具體性。但是其出土較為零散，且時隔已久，需要從文獻中找尋與之對應的具體使用方法及用途進行對照研究。

第二，在研究方法及研究內容上大體分作三類：一類偏重於文獻資料的耙梳和整理，即運用文獻學方法進行研究；第二類以禮來言樂，用禮制分辨樂制；第三類為倚重於考古資料的形制描述與分析，即從音樂考古學角度進行研究。具有音樂學術背景的學者，主要探討樂器的音響性能；而音樂學科以外的學者（如禮制學、歷史學），則主要探討樂之禮義、樂官等級、樂章作為詩的禮學含義等問題。

中國古代禮制研究是中國古代歷史研究中的重要課題之一，樂制是中國古代禮制的重要組成部分，亦是中國音樂史研究的重要課題。而對樂制問題研究的薄弱與混亂，一直是中國古代禮制研究中急需解決的問題。

從當前的研究狀況看來，音樂學界已有的研究對出土商周樂器資料的整理及樂器的使用等方面都做出了相當的成績，如對於商周出土樂器鍾、鎛、磬等時代的推定、形制與類型的探索、音響性能的測試與分析等。但是，樂

器是表達音樂的一個工具，它本身也是作爲禮樂制度中「樂」學研究的一個組成部分。目前看來，音樂學者與考古或歷史學者之間存在未能彌合的間隙，即前者長於音樂（樂器）本體的研究而弱於禮儀制度問題的詮釋和論證，後者則正好相反。

因此，我們不能即繞過或避開「禮」來探討樂制，樂是禮中之樂，具有禮儀規範；再次，我們也不可囿於禮，那樣容易使研究表面化，流於形式，造成千篇一律的研究範式。我們不能滿足於樂器構造以及樂器形態的研究，也不能滿足於純粹的禮樂理論的研究，而應將樂之「音」、「樂」納於禮樂文化之中，探索樂制的眞實面貌。

對「三禮」樂制的考據性研究，以往或是樂之禮義的研究，或是樂儀的研究；或是樂官的研究、或是樂章的研究；或是樂器樂懸的研究；或是樂的禮制規範，沒有全方位、多角度的研究。本文之樂制研究，立足於禮、樂、音三個方面，禮是樂使用的依存，樂是樂器的選擇和使用方法，音是樂的表現形式。

全文分作四章。第一章爲「『三禮』樂器」，「三禮」中出現的樂器有四類：一、金石之樂，鍾鎛及磬；二、革類樂器，鼓；三、絲絃樂器，瑟與琴；四、竹匏樂器，管與笙。據演奏方式的不同，分作三部分打擊樂器鼓鐘鎛磬、彈撥樂器琴瑟、吹奏樂器管笙進行論述，就「三禮」中這四類樂器的使用情況、樂器的選擇、樂器的形制、樂器的作用等內容試作辨析，以圖述明周代諸類樂器使用的區別和聯繫。

第二章爲「『三禮』樂縣」，此樂縣非「樂懸」，指用於諸禮各樂器的排列組合形式。其中有懸掛著的編鍾編磬及特鎛，不懸的各類鼓（鼓、鼖、鼛）、管（籥）等此類先於樂作以縣之器，亦有用於樂之進行時由樂人帶入儀式中的瑟、笙等。本章即是對用於樂中所有樂器的綜合考述，試圖明晰作樂時樂器的使用及排列方位。

第三章爲「『三禮』樂章」，是對「三禮」所出現的諸如金奏之樂、樂賓樂中歌、笙、間、合之節等樂章進行考述，分辨各樂章的意義及於各禮使用的作用。

第四章爲「『三禮』樂節」，樂有九節，各禮用樂之節有等差之別，本章即是對「三禮」天子、諸侯、大夫、士使用之樂節與其他禮進行對應，劃分等級不同、用事不同之禮所選樂的節次等差的研究。

　　總之，本文是對「三禮」中各等級之禮作樂的場所中樂器的選擇、樂縣的擺放、樂節的選擇、樂章的使用等問題進行全面審視，試圖最大程度上還原周當時系統而龐大的用於祭祀、燕、享、射之禮樂節、樂章、樂器的樂制制度，辨明樂的節次等差與禮的關係。

　　本文研究的方法及思路：本文的研究是立足於三禮學與音樂學的交叉研究。有關資料的收集，一方面，通過全面研讀歷代三禮學家有關「三禮」的研究著述，對所作的「『三禮』樂制」這一音樂學選題提供更多的文獻資料及更開闊的詮釋空間。另一方面，通過對出土樂器形制的描述與分析，對「三禮」文獻中有關「樂」的內容提供具體的實物資料，與文獻合證。

　　研究的思路是嘗試將「三禮」有樂的內容融入同一體系進行說明，《周禮》表規範，《儀禮》為樂的進行，即將《周禮》樂之規範帶入《儀禮》樂的進行，找尋「三禮」樂制的一般規則，再通過《禮記》中若干有關禮與樂的分辨及對王用樂規範的補充，對《周禮》《儀禮》中言禮樂的不同之處進行對比與辨析。本文雖所考述內容，若偶有價值，都是建立在承襲、借鑒及發展既有研究的基礎上，所用資料缺漏之處，借鑒前人不當之處，還望見諒。

第一章　「三禮」樂器

　　中國古代樂器，按照製作樂器的材料，可分作八類：金、石、土、革、絲、木、匏、竹，史稱「八音」。一曰金，即青銅製的樂器，有鏞、鎛、編鍾、「四金」錞、鐲、鐃、鐸等；二曰石，即瓦石製的樂器，有磬；三曰土，即土制樂器，有塤、缶、土鼓等；四曰革，即革皮製的樂器，有鼓、鼗、鼖等；五曰絲，即絲絃樂器，有琴、瑟等；六曰木，即木製樂器，有柷、敔等；七曰匏，即將管插入匏（葫蘆囊）製的笙斗上，再置簧片於管端所構成的吹管樂器，有笙、竽等；八曰竹，即竹製樂器，有管、籥、簫、篴、篪等。

　　《周禮·春官·大司樂》：「凡六樂者，文之以五聲，播之以八音。」〔註1〕八音，是樂形成的基礎。奏之於樂，顯示了禮之節次等差。關於「八音」之序，文獻中有兩種記載：一、《國語·周語下》伶州鳩所云，金、石、絲、竹、匏、土、革、木〔註2〕；二、《周禮·春官·大師》，金、石、土、革、絲、木、匏、竹。〔註3〕對於這兩種次序劃分的依據，清代學者李光地認爲：「金石以紀律，樂之綱也。琴瑟以應人聲，在堂上，笙管塤，貴人氣，在堂下，樂之用也。鼓鼖柷敔，所以節樂而已。故序其輕重之次，則曰金石絲

〔註1〕　《周禮注疏》卷二二，《十三經注疏》整理本，北京大學出版社，2000年版，第686頁。（本文所用《十三經注疏》文，均爲此版本，故於以下注釋中均省略版本，僅列出卷數及頁碼。其他同版本之書亦採用此方式，僅在第一次引用時注明版本。）

〔註2〕　見《國語·周語下》：「金石以動之，絲竹以行之，詩以道之，歌以詠之，匏以宣之，瓦以贊之，革木以節之。」八音之序即是：金石絲竹匏瓦（土）革木。（《國語》卷三，上海古籍出版社，1978年點校排印本，第128頁。）

〔註3〕　《周禮注疏》卷二三，第714頁。

竹匏土革木，《國語・伶州鳩》所言是也。此（《周禮》八音之序）則成於天地者爲貴，故先以金石土；成於動物者次之，故繼以革絲；成於植物者又次之，故繼以木匏竹也；所謂播之以八音也。」《國語》是以八音樂之輕重作爲劃分的，而《周禮》之序則是以樂器製造材料有成於天地、動物、植物三類進行劃分，即「八音」作爲樂器本體所體現出的次序。我們探討禮用之樂，不僅應從禮的角度來探討樂的等差，亦當從樂之音、聲進行討論，以明樂用於禮之制。

　　見於「三禮」的樂器，並不是「八音」都具備，主要包括以下四類：一、金石之樂，鍾、鎛與磬；二、革類樂器，鼓；三、絲絃樂器，瑟與琴；四、竹匏樂器，管與笙。其中，金石革樂器鼓、鍾、鎛、磬屬打擊樂器，絲絃樂器瑟、琴屬彈撥樂器，竹匏樂器管、笙屬吹奏樂器。本章就「三禮」中四類樂器的使用情況，先討論打擊樂器鼓、鍾、鎛、磬之間的關係，其次再分別對彈撥樂器琴與瑟及吹奏樂器管與笙於禮的使用情況進行分析。試圖辨明「三禮」中樂器的選擇、樂器的形制、樂器的作用等內容，以明確周代諸類樂器使用的區別和聯繫。

第一節　革類樂器：鼓

　　《周禮・春官・大司樂》一章中「凡樂」一節，記載的爲祀天神、祭地示、享人鬼用樂的制度，其中所言樂器僅有鼓、管、琴瑟三類，而磬、鍾、鎛、笙均以「師」列於《大司樂》之後，磬師掌教擊磬、擊編鍾；鍾師掌金奏；笙師掌教龡，教誠樂；鎛師掌教金奏之鼓。鼓的使用記於《地官・鼓人》，言「六鼓四金之聲音」。爲何鼓言「人」而磬、鍾、鎛、笙均爲「師」呢？後於爲專門記載攻木、攻金、攻皮、設色、刮磨、搏埴之工，並記述了各種工種的工藝過程的《冬官・考工記》中，《韗人》記製鼓；《鳧氏》言作鍾之事；《磬氏》言磬之制；但《鍾氏》爲設色之工，所言爲染羽之事。即有「鍾」，爲何不以鍾氏言鍾，而以本義爲野鴨之「鳧」掌作鍾之事，而鍾氏作掌染鳥羽的設色工呢？且此言韗爲「人」而磬、鍾、鳧皆爲「氏」。鼓人掌教「六鼓四金」，鍾師掌金奏，知金與鼓相關；磬師掌教擊磬、擊編鍾，知編鍾與磬有關；鎛師掌金奏之鼓，知鎛又與「鼓」相關。鼓、鍾、鎛、磬爲「八音」中金石革之器，金石爲紀，革爲樂之節，均爲打擊樂器，它們之間又當有何聯繫呢？

《周禮‧地官‧鼓人》：「掌教六鼓、四金之聲音，以節聲樂，以和軍旅，以正田役。以雷鼓鼓神祀，以靈鼓鼓社祭，以路鼓鼓鬼享，以鼖鼓鼓軍事，以鼛鼓鼓役事，以晉鼓鼓金奏。以金錞和鼓，以金鐲節鼓，以金鐃止鼓，以金鐸通鼓。凡軍旅，夜鼓鼜。」〔註4〕所謂「聲音」，即音之聲，何為音？鼓、金屬「八音」，鼓為革音之屬，金為金音之屬；音之聲當是革、金之聲。「節聲樂，和軍旅，正田役」為鼓、金的九種用途，若將「六鼓四金」與「九用」相對應，可構成四組：節——金鐲、和——金錞、軍——鼖鼓、役——鼛鼓。其中，鼓、金各有二種，分別與節、和及軍、役兩類相對應，二金「鐲、錞」表作用之義，節與和；二鼓「鼖、鼛」表用之場所，軍與役。另有不屬於「六鼓四金」之「鼓鼜」表旅，用於軍。筆者發現，「鼖」、「鼛」、「鼜」三字形，均是以「鼓」為義符，而其他「四鼓」：雷、靈、路、晉，字形中無「鼓」。字形不同，所表鼓之用途有何區別呢？以「鼓」言「金」，鍾磬受擊之處名「鼓部」（鍾，於上謂之鼓；磬折較長一段的受擊處稱作「鼓」），四金，「和、節、止、通」鼓，「金」又作用於「鼓」，其義又當為何呢？「三禮」鼓、鍾、鎛、磬分屬革、金、石三音，其中鼓與鍾鎛、鼓與磬、鍾鎛與磬之間又有何聯繫呢？「三禮」所記之樂均以鼓、鍾、鎛、磬為樂器，四器用於禮，又是以何種形式體現其作為禮器的屬性呢？以下就文獻中鼓、金使用的狀況及考古發現之金、石、革等器的實物資料，探討「六鼓」、「四金」及鼓、鍾、鎛、磬等樂器的涵義及屬性。

一、「六鼓」名義

鼓為「八音」革屬樂器之總名，廣泛運用於祭祀、軍事、田役等各種場合。「三禮」說樂的角度不同，於鼓的記載亦不盡相同，詳列如下：

《周禮‧春官‧大司樂》：「雷鼓雷鼗，……於地上之圜丘奏之，若樂六變，則天神皆降，可得而禮矣。靈鼓靈鼗，……於澤中之方丘奏之，若樂八變，則地示皆出，可得而禮矣。路鼓路鼗，……於宗廟之中奏之，若樂九變，則人鬼可得而禮矣。」〔註5〕

《大師》：「大祭祀，帥瞽登歌，令奏擊拊。下管播樂器，令奏鼓朄。」《小師》：「掌教鼓鼗、柷、敔、塤、簫、管、弦、歌。大祭

〔註4〕《周禮注疏》卷一二，第371～375頁。
〔註5〕《周禮注疏》卷二二，第689頁。

祀登歌，擊拊，下管，擊應鼓，凡小祭祀小樂事，鼓棟。掌六樂聲
音之節與其和。」《瞽矇》：「掌播鼗、柷、敔、塤、簫、管、弦、歌。」
《眡瞭》：「掌凡樂事播鼗，擊頌磬、笙磬。掌大師之縣。凡樂事，
相瞽。」〔註6〕

《鼓人》言「六鼓」的用途，雷鼓、靈鼓、路鼓用於祭祀，鼖鼓用於軍事，
鼛鼓用於田役，晉鼓用於金奏之樂。《大司樂》所載為祀天神、祭地示、享人
鬼「凡樂」之事，所記鼓名與《鼓人》所言用於祭祀之鼓同，即雷、靈、路；
但是言鼓的形式不同於《鼓人》，加「鼗」，為「○鼓○鼗」。《大司樂》之後
所載，為樂官掌樂情況，大師、小師、瞽矇、眡瞭之職都有「鼓」的內容，
但所言之鼓不同於「六鼓」，除「鼓鼗」外，另有鼓棟、播鼗、擊應鼓三種，
此三種鼓都前綴奏法：如有鼓在前的「棟」、有鼓在後的「應」，又有字形中
含有「鼓」的「鼗」，且「鼗」、「應鼓」前另有「播」、「擊」等字表奏法。

> 《儀禮·大射禮》：「建鼓在阼階西，南鼓。應鼙在其東，南鼓……
> 一建鼓在其南，東鼓。朔鼙在其北。一建鼓在西階之東，南面。簜
> 在建鼓之間。鼗倚於頌磬西紘。」〔註7〕

《儀禮》所記為儀式中樂的使用情況，《大射禮》為諸侯射禮，樂縣為宿縣，
縣於兩階及其周圍，其中列於樂縣中的鼓有建鼓、應鼙、朔鼙、鼗四種。朔
鼙、應鼙為一組，朔鼙用以始樂，應鼙應之，二鼙位於建鼓旁，分列西階與
阼階。另有一鼗，倚於頌磬西紘，此為與《大司樂》所記革類樂器唯一相同
之器。《大射禮》言鼓僅列樂器名，均不言奏法。

> 《禮記·王制》：「天子賜諸侯樂，則以柷將之。賜伯子男樂，
> 則以鼗將之。」

> 《禮記·月令》：「（仲夏之樂）是月也，命樂師修鞀、鞞、鼓，
> 均琴、瑟、管、簫。」

> 《禮記·禮器》：「廟堂之下，縣鼓在西，應鼓在東。」

> 《禮記·明堂位》：「拊搏，玉磬，揩擊，大琴，大瑟，中琴，
> 小瑟，四代之樂器也。夏后氏之鼓足，殷楹鼓，周縣鼓。」〔註8〕

〔註6〕《周禮注疏》卷二三，第719～727頁。

〔註7〕《儀禮注疏》卷一六，第348～350頁。

〔註8〕分別見於《禮記正義》卷一二，第342頁；卷一六，第584頁；卷二四，第
879頁；卷三一，第1103～1105頁。

《禮記》所載之鼓，是對禮中鼓的使用情況所作的說明，分別論及賜樂、習樂、方位、諸代樂器等方面。《月令》所載爲習樂之時樂師所作的準備，其中表示革屬樂器的「鞀、鞞」，是以「革」爲義符，不同於以「鼓」爲義符表鼓之字。《禮器》所言廟堂之下相應的「應鼓」與「縣鼓」，不同於《大射禮》之「應鼙」、「朔鼙」與「建鼓」，也不同於《大司樂》中的「鼓𩊠」、「播鼗」與「擊應鼓」，僅有二鼓。《明堂位》所記三代之器是以「縣鼓」爲周鼓，楹鼓爲殷鼓，鼓足爲夏后氏所屬鼓，「鼓足」不同於縣鼓與楹鼓，其「鼓」在前。

「三禮」記樂各有系統，就鼓而言，體現在鼓的使用、鼓的形制、鼓的名稱等方面的差異。但是「鼗」於「三禮」均可見，且在《周禮》中分別出現於《大司樂》《小師》《瞽矇》《眡瞭》之職中。《鼓人》所記「六鼓」，就其用途而言可分作二類，「雷鼓、靈鼓、路鼓」用於祭祀，「鼖鼓、鼛鼓、晉鼓」用於軍事、田役、金奏，所指之事各不相同。以下將「六鼓」分作此二類進行討論，辨析「六鼓」的名義。

1、雷鼓、靈鼓、路鼓

鼓於祭祀中的使用，《周禮・鼓人》《大司樂》均有記載，前者所載爲「雷鼓、靈鼓、路鼓」；後者所載爲「雷鼓雷鼗、靈鼓靈鼗、路鼓路鼗」。二篇所載祭祀用鼓的形制不盡相同，但用作祭祀之事相同：「雷」用於祀天；「靈」用於祭地；「路」用以鬼享。

> 《周禮・天官・小宰》曰：「以官府之六屬舉邦治。一曰天官，其屬六十，掌邦治，大事則從其長，小事則專達；二曰地官，其屬六十，掌邦教，大事則從其長，小事則專達；三曰春官，屬六十，掌邦禮，大事則從其長，小事則專達；四曰夏官，其屬六十，掌邦政，事則從其長，小事則專達；五曰秋官，其屬六十，掌邦刑，大事則從其長，小則專達；六曰冬官，其屬六十，掌邦事，大事則從其長，小事則專達。」鄭玄注：「六官之屬三百六十，象天地四時日月星辰之度數，天道備矣。前此者，成王作《周官》，其志有述天授位之義，故周公設官分職以法之。」〔註9〕

《鼓人》屬地官，《大司樂》屬春官，地官與天官相對，春官與夏官、秋官、

〔註 9〕《周禮注疏》卷三，第 64～65 頁。

多官並置，二官屬性不同。鄭《目錄》：「天官，象天所立之官。地官，象地所立之官。」釋曰：「天官言天直取總攝爲名，全無天事。天事併入於春官者，言象天自取總攝爲名，象地自取掌物爲號，各取一邊爲義理。……地官既言象地所立，則此六十官皆法地，與天官言象天義異矣。」〔註10〕從以上論述可知，天官與地官言禮的方式不同，天官言象天之「義」，地官言象地之「立」。《大司樂》言樂，所屬於天官，言樂之總攝，即天、地成禮之樂的狀況。而地官以所掌之物作爲官之職名，《鼓人》爲掌「法地」之鼓之官職，其職爲象「地」而立之鼓的作用。

「雷、靈、路」鼓用於祭祀，當是指在祀天、祭地、享鬼之「地」有鼓聲。《大司樂》言雷鼓雷鼗，奏於地上之圜丘，天神皆降；靈鼓靈鼗，奏於澤中之方丘，地示皆出；路鼓路鼗，奏於宗廟之中，人鬼可得禮。地官法地，地上之圜丘、澤中之方丘、宗廟皆是「地」，祭祀所在「地」即是用於祀天、祭地、享人鬼的場所，「法地」之鼓分別以雷、靈、路作爲鼓名。陳祥道對「雷、靈、路」之義有云：「雷，天聲也，雷鼓鼓神祀而救日月亦天事也，古人救日月則詔王鼓，先儒以爲鼓用雷鼓是也。靈，地德也，靈鼓鼓社祭而攻猛獸亦地事也，冥氏攻猛獸，以靈鼓毆之是也。路鼓鼓鬼享而田獵達窮者，與遽令亦用之。司馬振旅，王執路鼓，太僕建路鼓於大寢之門外，以待達窮者與遽令是也。」〔註11〕雷、靈分別代表天聲、地德，故以「雷」表祀天，以「靈」表祭地。路有大、正之義，故將古之天子、諸侯所乘之車稱作「路車」，路車上的馬稱作「路馬」，天子、諸侯的正寢稱作「路寢」，宮室最內的正門稱作「路門」。而「雷、靈、路」用作鼓名，就分別表示用於祀天之鼓、祭地之鼓及享人鬼之鼓。

對「雷」、「靈」、「路」三類祭祀用鼓形制的解釋，主要有鄭司農注《大司樂》（以下簡稱「先鄭」）與鄭玄注《鼓人》（以下簡稱「後鄭」）提出的二說。先鄭注云：「雷鼓、雷鼗，皆謂六面有革可擊者也。靈鼓、靈鼗，四面。路鼓、路鼗，兩面。」〔註12〕後鄭注云：「雷鼓，八面鼓也。靈鼓，六面鼓也。路鼓，四面鼓也。」〔註13〕二鄭注鼓不於同一處，對「雷」、「靈」、「路」面數的多寡，所言亦有不同。先鄭認爲雷鼓、雷鼗六面；靈鼓、靈鼗四面；路

〔註10〕《周禮注疏》卷一，第1頁；卷九，第263頁。
〔註11〕（宋）陳祥道《禮書》卷一二二，《四庫全書》文淵閣本。
〔註12〕《周禮注疏》卷二二，第690頁。
〔註13〕《周禮注疏》卷一二，第372～373頁。

鼓、路鼗兩面。後鄭言鼓的面數較先鄭多二面，但僅言鼓不言鼗，雷鼓有八面、靈鼓有六面、路鼓有四面。唐賈公彥疏《大司樂》，認為先鄭言鼓有誤，從後鄭之說。

> 鄭司農云「雷鼓雷鼗皆六面，靈鼓靈鼗皆四面，路鼓路鼗皆兩面」者，以此三者皆祭祀之鼓。路鼗不合與晉鼓等同兩面，故後鄭不從也。

> ……玄謂雷鼓已下八面、六面、四面者，雖無正文，以鼗鼓、晉鼓等非祭祀鼓，皆兩面，宗廟尊於晉鼓等，故知加兩面為四面。祭地尊於宗廟，故知更加兩面為六面。祭天又尊於祭地，知更加面，面為八面。是以不從先鄭也。〔註14〕

筆者認為，《儀禮》言鼓面，如「南面」、「東面」，均是就擊鼓面而言。鄭玄「雷鼓八面鼓」、「靈鼓六面鼓」、「路鼓四面鼓」當指雷鼓有八面、靈鼓有六面、路鼓有四面。而賈疏以非祭祀用鼓鼗鼓、晉鼓有二面，推測祭祀用鼓的面數應多於二面鼓鼗鼓、晉鼓，故先鄭以「路鼓路鼗皆兩面」有誤。筆者於賈氏之說甚感疑惑，先鄭云「路鼓路鼗皆二面」，面後不帶「鼓」字。「面」釋作擊鼓面，鼓有「二面」，僅可說明路鼓、路鼗的擊鼓面有二面，並不能說明路鼓為二面鼓、路鼗為二面鼗。先鄭釋「面」為「有革可擊者」，為「革」不為「鼓」，既然此處是說用於祭祀的「鼓」的用法，為何又以「革」言可擊之面呢？先鄭以有革之「面」言鼓之面，當為何義？

「雷、靈、路」作為鼓名，表祭祀中祀天、祭地、享鬼之「地」有鼓聲。先鄭言「面」為「有革可擊者」，當是指祭祀場所需設鼓之面，雷鼓雷鼗六面，指地上之圓丘設鼓六面；靈鼓靈鼗四面，指澤中方丘設鼓四面；路鼓路鼗二面，指宗廟中設鼓二面。

由此可見，先鄭以祭祀場所所需設鼓之面注《大司樂》之「鼓鼗」，當指祭祀中所設雷鼓雷鼗、靈鼓靈鼗、路鼓路鼗的面數，表設鼓鼗的方位數；後鄭以鼓的面數注《鼓人》之「鼓」，指用於祀天、祭地、享鬼的雷鼓、靈鼓、路鼓三鼓面的數量，表擊鼓面數。先鄭言設鼓鼗的方位數，後鄭言擊鼓面的數量，故有所不同。

後宋代陳暘又以工言鼓面，指出雷鼓、靈鼓、路鼓與雷鼗、靈鼗、路鼗

〔註14〕《周禮注疏》卷一二，第 694 頁。

的數量分別爲：雷鼓雷鼗六面、靈鼓靈鼗八面、路鼓路鼗四面。他說：

> 雷鼓雷鼗六面而工十有二，以二人各直一面，左播鼗右擊鼓故
> 也。靈鼓靈鼗八面而工十有六，路鼓路鼗四面而工八人。……蓋鞉，
> 兆奏鼓者也，作堂下之樂必先鼗鼓者，豈非《樂記》所謂「先鼓以
> 警戒」之意歟，又云鞉鼓二者以同聲相應，故祀天神以雷鼓雷鼗，
> 祭地示以靈鼓靈鞉，享人鬼以路鼓路鼗，《樂記》亦以鞉鼓合而爲德
> 音，《周官・少師》亦以鞉鼓並而鼓之也。〔註15〕

清代秦蕙田同意陳說：「《周禮》雷鼓六面而工十有二，靈鼗八面而工十有六，
路鼗四面而工八，每以二人各直一面則非合六面八面四面爲一鼓甚明。」〔註16〕

　　若將陳暘、秦蕙田所言雷鼓雷鼗、靈鼓靈鼗、路鼓路鼗的面數與先鄭所
言設鼓鼗的方位數與後鄭所言擊鼓面數結合起來，對祭祀中「雷鼓雷鼗、靈
鼓靈鼗、路鼓路鼗」的用法可釋作：祀天時，地上之圓丘設雷鼓六面，每面
有一鼓一鼗，即雷鼓、雷鼗分別有六面，雷鼓爲八面鼓；祭地，澤中方丘設
鼓四面，每面有二鼓二鼗，即靈鼓、靈鼗各有八面，靈鼓爲六面鼓；宗廟享
人鬼，設鼓二面，每面有二鼓二鼗，即路鼓、路鼗各有二面，路鼓爲四面鼓。

　　《大司樂》言祀天、祭地、享人鬼之樂，與表祭祀之「雷、靈、路」相
關的有「鼓鼗」二字。鼓表「鼓聲」，鼗又爲何義？《鼓人》所掌「四金」之
音，均是以金之四器於「鼓」的作用而言，鼓何以言金，金又何以言鼓？「六
鼓」鼖鼓、鼛鼓、晉鼓三鼓，鼖鼓鼓於軍事、鼛鼓鼓于役事、晉鼓鼓於金奏，
鼖、鼛代鼓、金「九用」之「軍」與「役」，晉鼓言與樂有關之「金奏」；「雷、
靈、路」三鼓表祭祀時鼓用之「地」，此三鼓亦當表鼓用的場所。以下就不用
於祭祀，且字體中含有「鼓」字的「鼖、鼛」二鼓及「晉鼓」的使用，逐一
進行辨析。

2、鼖鼓、鼛鼓、晉鼓

鄭玄與陳暘對三鼓的使用各有其說，其說列於下：

（1）鄭玄說三鼓

①鼖鼓爲「鼓鼛」之「鼓」，鼓鼖鼓以守鼛。

> 　　《春官・鎛師》「夜三鼜，守鼜」，鄭玄注：「守鼜，備守鼓也，

〔註15〕　（宋）陳暘《樂書》卷一一七，《四庫全書》文淵閣本。
〔註16〕　（清）秦蕙田《五禮通考》卷七五，《四庫全書》文淵閣本。

鼓之以鼛鼓。杜子春云：『一夜三擊，備守鼛也。《春秋傳》所謂賓
將趨者，音聲相似。』」〔註17〕

鄭玄說鼛之鼓爲鼛鼓，當是互注《鼓人》「鼛」與《鎛師》「夜三鼛，守鼛」
而得。《鼓人》「凡軍旅，夜鼓鼛」鄭玄注：「鼛，夜戒守鼓也。《司馬法》
曰：『昏鼓四通爲大鼛，夜半三通爲晨戒，旦明五通爲發昫。』」〔註18〕鄭氏
言「鼛」爲夜戒守鼓，「守」的對象是「鼓」，「鼓鼛」爲於鼓之「戒守」。由
此可知，「鼓」在前表作用於鼓，爲鼓的用法；「鼓」在後表鼓的作用，爲鼓
名。《司馬法》言「鼛」的用法，以鼓的通數、時間不同，用處也不同。鼓於
昏時，四通，爲大鼛；鼓於夜半之時，三通，用以晨戒；鼓於旦明之時，五
通，用於發昫。

②《考工記·韗人》「臯陶、鼖鼓、皋鼓」，先鄭認爲韗爲「鞹」，臯陶爲
鼓木。鄭玄較先鄭進一步對「鞹」進行解釋，他認爲三器分別爲：韗人爲臯陶，
即是以臯陶爲官，鞹即從革之陶，臯陶爲晉鼓；鼖鼓爲大鼓，鼓軍事；皋鼓
爲鼛鼓，鼓役事，中圍同鼖鼓，但鼓中曲，有磬折。

臯陶：《周禮·考工記·韗人》「爲臯陶」，鄭司農云：「韗，書
或爲鞹。臯陶，鼓木也。」鄭玄注：「鞹，以臯陶名官也。鞹則陶，
字從革。」

「長六尺有六寸，左右端廣六寸，中尺，厚三寸」，鄭玄注：「版
中廣頭狹爲穹隆也。」鄭司農云：「謂鼓木一判者，其兩端廣六寸，
而其中央廣尺也。如此乃得有腹。」

「穹者三之一」，鄭司農云：「謂鼓木腹穹隆者居鼓三分之一
也。」鄭玄注：「穹隆者居鼓面三分之一，則其鼓四尺者，版穹一尺
三寸三分寸之一也。倍之爲二尺六寸三分寸之二，加鼓四尺，穹之
徑六尺六寸三分寸之二也。此鼓合二十版。」

「上三正。」鄭司農云：「謂兩頭一平，中央一平也。」鄭玄注：
「三讀當爲參。正，直也。參直者，穹上一直，兩端又直，各居二
尺二寸，不弧曲也。此鼓兩面，以六鼓差之，貫侍中云『晉鼓大而
短』，近晉鼓也。以晉鼓鼓金奏。」

鼖鼓：《韗人》：「鼓長八尺，鼓四尺，中圍加三之一，謂之鼖鼓。」

〔註17〕《周禮注疏》卷二四，第739頁。
〔註18〕《周禮注疏》卷一二，第375頁。

鄭玄注：「中圍加三之一者，加於面之圍以三分之一也。面四尺，其圍十二尺，加以三分一，四尺，則中圍十六尺，徑五尺三寸三分寸之一也。今亦合二十版，則版弙六寸三分寸之二耳。大鼓謂之鼖。以鼖鼓鼓軍事。」

　皋鼓：《韗人》：「爲皋鼓，長尋有四尺，鼓四尺，倨句，磬折。」

鄭玄注：「以皋鼓鼓役事。磬折，中曲之，不參正也。中圍與鼖鼓同，以磬折爲異。」〔註19〕

以下是據鄭玄注對皋陶、鼖鼓、皋鼓三器形制的具體說明：

　皋陶，本指鼓框，亦作晉鼓。陳祥道同意此說。〔註20〕皋陶長六尺六寸。其鼓框以二十塊木板拼合，版上下頭各廣六寸，鼓框中部隆起，故版之中部廣一尺。隆起之部「三之一」者，爲版廣六寸之三分之一。依此推斷，大致鼓面直徑爲四尺，圓周十二尺；鼓腹隆起之處直徑六尺六寸，圓週二十尺。云「上三正」者，指鼓腹隆起之處不爲弧形，而成三折之形，同鼖鼓。鼓長六尺六寸，則一平面長二尺二寸。

　鼖鼓鼓面直徑四尺，其圓周約十二尺；加三分之一，則中間圓周約十六尺。其鼓腹是三折之形，即兩端各一平面，中間一個平面。此鼖鼓與「六鼓」之鼖鼓同，用於軍事。

　皋爲鼛之借字，皋（鼛）鼓長十二尺，鼓面直徑四尺，中圍或與鼖鼓同約十六尺。但皋鼓的鼓腹不是三折之形，而是一折成鈍角之形。〔註21〕皋鼓爲「六鼓」之鼛鼓，用于役事。

（2）陳暘說三鼓

　　鼖鼓鼓軍事，則畫以進兵之鼓，非夜以警眾之鼖也，鄭氏以鼖爲鼖誤矣。凡此非特用之，以和軍旅，雖節聲樂亦用之，故《詩》言「鼖鼓維鏞」，以文王能作大事，考大功作樂以象其成也。

　　鼛鼓以皋爲義。《詩》曰：「鶴鳴于九皋。」《傳》曰「下濕皋」，

〔註19〕《周禮注疏》卷四〇，第1302～1304頁。

〔註20〕（宋）陳祥道《禮書》卷一二二：「先儒以爲晉鼓，其說是也。鼓人之六鼓，有雷鼓、靈鼓、路鼓、鼖鼓、晉鼓、皋鼓，而路鼓以上，不特左右，端兩面而已。鼖鼓不特長，六尺六寸而已，則長六尺六寸，左右端廣六寸，其爲晉鼓可知。」（《四庫全書》文淵閣本）

〔註21〕《考工記·磬氏》：「磬氏爲磬，倨句一矩有半。」倨句約爲135度鈍角。（《周禮注疏》卷四一，第1321頁。）

則皋者，下濕之地，其土潤以緩，欲舞之緩謂之皋舞，欲役之緩謂
之皋鼓。《春秋傳》曰「魯人之皋」，《詩》曰「鼛鼓弗勝」，又曰「鼓
鐘伐鼛」，蓋鼛鼓所以鼓役事也。

　　先儒以爲晉鼓其制大以短，蓋所以鼓金奏也。《鍾師》「以鐘鼓
奏《九夏》」，《鎛師》「掌金奏之鼓」，豈晉鼓歟？《易》曰：「晉，
進也」，故則會兵法「以鼓進，以金止」，以晉鼓鼓金奏。〔註22〕

①陳暘認爲鄭玄「鼖鼓爲鼛用之鼓」有誤，鼖鼓鼓軍事，鼓於晝，用以
進兵，不用於夜鼓守備之「鼛」。鼖鼓除用於軍旅之外，還用於樂，用以節
聲樂。

關於「鼛」，陳暘認爲鼛僅用以守備，並非如沈約所云還用于役事，鼓役
事用皋鼓。「宋沈約《樂志》曰：『長丈二尺曰鼛，凡守備及役事鼓之。』其
言守備則使及矣，役事則非矣，《鼓人》不云乎。『鼛鼓鼓役事』，蓋役事上之
所以役下，警守下之所以事上，役下必以仁，未嘗不欲緩，故以皋鼓鼓之，
事上必以義，未嘗不欲番，故以鼛鼓鼓之。皋與鼛字殊而理一。」〔註23〕

②鼛鼓以「皋」爲義，皋有「土潤以緩」之義，故將鼛鼓用于役事。

③陳氏認爲先儒以晉鼓制大而短，用於金奏的觀點爲誤。鍾師、鎛師所
用「鐘鼓」及「金奏之鼓」非爲制大而短的晉鼓。《易》有云，「晉」爲「進」
義，「以晉鼓鼓金奏」當指鼓、金用於軍，「以鼓進，以金止」，擊鼓以進，擊
金以止。

鄭玄與陳暘論「鼖鼓、鼛鼓、晉鼓」三鼓，鼛鼓同，爲《考工記》所言
「皋鼓」，用于役事；但對於鼖鼓、晉鼓二鼓，鄭玄認爲鼖鼓用於鼓鼛，晉鼓
爲皋陶，用以金奏；陳暘認爲鼖鼓用以進兵、用於節樂，晉鼓用於軍事，爲
「進」之義，擊鼓以進，擊金以止。以下分別就鼖鼓、晉鼓的形制及使用進
行討論。

（3）鼖鼓

《考工記·韗人》爲「攻皮之工」，所制之器爲「皋陶、鼖鼓、皋鼓」。
鼖鼓、皋鼓，同「鼓」；皋鼓、皋陶，同「皋」。《韗人》「鼖鼓」的鼓名與《鼓
人》「以鼖鼓鼓役事」的「鼖鼓」相同，鄭玄以「鼖鼓」爲鼓名，用於軍事以
鼓鼛，鼓於也，用以守備。陳暘言鼖鼓非「鼓鼛」之鼓，鼖鼓鼓於晝，用以

〔註22〕 （宋）陳暘《樂書》卷一一七，《四庫全書》文淵閣本。
〔註23〕 （宋）陳暘《樂書》卷四八，《四庫全書》文淵閣本。

進兵，且「鼖鼓」非特用於軍，亦用於節聲樂，即《詩》所言「鼖鼓維鏞」之類。

筆者查閱《詩·大雅·靈臺》之詩，發現陳暘所舉「鼖鼓維鏞」之文當為「賁鼓維鏞」，鼓名為「賁」，非「鼖」。《爾雅·釋樂》：「大鼓謂之鼖，小者謂之應。」〔註24〕鼖為大鼓。「賁鼓」，見於《周禮·夏官·大司馬》：「辨鼓鐸鐲鐃之用：王執路鼓，諸侯執賁鼓，軍將執晉鼓，師帥執提，旅帥執鼙，卒長執鐃，兩司馬執鐸，公司馬執鐲。」鄭玄注：「《鼓人職》曰：『以路鼓鼓鬼享，以賁鼓鼓軍事，以晉鼓鼓金奏，以金鐃止鼓，以金鐸通鼓，以金鐲節鼓。』」〔註25〕《大司馬》言鼓有路鼓、賁鼓、晉鼓、提、鼙五種，鄭玄引《鼓人職》，其中「鼖鼓鼓軍事」一句作「賁鼓鼓軍事」，為「賁」而非「鼖」。故《大司馬》用「鼓」之鼓有路、賁、晉三種，分別指王、諸侯、軍將所執之鼓，「路」有正、大之義，故王執「路鼓」，諸侯執之「賁鼓」，當較王卑，「賁」非同鼖，表「大」之義。筆者以下就「賁」、「鼖」二字字形進行考證，探明「鼖鼓」與「賁鼓」的區別和聯繫。

「賁」在先秦文獻中有五義，分作四音。

①賁，讀作 bì，為文飾之義。《易·賁卦》䷕離下艮上。賁：亨。小利有攸往。《彖》曰：賁「亨」，柔來而文剛，故「亨」。分剛上而文柔，故「小利有攸往」。天文也。文明以止，人文也。觀乎「天文」，以察時變；觀乎「人文」，以化成天下。《象》曰：山下有火，賁。君子以明庶政，無敢折獄。初九：賁其趾，舍車而徒。《象》曰：「舍車而徒」，義弗乘也。六二：賁其須。《象》曰：「賁其須」，與上興也。《象》曰：「永貞」之「吉」，終莫之陵也。六四：賁如皤如，白馬翰如。《象》曰：六四當位，疑也。六五：賁於丘園，束帛戔戔。《象》曰：六五之「吉」，有喜也。上九：白賁，無咎。《象》曰：「白賁無咎」，上得志也。孔穎達正義：「賁，飾也。以剛柔二象交相文飾也。」〔註26〕

②賁，讀作 fén，宏大、盛美之義。《書·盤庚下》：「各非敢違卜，用宏茲賁。」注：「宏、賁皆大也。」〔註27〕

③賁，亦讀 fén，龜的一種，有三足。《爾雅·釋魚》：「鱉三足，能。龜

〔註24〕《爾雅注疏》卷五，第 171 頁。
〔註25〕《周禮注疏》卷二九，第 901 頁。
〔註26〕《周易正義》卷三，第 123～127 頁。
〔註27〕《尚書正義》卷九，第 289 頁。

三足，賁。」郭璞注：「《山海經》曰：『從山多三足鼈，大苦山多三足龜。』」〔註28〕

④賁，讀作 bēn，勇士之義。《書‧立政》：「準人，綴衣，虎賁。」注：「準人平法，謂士官；綴衣，掌衣服，虎賁，以武力事王，皆左右近臣，宜得其人。」〔註29〕《禮記‧樂記》：「裨冕搢笏，而虎賁之士說劍也。」〔註30〕

⑤賁，讀作 fèn，通「憤」，憤怒之義。《禮記‧樂記》：「粗厲、猛起、奮末、廣賁之音作，而民剛毅。」鄭玄注：「賁，通『憤』，憤，怒氣充實也。《春秋傳》：『血氣狡憤』。」孔穎達疏：「廣賁，謂樂聲廣大，憤起充滿。」〔註31〕

《詩‧大雅‧靈臺》：「虞業維樅，賁鼓維鏞。於論鼓鐘，於樂辟廱。」毛傳：「賁，大鼓也。」鄭箋：「賁，扶雲反，字亦作『鼖』。」正義曰：「賁，大也，故謂賁爲大鼓。」〔註32〕賁爲本字，與「鼖」不同字，正義以賁有大之義，稱「賁鼓」爲大鼓，通「鼖」。賁有多義，讀如「鼖」有二義，一爲大，二爲三足龜。此「三足龜」之義又作何解釋呢？

從鼓之「鼖」與從貝之「賁」的字形都有「卉」，「卉」作爲義符又當作何解？賁，古字作賁，其字形與卉相較，上面的「屮」相同；鼖爲鼓上之屮，賁爲貝上之屮。鼖之屮爲鼓之飾，是據「賁」有「卉」，爲飾之義而得。但「賁」形另有「貝」，以賁有屮，得賁有飾之義，但賁另有四義，此四義又當從何而來呢？「賁」之飾義，是否當作賁之本義呢？馬敘倫認爲：「飾也疑非本義，亦非本訓。諸家據易賁卦以說飾義。然襍卦傳曰：『賁，無色也。』京房《易傳》：『五色不成謂之賁。』義同。……故五色不成謂之賁。亦曰無色。然賁從貝。貝是海介蟲，不得有無色或不純義。無色或不純乃縵字義。易卦借賁爲縵。」〔註33〕馬氏說賁從貝，非「卉」。「貝爲海介蟲」，「海介蟲」即是「龜」，「貝」上有屮，數量有三，此當指龜之「足」，賁有一義，即《爾雅‧釋魚》之「龜有三足爲賁」，由此可見，賁從貝，貝爲龜，「卉」表龜的三足之義，三足龜當爲「賁」的本義。

〔註28〕《爾雅注疏》卷九，第 332 頁。
〔註29〕《尚書正義》卷一七，第 551 頁。
〔註30〕《禮記正義》卷三九，第 1325 頁。
〔註31〕《禮記正義》卷三八，第 1286 頁。
〔註32〕《毛詩正義》卷一六，第 1226 頁。
〔註33〕馬敘倫《說文解字六書疏證》卷一二，見李圃主編《古文字詁林》（六），上海教育出版社，1999～2004 年排印本，第 177 頁。

　　《易》以「賁」作「無色」、「飾」之解，當是以賁之「卉」，即「屮」為緢，以緢之無色、裝飾之義解「賁」。《易‧賁卦》：「上九：白賁，無咎。《象》曰：『白賁無咎』，上得志也。」正義曰：「『白賁無咎』者，『處飾之終』。飾終則反素，故任其素質，不勞文飾，故曰『白賁無咎』也。守志任眞，得其本性，故《象》云『上得志』也。言居上得志也。」孔穎達以「賁」為「緢」，以緢之質為素，作「無色」解，故「白賁無咎」當為「守志任眞、得其本性」之義，居上而得志。「賁」其他三義亦與「卉」有關，以「賁」為飾，多飾故有宏大、盛美之義；「勇士」以賁有大義，力氣大者為勇，亦將勇士稱作「虎賁」；賁通「憤」，「憤」為憤怒，「廣賁之音」即指樂音廣大，怒氣充滿之義。

　　鼖，本字作🥁，唐蘭云：「此作🥁者，多其賁飾，以顯大鼓也。後世樂器之鼓，以🥁為之，🥁字遂變而作🥁矣。」〔註34〕鼓本作「壴」，《說文》：「壴，陳樂。立而上見也。從屮，從豆。凡壴之屬皆從壴。」徐鍇繫傳曰：「壴樹鼓之象，屮，其上羽葆也，象形。」戴侗《六書故》曰：「壴，樂器類，屮木邊豆，非所取象。其中蓋象鼓，上象設業崇牙之形，下象建鼓之虞。」由此可見，鼖本為鼓，其形「卉」同「賁」之「卉」，表「飾」之義，故鼓上「屮」表鼓之飾。「鼖」本字🥁鼓上為「屮」，表鼓有多個鼓飾以顯鼓之大，「鼖」作大鼓之解是從其字形「屮」而來，非是以「賁」有大之義而得。

　　與「賁」有關的字除「鼖」之外，另有一字「韇」，從革。《說文‧鼓部》：「鼖，從鼓，卉聲。」段玉裁注：「鉉本改作賁，省音，非也。賁從貝，卉聲，微與文合韻取近，符分切，十三部。」又，《說文‧鼓部》：「韇，鼖或從革，賁聲。」段注云：「鉉本改作賁，不省，非是。大司馬職作賁鼓，即韇之省也。」〔註35〕段注《大司馬》「賁鼓」之「賁」，為韇的省文；鼖是以「卉」為聲，不從「賁」，從「鼓」。「賁」「韇」、「鼖」三字，「鼖」不同於「賁」、「韇」，「賁」為「韇」的省形。

　　由此可見，作為「賁鼓」之「賁」與作為「鼖鼓」之「鼖」義不同，「鼖」分作「卉」與「貝」二形，「鼖」以鼓上有「卉」，同「賁」上「卉」，以屮作鼓飾，表大鼓。「賁」下「貝」為海介蟲，此形之義當如《爾雅》所言「三足龜」是也。賁從「貝」，「卉」表三足。「賁」，為韇之省，韇即《大司馬》之「賁鼓」。《鼓人》「以鼖鼓鼓軍事」，指鼖鼓用於軍事；《詩》「賁鼓維鏞」，用於樂

〔註34〕唐蘭《殷墟文字記》，中華書局，1981年版，第68頁。
〔註35〕段玉裁《說文解字注》五篇上，上海古籍出版社，2004年版。

事爲「賁鼓」而非「鼖鼓」。陳暘說「鼖鼓」用於樂，誤。「鼖鼓」特用於軍事，「凡軍旅，夜鼓鼜」，鄭玄云「以鼖鼓鼓鼜」爲是。「賁鼓」可用於軍、亦可用於樂，用於軍，爲諸侯所執；用於樂，用以和鏞。

（4）晉鼓

《周禮‧春官‧鎛師》：「掌金奏之鼓。凡祭祀，鼓其金奏之樂，饗食、賓射亦如之。軍大獻，則鼓其愷樂。凡軍之夜三鼜，皆鼓之，守鼜亦如之。」〔註36〕《鎛師》職掌金奏之鼓，凡軍之夜三鼜、守鼜，皆有鼓。《鼓人》云「以晉鼓鼓金奏」，鼓金奏爲「晉鼓」。

關於《鎛師》所掌金奏之「鼓」與《鼓人》「晉鼓鼓金奏」的關係，方苞認爲：「郊廟朝廷之樂事，鼓人不與，故金奏之鼓，鎛師兼掌之，以所便也。猶金奏掌於鍾師、鎛師，而四金師由所用，則鼓人兼掌之。鎛師所掌即鼓人所教而別爲二職，何也？鼓人所鼓，神祀、社祭、鬼享、軍旅、田役之金奏，以及祭祀百物之神，皆用於鄉遂都邑者，故屬地官。鎛師所鼓，祭祀、饗食、賓客大獻，皆用於王朝者，故屬禮官。惟鼓鼜二職並列，而鎛師，大獻鼓愷樂，守鼜，鼓人則無之。然後知鎛師所掌乃王朝之事，具夜鼜，惟王親在行則然；若鼓人則凡軍旅，通掌其鼓與鼜也。」〔註37〕方氏認爲鼓人、鎛師職屬不同，鼓人掌教鼓，屬地官；鎛師掌金奏之鼓，屬禮官。鎛師掌金奏之鼓的職能不僅限於祭祀、饗食等用於樂事的場所中，亦有用於大獻、軍旅等場合，故其職中鼓、鼜並列。

鎛師所掌金奏之鼓，指其施用，鼓人所掌教金奏之鼓，指其名「晉鼓」。鄭玄將《鎛師》「夜三鼜、守鼜」之鼓當作「鼖鼓」，而又將《考工記》之「皋陶」當作晉鼓。陳暘以「鼜」爲守備之鼓，以晉鼓鼓於軍事，鼖鼓鼓於軍事與樂事，亦是將金奏之鼓與守鼜之鼓視作二鼓。由此可見，《鎛師》「掌金奏之鼓」之「鼓」本就不爲鼓名，當爲一類樂（金奏之樂）所奏「聲」的代表。與金奏有關的四類鼓：晉鼓、鼓鼜、鼖鼓、皋陶，晉鼓爲在鼓前加表鼓用之義爲「晉」的鼓；鼜、鼖是字形中含「鼓」之鼓，「鼓鼜」表鼓用，「鼖鼓」表鼓名；皋陶本身不帶「鼓」義，當作何義呢？《韗人》三器，皋陶爲「木」，鼖鼓爲「大鼓」，皋鼓有「倨句，磬折」；「鼓」金、革及石以「木」，「皋陶」

〔註36〕《周禮注疏》卷二四，第739頁。
〔註37〕方苞《周官析疑》卷一六，《續修四庫全書》本，上海古籍出版社，1995年影印本，第79冊。

需搏埴，「皋鼓」有磬折。金、石、革，材質不同，但奏法均爲手執木（柎、槌）敲擊器使之振動發聲。

《考工記》：「攻木之工，輪、輿、弓、廬、匠、車、梓。攻金之工，築、冶、鳧、㮚、段、桃。攻皮之工，函、鮑、韗、韋、裘。設色之工，畫、繢、鍾、筐、慌。刮摩之工，玉、楖、雕、矢、磬。搏埴之工，陶、瓬。」〔註38〕《考工記》爲專門記載攻木、攻金、攻皮、設色、刮磨、搏埴之工，並記述了各種工種的工藝過程之節，先鄭言「皋陶」爲鼓木，鄭玄云同「韗」之「鞼」爲官名，即屬革之「陶人」。陶人是製造陶器的工匠，亦稱「陶正」，爲搏埴之工。搏，拍也；埴，黏土也；以手拍黏土以爲培，乃燒之。鄭玄釋鞼爲屬革之陶，陶即土，故「鼓人」屬地官。攻皮之工爲「韗人」，同「陶人」，官名都爲「人」，以事名官。鄭玄注：「其曰某人者，以其事名官也。其曰某氏者，官有世功，若族有世業，以氏名官者也。」賈公彥疏：「『其曰某人者，以其事名官也』者，匠人、梓人、韗人、鮑人之類是也。此等直指事上爲名也。云『其曰某氏』者，其義有二：一者，官有世功，則以官爲氏，若韋氏、裘氏、冶氏之類是也。二者，族有世業，以氏名官，若鳧氏、㮚氏之等是也。」〔註39〕韗、陶都是以「人」爲官名，「韗」，即「鞼」，爲革屬之「陶」。陶爲土，革屬之陶，當指以土爲鼓之義，即「土鼓」。土鼓之名，見於「三禮」中有三處：其一爲《禮記・禮運》：「蕢桴而土鼓。」鄭玄注：「土鼓，築土爲鼓也。」〔註40〕其二爲《禮記・明堂位》：「土鼓，蕢桴，葦籥，伊耆氏之樂也。」賈公彥疏：「『土鼓』謂築土爲鼓，『蕢桴』以土塊爲桴。『葦籥』者，謂截葦爲籥，此等是伊耆氏之樂。」〔註41〕其三爲《周禮・春官・籥章》：「掌土鼓豳籥。」杜子春云：「土鼓，以瓦爲匡，以革爲兩面，可擊也。」〔註42〕

鄭玄與杜子春對「土鼓」形制的解釋有分歧。杜子春釋「土鼓」，認爲是「以瓦爲匡，以革爲兩面」，不將土鼓視作土類樂器，而將其視作革類樂器「鼓」的一種。鄭玄注《禮運》《明堂位》言土鼓是「築土爲鼓」，直接築地以當鼓節。關於其爲何命名爲「土鼓」而不爲「築地鼓」，賈公彥疏：「不云『築地

〔註38〕　《周禮注疏》卷三九，第 1245 頁。
〔註39〕　《周禮注疏》卷三九，第 1246～1247 頁。
〔註40〕　《禮記正義》卷二一，第 777 頁。
〔註41〕　《禮記正義》卷三一，第 1103 頁。
〔註42〕　《周禮注疏》卷二四，第 741 頁。

鼓』者，以經稱土鼓，故言『築土』，順經文也。」筆者認爲，「土鼓」若如杜氏所說，則與鼓的形制大抵相當，又爲何另作一名「土鼓」，且鼓名中有「土」，必將與土類有所混淆，不知是土類樂器還是革類樂器。「土鼓」應如鄭玄所說，非爲革屬樂器，而是築（敲擊）土爲節，是伊耆氏之樂。

鄭司農、鄭玄均以「鞠」通「皋陶」，鞠即革屬之「陶」，爲「土鼓」。「土鼓」非「鼓」，而是以「鼓」之「鼓」義（奏鼓的動作）作用於「土」，築土爲節，以「蕢桴」擊土，蕢桴爲擊木。由此可見，通「皋陶」之「鞠」是以其作爲擊鼓之「鼓木」而言，取鼓作爲演奏「敲擊振動發聲」之義。

「鼓鼗」爲夜戒守鼓，即爲守「鼖鼓」所設，《鼓人》言「四金」，以「和、節、止、通」鼓，而守「鼖鼓」之器是否爲「金」呢？另，《鎛師》掌「金奏之鼓」，是否亦可釋作「鼓以金奏」；先鄭言「皋陶」爲鼓木，此「木」能否鼓「金」呢？《大司馬》云軍將執晉鼓，陳暘釋晉鼓用於軍中，鼓以進，金以止，爲兵法；《鼓人》所記「凡軍旅，夜鼓鼗」，爲軍旅。可見周代，軍中多用鼓、金。《國語・吳語》「載常建鼓」，韋昭注：「鼓，晉鼓也。」〔註43〕軍中所建之鼓即爲晉鼓，現今遺留的建鼓紋銅牌及考古所發掘的銅鑒、銅器上呈現出的矢射、擊鼓、擊金圖像，生動展現了軍中鼓、金的使用情況，給我們的研究提供了寶貴的實物資料。〔註44〕

一、建鼓紋通牌：銅牌呈桃形，小巧精緻，高 2.1cm、寬 2cm、厚 0.2cm，後有三紐，便於縫合在皮帶上，正面有陰刻的建鼓、人物圖案，故稱建鼓紋銅牌。（圖一）銅牌正面爲一幅戰爭場面的圖示，正中豎一根楹柱，柱中懸鼓，柱下有一斜杆，杆端有一圓狀柱體之物，即「金」。柱頂端有菱形裝飾，其上爲羽葆，在羽葆與鼓之間斜插一戈。在楹柱兩側各站一人，前者著盔披甲，張弓搭箭，躍躍欲射，後者也著盔披甲，舉右臂，但手及所持物模糊不清，從有關類似圖案看，手當持桴（槌，鼓桴），作擊鼓或擊金狀。上述形象估計是在戰車上展開的，只是沒有將戰車展現在畫面上。此「桴」擊鼓亦擊金，可證鼓木不僅可擊鼓，亦可用作擊金。

二、河南汲縣山彪鎮出土有一件水陸攻戰銅鑒，其中有一戰船，船分左

〔註43〕《國語》卷一九，第608～609頁。
〔註44〕見李露露《建鼓紋銅牌小考》，載於《中原文物》2000年第5期。作者將用於軍中的金名作「鉦」，關於「鉦」與「四金」的關係，筆者在此節之後會對「四金」與鉦、鈴之名進行辨明。此處先將筆者稱作「鉦」的金類樂器暫以「金」爲名代之。

右呈現有兩組建鼓：下為跗（鼓座）、座上豎立楹柱，柱杆上懸鼓、戈，柱頂為羽葆，鼓座上斜插有一杆，「金」安於此杆杆端。擊鼓者雙手持槌，可擊鼓，亦可擊金。左右兩「金」的形制不太一致，左「金」大於右「金」。在鼓前方有一人張弓欲射，這些都與建鼓紋銅牌擊鼓擊金圖相似。（見圖二）

三、山西潞城出土有一件戰國銅匜（舀水注水的工具──筆者注）所刻紋飾上也有楹柱，柱上懸建鼓，下有金，金之形制如倒置之鍾，口向上，柄固定於跗（鼓座）之上。由一人雙手握桴擊鼓擊金，擊者腳下踩有人頭。這是當時戰爭獵首、馘首的產物。（圖三）《左傳·嘻公二十八年》：「獻俘授首。」可知戰車上放置人首，乃是戰爭有獲的象徵。

四、四川成都百花潭出土有一件戰國的銅壺，其上也刻有楹柱、建鼓、金，亦是由一人用雙手握桴分別擊鼓與金，但金的形制不同亦有不同，呈橢圓椎形。（圖四）

圖一：建鼓紋銅牌正、側面　　　　圖二：河南汲縣山彪鎮出土
　　　　　　　　　　　　　　　　　　　戰國水陸攻戰紋銅鑑

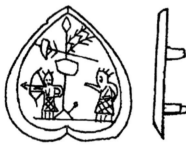

圖三：山西潞城出土　　　　　　圖四：四川成都百花潭出土
　　　戰國銅匜紋飾　　　　　　　　　戰國銅壺紋飾

以上四件文物，都是戰國時代的遺物，圖案內容的共同點是：中央為楹

柱，下爲趺（座），楹柱上爲羽葆、戈，中爲建鼓，下爲金。擊者兩手執槌，擊鼓、擊金同在一面，金的形制各不相同。設鼓的這種形式被稱作「建鼓」，在戰國時期的戰船、戰車上多有此置。從此類記載戰船、戰車之事的圖像上，我們可以得知鼓與金的關係，鼓爲「建鼓」，「金」置於建鼓鼓座，擊者雙手執枹，擊鼓金。金奏之建鼓「晉鼓」，鼓爲鼖鼓，擊鼓、金爲鼓木皋陶，用於軍旅，以鼓鼖。

二、「三禮」所用鼓制辨析

「三禮」所載鼓不盡相同，《儀禮》有朔鼙、應鼙、鼖、建鼓；《周禮》有鼗、應鼓、鼖，皆爲小鼓；《禮記》有縣鼓、應鼓、鼓足、楹鼓。另《詩經》有應、田、縣鼓，《詩經·周頌·有瞽》「應田縣鼓」毛傳：「應，小鞞也。田，大鼓也。」鄭玄箋：「田當作鼗。鼗，小鼓，在大鼓旁，應鞞之屬也。聲轉字變，誤而爲田。」〔註45〕對於「應」，毛傳與鄭箋觀點一致，認爲其爲小鼓；但對「田」的解釋，毛、鄭有異，毛直接釋「田」爲大鼓，鄭把「田」作爲通假字，通鼗，爲小鼓。以下就文獻中所記之鼓的形制及名稱進行辨明。

1、諸鼓名義考辨

（1）田與鼗

田與鼗，《詩》有「田」，《周禮》有「鼗」，鄭玄以「鼗」通「田」，認爲田、鼗爲小鼓。《詩》毛傳不同鄭箋，釋「田」爲大鼓。唐孔穎達對毛傳與鄭箋釋「田」的內容有云：

> 關於毛傳，《正義》曰：……知「應，小鞞」者，《釋樂》云：「大鼓謂之鼖，小者謂之應。」是應爲小鼓也，《大射禮》應鞞在建鼓東，則爲應和。建鼓、應鞞共文，是爲一器，故知「應，小鞞」也。應既是小，田宜爲大，故云「田，大鼓也」。

> 關於鄭箋，《正義》曰：……以經、傳皆無田鼓之名，而田與應連文，皆在懸鼓之上，應者應大鼓，則田亦應之類。《大師職》云：「下管，播樂器，令奏鼓鼗。」注云：「爲大鼓先引。」是古有名鼗引導鼓，故知田當爲鼗，是應鞞之屬也。又解誤爲田，意鼗字以東爲聲，聲既轉去東，唯有申在，中字又誤去其上下，故變作田也。

〔註45〕《毛詩正義》卷一九，第1561～1562頁。

筆者以為：《正義》對毛傳「田為大鼓」的解釋，是以「應為小鼓」所作的推演，孔疏毛傳實是演繹而來，然孔穎達遠在毛公之後，不能僅以「應」來推擬毛公注詩年代的文字狀況。孔疏鄭玄以《周禮‧大師》「下管，播樂器，令奏鼓朄」中有「朄」，朄為導引之鼓，而以「田」當朄，釋「田」為應鞞之屬，為小鼓，並推斷朄變為田的過程為朄→申→田。

對於毛、鄭有分歧且各有所據的現象，後世學者亦深感難定是非。如宋朱熹便兼採兩家之說；呂祖謙宗毛但仍附載鄭義；清程晉芳說：「何元子雲：《書‧君奭》申勸文王之德，《禮記》亦訛作田，⋯⋯鄭孔之說可信，⋯⋯然毛公去古未遠，說亦未可輕廢，兩存為是。」〔註46〕有清以前學者大多支持鄭說而反對毛說。

1）鄭派學者的論述

宋蘇轍不僅同意鄭玄「田當作朄，應鞞之屬也」之說，且提出與「應田」相對的「縣鼓」釋作大鼓，將「應田」與「縣鼓」分作兩類，「應、田」為小鼓，「縣鼓」為大鼓。他說：「（應、田）皆在縣鼓之上，縣鼓，大鼓也。」〔註47〕

宋王質除了重申孔疏的論據外，還引鄭玄注《周禮‧小胥》「正樂縣之位」，縣為大鼓之文，對鄭「田為小鼓」說提供了新的補充。他說：「《小師》『下管擊應鼓』鄭氏：鞞屬也。《大師》『下管播樂器，令奏鼓朄』鄭氏：田當作朄，朄，小鼓也。《小胥》『正樂縣之位』鄭氏：樂縣，鍾磬也。鍾師凡樂事，以鐘鼓奏《九夏》。夏，大也，此則大鼓也。應、田，皆小鼓也。」〔註48〕

明季本堅持鄭說：「田，當作朄，其或謂之應、或謂之鞞，皆別名也。若朄、應之大鼓，必路鼓，鼓鬼享者。此以節樂必有輕重疾徐，如魯鼓、薛鼓之節。故有小鼓以引之而路鼓則以縣也。⋯⋯凡大鼓不特路鼓，凡晉鼓、賁鼓皆縣，但對此應朄而言，則縣鼓當為路鼓，或以為晉鼓則不然，蓋晉鼓鼓金奏者也，應朄小鼓要之，不列於縣以便用也。毛氏以田為大鼓則考之不審矣。」〔註49〕在此，他不僅說明了應田皆為小鼓，且提出應、田應之大鼓當

〔註46〕（清）程晉芳《毛鄭異同考》卷一〇，《四庫全書》文淵閣本。
〔註47〕（宋）蘇轍《蘇氏詩集傳》卷一八，《四庫全書》文淵閣本。
〔註48〕（宋）王質《詩總聞》卷一九，《叢書集成》初編本。
〔註49〕（明）季本《詩說解頤字義》卷八，《四庫全書》文淵閣本。

為路鼓，此言縣鼓當為路鼓，非晉鼓、賁鼓之類也可懸的大鼓。但季本言應田與縣鼓的關係與蘇轍不同，蘇轍認為應、田皆懸於懸鼓之上，季本認為應、田不列於懸鼓之上。

明何楷對鄭、孔之說以申作田提出依據，他說：「愚按《書·君奭》篇『申勸文王之德』，《禮記》亦訛作『田觀文王之德』，『申』、『田』相混，鄭孔之說可信。」

清陳奐、陳喬樅為清後期今文詩學的代表人物，他們認為鄭玄箋「田通㪎」的原因是據《說文》「㪎」有引之義而得，「應田縣鼓」為「應㪎縣鼓」，應、㪎皆為小鼓。陳奐說：「《說文·申部》『㪎擊小鼓』，引樂聲也。㪎亦應之類，應、㪎皆謂小鼓，箋改田作㪎，當本三家詩說。」〔註50〕陳喬樅引《周禮·大師》中鄭司農注「㪎」之文，以「㪎」為小鼓；鄭玄認為「鼓㪎」之㪎既可以鼓也可以擊。《詩》「應㪎縣鼓」與《爾雅》郭璞注引《詩》相同，皆為「㪎」，可知齊詩、魯詩均以「田」為「㪎」。「考《周禮·大師》『令奏鼓㪎』，注引鄭司農云：㪎，小鼓也。先擊小鼓，乃擊大鼓，小鼓謂大鼓先引，故曰㪎。㪎讀為導引之引，元（鄭玄）謂鼓㪎尤言擊㪎，《詩》云『應㪎縣鼓』，《爾雅·釋樂》郭注引詩同是，知齊魯今文字皆作㪎也。」〔註51〕

清馬瑞辰著《毛詩傳箋通釋》，持鄭說。〔註52〕馬氏對鄭玄「田通㪎」之說作了三個方面的論述：

第一，今文詩學均以「田通㪎」（三家詩）。他說：「田從箋作㪎，是也。《周禮》《爾雅》注、《宋書·樂志》並引《詩》『應㪎縣鼓』，三家詩當有作㪎者，故箋據以為說耳。」

第二，馬氏反對孔穎達以㪎→申→田作為鄭箋㪎為田的推斷，認為申、㪎應同屬「申」部，《說文》以「㪎」作「朿」聲為誤，鄭箋將㪎借作田，與毛傳將陳借作田，都是同部通用之例。他說：「㪎《說文》作㪎，云『擊小鼓引樂聲也。從申，朿聲。』今按《周禮·大師》鄭眾注：『㪎，小鼓也。小鼓為大鼓先引，故曰㪎。㪎讀為道引之引。』《說文》：『㣈，引也。』申、引字同部，則㪎應從申聲。《說文》作朿聲，誤也。㪎從申聲，與田字亦同部通用，

〔註50〕（清）陳奐《詩毛詩傳疏》卷二七，《皇清經解》續編本。
〔註51〕（清）陳喬樅《三家詩遺說考·齊詩遺說考》卷四，《續修四庫全書》本，第76冊。
〔註52〕（清）馬瑞辰《毛詩傳箋通釋》卷二九，中華書局，1989年，陳金生點校排印本，第893頁。

棘借作田，猶陳傳作田也，故箋云『聲轉字誤，變而爲田』。《正義》謂『棘字從束爲聲，聲既轉去束，惟有申在，申又誤去其上下，故變從田』，失箋詣矣。」

第三，在朔、棘、應三鼓關係問題上，馬氏同意宋陳祥道之說，以朔鼗爲棘鼓。他說：「按《大射禮》『建鼓在阼階西，應鼗在其東』，鄭注：『應鼗，應朔鼗也。先擊朔鼗，應之鼗，小鼓也。』又『西階之西，一建鼓在其南，朔鼗在其北』，鄭注：『朔，始也。』陳用之《禮書》曰：『《儀禮》朔鼗即棘鼓也。以其引鼓，故曰棘；以其始鼓，故曰朔。是以《儀禮》有朔無棘，《周禮》有棘無朔。』今按陳說是也。」

2）毛派學者的辯證

宋明的學者大多從鄭說，宋呂祖謙宗毛但仍附載了鄭意，宋朱熹更是兼採兩說。但這一時期仍有學者堅持毛說，如宋李樗有云：「應，小鼓也，《爾雅》云：『大鼓謂之鼓，小鼓謂之應』，《大射禮》應鞞在建鼓東則爲應，應既是小鼓，則田乃大鼓也。」〔註53〕宋嚴粲云：「應之小鼓，田之大鼓，其鼓皆縣之虡業也。」〔註54〕明萬時華云：「應，小鼓；田，大鼓；縣鼓即縣應、田，非言縣而鼓之也。」〔註55〕這三位學者都明確表明了他們主毛說的觀點，但由於他們沒有提供更有力的證據，因此他們的引證乏力。雖然他們都是以田作大鼓，但嚴粲、萬時華認爲應、田即是「縣鼓」，應爲縣之小鼓，田爲縣之大鼓。蕭友梅在其著作《舊樂沿革》中亦提出「田鼓就是大鼓（後代稱爲建鼓）」。〔註56〕

清毛奇齡持毛說。〔註57〕他對鄭箋「田通棘」提出了疑問，認爲田爲大義，棘爲小鼓，他說：「田鼓，大鼓也。田，大音之轉也，若其更爲棘，則以田本通棘耳，此非。田爲大，棘爲小矣。」在此基礎上，毛氏指出「田通陳」。「按《信南山》云『維禹甸之』，《周禮》注作『維禹敶之』；《春秋》陳氏，後爲田氏，《史記·韓世家》有『陳筮』，即《國策》所謂『田苓』者。」按毛氏引此證較爲有力。

〔註53〕（宋）李樗、黃櫄《毛詩李黃集解》卷三八，《四庫全書》文淵閣本。
〔註54〕（宋）嚴粲《詩緝》卷三二，《四庫全書》文淵閣本。
〔註55〕（明）萬時華《詩經偶箋》卷一二，《續修四庫全書》本，第61冊。
〔註56〕陳聆群等編《蕭友梅音樂文集》，上海音樂出版社，1990年版，第474頁。
〔註57〕（清）毛奇齡《毛詩寫官記》卷四，《四庫全書》文淵閣本。

　　清黃中松持毛說。〔註58〕他說「柬非引而曰讀爲引，田非柬而曰當作柬，展轉互證，殊覺費力。」黃氏對鄭箋「田通柬」的論證過程提出了質疑。但是，他並沒有列出新的證據，只是對鄭玄治學進行了批評，他說：「鄭氏學博而好奇，每強經以從己，何如毛氏如字讀之爲徑直乎？經傳雖無田鼓之名而見之於詩者既是矣。」黃氏此論雖意在釜底抽薪，卻頗有強詞奪理之嫌。

　　清李黼平著《毛詩紬義》堅持毛說。〔註59〕他同樣是對鄭說「田通柬」質疑，並從文字學的角度，以字聲、字形、字義三方面論述「田通陳」。

　　第一，從字聲分析，他認爲陳、田應爲一字。他說：「箋以《周禮》有應有柬，故謂田當爲柬，柬以束爲聲，於田聲近。而柬字與陳字，形又相類，聲轉而字誤，作陳，陳、田一字。」

　　第二，從字形分析，他認爲孔疏釋柬，「申誤去其上下，故變從田」不當。他說：「申字篆文作ᛘ，古文作ᛘ，籀文作ᛘ，毛詩本古文，如正義說去束存ᛘ，從復去上下，亦不至爲田字也。」即按古字，申不可能變而爲田。

　　第三，從字義分析，他認爲鄭箋以《周禮》中「柬」爲小鼓，通「田」爲誤，《周禮》之「柬」非爲鼓名，爲引之義。他說：「若然《周禮》有應有柬，箋義密矣而毛不從者，《上師職》云『擊應鼓』，下云『鼓柬』，則柬未即爲鼓名。《說文》云：『ᛘ擊小鼓，引樂聲也，是其義爲引。』」

　　李氏對《周禮》中出現的「鼓柬」、「應鼓」及《儀禮》中出現的「應鼙」、「朔鼙」進行了分析，認爲「應鼓」、「柬鼓」、「應鼙」同，是小鼓。「柬鼓」爲鼓，而「柬」非爲鼓，爲「引」之義，鄭箋言「田」爲柬，當與「應」通讀爲「應柬」，爲應和大鼓之柬，非指小鼓有應鼓又有柬鼓之義。他說：「『即備乃奏』，箋云：即備者，縣也、柬也，皆畢已也。按上箋云：田當作柬，柬，小鼓，在大鼓旁，應鞞之屬也。如彼有應有柬，而此箋惟言柬也，則是鄭讀應柬爲應和大鼓之柬，其上箋言應鞞之屬者，謂此柬鼓是鞞鼓之類耳，非謂有應鼓又有柬鼓。故此箋惟言柬也，《正義》謂鄭以應、田俱爲小鼓，誤也。」

　　清胡承珙持毛說。他針對一部分主鄭學派學者將「應、田」與「縣鼓」分作兩類解釋，即「應、田」爲小鼓，「縣鼓」爲大鼓，提出「縣鼓」縣之鼓有大鼓與小鼓，即小鼓「應」與大鼓「田」，同宋明崇毛學者嚴粲、萬時華之說。他說，「後儒說此詩者亦以應、田，小鼓，縣鼓，大鼓爲說，夫使大鼓而別之爲縣，

〔註58〕 （清）黃中松《詩疑辯證》卷六，《四庫全書》文淵閣本。
〔註59〕 （清）李黼平《毛詩紬義》卷二三，《皇清經解》本。

則似小鼓不縣矣。……若此詩專謂縣鼓爲大鼓以別於應、鞞，則承上業廣之文，不當以小鼓之不縣者廁其間。若統言所縣之鼓，又不當偏舉二小鼓以該縣。故應從毛傳，以應小田大皆爲縣鼓者，於文義尤愜也。」〔註60〕

清張汝霖持毛說。他說：「《周禮》有鞞字，故知田當爲鞞，孔氏豈能盡數周時之樂器而責古無田鼓耶？《毛詩》之經有田鼓，既是經傳有之，何所云而言皆無其名耶？……安知《周禮》之鞞字非因田字誤加其上下而爲申，申字又誤加以束旁而爲鞞耶？鞞與田絕不相蒙而牽強，若此使田字又誤其二三畫而經幾於無文矣，豈不謬哉？」〔註61〕張氏的論證只是對於當時注經情況的猜想和推測，並沒有實在的證據說明，雖說也意在釜底抽薪，卻頗有強詞奪理之嫌。

3）非鄭非毛派學者的觀點

在「田」爲小鼓或是大鼓這一問題的爭論過程中，也有學者看到，無論是主毛說，還是主鄭說，都因有完全相反的材料存在而難以服人。所以，這些學者捨毛、鄭，另立新說。新說有以下三種：

①「田」爲比「應」稍大的小鼓

明朱載堉在其著作《律呂精義》提出此觀點，他說：「《周頌》曰『應田縣鼓』，鄭箋皆以爲小鼓，毛傳以田爲大鼓，蓋謂比之於應，則爲略大。若二鼓並言之，則皆小也。」〔註62〕這一觀點並不是對鄭說或是毛說任一方的支持或反對，而是對二說進行的協調，但是這一觀點並沒有被後世所重視，只有清應撝謙在其《古樂書》卷下中提到了此觀點。此觀點並沒有新材料，故從者甚微。

②「田」爲陳列之義

毛奇齡、李黼平提出「田通陳」，清陸奎勳在此基礎上提出「田」非爲鼓名，爲陳列之義，毛、鄭二家俱誤。他說：「應田縣鼓，毛以應爲小鞞，田爲大鼓，鄭以田爲小鼓，字當作鞞，均失之。古音田陳通用，謂應即陳而又縣鼓耳。」〔註63〕陸氏將「應田縣鼓」解釋爲陳鼓與縣鼓，但這一觀點遭到清

〔註60〕（清）胡承珙《毛詩後箋》卷二七，《皇清經解續編》本。

〔註61〕（清）張汝霖《學詩毛鄭異同籤》卷二〇，《續修四庫全書》本，第71冊。

〔註62〕（明）朱載堉《律呂精義》內篇卷之九，人民音樂出版社，1998年馮文慈點注排印本，第747頁。

〔註63〕（清）陸奎勳《陸堂詩學》卷一一，《續修四庫全書》本，第62冊。

程晉芳的反對，他認為陸氏所說沒有證據，只是一種猜想。他說：「陸堂（陸奎勳的號——筆者按）謂兩家之說皆非，應既是棟。古者田陳通用，謂應既陳又縣鼓耳，說雖新，未之敢據。」〔註64〕在這之後，清汪梧鳳重提了這一觀點，他說：「《爾雅》鼓小者謂之應。縣鼓，鄭以《明堂位》有周鼓始縣之，文謂周制或曰路鼓也，是鼓之大者，愚謂應田縣鼓，蓋小者陳之而大者則縣之耳。」〔註65〕與陸氏相同，他同樣也沒有提出新證據來證明其觀點，因此，這一說法是否可信還有待商榷。

③「應」、「田」、「縣鼓」分別為「夏后氏足鼓」、「殷人楹鼓」、「周人縣鼓」

此說由清陳奐提出。他說：

> 《投壺篇》魯鼓、薛鼓之圖注云：「圜者擊鼙，方者擊鼓。」按應鼙在東面，以應西面之朔鼙，故謂之應；又先擊小鼓，乃擊大鼓，小鼓為大鼓先引，故亦謂之應。《傳》以小鼙釋應，即指應鼙而言也，不言朔鼙，經文不備也。《說文》云：「鼙，騎鼓也。」跨馬為騎鼙，有四足撐著於地，若人之跨馬，然故曰騎鼓。《明堂位》注云：「足謂四足也。」則應即夏后氏足鼓也。《傳》以應、田連文，應為小鼙，故田為大鼓矣；《爾雅》鼝、應同釋；《說文》亦鼝、鼙連篆，皆其義。鼝亦作賁，《靈臺》傳：「賁，大鼓也」賁、田皆為大鼓。應即應鼙在東，縣鼓即鞉在西，詩人作句以田次之於應、縣鼓之間，蓋田即《儀禮》之建鼓也。……案諸侯三面縣謂之軒，縣三面皆一建鼓。周庭設四面縣謂之宮縣，則四面必皆一建鼓。田之為言陳也，田田相承亦陳陳相應也。鄭注云：「建鼓，建猶樹也，以木貫而載之，樹之跗也。」賈疏云：「今之建鼓則殷法也，又謂之楹鼓。」《明堂位》「殷楹鼓」鄭注云：「楹謂之柱，貫中上出也。」則田即殷人楹鼓也。《傳》云：縣鼓，周鼓也者。縣鼓即鞉鼓，《那》「置我鞉鼓」傳：「鞉鼓，樂之所成也。」「夏后氏足鼓，殷人置鼓，周人縣鼓」，此《禮記‧明堂位》文。《那》傳本之，以證殷人鞉鼓為置鼓之義，而又推言周人鞉鼓為縣鼓之義。《商頌》殷制故曰置，《周頌》周制故曰縣，此殷因夏、周，因殷所損益可知也。《傳》以縣鼓為周鼓，

〔註64〕 （清）程晉芳《毛鄭異同考》卷一〇，《四庫全書》文淵閣本。
〔註65〕 （清）汪梧鳳《詩學女為》卷一，《續修四庫全書》本，第63冊。

則應、田承二代之典物矣。〔註66〕

陳奐說「應田縣鼓」有三：其一，應爲夏后氏「鼓足」，《周禮・大司馬》用於軍事，作爲騎鼓之「鼜」，《儀禮・大射》用於樂之「應鼜、朔鼜」皆爲此類，其足有四。其二，田爲殷人「楹鼓」，爲大鼓，鼖鼓、賁鼓、建鼓皆爲此類。田爲「陳」，《大射》諸侯軒縣有三面，王宮縣有四面，每面都有一建鼓，建即「陳」，陳陳相應，即田田相承，《有瞽》以「田」作於「應」、「縣鼓」之間正爲此意。其三，縣鼓爲周人「縣鼓」，爲周制之鼓；《商頌・那》鞉鼓爲「縣鼓」之類，但爲殷制。

　　陳氏言鼓，吸收了前人文獻的合理成分，並對其進行融合貫通，對應、田作了新的解釋，但後世對此觀點反響甚微。恐是與其說鼓不分大小，僅是以「義」言鼓有關。《爾雅》有云：「大鼓謂之鼖，小鼓謂之應」，應當爲小鼓，鼖爲大鼓；《靈臺》「賁鼓」非「鼖鼓」，不可混爲一談；而「鞉」與「鼖」、「韶」同解，「鼖」爲導引之義，「鞉」不當爲周之「縣鼓」。

　　隨著近來出土漢畫像中所發現大量建鼓的圖像，對此問題提供了新的資料。南陽市出土一建鼓與一排簫的小合奏畫像石（見圖五，該石長180cm，高34cm。圖中樹一虎座建鼓，建鼓下方左右兩側，各懸一小鼓，應鼓（鼜）和朔鼓（鼜）；二伎人於鼓兩側張臂跨步，且擊且舞。右一人一手執排簫吹奏，一手擊鼖。〔註67〕

圖五：南陽建鼓與排簫小合奏畫像石（建鼓部分）

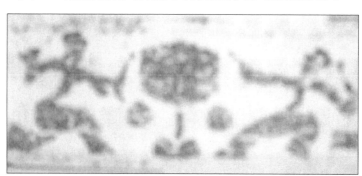

　　從此圖可見，「應」與「朔」都爲懸於建鼓旁的小鼓。若從毛傳之說，以「田」作大鼓，那麼小鼓僅有「應」，不合畫像所示。當從鄭箋，以田通㨘，

〔註66〕（清）陳奐撰《詩毛詩傳疏》卷二七，《皇清經解》續編本。
〔註67〕李容有《漢畫像的音樂學研究》，京華出版社，2001年版，第134頁。

應、田為小鼓，縣鼓為大鼓。但此圖中小鼓的名稱為「應」與「朔」，與應相對之小鼓的名稱非「田」也非「棘」，「三禮」中的小鼓名稱有朔、應、棘、鼗等，四者之間又當有何區別與聯繫呢？

（2）朔、應、棘、鼗

1）朔、應、棘

按「三禮」所記載，朔、應、棘三者都為小鼓，但是《儀禮》中有朔和應，無棘；《禮記》中僅有應，無朔和棘；《周禮》中有應和棘，無朔。鄭玄認為朔、應、棘為三種小鼓。其注《周禮·小師》「下管，擊應鼓」云：「應，鼗也。應與棘及朔，皆小鼓也。其所用別未聞。」〔註68〕鄭玄明言朔、應、棘為三小鼓，但對於三鼓的使用方法，卻云「所用別未聞」。唐賈公彥對此解釋為：「此上下祭祀之事，有應，有棘，無朔。《大射》有朔，有應，無棘。凡言應者，應朔鼗，祭祀既有應，明有朔，但無文，不可強定之，故云用別未聞也。」〔註69〕《周禮·小師》與《禮記·禮器》同為祭祀之禮，有應鼓，但《禮器》無棘、無朔，《小師》另有「鼓棘」；《儀禮·大射禮》為射禮，有應鼗、朔鼗。賈氏僅以《大射禮》中有應、有朔，《小師》有應、有棘，就說「祭祀既有應，明有朔」不確。他也認識到經傳中並無明文記載朔、應、棘的使用，故鄭玄注《禮》也只能說「所用未聞」。

《禮記·禮器》與《儀禮·大射》的差異在於《大射》言建鼓、應鼗、朔鼗，應鼗、朔鼗皆在建鼓旁；而《禮器》言鼓，應鼓在東，縣鼓在西。孔穎達認為《儀禮·大射禮》與《禮記·禮器》鼓的命名不同，縣法也不同的原因在於諸侯之禮有祭、射之別。《大射禮》為射禮，《禮器》為祭禮。射禮大鼓稱建鼓，阼階西階皆有，阼階小鼓為朔鼗，西階小鼓為應鼗；祭禮大鼓稱縣鼓，小鼓應鼓在東方，不在大鼓旁，與縣鼓分別縣於西方與東方。

> 縣鼓謂大鼓也，在西方而縣之。應鼓、謂小鼓也，在東方而縣之。熊氏云：「《大射》謂射禮也，此謂祭禮也。」是諸侯之法雖同，諸侯祭、射有異。案《大射》注云：「應鼗，應朔鼗也。」又云「便其先擊小，後擊大也。」以此言之，則朔鼗、應鼗皆在大鼓之旁，先擊朔鼗，次擊應鼗，乃擊大鼓，以其相近，故云便也；以其稱朔，朔，始也，故知先擊朔鼗；以其稱應，故知應朔鼗也。又《大射》

〔註68〕《周禮注疏》卷二三，第724頁。
〔註69〕同上。

稱建鼓，此云縣鼓，大射應鼓既在大鼓之旁，此應鼓在東，乃與縣

鼓別縣者，皆謂祭與射別也。〔註70〕

孔氏以《禮器》爲祭禮，《大射禮》爲射禮，言應、朔、棜之別。同爲祭禮之
《周禮・小師》《禮記・禮器》言小鼓亦有別，《禮器》僅有「應鼓」，無「朔」
亦無「棜」；《儀禮・大射禮》言應、朔之鼓與《周禮・小師》《禮記・禮器》
也不同，前爲「鼙」，後爲「鼓」。

對《詩・周頌・有瞽》「應田縣鼓」中「應」的解釋，毛傳與鄭箋相同，
《爾雅・釋樂》亦有云「大鼓謂之鼖，小鼓謂之應」，歷代學者的觀點也基本
一致，大都認爲其爲小鼓，鮮有新說。《釋名・釋樂器》：「鼙，裨也，裨助鼓
節也。聲在前曰朔，朔，始也；在後曰應，應大鼓也。」《釋名》釋應鼙、朔
鼙之「鼙」爲裨助之義，爲小鼓；鼙有朔、應，朔在前，應在後；應鼙之「應」
當應大鼓。與其他文獻不同的是，《釋名》將「應」解釋爲以「鼙」小鼓應和
大鼓之義，而不是將應、朔分作小鼓之名。此言朔鼙、應鼙與大鼓的位置正
如圖五所示，朔鼙、應鼙分列建鼓的兩旁。由此可見，「應」爲應和之義，以
「鼙」言之，則朔鼙以「朔」有始義，應鼙應「朔」，朔鼙在前，應鼙在後；
以「鼓」言之，「應鼓」、「縣鼓」之「鼓」並非均作鼓名，當如上一節所示用
於祭祀之「銅鼓、錞于」，銅鼓爲「縣鼓」在西，錞于「應」銅鼓，在東。《儀
禮・大射禮》爲射禮，有「鼙」，《周禮・小師》《禮記・禮器》爲祭禮，無「鼙」
爲禮之射與祭別也。

鄭玄認爲應、朔、棜爲三種鼓，後世學者對於此問題之論述不盡相同。

①清黃以周認爲鄭玄以應、朔、棜爲三種小鼓說爲確。

後鄭以鼓棜爲擊鼓而應棜朔自分三物。作樂先擊朔鼙，應鼙應

之，棜鼓之用亦未聞。說者遂以朔鼙當棜鼓非也。考大師於下管播

樂器時降立西階東之鼓北，則其令奏之棜鼓在中縣可知也。諸侯軒

縣先擊棜以引鼓，《大射》無中縣，故不見棜義，取樂賓故又先擊朔

鼙耳，則棜鼓之所在與所用猶可考見也，且棜雖小於鼓而大於朔鼙，

故小師於小祭祀小樂事直鼓棜以當鼓。〔註71〕

黃氏認爲棜設於中縣，《大射》無中縣，故無棜。《大射》樂賓，先擊朔鼙以

〔註70〕《禮記正義》卷二四，第879～880頁。

〔註71〕（清）黃以周《禮書通故》卷四四，《續修四庫全書》本，第112冊。

引鼓，與《大師》以「棘」爲導引之義〔註72〕相同，但棘鼓大於朔鼙小於鼓，故《周禮·小師》以棘代鼓，即「擊棘」作「擊鼓」。筆者認爲黃氏論鼓無視《大師》與《大射》樂縣中另一小鼓，即《大射》所載，倚於頌磬西紘之「鼗」，鼗亦爲導引之義，義同「棘」。黃氏無視《大射》與《周禮》均有之「鼗，而將《大射》「朔鼙」與《周禮》「棘」的使用相混，又以棘鼓爲大於朔鼙小於鼓之鼓來區別棘、朔，頗有強詞奪理之嫌。

②宋陳祥道提出：朔鼙與棘爲一，分別與應鼙及應鼓相對，爲小鼓。

> 《周禮·大師》：「大祭祀，下管播樂器，令奏鼓棘。」《小師》：「大祭祀，下管擊應鼓，小祭祀、小樂事，鼓棘。」《儀禮·大射》：「建鼓在阼階西，南鼓，應鼙在其東，南鼓，西階之西。」《詩》曰「應田縣鼓」。先儒以《詩》之田爲棘，棘，小鼓，應，應鼙也。《爾雅》曰：「大鼓謂之鼖，小者謂之應。」然則大祭祀皆鼓棘擊應，《大射》有朔鼙、應鼙，《詩》又以應配棘，則朔鼙乃棘鼓也，以其引鼓焉，故曰棘，以其始鼓焉，故曰朔。是以《儀禮》有朔無棘，《周禮》有棘無朔，猶《儀禮》之「玄酒」，《周禮》之「明水」，其實一也。
> 鄭氏以應與棘及朔爲三鼓，恐不然也。〔註73〕

陳氏認爲朔、棘爲一。棘爲引導之義，用以引鼓；朔爲始，用以始鼓，以其字義的不同而有兩種鼓名，此意爲確。由此觀之，朔、應、棘三類小鼓，朔、棘爲一類，取其義不同名鼓亦不同。祭禮用棘，以其引鼓，射禮用朔，以其始鼓樂賓。應爲應和之鼙，祭禮中應於棘，射禮中應於朔。陳祥道以禮之祭、射有別言朔、棘之別，亦無視射、祭均有之「鼗」，鄭玄釋「鼗」，「鼗如鼓而小，有柄。賓至，搖之以奏樂也」〔註74〕，奏鼗爲搖，不爲擊。《瞽矇》《眡瞭》爲「播鼗」，但《大司樂》中另有「雷鼓雷鼗、靈鼓靈鼗、路鼓路鼗」之文，若將表鼓用之「雷、靈、路」去除，當作「鼓鼗」，同「鼓棘」，棘爲導引之義，鼗亦有導引之義。諸儒論鼓均不見「鼗」，「鼗」當爲何鼓？

2）鼗

〔註72〕 見《周禮·大師》：「下管播樂器，令奏鼓棘。」鄭注：棘，小鼓也。先擊小鼓，乃擊大鼓。小鼓爲大鼓先引，故曰棘。讀爲道引之引。」棘有導引之義。（《周禮注疏》卷二三，第720頁。）
〔註73〕 （宋）陳祥道《禮書》卷一二三，《四庫全書》文淵閣本。
〔註74〕 《儀禮注疏》卷一六，第350頁。

　　「鼓」之器，另有鼗，鼗有柄而不縣，言奏鼗以播而不以擊，即鼗非擊之以發聲，而是搖之使鼗之兩耳敲擊鼓面而發聲，以其字形有「兆」，用於樂，為導樂之鼓，同楝、朔導引之義。《周禮》中《瞽矇》《眡瞭》所記為「播鼗」，但《大司樂》另記有鼗，設於雷鼓、靈鼓、路鼓之旁，作「雷鼓雷鼗、靈鼓靈鼗、路鼓路鼗」。文獻中另有「鞀」、「鞉」二字，學者們皆以為「鼗」、「鞀」、「鞉」三字同義，鞀為「兆」附於革之形，鞉為「召」附於革之形，二字都是取「革」為意符，「兆」、「召」形不同但音同；「鼗」上為「兆」，下為「鼓」，雖然字形構造與鞀、鞉二字不同，但亦是以「兆」作音符，以「鼓」（鼓為革屬）為意符，三字形均是取「兆」音的革類樂器，為導引之義。

　　《禮記‧王制》「以鼗將之」，鄭玄注：「鼗如小鼓，長柄，旁有耳，搖之使自擊。」〔註75〕

　　《禮記‧月令》：「修鞉、鞞、鼓」，孔穎達正義：「鞉」字或從兆下鼓（即鼗）。」〔註76〕

　　《釋名‧釋樂器》「鞀」，劉熙云：「鞀，導也，所以導樂，作亦作鼗。」〔註77〕

　　（宋）聶崇義云：「《小師職》『掌教鼓鼗』注云：『出音曰鼓。鼗如鼓而小。持其柄而搖之，旁耳還自擊。』又《大射》注云：『鼗如鼓而小，有柄。賓至，搖之奏樂也。』又《眡瞭》：『掌凡樂事播鼗，擊頌磬、笙磬。』磬言擊，鼗言播。播即搖之，可知也。鼗所以節樂。賓至乃樂作，故知賓至搖之，以奏樂也。又鼗，導也。所以導鼓聲或節一唱之終也。」〔註78〕

　　（清）秦蕙田云：「蓋鞀，兆奏鼓者也，作堂下之樂必先鼗鼓者，豈非《樂記》所謂『先鼓以警戒』之意歟，又云鞀鼓二者以同聲相應，故祀天神以雷鼓雷鼗，祭地示以靈鼓靈鞀，享人鬼以路鼓路鼗，《樂記》亦以鞀鼓合而為德音，《周官‧少師》亦以鞀鼓並而鼓之也。」〔註79〕

〔註75〕《禮記正義》卷一二，第432～433頁。

〔註76〕《禮記正義》卷一六，第584頁。

〔註77〕（漢）劉熙《釋名》卷七，安徽教育出版社《中華漢語工具書書庫》2002年影印本。

〔註78〕（宋）聶崇義纂輯，丁鼎點校《三禮圖》卷七，第179頁。

〔註79〕（清）秦蕙田《五禮通考》卷七○，《四庫全書》文淵閣本。

鼗，賓至乃樂作，鼗知賓至而搖鼗以播，樂聞而奏，鼗用以導樂。另，鼗與鼓連用，爲導「鼓」之義，作堂下之樂必先奏鼗鼓。鞉，《詩·商頌·那》「置我鞉鼓」，毛傳：「鞉鼓，樂之所成也。夏后氏足鼓，殷人置鼓，周人縣鼓。」鄭箋云：「置讀曰植。置鞉鼓者，爲楗，貫而樹之。美湯受命伐桀，定天下而作《濩》樂，故歎之。多其改夏之制，乃始植我殷家之樂鞉與鼓也。鞉雖不植，貫耳搖之，亦植之類。」〔註80〕毛傳以「鞉鼓」爲樂之所成，鄭箋以「鞉」爲「鼗」，認爲「鼗」雖不植，但其中貫之以木，象縣之大鼓，又有兩耳，象朔鼙、應鼙縣於大鼓旁，播鼗（鞉）時，搖之使兩耳撞「鼗」而發聲，正像植之縣鼓之形。由此可知，以「鼗」、「鞉」爲導之義，是以其整體有懸之大鼓與應鼙、朔鼙之形象而言。

　　毛傳言鞉鼓爲樂之所成，《孟子·萬章下》有云：「孔子之謂集大成。集大成也，金聲而玉振之也。金聲也者，始條理也；玉振之也者，終條理也。金，始條理者，智之事也；終條理者，聖之事也。」《孟子》以「金聲玉振」當作事之成，所謂金聲玉振，即指木鐸，木鐸以金爲鈴，以木爲舌，搖振而出聲。奏「木鐸」爲「搖」，同「鼗」（鞉），「木鐸」用於文事，《論語·八佾》有云「天將以夫子爲木鐸」，古時施政教，「以木鐸徇於市」，有金有玉，用以吸引眾人的注意。「鞉」何以表樂成？《詩·商頌·那》：「鞉鼓淵淵，嘒嘒管聲。既和且平，依我磬聲。」毛傳：「嘒嘒然，和也。平，正平也。依，倚也。磬，聲之清者也，以象萬物之成。」鄭箋：「磬，玉磬也。堂下諸縣與諸管聲皆和平，不相奪倫，又與玉磬之聲相依，亦謂和平也。玉磬尊，故異言之。」〔註81〕毛傳以鞉依磬聲言樂之成，《大射》樂縣中，鼗倚於頌磬西紘，正和《詩》所言鞉之位。關於「磬」，毛傳以爲「聲之清者」，鄭玄認爲磬爲玉磬，尊，設於堂上，鼗（鞉）倚於玉磬，亦當設於堂上；應鼙、朔鼙在建鼓旁，設於堂下，「鼗」可導樂，亦可導鼓，秦蕙田以鼗用於堂下之樂有誤。「鞉磬」連文，另見於《詩·周頌·有瞽》「應田縣鼓，鞉磬柷圉」，鄭箋：「瞽，矇也。以爲樂官者，目無所見，於聲音審也。《周禮》：『上瞽四十人，中瞽百人，下瞽百六十人。』有眡瞭者相之。鞉，字亦作『鼗』。」〔註82〕鄭玄以《禮》箋《詩》，此言鞉與《瞽矇》《眡瞭》之「鼗」通，故以「應」同應鼓，以「田」

〔註80〕《毛詩正義》卷二〇，第 1685～1686 頁。

〔註81〕《毛詩正義》卷二〇，第 1686 頁。

〔註82〕《毛詩正義》卷一九，第 1559 頁。

同鼓「棘」;「應」爲小鼓,《大射》「鼙」爲小鼓,「應」與「鼙」同,包有二鼙「應鼙」、「朔鼙」,故鄭玄以「應鼙」、「朔鼙」、「棘」爲三鼓。陳祥道以與「棘」對應的「應」之一「朔鼙」(應包有應鼙、朔鼙二鼙)同「棘」,有誤。「鼗」倚於堂上縣之(玉)磬,鼗之形象帶兩小鼓之縣鼓,用以導樂。「鼓棘」之棘爲引鼓之義,「應鼓」引「縣鼓」。

學者們以「鼗、鞀、鞉」爲一義,用以導樂。但載此三字形的先秦文獻不同,《詩》中爲「鞉」,表三代之鼓殷的鼓制;《周禮》、《儀禮》爲「鼗」,用於導樂、導鼓;《禮記》爲「鞀」,與鞞、鼓同列,表習樂的革類樂器,從「革」。從「革」之字,如韇、鞠等,韇即《大司馬》軍將執之「賁鼓」。「鞠」同「鞾人」,爲官名,即屬革之「陶人」,陶人是製造陶器的工匠,亦稱「陶正」,爲搏埴之工。以革言陶,當指以土爲鼓之義,即「土鼓」。但文獻中並無「兆鼓」、「召鼓」之名,而「鞠」之音同於鼗、鞉、鞀,若據「鼗」以「韇」之賁從「鼓」而得,是否可將「鼗」視作是「陶」從「鼓」而得?鼗、鞉用於樂,倚於磬上,磬由《磬氏》所製,磬氏屬刮摩之工,但磬屬瓦器,即土製之器,陶人爲搏埴之工,以土製陶,是否「鼗」用於樂與磬有關?磬又有頌磬笙磬之別,鼗倚於頌磬,在堂上,堂上有歌,堂下奏管,管爲播,鼗亦爲「播」,堂上「播鼗」與堂下「管播」之間又當有何聯繫?《周禮》大師、小師、瞽矇、眂瞭言棘、應鼓、鼗的演奏方式各不相同,若以「播鼗」言頌磬的使用,那麼「鼓棘」之「鼓」、「擊應鼓」之「擊」又當爲何意?

3)《周禮》擊、播、鼓辨析

《周禮·春官宗伯》言鼓的情況如下:《大師》:擊拊、鼓棘;《小師》:擊應鼓、鼓棘;《瞽矇》:掌播鼗;《眂瞭》:凡樂事,播鼗、擊頌磬、笙磬。由上可知,棘、鼗、應鼓的奏法各不相同:「鼓」有棘,「播」有鼗,「擊」除有應鼓之外,另有拊、頌磬、笙磬。

有關擊、播、鼓之樂器的文獻,另有《論語·微子》,其中有「鼓方叔」、「播鼗武」、「擊磬襄」。

> 「太師摯適齊,亞飯干適楚,三飯繚適蔡,四飯缺適秦,鼓方叔入於河,播鼗武入於漢,少師陽、擊磬襄入於海。」何晏注:「包曰:『鼓,擊鼓者。方叔,名。入,謂居其河內。』孔曰:『播,搖也。武,名也。』孔曰:『魯哀公時,禮壞樂崩,樂人皆去。陽,襄皆名。』」邢昺疏:「此章記魯哀公時,禮壞樂崩,樂人皆去也。……

　　『鼓方叔入於河』者，擊鼓者名方叔入於河內也。『播鼗武入於漢』
者，播，搖也。鼗如鼓而小，有兩耳，持其柄搖之，旁耳還自擊。
搖鼗鼓者名武入居於漢中也。『少師陽、擊磬襄入於海』者，陽、襄
皆名，二人入居於海內也。」〔註83〕

《論語》中所記鼓方叔、播鼗武、擊磬襄，包、孔以方叔、武、襄爲人名，
鼓爲擊鼓者，播爲搖，方叔爲擊鼓者，武爲播鼗者，襄爲擊磬者，鼓、鼗、
磬爲器，「擊」之器有二，「播」之器有一。「金」也爲「擊」，是否此言「擊」
之器，除磬、鼓之外，另有金類樂器？

　　以「武」言事，指四金用於軍事以止鼓或用於樂以節舞，「金鐸」用於武
事以「振」旅，即搖鐸以發聲，「播」鼗，同「振鐸」，奏時執柄而搖之以發
聲。上文已云木鐸用於文事，「金聲玉振」示事之成，「金」指木鐸「鈴之體」，
「玉」指木鐸之「舌」，此舌爲木舌非「玉質舌」。「桃」也表樂之所成，鄭玄
釋「磬」爲玉磬，「鼗」倚於頌磬，有「玉」，但「磬」爲石，「鼓」爲革，何
以成金聲？

　　鼓方叔、播鼗武、擊磬襄之三名，另有學者認爲是樂師之名。程樹德引
服虔說：「以鼓方叔爲鍾師，播鼗武爲鎛師、擊磬襄爲磬師。」〔註84〕關於
鍾、鎛、磬樂師之名另可見於《左傳·襄公十一年》：「鄭人賂晉侯以師悝、
師觸、師蠲。」杜預注：「悝、觸、蠲，皆樂師名。」孔穎達疏：「樂師稱
師，下稱賂以樂，知此三人皆樂師。悝、觸、蠲，是其名也。服虔見下有
鍾、鎛、磬，即云『三師：鍾師、鎛師、磬師，謂悝能鍾，觸能鎛，蠲能磬
也。』」〔註85〕

　　《周禮》言樂官之職，「師」前爲樂官職之名，「師」後爲樂官所掌之事，
如「鍾師掌金奏」，「鍾」爲樂官職之名，「金奏」爲鍾師所掌之職。《左傳》「師
悝、師觸、師蠲」，僅有樂官之名，名在「師」後，爲《周禮》言樂官所掌之
職的位置。《論語》「鼓方叔」、「播鼗武」、「擊磬襄」不僅有樂官職之名、所
掌之職，亦有樂官之名，但不言「師」；《論語》言有師之樂官同《左傳》，僅
有樂官名，「太師摯」、「少師陽」亦爲此類。

　　服虔以鼓方叔、師悝爲鍾師，播鼗武、師觸爲鎛師，擊磬襄、師蠲爲磬

〔註83〕《論語注疏》卷一八，第289頁。
〔註84〕（清）程樹德《論語集釋》卷三七，中華書局，1990年程俊英、蔣見元點校
　　　　排印本，第1287頁。
〔註85〕《春秋左傳正義》卷三一，第1033～1034頁。

師，但在《周禮》中，鍾師、磬師、鎛師非爲掌擊鼓、播鼗、擊磬之樂官，而是由大師、小師、瞽矇、眡瞭掌擊、鼓、播之器。大師大祭祀登歌，令奏擊拊，下管播樂器，令奏鼓朄；小師掌教鼓、鼗，大祭祀登歌擊拊，下管擊應鼓，小祭祀鼓朄；瞽矇掌播鼗；眡瞭掌凡樂事播鼗，擊頌磬笙磬，相瞽，掌大師之縣。大師、小師、瞽矇、眡瞭言鼓、播、擊之器各不相同。《論語》言樂官，以「太師摯」爲首，後有亞飯干、三飯繚、四飯缺，四樂官摯、干、繚、缺分別適齊、楚、蔡、秦，但言鼓方叔、播鼗武爲「入」，分別入於河、漢，而言少師陽，則與擊磬襄同入於海。若以三者所對應之鍾師、鎛師、磬師而言，「鼓」爲鍾，擊鍾之處正爲「鼓」；「鼗」爲鎛，鎛爲金，正和樂成之「金聲玉振」；「擊」爲磬，樂官名與樂官職合。《左傳》「悝、觸、蠲」爲樂官，觸、蠲同爲「蜀」之屬，同「四金」之鐲，從「蜀」；若以鍾、鎛、磬言三樂官之職，當以同爲「蜀」之屬的觸、蠲爲「金」鍾、鎛之師，以「悝」爲磬師，爲何服虔在此又將「悝、觸、蠲」分作鍾師、鎛師、磬師？《周禮》所言「大師」、「小師」與《論語》「太師」、「少師」有何區別？「大師」之名另見於《左傳・襄公十四年》：「公飲之酒，使大師歌《巧言》之卒章。大師辭，師曹請爲之。」杜預注：「大師，掌樂大夫。師曹，樂人。」〔註86〕不單《周禮》《左傳》有「大師」，《儀禮》《禮記》中亦有「大師」，如《儀禮・大射》：「樂正命大師曰：『奏《貍首》，間若一。』」〔註87〕但《大射》中與「大師」同列爲「少師」〔註88〕，非「小師」，鄭玄注大師、少師都爲瞽矇〔註89〕；《禮記・王制》：「命大師陳詩，以觀民風。」〔註90〕《禮記・文王世子》：「春誦夏弦，大師詔之。」〔註91〕

《周禮》言大師之職有四：其一，掌管樂之六律、六同，使與五聲相偕配，播五聲以「八音」，即金、石、土、革、絲、木、匏、竹，教六詩，掌六樂之舞；其二，在大祭大饗之時，帶領瞽矇登堂歌《詩》，下管播樂器，令小師擊拊；其三，大射時，帥瞽矇歌射節之樂，軍隊出發前還要手持律管聽軍

〔註86〕《春秋左傳正義》卷三二，第 1058 頁。
〔註87〕《儀禮注疏》卷一七，第 401 頁。
〔註88〕見《儀禮・大射》：「僕人正徒相大師，僕人師相少師，僕人士相上工。」（《儀禮注疏》卷一七，第 366 頁。）
〔註89〕見鄭注《大射》「小臣納工」：「工，謂瞽矇善歌諷誦詩者也。」（《儀禮注疏》卷一七，第 365 頁。）
〔註90〕《禮記正義》卷一一，第 425 頁。
〔註91〕《禮記正義》卷二〇，第 730 頁。

聲以測吉凶；其四，大喪時，率領瞽矇陳設隨葬樂器還爲死者進諡號。

由此可知，大師非僅掌祭饗之樂事，亦掌射、喪之事，「文」、「武」兼備，但王之師與諸侯之師不同，今人學者張亞初、劉雨對來源於西周時期 12 件青銅器銘文中有關大師的文字進行研究後提出：「大師之職未見於殷代卜辭。從西周銘文看，目前僅見於恭王以後。也就是說，這種職官的上限不超過西周中期。東周有不少大師之器……都是諸侯的大師。西周時期大師都限於王宮，尚未見到諸侯屬下有大師之稱。大師是師的上司。西周的大師是武官，是顯職，而不是『歌巧言七章』之類的微末樂官。鄭箋說『大師，三公也。』西周的大師是否屬於三公，我們姑且勿論，但其地位之高則是可以肯定的。總之，西周銘文中的大師與《詩經》所載比較一致，《周禮》《左傳》所說的樂官只符合東周的情況。我們不能機械的用後世的情況去硬套。」〔註 92〕楊寬也提出大師本非樂官，「大師原來也不是樂官的稱呼，而是比『師氏』更高級的武官。如《大雅·板》『價人維藩，大師維垣』，《大雅·常武》『王命卿士，南仲大祖，人師皇父，整我六師，以修我戎』所說的大師都分明是武官。」〔註 93〕大師在西周時不是樂官，而是武官。樂官的身份是東周才有。西周時教樂之師稱「師」，起源於軍官之「師」，最初的大學之「師」正是由這稱爲師氏的高級武官、樂官所擔任。

《左傳》《論語》言諸侯之事，所言之「師」即有樂官「師」，又有樂人，等級較《周禮·春官宗伯》「大師」低，《周禮》「大師」不僅掌樂，亦掌樂舞、軍事、祭祀、喪葬等事，文、武兼有，故掌金奏之鼓之「鎛師」不僅言用於祭祀、饗食、賓射金奏之樂的「鼓」，亦有言用於軍旅之「鼛」鼓的使用，有「文」亦有「武」。《周禮》與《左傳》《論語》言樂官有別的原因在於《周禮》言官文武兼有，《左傳》《論語》言樂官爲文，非武。

《周禮》大師、小師、瞽矇、眡瞭之職如下所示：

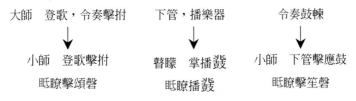

由此可知，孔子以「鼓」爲「擊鼓者」，即以「鼓椌」引鼓，以「應鼓」

〔註 92〕劉雨、張亞初《西周金文官制研究》，中華書局，1986 年版，第 3～4 頁。
〔註 93〕楊寬《我國古代大學的特點及起源》，《學術月刊》1962 年第 8 期。

應縣鼓，為鍾，此服虔以「鼓」為鍾，為確。正如《眡瞭》「凡樂事，掌頌磬笙磬」，磬有笙磬、頌磬，金亦有鍾鎛之別。《小師》掌「鼓、鼗」，鼓為鍾，為金，「鼗」亦當為「金」，且鼗要成樂，需金聲，服虔以「播鼗」為鎛，為確。「磬」在《周禮》亦明言「擊磬」，同《論語》，服虔以「擊磬」為磬，為確。

（3）三代之鼓：夏后氏鼓足、殷人楹鼓、周人縣鼓

三代，即夏、商、週三代，《禮記·明堂位》以三代用鼓裝置的不同，分作足鼓、楹鼓、縣鼓三種。關於「夏后氏鼓足」，黃以周認為：「今作『鼓足』誤，應改為『足鼓』。」〔註94〕今人學者錢玄認為黃說為確，足鼓應與楹鼓、縣鼓的名稱相類，鼓字在下。〔註95〕陳暘云：「鼓之製始於伊耆氏，少昊氏、夏后氏加四足，謂之足鼓。」筆者認為當以「鼓足」為確，且足當為三，非四。《左傳·宣公四年》：「伯棼射王，汰輈，及鼓趺。」這裡所說的鼓趺，就是我們俗稱的鼓座，「趺」同「趾」，「賁」另有一義為三足龜，「趾」為龜足，足當有三。鼓趺又稱鼓柎，《說文》：「虞，鐘鼓之柎也。」由此可見，大部分鼓趺都是木質的，所以在《說文》中「趺」寫作「柎」，偏旁部首從木。

殷楹鼓底部有趺，趺上立楹柱貫大鼓。亦稱建鼓。《儀禮·大射禮》：「建鼓在阼階西，南鼓。」鄭注：「建，猶樹也。以木貫而載之，樹之趺也。」〔註96〕鄭玄注以建鼓為木貫而載之鼓，但鄭箋《詩·那》「置我鼗鼓」之鼗鼓雖為置而木貫之鼓，為楹鼓，但鄭氏認為此「鼗」為小鼓。關於楹鼓的形態，陳祥道《禮書》與陳暘《樂書》皆以楹鼓為「一楹而四稜，貫鼓於其端」，並引《莊子》「負建鼓」證明「建鼓可負則以楹貫而置」為確。〔註97〕二陳皆以楹鼓為建鼓，持此觀點的學者另有《周禮·地官·鼓人》「以雷鼓鼓神祀」孫詒讓正義：「建鼓即殷之楹鼓不縣者，彼鼓以達窮遽，非樂所用也。」〔註98〕《通禮義纂》：「建鼓，大鼓也。少昊氏作焉，為眾樂之節。夏加四足，謂之節鼓；商人掛而貫之，謂之盈鼓；周人縣而擊之，謂之縣鼓。近代相承，植而建之，謂之建鼓。」

〔註94〕 （清）黃以周《禮書通故》卷四四，《續修四庫全書》本。
〔註95〕 錢玄《三禮通論》，第272頁。
〔註96〕 《儀禮注疏》卷一六，第348頁。
〔註97〕 見於（清）秦蕙田《五禮通故》卷七五，《四庫全書》文淵閣本。
〔註98〕 （清）孫詒讓撰《周禮正義》卷二三，中華書局，1987年王文錦、陳玉霞點校排印本，第899頁。

　　周縣鼓為大鼓，縣於筍虡。陳暘《樂書》云：「周人縣而擊之謂之縣鼓。而《周官·鼓人》『晉鼓鼓金奏』，《鎛師》『掌金奏之鼓』，所謂縣鼓也，《禮》曰『縣鼓在西，應鼓在東』，《詩》曰『應棘縣鼓』，則縣鼓，周人所造之器，始作而合乎祖者也。以應鼓為和終之樂，則縣鼓其倡始之鼓歟。」〔註99〕先擊縣鼓為倡始之鼓，再擊應鼓為和終之樂。

　　文獻中均以「縣鼓」為大鼓，足鼓、楹鼓都為小鼓，但隨著考古學的發展，有關先秦鼓的實物資料的增加，但發現懸而用之大鼓僅有「建鼓」，「縣鼓」為扁鼓。如湖北隨縣曾侯乙墓所出土木腔雙面皮鼓四件，形制各異，分為有柄小鼓、小扁鼓、懸鼓和建鼓，其中建鼓是首次發現的珍貴樂器，為迄今所知年代最早的建鼓。

　　到目前為止，出土建鼓的實物僅見一例，更多的是見於漢代畫像石中演奏建鼓的圖案。1978年，湖北隨州擂鼓墩1號楚墓出土建鼓一件，即曾侯乙墓建鼓（見圖六）。同出髹黑漆的木鼓槌一對和另外3種形制不同的小型木鼓。曾侯乙墓建鼓係一架由長木柱直貫並插樹於青銅座上的大鼓，分為鼓腔、鼓座兩部分。鼓腔楓楊木質，如一橫置桶，中腰外鼓，由數塊腔板拼合而成。鼓身長106cm、口徑74cm，腔板長方形，微弧。腔板兩端固定鼓皮布有4排竹釘。竹釘方椎體，平頭。各排釘位上下相錯。出土時，鼓皮無存。鼓腔除蒙皮處外，通飾朱漆，出土時，色澤仍很鮮豔。縱貫鼓腔正中的圓木柱，上端伸出腔體，下端插入鼓座。柱頂繞飾一段黑漆，餘遍髹朱漆。出土時，柱已斷，鼓腔倒落，但圓柱的中段仍在鼓腔內，下端插於座中。

　　鼓座（見圖七）青銅質，圓錐體，由座底、承插柱和群龍圓雕構成，重192.1千克。鼓座由數十條鑲嵌無數綠松石的龍穿插盤繞而成，龍群中一對昂首相背於承插柱柱口兩邊的龍首刻畫的特別細膩、生動，其向上卷揚的「象鼻」顯得尤為別致。〔註100〕類似的建鼓鼓座還見於湖北隨縣擂鼓墩2號墓和安徽舒城九里墩一座春秋末期墓，但其建鼓均不存，鼓座的工藝水平也遠不如曾侯乙墓所出。〔註101〕此外，山東滕縣東漢畫像石（見圖八）、山東曲阜漢墓畫像石、山東歷城漢畫像石、山東微山縣東漢畫像石上皆有大量的建鼓圖

〔註99〕（宋）陳暘《樂書》卷一一八，《四庫全書》文淵閣本。
〔註100〕湖北省博物館《曾侯乙墓》，文物出版社，1989年版，第152～154頁。
〔註101〕王子初《中國音樂考古學》，第289頁。

案。古代文獻中也出現了建鼓的畫圖，如陳暘《樂書》卷一一六所附「建鼓」圖（見圖九）。

圖六：湖北隨州擂鼓墩
1號墓出土建鼓

圖七：曾侯乙墓出土建鼓鼓座

圖八：山東滕縣博物館藏
東漢畫像石「建鼓」

圖九：《樂書》卷一一六
所附「建鼓」

　　如圖所示，這三種不同出處的建鼓，雖然形制看起來有些許不同，但基本形制是相同的，都是由一根長木柱直貫鼓腔並插樹於鼓座的大鼓，且連接鼓腔和鼓座的長木柱都遠高於鼓腔。在漢畫像與《樂書》中的「建鼓」的長木柱上方都飾有翔鷺、仙鶴或神鳥及流蘇羽葆。漢代張衡《東京賦》：「鼖鼓路鼓，數羽幢幢。」羽葆既是以翟尾（野雞尾毛）做成，羽葆中間的幢上有

流蘇，用絲帛之類製成，可隨風飄揚。

據以上文獻所述以及出土資料的情況，古時的建鼓，除了基本的鼓腔及鼓座外，還應有飾品裝飾。筆者推測出土建鼓由於其年代久遠，可能由於受到氣候等因素的影響，其裝飾的物品才沒有被保留下來。

曾侯乙墓懸鼓形圓體扁，中部微鼓，腹外徑 42cm。出土時，鼓腔已解體為數塊，腔板均外鼓內凹，兩側、兩端各按一定的角度裏收，側面無接榫痕跡，疑鼓腔係黏合。腔板寬狹不等，腔板兩端固定鼓皮，其上布有竹釘，竹釘釘位不規則。由殘存的漆皮可知腔板兩端皮面上以黑漆為地，並繪朱色三角雷紋。腔體腹面則在黑地上繪朱色菱紋。鼓腔中部原有 3 個鋪首銅環，出土時，有兩環尚在腔板上，另一個脫落，但裝釘孔眼尚在。3 環中有兩個橫置，一個豎置。

據研究者分析，墓中同出的鹿角立鶴很可能就是懸鼓的鼓架。立鶴青銅質，通體鑄、鑲紋飾，鶴首、頸、角飾錯金渦雲紋、三角雲紋和圓圈紋。背部斜條羽毛狀紋中夾以勾連三角紋，脊部有兩道平行的凸紋，內嵌綠松石。鼓當懸於鶴首之上，用鹿角穿掛鼓環。〔註102〕

此鼓的青銅鼓架上紋飾與出土於晚商時期的鏄身所飾渦紋、鏄體牛角獸面之上，陰刻雷紋或雲紋相似，與鏄同時出土的鏄乙身上的凸起螺旋紋，據學者研究認為此為乳釘的前身，而建鼓、懸鼓身上亦布有竹釘，此為革、金樂器形制上的相通之處。另，懸鼓的鹿角立鶴鼓架所飾之渦紋、圓圈紋、勾連三角紋，與春秋戰國時期錞于身上的紋飾相同，懸鼓也出於戰國時期錞于用於祭祀為「應鼓」，此為「懸鼓」，即「縣鼓」。曾侯乙墓懸鼓與建鼓出土的位置也不同，建鼓與扁鼓、有柄鼓出於中室，懸鼓與鹿鼓出土於東室，與建鼓同出有二鼓，與懸鼓同出僅有一鼓。由此可知，《儀禮・大射禮》所記建鼓旁有二小鼓，朔鼙與應鼙，用於樂事或軍事，而《周禮》《禮記・禮器》所記縣鼓與「應鼓」相應，擊應鼓即為「擊金」，用於祭祀。懸鼓、錞于身上的紋飾，今人學者認為此類紋飾為殷墟紋飾的特徵，周縣鼓之制繼承於殷建鼓之制。建鼓、縣鼓，鼓腔為木板，鼓皮為革，鼓座為青銅製品，即「金」，有木有金，合「木鐸」金聲玉振成樂之制，鼓皮為革，正如從革之「鞺、鞈」，表鼓之屬為革。

需要特別指出的是，青銅鼓座是在青銅器高度發達的背景下產生的，能

〔註102〕王子初《中國音樂考古學》，第 293 頁。

夠配置青銅鼓座的建鼓是極少數，絕大部分鼓座都是木質的。現存的 4 件青銅鼓座，1 件出土於安徽舒城，而且還有銘文，應該是當時某一舒國國君的；1 件出土於曾侯乙墓；1 件出土地點不清楚但可以肯定是晉國青銅器；還有 1 件是出自春秋晚期晉國趙卿墓中。晉國是當時北方和中原最強盛的大國，而趙卿又是晉國當時的執政，其煊赫的權勢，是當時其他國家國君所不可比擬的。建鼓用於軍，如圖一至圖四所示，中間爲楹柱，下爲鼓跗，楹柱上有羽葆、戈，楹柱中間爲建鼓，下有一金插在鼓跗上，此與曾侯乙墓建鼓不同的是，鼓座上有一金，爲何用於軍之建鼓有金而墓葬中之建鼓卻無金呢？筆者認爲此類用於軍之建鼓的鼓座當爲木質，非青銅質，正如木鐸的使用，鼓的使用亦需有金有木，鼓腔、鼓木都爲木質，故以插在鼓跗上之「金」代建鼓中之「金」（青銅質鼓座），建鼓的鼓座爲青銅製品，故金插於建鼓鼓跗上。有木、有金、有革，數爲「三」，合「賁」之三足龜之「三」之義，表事之成。

劉曉明在其《「建」的文化學意義與建鼓的來歷》一文中，從道教的符籙和古文字的關係出發挖掘「建」字更深層的文化學意義。他發現「建」的廴旁，許書作「」與《靈寶玉鑒》中的「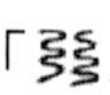」這一符號相對，都有「引」義，後者在道教中表達的意向爲「天帝敕令」之義，即天帝的敕令通過雲氣下達給百姓。由此可見，「建」的導引之義與「通神」有關。建所涵括的古人導引觀念物化爲具體實物即建木與建鼓。劉曉明認爲，建木爲「溝通天帝，接引天神的聖木」，建鼓有「不僅可以通過鼓聲將人們的意願傳達於天，而且通過『建』的導引功能將天神的旨意下達，起到一種雙向交流作用。」〔註 103〕

建鼓有導引之義，「鞞」、鞉爲其形之小者，亦表導引之義。鄭玄以「田爲小鼓」的基礎爲「田通輮」。歷代鄭說學者據此推演爲「輮音導引之引，小鼓爲大鼓先引」，故通輮的「田」有導引之意，爲應鼙之屬，爲小鼓。今人學者劉曉明在對道教經書符籙中有「天帝敕令」之義的「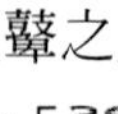」符號研究後發現，建鼓之「引」爲人民與天神溝通之義，與古人原始宗教信仰有關。由此可知，「引」不應作如鄭說學者所作「小鼓爲大鼓先引」的解釋。另一方面，從出土的建鼓實例表明，建鼓爲一由長木柱直貫並插樹於青銅座上的大鼓，而這根側置的紅木長木柱，據劉曉明所說應爲建木，是溝通天地，接引天神的聖

〔註 103〕劉曉明《「建」的文化學意義與建鼓的來歷》，《中國典籍與文化》2001 年第 4 期，第 85～88 頁。

木。而漢畫像及《樂書》中「建鼓」上所飾的流蘇及神鳥等物，也是爲了更好與天帝作交流所加上的工具，充分體現建鼓的「通神」之義，是與上天進行溝通的導引之鼓。鼓之「三」制：「應田縣鼓」用於祭祀，應鼓爲金，田爲「楝」，導引縣鼓，用以「通神」，應鼓、楝、縣鼓爲一組。「建鼓」自身本就包含有「通神」之義，使用時無須以「金」作爲引，有二小鼓設於建鼓之旁，分別爲朔鼙與應鼙，與建鼓成一組。

（4）拊與相

大師、小師言用於祭祀之樂，登歌均有擊拊，何爲拊？鄭玄注「拊」：「拊形如鼓，以韋爲之，著之以糠。」〔註104〕拊，亦作拊搏。《禮記・明堂位》：「拊搏，玉磬，揩擊，大琴，大瑟，中琴，小瑟，四代之樂器也。」鄭玄注：「拊搏，以韋爲之，充之以糠，形如小鼓。」〔註105〕另，《禮記・樂記》：「會守拊鼓，治亂以相。」鄭玄注：「相，即拊也，亦以節樂。拊者，以韋爲表，裝之以糠。糠，一名「相」，因以名焉，今齊人或謂「糠」爲「相」。」〔註106〕

拊，以韋爲之，充之以糠，形如小鼓，用以節樂。相，鄭玄注《樂記》認爲相即拊也，以拊裝之糠又爲「相」而名之。但後世學者大多不採鄭說，認爲拊與相爲不同樂器。

陳祥道認爲：「既曰『會守拊鼓』，又曰『治亂以相』，則相非拊也。鄭氏以相爲拊，誤矣。」陳氏明言鄭玄以相與拊爲一有誤，但是他並未明確指出兩者有何不同。陳暘《樂書》對作爲樂器使用的「相」釋作：

> 相之爲器，所以節文舞也，蓋生於春不相之。相，笙師掌教春是已。昔梁王築城以小鼓爲節而役者以杵和之，蓋其遺制也，鄭氏謂相以節樂擇士、謂之爲拊則非，豈感於《方言》以糠爲相之說歟。
>
> 雅之爲器，所以正武舞也，笙師掌教雅，以教祴樂是已。〔註107〕

陳暘認爲「相」是《周禮・春官・笙師》「掌教春牘、應、雅」中之「春」，用以節文舞，雅用以止武舞，兩器都由笙師掌教，用以教祴樂。陳氏指出拊、相之器爲雅、春，雅用以止武舞，春用以節文舞。但他未對笙師掌教的另二器「牘、應」的使用作出說明。

〔註104〕《周禮注疏》卷二三，第719頁。
〔註105〕《禮記正義》卷三一，第1104頁。
〔註106〕《禮記正義》卷三八，第1305頁。
〔註107〕（宋）陳暘《樂書》卷二三，《四庫全書》文淵閣本。

笙師所掌在笙入之後，牘、應、雅皆以節樂，與拊搏之引樂聲者自別。《考工記・韗人》爲臯陶，鄭司農云：「臯陶，鼓木也。」疑應、雅二者，《考工記》所謂「臯陶」，鼓木也。牘即《大射儀》之「簜」，所謂鼓竹也。竹木皆可爲鼓以節樂，而相之以穅，實韋，用以築地，當於牘、應、雅爲類。《曲禮》春不相，凡春以聲助之而爲之節曰相，此所謂相，蓋春以節樂也。拊用擊而相用春，鄭合爲一恐誤。〔註108〕

郭嵩燾認爲牘、應、雅均用於節樂，應、雅二者爲鼓木，牘爲鼓竹，即「簜」。「相」用以築地，與牘、應、雅爲一類。相，《曲禮》言春以聲助之而爲之節稱作「相」；《周禮》牘、應、雅僅作爲節樂之用，故稱作「春」。拊爲擊，相爲春，二者不能混爲一談。

郭氏認爲「相」是笙師所掌春牘、應、雅中之「春」，用於節樂，與拊引樂聲別，但是筆者對於其說中「應、雅爲鼓木」，「牘爲鼓竹，爲簜」存疑，不知其說之據爲何。〔註109〕又，郭氏說「相之以穅，實韋」，與鄭玄釋拊爲韋表穅裏是一樣的形制，但是相的奏法爲直接春地，而拊則用擊、用撫，所據爲何？拊與相在形制上有何區別與聯繫呢？

鄭玄云相即拊也，亦以節樂。……應劭云：相，拊也，所以輔相於樂。劉熙云：搏拊以韋盛穅，形如鼓，以手拍拊之也。郝懿行雲：《樂記》「會守拊鼓」是拊乃鼓數，用以節樂，因名節鼓。《通典》云：節鼓，狀如博局，中開圓孔，適容其鼓，擊以節樂。所說形狀與劉、鄭異。以周案拊與相渾言通析言別，《樂記》曰「會守拊鼓」，又曰「治亂以相」析言之也。拊形如鼓曰：「拊鼓，相者，所以輔其拊鼓之箱也。」拊以韋充穅而以手拍之，其音不響，故下又用箱盛之以助其聲，《通典》「狀如博局」云云，即其箱也，「適容其鼓」謂容其穅韋之鼓，今轟圖猶然，郝氏誤以箱爲鼓，遂謂與劉鄭異，失之。

黃以周認爲「相」是輔助拊鼓的箱子，幫助拊聲音更大。《通典》中「狀如博

〔註108〕（清）郭嵩燾《禮記質疑》卷一九，《續修四庫全書》本，第106冊。

〔註109〕（明）朱載堉《律呂正義》內卷篇第九《論諸鼓》有云：「《周禮》笙師掌教春牘、應、雅，應即應鼙也，雅即雅鼓也，春牘二字只是一器。先儒以爲三器皆春於地，非也。」可見郭氏解春牘、應、雅有誤。（朱載堉撰，馮文慈點注，人民音樂出版社，2006年版，第751頁。）

「局」就是輔助之箱「相」，而「適容其鼓」則爲拊之本物。

> 又，惠士奇云：拊名撫相，以手拍之，牘名頓相，以手築之。拊中實，相中虛，鄭康成合爲一可乎。以周案《笙師》「舂牘應雅」，先鄭注舂牘以竹，其端兩空，糵畫以兩手築地，大五六寸，長七尺，短者一二尺。《舊唐書》：「舂牘虛中如箭，無底，舉以頓地如舂杵，亦謂之頓相，相，助也，以節樂也。」惠説本此，但舂牘雖有頓相之名，與《樂記》「治亂以相」自別，拊爲撫相亦謂之拍板説更難據。〔註110〕

黃氏引惠士奇之説，認爲以「舂」爲之「相」爲「頓相」，用以節樂。與《禮記‧樂記》「治亂以相」中之「相」不同，不能混作一談。另《樂記》有言節樂舞之文「復亂以武」，「武」爲金鐃，以金鐃治「武舞」，「亂」指武舞。

綜上所述，拊、相兩者不爲一。拊，以韋爲之，充之以穅，聲音輕，用於堂上奏樂，撫拊而絃歌。〔註111〕爲幫助拊之聲音更大，就加上作爲輔助的「相」。《禮記‧樂記》「會守拊鼓」，拊以節歌；「治亂以相」，加相以節舞。

文獻中另有一説，認爲拊本非爲樂器之名，而應作「拍、拊、循」，爲奏樂之義。

> 《律呂正義》：蓋古者登歌，堂上拊以先之，管在堂下，鼓敔以引之。先擊小鼓，乃擊大鼓，然後眾樂皆作也。拊與敔，堂上堂下，相須爲用，以成歌奏之節。後世敔、雅、舂牘不存而拊僅存焉，案拊之爲字，實擊拍拊循之意，初無與器用之名。《虞書‧益稷》：「夏擊鳴球，搏拊琴瑟以詠。」孔傳竟以夏擊拊皆爲樂器，至宋儒始正之，謂夏擊，考擊也，搏，至也，拊，循也。觀此則注《周禮》者或亦仍孔傳之解乎？然其器尚有存於世者而形制可考，既云如鼓或即敔與甇甒之類耶？相傳用熟皮爲之，長一尺四寸而徑七寸，實之以穅，是亦革之音也。〔註112〕

〔註110〕（清）黃以周《禮書通故》卷四七，《續修四庫全書》本。
〔註111〕見（明）朱載堉《律呂正義》：「拊者，皮爲之，以穅實如革囊也，用手撫之鼓也。言奏弦匏笙簧之時，若欲令堂上作樂則撫拊，堂上樂工文撫拊乃絃歌也。」（內卷篇之九，第751頁。）（清）胡彥昇《樂律表微》卷七：「蓋拊所以節歌，故用韋表穅裏，欲其聲之輕也，然非以木爲腔而但爲革囊，則其形不復如鼓而擊之亦必無聲。」（《四庫全書》文淵閣本）
〔註112〕載於（清）秦蕙田《五禮通考》卷七五，《四庫全書》文淵閣本。

此言「拊」爲《大師》《小師》之「擊拊」，用於祭祀、大饗之樂，不同於《禮記》所記用於樂舞之「拊」、「相」，《瞍瞭》掌大師之縣，擊頌磬笙磬，大師之縣當爲「磬」，大師令奏擊拊，小師擊拊，大師鼓棘，小師擊應鼓，所「擊」之器都爲「磬」。黃以周云：「案大師小師皆言登歌擊拊，與《虞書》同，先鄭或擊或拊，用《虞書》『擊石拊石』爲義。後鄭謂擊其拊，用《虞書》『戛擊搏拊以詠』爲義，故云擊拊，瞽乃歌。以《小師職》『登歌擊拊，下管擊應鼓』之文考之，以後鄭擊其拊爲長，令奏謂奏歌，當從賈疏。王氏（王昭禹）謂令小師擊之則令奏擊棘，豈亦小師擊之乎？拊與棘皆大師自擊之，擊之即所以令之也。」〔註113〕黃氏所云大師自擊拊、棘，即令瞍瞭擊頌磬笙磬。

2、鼓制辨明

出現於「三禮」中的鼓除了「六鼓」之外，另有鼖、鼗、棘等。「鼓」除釋作打擊樂器外，還可釋作敲擊的動作「鼓」，鍾上之「鼓」部，即擊「鼓」以發聲。筆者試將《周禮》中《鼓人》「六鼓」雷鼓、靈鼓、路鼓、鼖鼓、鼛鼓、晉鼓與「鼓鼗」；《大司樂》「雷、靈、路」之鼓鼗；《鎛師》「夜三鼜、守鼜」；《韗人》鼛鼓、皋鼓、皋陶，各種言鼓名稱之字，作字形對比後發現可分作三組：1、直接加「鼓」的雷鼓、靈鼓、路鼓、晉鼓；2、鼓上加義符的「鼖」鼓、「鼗」；3、鼓下加義符的「鼛」鼓、鼓「鼗」、夜三「鼜」、守「鼜」。

《鼓人》言爲祭祀及金奏之樂使用的鼓都是直接在「鼓」前加表鼓用之字爲鼓名；《大司樂》用於樂事之「鼗」、《鼓人》用於軍事之「鼖」，爲「鼓」在下，義符在上之形；用于役事之「鼛」與《鎛師》中用於軍旅金奏之鼓的使用「夜三鼜、守鼜」之「鼜」，爲「鼓」在上、義符在下之形。

總而言之，《鼓人》言「六鼓」用途，相同之處在於均將表用途之義符置於「鼓」前，不同之處在義符的字形構造形制，即「雷、靈、路、晉」，表祭祀、金奏之樂鼓的名稱；「鼖」、「鼛」表軍事、田役之用鼓名。可見，《鼓人》言鼓之用，是以「○鼓」作爲模式。而《大司樂》「雷鼗、靈鼗、路鼗」是以《鼓人》所言鼓之用「○」加上「鼗」而成，言用於祭祀之樂事的「鼓、鼗」的名稱。《鎛師》「夜三鼜、守鼜」是以鼓之用法「夜三、守」，加上「鼜」而成，表鼓的使用方法。

〔註113〕（清）黃以周《禮書通故》卷四四，《續修四庫全書》本。

　　《鼓人》「六鼓」言鼓之用，有二組，前一組言鼓用之字形不加「鼓」，表用鼓之處及用鼓的等級；後一組言鼓用之字形分作三類，鼓在上、鼓在下、無鼓，表鼓用之事。即雷、靈、路，雷表天，靈表地，路表大，表祭祀場所及方位；鼖、鼛，前者鼓在下，以「賁」為義，後者鼓在上，以「皐」為義，言用於軍事及役事中鼓的使用；晉鼓鼓金奏，「晉」無鼓，言金奏之樂中鼓的使用。

　　軍中所用「六鼓」亦有二組。《大司馬》有「鼓」之鼓有路、賁、晉三類，表王、諸侯、軍將執之鼓。言軍中用鼓，據《司馬法》，亦有三鼓，「鼖鼓」表用於軍事之鼓，「鼓鼛」表用於軍旅之鼓，《鎛師》金奏之「晉鼓」表用於軍中金奏之鼓。鼖，鼓在下；鼛，鼓在上；晉，不含「鼓」。前三鼓表等級，後三鼓表使用方法，合之成「六鼓」。

　　除「六鼓」之外，《周禮》中《大司馬》鼓的類型，另有賁、提、鼛；《韗人》有皐、鞠、鼖；《小師》《瞽矇》《眡瞭》另有棘、應、鼗等，此類言「鼓」之事均是以三「鼓」的形式出現的。

　　另在《儀禮》及《禮記》中出現的諸鼓，《禮記·禮器》革之三類：鞀、鞞、鼓，分別用於導樂，始樂，合樂。棘、鼗為一，與鼛相對，即鼓在下及鼓在上。《儀禮·大射》出現鼓的類型有鼖、鼛、建鼓三類，與《司馬法》言鼓用之事，鼓的構造相同，亦是鼖，鼓在下；鼛，鼓上；建，字形內不含「鼓」。鼓以「應」有三用：《儀禮·大射》有朔鼙、應鼙，為小鼓，朔以始，應鼙應之。《禮記·禮器》中應鼓為應縣鼓，為金。《周禮·小師》「擊」應鼓，指「擊」之器為磬。

　　清秦蕙田在其《五禮通考》中以體積大小對「革」分作三類：鼓、鼛、鼗。他說：「八音之革為鼓，……聲唯一而其制有三：曰鼓、曰鼛、曰鼗。鼓之為體大，其制詳於《韗人》，其用辨於《鼓人》。鼛之為體小，陸德明曰：『其聲下，其音榻榻然。』陳暘曰：『鼓在卑上，於鼓為卑是其形卑，其聲亦卑也。』鼗亦鼓之小者，其制有柄而不縣，其聲以播而不以擊。」〔註114〕鼓為大，鼛為體小縣者，鼗為體小不縣者。

　　《鼓人》職將鼓聲之用分作三組：節聲樂、和軍旅、正田役，三組各有三字。「三禮」說鼓，大多以「三」呈現，故筆者將鼓之用法稱作「三」制。分列如下：

〔註114〕（清）秦蕙田《五禮通考》卷七五，《四庫全書》文淵閣本。

● 雷鼓、靈鼓、路鼓——祭祀用鼓
● 鼖鼓、鼛鼓、晉鼓——軍事、田役、金奏用鼓
● 晉鼓、鼖鼓、鼓鼙——《司馬法》軍中用鼓
● 鼓、鼛、鼖——大小三類鼓
● 應、田、縣——《周頌‧有瞽》「應田縣鼓」
● 應鼙朔鼙、建鼓、鼖——《儀禮‧大射》樂縣中之三類鼓
● 夏后氏鼓足，殷楹鼓，周縣鼓——《禮記‧明堂位》三代之鼓
● 朔、應、棟——《周禮》《儀禮》三類小鼓
● 韜、鞉、鼗——以導樂爲義之三形，《書》「下管鼗鼓」；《詩》「置我鞉
  鼓」；《月令》「韜」；《淮南子》「武王有戒慎之韜」；《周禮‧大司樂》《儀
  禮‧大射》「鼗」
● 鼛、鞼、賁；——以「屮」爲義之三形，鼛爲大鼓；鞼爲貢鼓；賁表三
  足，水中龜。
● 皋、鼛、鞠——以「皋」爲義之皋鼓、鼛鼓、「皋陶」（鞠）

第二節　金類樂器：鍾與鎛

一、「四金」（錞、鐲、鐃、鐸）名義

　　「四金」錞、鐲、鐃、鐸，錞以和鼓、鐲以節鼓、鐃以止鼓、鐸以通鼓，「四金」名稱不同，形制不同，使用的方法及作用也各不相同。以下就「四金」的形制及使用進行辨明，分析「四金」和、節、止、通鼓的用法，及與掌「金奏之樂」之「鍾師」、掌「金奏之鼓」之「鎛師」之間的聯繫。

　　錞、鐲、鐃、鐸，鄭玄注云：「錞，錞于也，圓如碓頭，大上小下。樂作，鳴之與鼓相和。鐲，鉦也，形如小鍾，軍行鳴之，以爲鼓節。鐃如鈴，無舌有秉，執而鳴之，亦止擊鼓。鐸，大鈴也，振之以通鼓。」〔註115〕鄭注錞的形制及使用不同於其他三金，錞用於樂，其形大抵與上節所舉四川成都百花潭出土的戰國銅壺紋飾中之「金」相似（見圖四）。其他三金，鄭玄據《大司馬》之文，認爲三器均使用於軍中〔註116〕，但形制與擊奏方法各有不

───────────────

〔註115〕《周禮注疏》卷一二，第374～375頁。
〔註116〕見於《周禮‧夏官‧大司馬》：「如戰之陳，辯鼓、鐸、鐲、鐃之用……辛長
　　　　執鐃，兩司馬執鐸，公司馬執鐲……群吏以旗物、鼓、鐸、鐲、鐃，各率其

同。鐲形似小鍾，又名鉦，鳴於行，以爲鼓節；鐃如鈴，無舌有秉，執奏，鳴之以止鼓；鐸，大鈴，擊奏方法與錞、鐲、鐃「鳴」不同，爲「振」，用以通鼓。

《說文》釋「金」與鄭玄不盡相同，許愼以鐲、鐃、鐸爲軍用之金；另舉「鉦」釋鐃之形；「鈴」爲令丁；「鎛」爲大鐘，淳于之屬，無錞。《說文·金部》：「鐲，鉦也，從金，蜀聲；鈴，令寧也，從金，令聲；鉦，鐃也，似鈴，柄中，上下通，從金，正聲；鐃，小鉦也，從金，堯聲；鐸，大鈴也，從金，睪聲；鎛，大鐘，淳于之屬，所以應鍾磬也。堵以二，金樂則鼓鎛應之。從金，薄聲。」許氏將鐲、鐃分別稱作鉦與小鉦，又將鉦作形似於鈴的鐃，將鐸釋爲大鈴。鐲、鐃、鉦、鐸形制類似，均似鈴，但鐲較鐃大，鐸較鉦、鐃、鐲都大，四器由大至小爲鐸、鐲、鉦、鐃。値得注意的是，許愼釋「鎛」的屬性、使用與鄭注之「錞」相似，但形制同鄭注之「鐲」，鎛屬「淳于」，錞屬「錞于」；錞、鎛都用於樂，錞鳴之與鼓和，鎛擊之應鍾磬。

「鎛」另作「鑮」、「鏞」。《儀禮·大射禮》爲「鎛」，陸德明釋作「鑮」。《說文》中「鎛」、「鑮」不同義，鑮爲鍾上橫木上金華〔註117〕。各家釋「鎛」又有大小之別，韋昭注《國語》以鎛爲小鍾〔註118〕，鄭玄注《周禮》以鎛爲大鐘〔註119〕。鎛」又作「鏞」，《爾雅·釋樂》「大鐘謂之鏞」，郭璞注：《書》（《益稷》）曰：『笙鏞以間』，亦名鎛。」〔註120〕鏞爲大鐘，鑮爲大鐘，鎛大小均有，鎛、鑮、鏞有何區別和聯繫呢？

鄭注以「鉦、鈴」云「三金」的形制，「鉦、鈴」二器，現今考古多有發現。鈴是中國最早出現的有舌青銅樂器。它的前身應該是遠古時代的陶鈴或陶搖響器。〔註121〕1982 年秋考古學家在河南偃師二里頭（二里頭文化）4、11、57 號墓藏中發現有銅鈴 4 枚，時代約在公元前 21～前 17 世紀。鈴體爲合

民而致。」（《周禮注疏》卷二九，第 901～911 頁。）

〔註117〕見《説文解字·金部》：「鑮，鑮鱗也。鍾上橫木上金華也，從金，專聲。一曰田器，《詩》曰『庤乃錢鎛』。」

〔註118〕《國語·周語下》「細鈞有鍾無鎛」韋昭注：「鎛，小鍾也。」（《國語》卷三，第 137 頁。）

〔註119〕《周禮·春官·序官》「鎛師」鄭玄注：「鎛，如鍾而大。」（《周禮注疏》卷一七，第 520 頁。）鄭玄亦以「鎛」爲大鐘。《大射》：「其南鎛」，鄭玄注：「鎛如鍾而大，奏樂以鼓鎛爲節。」（《儀禮注疏》卷一六，第 347 頁。）

〔註120〕《爾雅注疏》卷五，第 174 頁。

〔註121〕王子初《中國音樂考古學》，福建教育出版社，2002 年版，第 105 頁。

瓦形，一側有翼，平頂上設一橋型紐，腔體素面無紋，其中有玉質管狀鈴舌。鈴、舌金玉相配，基本上都爲狗鈴。〔註122〕在西周時期的考古發現中，出土的青銅樂器有甬鍾、鎛、紐鍾，另有鈴、鐃、句鑃、鉦、鐸等；春秋戰國時期是中國青銅時代音樂文化發展的巔峰時期，以「金」而言，不僅有鈴、鉦、句鑃、鐸等青銅樂器，另出現一些於之前出土實物所不見得，只見於此時期的如紐鍾、錞于等。考古實物中，「錞于」於春秋戰國時期才可見，晚於其他鈴、鉦、鐸等，但考古實物中幾乎沒有「鐲」；鎛於晚商出土青銅器已可見，是由青銅材料製作而成的鍾體擊奏體鳴樂器，但最初用於祭祀，是商周時期一種重要的禮器。用於樂，錞鳴以和鼓；鎛應鍾磬，奏樂以鼓鎛爲節，同鐲「節」鼓之用。「鎛」與「錞」、「鐲」之類用於軍的青銅樂器又有何關聯呢？

鐲、鐃、鐸與鉦、鈴，鉦爲鐲、（鐃）之形；鈴爲（鐃）、鐸之形；（鄭玄以鐃爲鈴形，許愼以鐃爲鉦形）錞與鎛同屬「（錞、淳）享於」。（錞、淳所從不同，錞從金、淳從水，但同以享爲聲）鎛用於樂又與鑄、庸同。以上樂器同屬於金，形制、名稱、使用、時代都各不相同。筆者將從文獻及出土文物兩方面對「金」類樂器的發展情況進行考察，並探討金與鼓、石等樂器的關係，此節言「四金」辨明，即是對文獻中「四金」的辨明。

1、金錞

金錞，鄭玄注錞用於樂，圓如碓頭，大上小下。賈公彥疏：「下三金皆《大司馬》在軍所用，有文。此金錞不見在軍所用，明作樂之時與鼓相和，故雲和鼓也。」鄭、賈均認爲金錞與其他三金用法不同，用於樂以和鼓；形制不同，不爲合瓦形鍾類，爲圓形。

宋元學者據後周太常卿「斛斯」所言「錞于」之器，證實「錞」用以和鼓，用於樂。但對於「錞」的形制，陳暘與馬端臨的意見不一致，以下分列二說，言其異同：

（宋）陳暘：「以金錞和鼓，自金聲之淳言之謂之錞，自和鼓之倡言之謂之和，其實一也。蓋其形象鍾，頂大腹擽口弇，上以伏獸爲鼻，内懸子鈴，銅舌。凡作樂，振而鳴之，與鼓相合。後周平蜀獲其器，太常卿斛斯證觀曰『錞于也』，以芒筒將之，其聲及振乃取以合樂焉。《國語》曰『戰以錞于儆其民也』，有黃池之會，吳王親

〔註122〕中國社會科學院考古研究所二里頭工作隊《1982年秋偃師二里頭遺址九區發掘簡報》，《考古》1985年第12期。

鳴鐘鼓錞于，振鐸則錞之和鼓，其來尚矣。後世之制，或爲兩馬，
或爲蛟龍之狀，引舞用焉，非周制也。」〔註123〕

陳暘認爲「金錞」與鍾相似，口小腹大，鍾上以伏獸爲鼻，內懸子鈴，不爲
玉舌，爲銅舌。以芒筒將之錞，振而鳴之以合鼓。錞以「振」，與鐸相同。陳
氏還指出後世作爲引舞所用之錞不爲周制之「錞」。

（元）馬端臨云：「南齊始興，王鑑爲益州刺史，廣漢什邡民段
祚以錞于獻鑑，古禮器也。高三尺六寸六分，圍二尺四寸，圓如筒
銅，色黑如漆，甚薄，上有銅馬，以繩縣馬，令去地尺餘，灌之以
水，又以器盛水，於下以芒莖當心跪注錞于。以手振芒，則其聲如
雷，清響良久乃絕，古所以節樂也。周斛斯徵精三禮爲太常卿，自
魏孝武西遷雅樂廢闕。樂有錞于者，近代絕無此器，或有自蜀得之，
皆莫之識徵曰此錞于也，眾弗之信遂依干寶周禮注以芒筒將之，其
聲極振，乃以合樂焉。」〔註124〕

馬端臨所舉「錞于」，見於南齊，圓形，色黑，質薄，上有銅馬，使用時將錞
于懸起，其中灌水，于下以芒莖注錞于，此芒莖當指「舌」，奏之方法與陳暘
所云「錞」相同，以手振芒，聲音如雷且長。自魏孝武西遷，雅樂廢闕之後，
錞于亦不傳於世，若有，僅於蜀地可得。

陳暘與馬端臨對錞、錞于的奏法、用法的認識相同，均認爲錞（錞于）
有舌，形大，以芒振之以發聲，用於樂事，錞以合鼓、錞于以節樂。陳、馬
二氏說「錞」及「錞于」的不同之處在於對錞與錞于形狀的描述上，陳暘認
爲錞似鍾，並云後世有馬、有蛟龍之錞非爲周制；而馬端臨所舉錞于正爲有
銅馬之錞，其說錞于的形狀與鄭玄所說「錞」相同，圓如碓頭，大上小下。
另，馬氏說錞于體甚薄，且多出於「蜀」，這又與許慎言之「鐏」相似，鐏屬
淳于，用於樂以節鐘鼓，同「鐲」之用，「鐲」從金，聲「蜀」，正與馬氏所
言「錞于」所出之地「蜀」同。

據上節所云四川成都百花潭出土戰國時期銅壺之建鼓圖像，圖上所示
「金」的形制爲橢圓椎形，當爲「錞于」，色黑，插於鼓座，鼓者二手持槌敲
擊，不同於陳、馬二氏所見有舌、形大之「錞」（于）。由此可見，錞（于）
與其他三金相同，也可用於軍事，在先秦文獻中亦可見錞用於軍事之例，名

〔註123〕（宋）陳暘《樂書》卷一○一，《四庫全書》文淵閣本。
〔註124〕（元）馬端臨《文獻通考》卷一三四，浙江古籍出版社，2000年版。

作「錞于」，與丁寧（鉦）、鐸一起使用。如《國語·晉語五》：「（趙）宣子曰：是故伐備鐘鼓，聲其罪也；戰以錞于、丁寧，儆其民也。」〔註125〕又《吳語》：「（吳）王乃秉枹，親就鳴鐘鼓；丁寧、錞于、振鐸。」〔註126〕但二則文獻中與「錞于」同列之「金」不同，《晉語》言鐘鼓為「伐」所備，而錞于、丁寧以「戰」；《吳語》王鳴「鐘鼓」，包括丁寧、錞于、振鐸三「金」，且三金之名都非為本名，「鉦」為「丁寧」，「錞」為「錞于」，「鐸」為「振鐸」。

金錞不僅可以用於樂，亦能在軍中使用。用於樂，名「錞」，用於軍，名「錞于」。

2、金鐲、金鐃、金鐸與鉦、鈴

據《周禮》記載，「三金」皆為《大司馬》在軍中所用。《周禮·夏官·大司馬》「鼓行鳴鐲，車徒皆行」又「乃鼓退，鳴鐃且卻」，「兩司馬執鐸」。將這三種不同的樂器放到一起來探討，不僅是由於三金均用於軍中，且諸儒論三器形制多與「鉦」、「鈴」互訓。鄭玄《周禮·鼓人》注云：「鐲，鉦也」，又曰「鐃如鈴」，又云「鐸，大鈴也」；《說文·金部》：「鐲，鉦也。」又「鉦，鐃也。似鈴，柄中，上下通。」又云「鐃，小鉦也」，可窺不僅鐲、鐃、鐸三器之間關係複雜，且與鉦、鈴也有千絲萬縷的聯繫，以下結合鉦、鈴二器，對鐲、鈴、鐃三金進行探討。

（1）鐲、鐃與鉦

有關鐲的文獻記載，大都認為其是一種金制軍樂器，用以節製鼓聲。鄭玄與許慎都將鐲作鉦。項安世曰：「鐲小於鍾，無舌。」〔註127〕鐲無舌。《說文·金部》「鉦」，段玉裁注云：「鐲、鈴、鉦、鐃四者相似而有不同。鉦以鈴而異於鈴者，鐲鈴似鍾有柄，為之舌以有聲。鉦則無舌，柄中者，柄半在上，半在下。稍稍寬其孔為之抵拒，執柄搖之，使與體相擊為聲。」〔註128〕段氏說鈴鐲有舌，鉦鐃無舌。鐲、鈴似鍾有柄有舌，演奏時執柄搖之以舌擊鐲、鈴之體以發聲。鉦無舌，柄半在上、半在下，亦是執柄搖之，以在下之柄擊鉦體以發聲。段說鐲內有舌，與項說不同。據徐灝所云，鐲、鈴、鉦、鐃、鐸五者形制皆同，唯鈴、鐸有舌，鐲、鉦、鐃三者無舌。經已出土考古文物

〔註125〕《國語》卷一一，第398頁。
〔註126〕《國語》卷一九，第608頁。
〔註127〕見（清）秦蕙田《五禮通考》卷七四，《四庫全書》文淵閣本。
〔註128〕（清）段玉裁《說文解字注》十四篇上。

可以證實，部分鈴、鐸體內有舌，執奏，以舌撞擊器體使之振動而發聲，證實了徐灝的觀點。但在現今考古發現中尚無出現「鐲」，其形制到底為何，有舌還是無舌，尚無定論。

另，段注「鐃」：「鉦鐃一物，而鐃較小，渾言不別，析言則有辨也。《周禮》言鐃不言鉦，《詩》言鉦不言鐃，不得以大小別之。《大司馬》：『仲冬大閱，乃鼓退，鳴鐃且卻』，《左傳・陳子》曰：『吾聞鼓不聞金』，亦謂聞鼓進，聞鐃退也。」段注指出文獻中記載鉦、鐃的不同，《詩》言鉦不言鐃，《周禮》言鐃不言鉦，且鉦、鐃與鼓用於軍事，擊鼓以進，擊鉦、鐃以退。

正如段玉裁所云，作為鐲的異名——「鉦」，在先秦文獻中並無作為「金」音出現，且《古今樂錄》中尚未提及鉦屬鍾類。鉦的出現，僅存於漢代學者的注中。如《左傳・宣公四年》：「著於丁寧」，杜預注：「丁寧，鉦也。」《國語・吳語》：「親就鳴鼓，丁寧、錞于、振鐸」，韋昭注：「丁寧，鉦也。」（鉦另有名作丁寧——筆者按）先秦資料中出現「鉦」的唯一一例是《詩・小雅・采芑》：「方叔率止，鉦人伐鼓，陳師鞠旅。」毛傳：「鉦以靜之，鼓以動之。」鄭箋：「鉦也，鼓也，各有人焉，言鉦人伐鼓，互言爾。」孔穎達正義：「鐲似小鍾，鐃似鈴，是有大小之異耳，俱得名鉦。但鐲以節鼓，非靜之義，故知鉦以靜之，指謂鐃也。凡軍進退，皆鼓動鉦止，非臨陳獨然。」〔註129〕此處言鉦，非為禮器，而是伐鼓之「鉦人」。「鉦人伐鼓」，鼓有「鼓人」，鉦有「鉦人」，鄭玄以鼓、鉦都有「人」，故可互言用。以鄭意言之，《鼓人》以「鼓」為官，所掌教之事為「六鼓四金」之聲音；「鉦人」以「鉦」為官，掌教之事亦當有「金」且有「鼓」。筆者在上節整理有關「錞于」的資料時，發現同為記載用於軍的鐘鼓《晉語》《吳語》二則材料，列「金」器的順序不盡相同，「鐘鼓」的關係亦不同。《國語・晉語》言鐘鼓為「伐」所備，錞于、丁寧用以「戰」；《吳語》言王鳴「鐘鼓」，丁寧、錞于、振鐸並列在後。《詩》「方叔率止，鉦人伐鼓」之「伐」，與《晉語》「伐備鐘鼓，戰以錞于、丁寧」之「伐」相同，鉦人「鼓」與伐備之「鐘鼓」相應，正合鄭玄之意。

鉦、鼓互言之文另見於漢籍，《漢書・東方朔》：「十九學孫吳兵法，戰陣之具，鉦鼓之教，亦誦二十二萬言。」顏師古注：「鉦鼓，所以為進退士眾之

節也。」〔註130〕《後漢書・光武帝紀》:「鉦鼓之聲聞數百里。」〔註131〕二則材料言「鉦鼓」都是將鉦、鼓合併爲一說其義,用於軍,分別爲「鉦鼓之教」與「鉦鼓之聲」。「鉦鼓之教」指教孫吳兵法之鉦鼓,即進退士眾之道。「鉦鼓之聲」是以鉦靜鼓動爲其義,行軍時用以節止步伐。張舜徽《說文解字約注》注「鉦」云:「鉦之言正也,正者,止也,所以止鼓者也。鉦有止義,亦猶證之訓練,政之訓正,並有止義耳。」〔註132〕張先生言鉦爲「正」、有「止」之義,用於軍事訓練以爲鼓之節止。鉦爲「止」,同鐃「止鼓」,鉦與鐃同用。《詩・采芑》孔穎達言鐲、鐃非僅有大小之別,使用方式亦有不同,鐲以節鼓、鐃以止鼓,此言「靜之」之鉦當爲鐃,非鐲。其言鉦鐃一類,當與段氏注《說文》言「鉦鐃一類,無舌;鐲鈴一類,有舌」相同。

(2)鈴、鉦、丁寧

文獻中另有一金「丁寧」,韋昭、杜預將其釋作鉦,但宋元學者陳暘與馬端臨另加一器「鐲」,將鐲與丁寧、鉦三器當作異名同器之器。

　　　（宋）陳暘云:「蓋自其聲濁言之謂之鐲,自其儆人言之謂之丁寧,自其正人言之謂之鉦,其實一也。」〔註133〕

　　　（元）馬端臨云:《詩》云『鉦人伐鼓』,《國語》曰『鼓丁寧』,《春秋傳》曰『射汰輈而著於丁寧』,《說文》曰『鐲,鉦也』,韋昭曰『丁寧,鉦也』,蓋自其聲濁言之謂之鐲,自其儆人言之謂之丁寧,自其正人言之謂之鉦,其實一也。〔註134〕

陳、馬二氏都以「正」言鉦,聲「濁」言鐲,「儆人」言丁寧,但筆者以爲,二者所言三器之事各不相同,原因有三:其一,張舜徽先生已經指出鉦言「正」,正爲「止」義,用以止鼓,非是「正」人之義;其二,陳、馬二氏言「鉦」以形爲義,說「鐲」又以聲爲義,「鐲」、「鉦」字形都從金,且若要以聲言義,「鐲」當從「蜀」,而非「濁」。其三,《說文・金部》有云:「鈴,令寧也,從金,令聲。」「令寧」與「丁寧」聲相近,是否可將鈴釋爲「丁寧」

〔註130〕（東漢）班固撰,（唐）顏師古注《漢書》卷六五,中華書局,1982 年版,
　　　　第 2841～2842 頁。
〔註131〕（南宋）范曄撰,（唐）李賢等注《後漢書》卷一,中華書局,1965 年版,
　　　　第 7 頁。
〔註132〕張舜徽《說文解字約注》卷二七,中州書畫社,1983 年版。
〔註133〕（宋）陳暘《樂書》卷一〇一,《四庫全書》文淵閣本。
〔註134〕（元）馬端臨《文獻通考》卷一三四,浙江古籍出版社,2000 年版。

呢？據考古資料所示，「鈴」是最早的有舌青銅樂器，體爲合瓦形，一側有翼，頂上有紐，其中有玉質管狀鈴舌。多作狗鈴、車鈴、簷鈴，用時懸之，以其舌與體相擊使之振動而發聲。見於文獻，多在車之旂上，表「聲」。《詩・周頌・載見》「龍旂陽陽，和鈴央央」毛傳：「龍旂陽陽，言有文章也，和在軾前，鈴在旂上。」〔註135〕《左傳・桓二年》：「錫、鸞、和、鈴，昭其聲也。」杜預注：「錫，在馬額。鸞，在鑣。和，在衡。鈴，在旂。」〔註136〕「鈴」即「丁寧」，表「金」在旂，擊之所發之聲，聲「丁丁」，此「金」當爲「鉦」。丁，作象聲詞，讀作 zhēng；寧，同「寧」，寧爲用部，與甬同部，甬爲鍾柄，寧表鍾形，爲鈴之形。「丁寧」當釋作車上所懸鉦之「聲」，行車時鼓金，其聲「丁丁」。鈴表「金」之形、使用的方法及場所；「丁寧」表擊鉦所發出的「丁丁」之聲；鉦表「金」之義，有形有聲有義，故諸儒多用鈴、丁寧、鉦訓金。鐲非鉦，鉦與鈴、丁寧爲一物，鈴象形，丁寧爲聲，鉦表義。

鉦有鉦人，鼓有鼓人，鉦鼓合之用於軍，以節止行軍步伐、進退眾士之用。鉦、鼓亦可分爲二，用以表示鍾體的位置。《考工記・鳧氏》「爲鍾，兩欒謂之銑」，鄭玄注：「故書『欒』作『樂』。」杜子春云：「當爲欒，書亦或爲欒。銑，鍾口兩角。」賈公彥疏：「欒、銑一物，俱謂鍾兩角。古之樂器應律之鍾，狀如今之鈴，不圓，故有兩角也。」又「銑間謂之於，於上謂之鼓，鼓上謂之鉦，鉦上謂之舞」，鄭注：「此四名者，鍾體也。」鄭司農云：「於，鍾唇之上袪也。鼓，所擊處。」〔註137〕鳧氏造鍾，以鈴之形爲鍾，成合瓦形，有兩角；鍾體正面偏上處爲鉦，鼓在鉦下，鼓即擊鍾處，「鉦」上「鼓」下。

鈴示鍾形，兩端有角，爲銑。鼓表擊鍾之處，擊鍾之鼓以成聲；鉦在鼓上，節擊以成「正」聲；鼓以成聲，鉦以節鼓。故鉦鼓用於軍，以鼓進，以鉦止。「六鼓」中用以鼓金奏之「晉鼓」，又可指鍾體之「鼓」，「晉」同「金」，「晉鼓」表擊金之處，《大司馬》「軍將執晉鼓」指軍將執金，擊金之「鼓」，以節軍士。

（3）金鐃的使用

孔穎達與段玉裁都提出鐃若鉦爲一物，用以止鼓。有關鐃的用法，有二

〔註135〕《毛詩正義》卷一九，第1571頁。
〔註136〕《春秋左傳正義》卷五，第170頁。
〔註137〕《周禮注疏》卷四〇，第1291頁。

種說法：

一、鐃用於軍事，以止鼓。進軍擂鼓，退軍鳴鐃。即《鼓人》《大司馬》所言「鐃」之用，同鉦。進軍之時擊鼓，退軍之時鳴鐃。

二、鐃用於樂事，以節舞。《禮記‧樂記》：「始奏以文，復亂以武。」孔穎達疏：「武，謂金鐃也。言舞畢，反覆亂理欲退之時，擊金鐃而退。」〔註138〕聶崇義《三禮圖》：「《樂記》曰『復亂以武』。復謂反覆也。亂，理也。武，謂金鐃也。謂舞畢之時，舞人必反覆鳴此金鐃，而治理之。欲退之時，亦擊此金鐃以限之。」〔註139〕陳暘《樂書》：「《大司馬》卒長執鐃，以其聲譊譊然，故以鐃名之。漢鼓吹曲有鐃歌，所以退武舞也，豈亦周之遺制歟。蓋其小者似鈴，有柄無舌，執而鳴之以止鼓；大者象鍾形薄，旁有二十四銑，宮縣用之，飾以流蘇，蓋應律音而和樂也。」〔註140〕

孔穎達及聶崇義都以《樂記》所言「武」為金鐃，用以治舞。陳暘認為鐃有大小之別，小者即《大司馬》所言卒長執之「鐃」，用以止鼓，形似鈴而小，有柄無舌，執持而鳴；鐃之大者用於樂，形似鍾而薄，以其形大且有二十四銑、飾以流蘇，故特縣於樂以「和」。孔、聶二氏所言用於舞之「鐃」為漢鼓吹曲之鐃歌用之鐃，為漢制，非是周用之鐃制。筆者以為，陳氏所言「大鐃」為樂中所用之鍾鎛之類的樂器，非為用於禮中的禮器之「金」，金鐃用於樂事，應如孔、聶二氏所云，用以治舞。

鐃既用於軍亦用於樂，用於軍，為武事，《夏官‧司馬》鄭玄云：「馬者，武也，言為武者也。」〔註141〕《樂記》「復亂以武」，「武」為金鐃，以金鐃治「武舞」，即節制樂舞，亦稱為武事，非為有音之「文」樂。此言用於武之金大抵只能稱作禮器，非樂用之樂器。

（4）金鐸與木鐸

「四金」中有文有武之金為鐸，以其舌之有銅與木兩種，可分作金鐸和木鐸，金鐸用於武事，木鐸用於文事。

1）金鐸用於武事

〔註138〕《禮記正義》卷三八，第 1306 頁。
〔註139〕（宋）聶崇義纂輯《三禮圖》卷七，清華大學出版社，2006 年丁鼎點校解說本，第 209 頁。
〔註140〕（宋）陳暘《樂書》卷一〇一，《四庫全書》文淵閣本。
〔註141〕《周禮注疏》卷二八，第 872 頁。

金鐸用於軍事。鄭玄注《鼓人》金鐸，振之以通鼓。按在軍擊鼓，必先振鐸，而後諸鼓齊鳴，故稱「通鼓」。《周禮·夏官·大司馬》：「兩司馬執鐸」，謂兩司馬執鐸振之，以通鼓。《國語·吳語》：「陳士卒百人以爲徹行。白行，行頭皆官師，擁鐸拱稽。」又云：「王乃秉枹，親就鳴鐘鼓、丁寧、錞于，振鐸，勇怯皆應，三軍皆譁釦以振旅。其聲動天地。」〔註142〕此言「振旅」，當指《鼓人》所言「凡軍旅，夜鼓鼜」，關於「鼜」的使用，一爲《司馬法》言通，有三種，以時間、通數不同，所用之名各不同。昏時，四通，爲大鼜；夜半之時，三通，用以晨戒；旦明之時，五通，用於發晌。二爲《周禮·春官·鎛師》：「軍大獻，則鼓其愷樂。凡軍之夜三鼜，皆鼓之，守鼜亦如之。」鎛師爲禮官，掌金奏之鼓，即「晉（金）鼓」，金鐸以通鼓，用於軍以振旅，此以禮官言用於軍之「鼓鼜」的使用，軍爲武，金鐸用於軍以振旅，其中「夜三鼜」與「守鼜」，當爲《司馬法》「夜半三通爲晨戒」之「通」。筆者在論「六鼓」時已經指出，「鼓鼜」之鼓爲鼖鼓，金鐸以通鼓，夜戒守備鼓之金當作「鐸」。但《司馬法》云「通」有三種，另有昏時四通之大鼜及旦明五通之發晌，此「二通」又當爲何？

金鐸用於樂舞。筆者在之前的論述中已經提及，金鐃用於樂以節舞，爲武事。《禮記·樂記》：「天子夾振之而駟伐，盛威於中國也。」鄭玄注：「王與大將夾舞者，振鐸以爲節。駟當爲四，聲之誤也。《武》舞，戰象也，每奏四伐，一擊刺爲一伐。《牧誓》曰：『今日之事，不過四伐五伐。』」〔註143〕鄭玄認爲，天子與大將夾以舞，當「振」鐸爲節，舞爲《武舞》。《武舞》有四伐，一擊爲一伐，振鐸當有四通，《牧誓》言《武舞》不僅有四伐，亦有五伐，五伐之舞振鐸五通，「四通五通」。又，《樂記》言此「夾」用爲，「分夾而進，事蚤濟也。」「夾」可分，進爲「鼓」，分夾進之後，「蚤」濟，即鼓以「蚤」，此當言用於樂之「鼜」，「夾」有四伐五伐，振鐸有四通五通，正與《司馬法》所云「鼜」之另二通合。

宋代學者陳暘對金鐸、木鐸之用說道：「蓋鐸有金鐸、木鐸，金鐸舌以金，木鐸舌以木，金鐸振武事，若司馬之振鐸擁鐸，黃池之會官師振鐸是也。木鐸振文之事，若書禮所言徇以木鐸是也。《樂記》曰『天子夾振之』，鄭氏謂：

〔註142〕《國語》卷一九，第 608 頁。
〔註143〕《禮記正義》卷三九，第 1321 頁。

『王與大將夾，舞者振鐸以爲節。』」〔註144〕陳氏言「金鐸」振武事，有軍有樂，用於軍，爲司馬之振鐸；用於樂，舞者振鐸以爲「夾」舞之節。筆者言「金鐸」之用合於陳暘。金鐸用於武事，於軍，夜半振鐸三通以戒守備；於舞，振之以爲節，舞有四伐五伐，振鐸有四通五通。

2）木鐸用於文事

此下三例爲《周禮》所記木鐸用之事。包括田法、火禁、國禁，與金鐸用於武以「節」、「戒」之義相似，木鐸所用之事多爲立法及修禁之事，爲政教之文事。

> 《周禮・地官・鄉師》：「凡四時之田，前期，出田法於州里，簡其鼓鐸。旗物、兵器，修其卒伍。……凡四時之征令有常者，以木鐸徇於市朝。」鄭玄注：「徵令有常者，謂田狩及正月命修封疆，二月命雷且發聲。」〔註145〕

《鄉師》掌四時之田，凡四時徵令有常者，以木鐸徇於市朝。《司馬法》言「昏鼓四通爲大鼜」四通，當言鐸用於四時之田。此與《鼓人》言之「鼜」同屬地官，此言田法，以木鐸「徇」於朝，爲文事；用於軍事，以金鐸「振」旅，爲武事。

> 《周禮・天官・宮正》：「春秋以木鐸修火禁。」鄭玄注：「火星以春出，以秋入，因天時而以戒。」賈公彥疏：「此火謂陶冶鑄銅之火，因天出火民則爲之，因天入火民則休之。」〔註146〕

> 《夏官・司爟》：「季春出火，民咸從之。季秋內火，民亦如之。時則施火令。凡祭祀，則祭爟。」〔註147〕

> 《秋官・司烜氏》：「中春，以木鐸修火禁於國中。軍旅，修火禁。」鄭玄注：「爲季春將出火也。火禁，謂用火之處及備風燥。」

〔註148〕

第二例爲火禁之事，《天官・宮正》總說修火禁於春秋之時，天出火民爲之，天入火民則休；《夏官・司爟》除季春出火、季秋內火、施火令、祭祀四事之外，另《夏官・掌固》有言：「夜三鼜，以號戒。」杜子春云：「讀鼜爲造次

〔註144〕（宋）陳暘《樂書》卷一○一，《四庫全書》文淵閣本。
〔註145〕《周禮注疏》卷一一，第343～344頁。
〔註146〕《周禮注疏》卷三，第89～90頁。
〔註147〕《周禮注疏》卷三○，第936～937頁。
〔註148〕《周禮注疏》卷三六，第1145頁。

之造，謂擊鼓行夜戒守也。《春秋傳》所謂『賓將趣』者與？趣與造音相近，故曰『終夕與燎』。」鄭玄注：「玄謂鼜，擊鼜，警守鼓也。三巡之間，又三擊鼜。」〔註149〕杜預言「燎」，有「火田爲燎」〔註150〕，放火燒田除草；「燎祭」，燃火以祭天地山川；「庭燎」〔註151〕，樹於門、庭之大燭。「燎」有三種，故《夏官‧掌固》言軍中修火禁之事有三，「夜、三、戒」，與《鼓人》言「鼓鼜」爲夜戒守備之鼓，三通相似，所以軍修火禁亦稱作「鼜」。「鼓鼜」用於軍事，爲武事。《掌固》言「鼜」，無「鼓」，當是「修火禁」之事爲文事，以木鐸修火禁，爲「徇」非爲「振」，故不「鼓」。《秋官‧司烜氏》所言修火禁之事包括：中春之時，爲季春將出火而修火禁於國中；軍旅，修火禁。國中修火禁、軍旅修火禁均徇以木鐸。

> 《周禮‧秋官‧士師》：「掌國之五禁之法，以左右刑罰：一曰宮禁，二曰官禁，三曰國禁，四曰野禁，五曰軍禁。皆以木鐸徇之於朝，書而縣於門閭。」鄭玄注：「宮，王宮也。官，官府也。國，城中也。古之禁書亡矣。今宮門有符籍，官府有無故擅入，城門有離載下帷，野有《田律》，軍有嚴謹夜行之禁，其牖可言也」。〔註152〕

《士師》掌國之五禁之法，分別是：宮禁、官禁、國禁、野禁、軍禁；五禁使用木鐸的方法相同，皆以木鐸徇之於朝，與鄉師言掌四時之田僅用木鐸徇之於市朝不同，此以木鐸徇於朝，無「市」。《司馬法》言「旦明五通爲發昫」當指木鐸徇之於朝之「五禁」。此言木鐸用之五禁，「宮禁」言宮，爲《天官‧宮正》春秋以木鐸修火禁；「國禁」言城中，爲《秋官‧司烜氏》中春以木鐸修火禁於國中；「野禁」言田，爲《地官‧鄉師》以木鐸徇於市朝；「軍禁」言夜行之禁，爲《夏官‧掌固》「夜三鼜，以號戒」，用木鐸修軍旅火禁之事；「官禁」，官爲官府，官用木鐸之法見《左傳‧襄公十四年》：「故《夏書》曰：

〔註149〕《周禮注疏》卷三〇，第 939 頁。

〔註150〕見《詩‧小雅‧正月》：「燎之方揚，寧或滅之！」鄭箋：「火田爲燎。」（《毛詩正義》卷一二，第 835 頁。）

〔註151〕見《周禮‧秋官‧司烜氏》：「凡邦之大事共墳燭庭燎」鄭玄注：「故書墳爲蕡。鄭司農云：『蕡燭，麻燭也。』玄謂墳，大也。樹於門外曰大燭，於門內曰庭燭，皆所以照眾爲明。」（《周禮注疏》卷三六，第 1144～1145 頁。）

〔註152〕《周禮注疏》卷三五，第 1079 頁。

『遒人以木鐸徇於路，官師相規，工執藝事以諫。』〔註153〕「官禁」是以木鐸徇於路，《鼓人》「以路鼓鼓鬼享」，「路」用於祭祀，《夏官·司爟》「凡祭祀，則祭爟」，當以木鐸祭爟。

鐸以其舌有銅、木，分作金鐸、木鐸二種，金鐸用於武，木鐸用於文。用於武，振軍旅、節舞；用於文，修五禁之法，以木鐸徇於朝。

《鼓人》言「六鼓」與「四金」，當以鼓為聲、金為音，言金、鼓用於軍事、樂事的情況。鼓有「鼓人」，金有「鉦人」，用於軍，鼓、鉦互言，鉦為「止」義，鼓為「進」義，行軍時，鳴鉦以靜，擊鼓以動。用於樂，「鼓」表擊鍾處，擊「鼓」發聲，「鉦」為「正」，其位在鼓位上方，表鼓之正位，鼓鐘以和樂。用於樂之鍾鎛同為「金」之屬，甬鍾、紐鍾至西周才出現，現今考古所發現大量晚商、西周、春秋戰國時期的金、石、革屬器具，反映了商周時期禮樂制度的具化形態，為我們研究那一時期的樂器、禮器提供了寶貴的實物資料，將實物資料與文獻記載對比研究，能使我們清晰對先秦時期樂器的形制及使用規範的認識。

二、考古所發掘的商代、西周、春秋戰國時期有關「金」實物資料

「金」有「文」、「武」之別，用於軍或武舞為武事；用於樂為文事，「文之以五聲」。現今出土於夏商周時期的青銅器大多為禮器，用於軍；用於樂，則稱作樂器。以上所云「六鼓四金」之器大都不用於樂，如鐃、鐲、鐸、鉦、鈴、鼖鼓、鼛鼓等，在研究時要注意其與用於樂的鍾、鎛、鼓、磬之間的關係，辨明樂器與軍用禮器之間的區別和聯繫。「有虞氏上陶，夏后氏上匠，殷人上梓，周人上輿」〔註154〕，各代所尚之事不同，使用的禮器亦不同，所以要討論當時樂器的使用方法，必須要瞭解各代金、石、革作為禮器或樂器的組合情況。樂器與禮器相同，都是禮樂制度的外顯形式，是禮樂制度的表徵，並與樂器或禮器隨葬現象聯繫在一起。筆者對於考古出土的禮器、樂器的研究，主要是從禮樂器的排列組合及不同種類禮樂器的使用規範兩個方面，結合文獻記載及相關的古文字資料，對「三禮」中金、石、革類樂器形制與規範進行探討。

中國在商代進入了青銅時代的繁榮時期，特別是到了殷商時期，青銅的

〔註153〕《春秋左傳正義》卷三二，第 1065～1066 頁。
〔註154〕《周禮注疏》卷三九，第 1248 頁。

冶鑄工藝達到了極高的水準。青銅樂器的興起是商代音樂考古的重要特徵。有關商代重要的考古發現，較早的有河南偃師二里頭文化遺址，其中發現了大量青銅鈴。除此之外，河南安陽殷墟以及周圍地區出土的為數眾多的編懸青銅樂器及江西新幹縣大洋洲殷代後期大墓出土的中國最早的1件青銅鎛和3件大鐃，都是商代具有典型性的青銅樂器。甬鍾是西周時期的重要樂器，考古發現的西周甬鍾較多，且多數自成編列，有 3～16 枚一套不等。春秋戰國時期為青銅時代音樂文化發展的巔峰時期，各種音樂文物異常豐富，不可勝數。其中所見的鼓類樂器名目眾多，出土的各種車鈴、馬鈴、狗鈴形制各異，還出現了以前尚未見到的重要青銅器，如笙、竽等匏屬樂器以及律管，琴、瑟等絃樂器，扁鍾、錞于、鉦、句鑃、鐸等用於軍屬「金」的青銅禮器。一些音樂圖像類文物也在這一時期的考古發掘中被發現，它們不僅刻畫了一些樂器的形象，還如實地反映了當時使用青銅器作為禮器或作為樂器活動的重要場面，從另一個側面反映了樂器的使用狀況。春秋戰國時期最為重大的音樂考古發現，首推湖北隨縣曾侯乙墓的發掘。此墓出土的譬如琴、編鍾、編磬、簫、篪、管、懸鼓、建鼓等樂器，為我們暸解文獻中的古樂器形制提供了具體的實物資料。以下就出土文物中青銅器的形制及使用等問題，分類進行討論。

1、鎛、鐏、鏞、庸

（1）鐏與鎛

鐏（鎛）是由青銅材料製作而成的鍾體擊奏體鳴樂器，是周代一種重要的禮器。鐏（鎛）雖然為鍾體，但它的形制與兩周時期的甬鍾與紐鍾〔註155〕相比還是有區別的。從考古發掘的資料看，鐏（鎛）主要出土於墓葬或窖藏中。其中較重要的考古發現有：江西的新幹大洋洲商墓，江蘇的六合程橋二號東周墓、邳州市九女墩二號墩和三號墩墓、丹徒北山頂春秋墓，安徽的壽縣蔡侯墓，湖北的隨縣曾侯乙墓，四川的茂縣牟托一號墓，河南的淅川下寺10號春秋楚墓、和尚嶺春秋楚墓、徐家嶺 3 號墓及 10 號墓、輝縣琉璃閣甲墓、鄭韓故城 4 號樂器坑、新鄭信用社 8 號窖藏坑、新鄭李家樓鄭國國君墓、新鄭金城路 2 號窖藏坑、陝縣後川 2040 號戰國墓、洛陽解放路戰國墓陪葬坑、洛陽解放路 CIM395，陝西的寶雞太公廟，山東的海陽嘴子前村春秋墓、營南

〔註155〕鍾有兩類，鍾頂上有柄（名「甬」）者謂之甬鍾，懸掛時，鍾體傾斜；鍾頂無柄者而舞（橢圓形鍾頂）上有紐者為紐鍾，懸掛時，鍾體正。

大店春秋墓、臨沂鳳凰嶺東周墓、章丘繡惠女郎山一號戰國墓、莒縣天井汪、臨朐楊善公社、諸城臧家莊，山西的潞城縣潞河戰國墓、長治分水嶺戰國墓、太原金勝村 251 號春秋墓、臨猗縣程村東周墓及土馬墓地，河北的易縣燕下都 16 號及 30 號墓、邢臺市葛家莊 10 號墓、邯鄲涉縣戰國墓等。

從以上出土情況看，鎛（鑮）的分佈區域較廣，大致在現今的河北、河南、山東、山西、陝西、江西、江蘇、安徽、湖北、四川等地。在形制上有兩個主要特徵：一是平口，二是有紐。

江西新幹大洋洲大墓是於 1989 年發現的，長江以南青銅時代目前最重要的考古發現。該大墓出土青銅器達 480 餘件、玉器 150 餘件、陶瓷器 350 餘件，尤以數量眾多的青銅禮器引人矚目。新幹大墓共出土青銅樂器 4 件，其中一件單件使用的青銅樂器，屬考古學家一般稱謂「鎛」（鑮）〔註 156〕（高 37cm）的一類，通體綠鏽均勻，色澤柔和。形制近似商鈴，鑮體立面呈梯形，體腔剖面作橢圓形。平舞，舞部中央有長方形孔與腔通，上立小方環紐。於口沿平，口沿內側一周加厚，有內唇，呈帶狀，向兩銑角漸淺平。舞部飾類蟬紋的陰線卷雲紋，兩銑微外弧，各鑄勾戟狀高扉棱 8 個。扉棱頂端即舞部兩側置二立鳥，其一殘失。鳥冠殘缺，尖喙，凸目長頸，斂翅，短尾。鑮身兩面飾相同的三疊花紋，以陰線雲雷紋襯地，上飾浮雕式牛角獸面紋，雙牛角各自向上內卷，成一大圓圈，圈內飾一周燕尾紋，中間飾一變體火紋。除牛角外，獸面面部類虎的正面圖案，擊絑字目，寬鼻，斜尖耳，左右兩個突出的螺旋紋圈，似虎之鼻孔。獸面肢體分解，上部兩肢橫置，兩側為豎置。牛角獸面之上，陰刻雷紋或雲紋。鑮身每面四周環飾燕尾紋。〔註 157〕此件渦紋獸面紋鑮，由於其腔體呈橢圓形，只能發正鼓音。值得注意的是，鑮的頂端，即舞部兩側置有二鳥；鑮身遍飾 3 層花紋，中間偏下鑄凸起的牛頭，牛角彎曲成圓形，包圍著一個外邊繞燕尾紋的漩渦紋，恰在鑮中心顯現為浮雕式牛角獸面紋，考古學家王子初先生認為此鑮主體紋飾的構圖似殷墟中期獸面紋尊肩部的雙角虎面，而兩角間、周邊和紐上裝飾特別突出的燕尾紋，則

〔註 156〕關於這種出土於南方，時間大致是晚商至西周時期的單件青銅器的命名，考古學家將其稱作「鎛」，筆者認為此類青銅器與後來應用於樂中的「鎛」不同，應如許慎《說文》所云，稱作「鑮」。（有關用於樂的青銅樂器與其他青銅禮器的區別和聯繫，筆者將會在以下的論述中進行說明。）

〔註 157〕江西省文物考古研究所、江西省博物館、新幹縣博物館《新幹商代大墓》，文物出版社，1997 年版。

是吳城文化青銅器上特有的標誌。〔註158〕

　　雖然鎛在裝飾風格上大抵同於共出的其他器物，但它體面上的圖像佈局仍屬罕見，不過，其頂上有鳥及體面紋爲大獸面的形制與長江以南早期鎛的形制接近。目前被認爲是最早的兩件「鎛」：一件是華盛頓沙可樂美術館所藏（高 31.1cm），體面飾大獸面，以渦紋、囧文所圍繞〔註159〕；另一件是由北京故宮博物館所藏的虎鳥獸面紋鎛（高 22.1cm），形制與新幹大墓渦紋獸面紋鎛相似，但體腔略修長，紐作三角形，前後鉦中各飾一立虎，鉦部四周綴立體鴞首紋，體飾大獸面。雖然二者都非科學發掘品，〔註160〕但從裝飾花紋看應屬長江以南地區的產物。現今關於這兩件鎛與大洋洲鎛的年代早晚尚無定論，但可以確認的是它們都屬於長江以南地區的產物，體大，單件使用。

　　南方出土的名爲「鎛」的青銅樂器，都是單件，時間大致是晚商至西周時期。中原地區的殷商考古沒有發現鎛，西周時期鎛的最早實例爲陝西眉縣出土的西周中晚期編鎛 3 件。

　　迄今出土的中原地區的西周後期以後的編鎛主要發現於周朝王都地區的陝西。1985 年，陝西眉縣楊家村出土一批窖藏青銅樂器，內有鎛三件（西周晚期），皆橢圓方形口，形制紋飾基本相同，大小相次，屬於一套編鎛〔註161〕。三件鎛的內壁光平，沒有任何磋磨痕跡，但在鎛口部內折沿的四邊中部即相當於甬鍾正側鼓部位，均留有磋磨形成的四個缺口，說明這套器物是經過調音工序，爲音樂活動而製作的樂鎛。

　　寶雞太公廟所出秦武公編鎛，與眉縣出土的西周中晚期編鎛同爲 3 件一組，其形制與眉縣編鎛和西周晚期的克鎛相類，共同特點是無鉦間而有扉棱。高至喜最先提出，鎛產生於中國南方，後來傳入中原地區〔註162〕。此觀點是正確的，從鏄與鎛的數量上來看，晚商至西周時期，南方地區出土的鎛爲單件，體大。西周中晚期以後，中原地區出土的鎛大多爲多件，即編鎛，大小

〔註158〕王子初《中國音樂考古學》，福建教育出版社，2002 年版，第 568 頁。

〔註159〕見（德）羅素《論江西新幹大洋洲出土的青銅樂器》，《江西文物》1991 年第 3 期，第 16 頁。

〔註160〕故宮博物院收藏的虎鳥獸面紋鎛，口邊沿陰刻篆銘「阮氏家廟藏器」，可知此器原爲清代阮元家廟供奉之器，據說爲殷末遺物。（王子初《中國音樂考古學》，第 568 頁。）

〔註161〕劉懷君《眉縣出土一批西周窖藏青銅樂器》，《文博》1987 年第 2 期。

〔註162〕見高至喜《論商周銅鎛》，《湖南考古輯刊》第 3 集，嶽麓書院，1986 年版，第 209～214 頁。

均有。

春秋早期出土的編鎛數量增多，但是與編鎛同時出土的樂器種類仍是比較單一的。如陝西寶雞太公廟村發現的春秋早期窖藏中與鎛同時出土的樂器只有甬鍾 5 件。從春秋中期開始，與鎛同時出土的樂器無論是數量上還是種類都有所增長，一是樂器的數量增多，二是樂器中紐鍾所佔的比例增大。如山東海陽嘴子前村 1 號春秋中期墓葬出土了 2 件鎛和 5 件甬鍾。與此同期的山東莒縣天井汪出土了 3 件鎛和 6 件編鍾，鄭韓故城 4 號樂器坑、新鄭城市信用社 8 號窖藏坑、金城路 2 號窖藏坑也是春秋中期遺存，它們出土的都是 4 件鎛和 20 件紐鍾。春秋晚期鎛的出土數量更多，同出的樂器種類也更加增多，不僅有紐鍾、磬、甬鍾，還出現了軍樂器鉦、鐸、錞于和丁寧。由此可見，無論與「鎛」同出的樂器是用於樂的甬鍾紐鍾，或是用於軍的鉦、鐸、錞于等，鎛均是編列使用，與單獨使用於禮的「鏞」不同。

根據以上南、北方不同時期鏞、鎛的發展狀況，我們可以做出這樣一個結論，文獻中只作大鐘之解的「鏞」即為晚商至西周時期南方出土的單件大件青銅器「鏞」，而文獻中有大有小的「鎛」為西周中晚期以後於中原地區出土的「編鎛」，編列使用。

（2）鏞與鐃

作為南方「鏞」的代表，江西新幹大洋洲出土的鏞，同時出土另有 3 件青銅樂器——「鐃」。〔註163〕這 3 件鐃的特點為剖面作合瓦形，口向上，口沿內收，有甬。

鐃甲，高 41.5cm，甬無旋，口沿內收，合瓦形，剖面近長六面形。這種形制較為特殊，是由器壁近銑處往後折使鐃腔橫斷面呈此形狀的。本器的裝飾花紋由陽紋及陰紋構成，體面上的主題花紋位於兩個呈長方形的凹區內，作陽紋；兩區中間隔著一條窄平面，此處和體面靠近舞、銑的諸邊以及鼓部和舞部，都飾陰紋。兩個凹區中心各隆起一橢圓形巨目（上飾陰鑄螺旋紋），凹區設陽鑄的花紋，並以帶勾的 S 形藤線為骨幹，其周圍滿布圓圈紋。此器正鼓音與側鼓音無明顯差別，為單音鐃，無乳枚結構，出土時通體塗抹有朱

〔註163〕關於這 3 件青銅樂器的命名，中國考古學家將其稱作「鐃」；日本學者稱之「鉦」，容庚也持此說法；還有鍾、執鍾等諸稱，尤以「鐃」稱甚為流行，但自陳夢家及唐蘭認為這種青銅樂器為「鐃」之後，中國音樂學界學者大都採用此說，本文亦採用「鐃」的說法。（關於鏞、鐃的區別，筆者在下文將對此問題作詳細論述。）

紅色。

鏞乙，高 44.5cm，甬無旋，口沿內收，器體合瓦形。花紋全陰線紋，僅圍繞主題花紋爲陽紋（圓圈紋）。主題花紋的佈局與鏞甲基本相同，有兩個呈長方形的花紋區（與周圍作同一平面），其中心各隆起一橢圓形巨目，上飾螺旋紋。本器正鼓音及側鼓音高低不一。正面二區間均以小而密集的聯珠紋鑲邊，二區內主體紋飾各爲五層陰刻卷雲紋。特別值的注意的是，第一、三、五層螺旋紋各有兩個從鍾體平面凸起的螺旋，其高雖不如巨目，但使整個體面增加浮雕感。這些凸起的螺旋雖然橫列於螺旋紋帶中，但縱向並未對其，可見它與商周時期的青銅樂器常見的乳釘（枚）還有一定的差距，不過這樣的凸起螺旋紋無疑是乳釘的前身。

鏞丙，高 45.5cm，甬無旋，形制略同於鏞乙，但紋飾稍微簡樸一些，可稱爲勾連雷紋鏞。本器是典型的合瓦形腔體，正鼓音與側鼓音高低不一。此器也有兩個較明顯的主題花紋區，其中心各隆起巨目，周圍陰鑄螺旋紋，與鏞乙十分相似。主題花紋區卻較獨特，滿布平雕的方形勾連紋，與巨目無任何聯繫，巨目上亦缺鏞乙同處所見的螺旋紋。

關於新幹大洋洲大墓的年代，目前考古界尚有爭議，有商代二里崗上層至殷墟期之際〔註164〕，殷商晚期〔註165〕和西周中期偏早〔註166〕等說法。近來考古學家高至喜指出：根據墓中同時出土的三件銅鐃（鏞）的形制分析，新幹大墓的時代應該是在殷墟中晚期之際。而鎛（鏞）的年代較早，應該定在殷墟中期後段。〔註167〕

從江西新幹大洋洲出土的 4 件青銅樂器的形制來看，有許多方面不同，可以肯定不是作爲一套（如編鍾編磬等）來使用，均是單獨使用的。長江以南從未發現早於東周的成套青銅樂器，這是它與中原地帶大量「編鍾」、「編鎛」在音樂文化上最大的差別之一。從而我們可以推測南方與中原地區在祭儀方面對青銅器的使用，乃至在儀式本身，必然存在著差異。高至喜提出，南方地區窖藏青銅樂器的出土情況，表明其很可能是當時祭祀山

〔註164〕（德）羅素《論江西新幹大洋洲出土的青銅樂器》，《江西文物》1991年第3期。

〔註165〕王獻本、高西省《初論江西新幹大墓出土的三件鏞》，《華夏考古》1993年第3期。

〔註166〕陳佩芬《記上海博物館所藏越族銅器》，《上海博物館集刊》第4期。

〔註167〕高至喜《商周青銅器與楚文化研究》，嶽麓書社，1999年版。

川、湖泊、風雨、星辰等的遺物。〔註168〕方建軍讚同此觀點，並將南方和東南地區窖藏青銅的出土情況，與商周時期這兩個地區古越族先民的祭祀活動聯繫起來。由於商周時期的人民奉行對山川的自然崇拜，因而山神祇就成爲人們祭祀的對象。〔註169〕（即吉禮中的祭四望及山川——筆者按）羅素也同意高至喜關於南方鏞是當地居民山靈崇拜時所用的觀點，同時也指出與中原地區青銅樂器出土於墓葬情況相同的南方地區唯一一例，新幹大洋洲墓葬，從隨葬品之豐富來看，該墓主無疑是地位很高的人物，情況與商周時期的中原地區只在較高級的貴族墓中才出青銅樂器相同，儘管大洋洲出土的四件樂器不是編列使用，但是其組合很可能是有意模仿商王朝的埋葬習俗而形成的。〔註170〕

　　從南方及東南地區一系列出於山間川澤的鏞的出土情況來看，幾乎都是甬在下而口朝上，只有少數鏞是平放或口朝下。這種現象可以看出，鏞的演奏方式是以口上、甬下爲順，而且與天人溝通的觀念有關，把鏞口朝上埋葬，似乎正喻示將鏞的聲音傳達於天，可以與天神交接和溝通。鏞有紐，演奏時應該是懸掛於木質架上。高至喜提出「如果把商代晚期和西周初期的那種仰擊的鐃（即文中所述鏞——筆者注）叫『鍾』的話，那也只是大體同時平行發展的兩種不同樂器。」〔註171〕今看大洋洲出土的三件鏞及鎛，可以看出在晚商時期，南方出土的口向上的鏞與口向下的鎛是平行發展的兩種不同種類的打擊樂器，作爲祭祀之禮器使用。《爾雅》「大鐘謂之鏞」，郭璞注：「《書》曰『笙鏞以間』，亦名鎛。」〔註172〕郭氏認識到了鏞與鎛的聯繫，但是忽略了鏞與鎛是使用不同演奏方法的二種打擊樂器。而《儀禮·大射禮》中所記載之「鎛」，單獨陳於樂縣，可見與中原地區西周後期出土的編鎛不同，當是晚商時期南方出土的鎛之類的樂器，是鎛用於禮樂之「樂」的體現。

　　從對鐃、鎛、鏞三器的論述中可知，鐃、鎛、鏞是形制相似的三類不同的打擊樂器。鐃比鎛早，最早見於晚商時期南方地區的江西新幹大洋洲墓葬

〔註168〕高至喜《中國南方出土商周銅鐃概論》，《湖南考古輯刊》第 2 集，嶽麓書院，1986 年版，第 131 頁。

〔註169〕方建軍《商周樂器文化結構與社會功能研究》，上海音樂學院出版社，2006 年版，第 189 頁。

〔註170〕（德）羅素《論江西新幹大洋洲出土的青銅樂器》，《江西文物》1991 年第 3 期。

〔註171〕高至喜《論商周鐘鎛》，第 209～214 頁。

〔註172〕《爾雅注疏》卷五，第 174 頁。

中，與同屬大鐘的鏄平行發展，單獨用於禮樂中；鏄爲編鏄，大多出於西周後期中原地區，與同是編配使用的甬鍾、紐鍾等樂器一起用作禮樂之器。

（3）鏞與庸

用於樂的樂鍾有甬鍾與紐鍾二種。新幹大洋洲 4 件青銅樂器，一件爲「鏄」，有紐，當爲「紐鍾」之始，另 3 件與口向下的鏄相對應的剖面作合瓦形，口向上，口沿內收，有甬的青銅樂器，當爲「甬鍾」之始，《爾雅》有云「大鐘謂之鏞」，此當名爲「鏞」。而於殷墟出土的形小而短闊、短柄執鳴之青銅樂器，用作「武」事，於軍中止鼓，於樂中「復亂」，爲「鏞」之小者，名「庸」，編列使用。中原編庸體小，易於手執敲擊，形制似鈴，有柄無舌，手執敲擊而鳴。

從合瓦形體制的角度看，編列樂鍾起源於陶鈴的觀點已經被多數人接受。陶鈴是如何產生發展的，史料中並無記載。考古資料顯示，陶鈴主要分佈在黃河流域的馬家窯、仰韶、大汶口和龍山等文化遺存中；長江流域僅有湖北龍山文化中一例，即湖北天門石家河遺址出土的陶鈴。

陶鈴是以陶土爲原料捏製而成，技術工藝上的原始性是顯而易見的。新石器時代晚期，社會的兩次大分工促使手工業從農業和畜牧業中分離出來，金屬鑄造業與製陶、玉石、紡織業一樣，成爲獨立的手工業部門，人類開始進入銅石並用的時代。由於生產力的發展和技術的進步，山西襄汾陶寺文化率先以當時珍貴難得的紅銅原料來鑄造鈴器，雖在澆鑄技術上表現得較爲原始，但陶寺銅鈴在質料選擇上的突破，無疑對青銅類器具製作技術的發展奠定了重要的基礎。中國在商代迎來了青銅時代的繁榮時期，特別是到了殷商時代，無論是冶鑄技術或是青銅工藝均有長足的進步。考古發現諸多殷商時代的銅鈴，多用作車馬鈴或裝飾鈴之類。青銅樂鍾尤其是雙音鍾的直接來源最早可以追溯到殷商時期的鏞、編庸。

考古發現表明，商代晚期鏞、庸盛出，在分佈上呈現南北兩大體系。北方編庸多出土於中原地區的河南、山東等地，其中河南安陽殷墟遺址出土的編庸數量最多，最具代表性。南方鏞主要集中於湘江流域，江、浙、皖、贛等地也有發現。南方鏞和中原編庸之間的差異主要表現在以下四點：

①南方鏞形體一般比較龐大，紋飾主要爲雲紋和粗獷的獸面紋；中原編庸則個體較小，飾以回字形凸弦紋、單線勾邊紋和饕餮紋。中原編庸中有旋幹兼具的例子，而南方鏞上未見有幹的結構。

②南方鏞多出自山頂、山麓、河邊或發現於窖藏，且單件出土的爲多，共存物較少，缺少層位依據，斷代比較困難；中原編庸一般三件成組，出於墓葬，年代較爲清晰。從目前考古發掘的情況來看，中原編庸多出土於晚商時期王室或奴隸主貴族的墓葬，與其共出的還有塤、磬、鼓等樂器，編庸多以三件一組，按照一定的調式編列使用，這些因素表明，最晚到殷商時期，「庸」已經作爲成熟的樂器被使用。

③南方鏞上未見有銘記，中原編庸有的在內壁近口沿處或柄上刻鑄有銘文。

④南方鏞內壁都是光平的，沒有爲調音而銼磨的痕跡，並且大多數側鼓音聽起來很微弱，可能南方鏞只使用了正鼓音一個單音。從南方鏞的形制和只發單音以及出土的情況來看，南方鏞成編使用的可能性很小。中原編庸的使用顯然擴大了庸的演奏音域範圍，並且使庸的功能開始由打擊樂器向旋律樂器過渡。

由此可見，南、北方出土的青銅器屬於兩種體系，長江中下游地區所出的商代銅器一般體大質重，平口，演奏時將其置於木座上進行敲打，用於祭祀。高至喜先生曾提到湖南寧鄉師古寨出土的鐃，「出土時幾乎都是口朝下，甬在下，只有少數是平放或口朝下，距地表一米以內，沒有別的東西伴出。」〔註173〕因而，這種銅鐃極可能是當時商民祭祀之遺物，筆者認爲此類「大鐃」應稱作「鏞」，與「鑮」相對。江西新幹大洋洲大墓1件鑮與3件鏞亦是殷人在祭祀後將大量青銅樂器就地掩埋之物，出自窖藏，大約在商代中期前後出現，在西周早期走向衰亡。中原出土的商晚期編庸，器形一般較小，體呈合瓦形，侈銑，平頂，凹口，使用時口朝上，甬朝下，以手執把，以木槌敲擊，既能用於軍，以止鼓；也能用於樂，以節《武》舞。

2、錞于

現今學者均以商代出現的大鐃（新幹大洲墓另3件青銅，即文中「鏞（——筆者注）」、編鐃作爲青銅樂器的始祖，認爲出現於殷末周初的「鑮」在形制上與音樂性能上均與作爲樂器使用的青銅樂鍾無直接的相承關係。筆者在研讀文獻中有關「四金」的資料過程中，發現「錞」與「鐲、鐃、鐸」的使用不同，後三金均用於軍，而錞「和」鼓，鄭賈皆以爲「錞」爲

〔註173〕高至喜《商周青銅器與楚文化研究》，嶽麓書社，1999年版，第21頁。

錞于，用於樂，但許慎《說文》中無「錞」，有「錞」，「錞」爲「淳于」之屬。而見於《國語》用於軍的「錞」與現今所見用於祭祀的「錞」皆作「錞于」，也非「錞」，且都與鼓同時使用。宋陳暘及元馬端臨在其著作中都記錄了有關「金錞」的內容，認爲「錞」用於樂，陳暘認爲錞和鼓，似鍾，口小腹大，鍾上以伏獸爲鼻，並提出後世爲馬、爲蛟龍之狀用作引舞的錞非爲周制；馬端臨以錞節樂，所舉「錞于」之器正爲陳暘所云非是周制的銅馬之錞，其說錞之形同於鄭玄注之錞，說錞體「薄」又同於許慎說「錞」。（以下將陳暘及馬端臨所說之「錞」簡稱爲「陳錞」與「馬錞」）以上三件名作「錞」的青銅器，體面中下部均有獸面紋，舞側有二鳥，與陳暘所說用於樂以和鼓，「似鍾，鍾上以伏獸爲鼻」的錞的形制極爲相似，但此三件錞的年代爲商，非周制，且名「錞」，非「錞」。錞于爲錞，《辭海・錞》說：「錞于也叫『錞』，古代樂器，青銅製，形如圓筒，上圓下虛，頂有紐可懸掛，以槌擊而鳴，多用於戰爭中指揮進退，目前發現最早的屬春秋時期，盛行於漢代。」〔註174〕《辭海》「錞于」有紐，與商代「錞」、陳錞、馬錞相同；「形如圓筒，上圓下虛」又與馬錞的形制相似。筆者認爲，南方出土的名爲「錞」〔註175〕，時代大致爲晚商至西周時期，單件使用的青銅樂器，與起於春秋時期，盛行於漢代，用於軍之「錞于」有承屬關係。當如「四金」之「鐸」，以用之於文、武爲別（金鐸用於武，木鐸用於文），屬「金」之「錞于」爲「金錞」，用於武事：用於軍，指揮進退；用於樂，以節樂舞；屬「水」之「淳于」爲「錞」，用於文事：用於樂，以和鼓，或用於祭祀。但「錞」、「錞」與「金鐸、木鐸」不同，錞、錞的文、武之別是由於年代變化所引起的器物變化而產生的；「錞」、「錞」雖然都有紐，但形制、裝飾花飾、舞上之動物均有不同。

　　現今出土的錞于分作春秋出土、戰國出土及西漢出土三個時期，本文研究的對象爲「三禮」中的樂，故僅列舉出土於春秋、戰國時期的「錞于」進

〔註174〕《中國大百科全書・音樂舞蹈卷》「錞于」：「擊奏體鳴樂器。中國古代打擊樂器。銅製。錞和盂是西周以來盛水的銅製器皿。錞于作爲樂器使用，在春秋時代出現於中原地區，在軍隊中用以號令士兵。晉吳兩國皆有錞于，舉行儀禮時，錞于與鼓同時並用。」《辭海》所釋「錞于」與此大致相同。

〔註175〕除上文所述江西新幹大洋洲商墓出土錞外，廣西賀州桂嶺英民、湖北隨州毛家沖墓葬、湖南瀏陽淳口黃荊、湖南邵東民安村，湖南資興均有單件錞出土。

行論述。（見附錄中《春秋、戰國時期出土錞于一覽表》）

（1）春秋戰國時期錞于出土情況概述

春秋時期錞于主要出土於江蘇、安徽、山東、陝西、湖北 5 省，基本出自墓葬。形制可分爲圓首無盤式和平頂有盤式兩種，紐式多爲橋紐、環紐。造型相對單一，呈上大下小的圓筒狀，束腰、底口微外侈，橫截面爲橢方形。有盤的多爲直立盤式。紋飾以雲雷紋、渦紋爲主，且飾於器身和底口。

目前出土的戰國錞于數量占總出土數量的絕大多數。〔註176〕湖北、湖南、四川、江蘇、浙江、陝西省均有出土，尤其是鄂西、湘西、川東、黔東、江浙地區。錞于從春秋發展到戰國，已進入成熟階段，並且流佈較廣。較之春秋時期的錞于，戰國時期錞于顯出高、瘦的特點。橢方形錞體逐漸消失，大量的圓椎筒形錞于體出現。底口由外侈向內斂過渡，並出現內唇，即內折沿，工藝上愈漸精細化發展，盤中的紋飾及虎紐的鑄造都顯示了這點。種類多樣化，出現龍紐、橋紐、環鈕、虎紐並存。戰國時期，原始甕錞于〔註177〕大量出土於越地。原始甕製作仿銅禮器、樂器作爲隨葬品，是越國文化的一大特色，原始甕錞于紐式均爲橋紐，與春秋時期錞于形制相似，截面爲橢方形。陝西咸陽出土龍紐錞于，形制特殊。爲首例底口徑大於肩徑的錞于。陝西咸陽爲目前出土錞于的最北端。迄今爲止尚發現僅此一例。陝西在戰國時期屬秦，而巴蜀一直是秦、楚相爭的地域。陝西出土的錞于，很可能是巴地流傳過去的。

（2）錞于的形制分析

1）紐式

有橋紐、環鈕、獸形紐式 3 種。

橋紐：湖北通山太平莊錞于、湖北建始反窪坡錞于、湖南漵溪大陂流錞于、湖南靖州錞于、上海博物館藏的蟠龍紋錞于和獸紋錞于、故宮博物院藏

〔註176〕另有戰國錞于：四川萬縣甘寧虎紐錞于、四川彭水虎紐錞于、四川西陽虎紐錞于、四川萬縣虎紐錞于、四川梁平虎紐錞于、四川雲陽革嶺虎紐錞于、四川秀山虎紐錞于、四川成都虎紐錞于、四川成都環鈕小錞于。湖北咸豐墨池寺錞于，湖北虎紐錞于，湖北巴東野三河錞于、虎紐錞于；湖北恩施花枝錞于、白沙村錞于、二房村錞于；湖北宣恩椒園錞于，湖北建始河水坪錞于，湖北枝城熊渡錞于，湖北長陽賀家坪錞于、三里店錞于、楊林頭錞于、漁泉錞于；湖北鶴峰雞公洞錞于、虎紐錞于；湖北秭歸馬營錞于，湖北恩施向家灣錞于。湖南石門金盆錞于、湖南慈利長建錞于、湖南永定青天街錞于。

〔註177〕另有浙江紹興原始甕錞于（2 件）、浙江紹興原始甕錞于、浙江長興原始甕錞于（6 件）、浙江德清原始甕、上海博物館收藏原始甕錞于，紐式爲橋紐。

直紋錞于、浙江出土的一系列原始甕錞于、無錫鴻山原始甕錞于。

環紐：山東沂水劉家店子錞于、陝西韓城梁帶村錞于、四川環紐錞于、成都環紐小錞于。除成都環紐小錞于的環紐，弧度接近整圓外，其餘幾乎都接近方形或短弧形。戰國後期江西修水曾家山錞于橋紐上有拱腰雙頭蛇形的裝飾紋飾，器身呈圓棱四方形狀，束腰狀。紐除了有小獸裝飾外，還有其他紋飾裝飾：如橋紐帶雲紋的有湖南大阪流錞于、上海博物館藏獸紋錞于、重慶環紐錞于；橋紐端飾有羽紋的有湖北建始反窪坡錞于等。春秋中晚期、戰國初期的錞于基本上都爲環紐、橋紐錞于。

獸形紐式：主要爲虎紐錞于，其他亦有馬紐、龍紐錞于，數量較少。虎紐是所有錞于中的大宗，且集中出現於湖南、湖北、四川、貴州接壤地區，江蘇、廣東也有分佈。江蘇、廣東出土的錞于要比前一地區出土的虎紐錞于時段早，如江蘇丹徒北山頂、丹徒王家山錞于，時代爲春秋晚期；湘、鄂、川、黔地區的虎紐錞于時代約從戰國中期開始。虎紐的姿態各異，體形有大有小，有肥有瘦。鑄造也有精良、粗糙之分。有些紐上還附帶弦紋、波紋、S紋、雲紋等紋飾裝飾。龍紐錞于僅出土陝西咸陽塔兒坡一件。形制特殊，口徑大於肩徑。周身飾變體夔紋，肩部、口部飾有三角紋。

紐的時代特徵：春秋中期至晚期，流行環紐或橋紐。春秋晚期至戰國中期，紐式豐富，環紐、橋紐與獸形紐並存。戰國晚期到漢，虎紐爲最常見的紐式，並出現龍紐及馬紐。

2）盤

根據盤式，可以將錞于分爲無盤、直立盤和外侈盤 3 種類型。

無盤（即圓首）。迄今出土的無盤的錞于包括：山東沂水劉家店子 2 件（春秋中期）、江蘇丹徒王家山 3 件（春秋晚期）、陝西韓城梁帶村 1 件（春秋中期）。可以看出，無盤錞于時代主要集中於春秋時期，爲環紐錞于。

直立盤。這種盤式由肩向上直立突起，沿短。目前出土的直立盤錞于包括：安徽宿縣錞于（春秋中期）、安徽壽縣蔡侯墓錞于（春秋晚期）、丹徒北山頂錞于 3 件（春秋晚期）、廣東連平縣錞于（戰國早期）、陝西咸陽塔兒坡錞于（戰國早期）。可見，直立盤錞于時代多集中於春秋中晚期及戰國早期，有橋紐、虎紐錞于。

外侈盤。此種盤式由肩向上直立突起，並外侈。四川、鄂西和湘西北出土錞于大多爲外侈盤類型，如：重慶環紐錞于、涪陵小田溪錞于、成都虎紐

錞于、黔江虎紐錞于、萬縣甘寧虎紐錞于，此類盤式之錞于環鈕、橋紐、虎紐均有，多集中於戰國中期以後。

3）肩、腰、口

錞于的腔體肩、腰、口，一氣呵成。其肩的變化較爲細微。錞于在春秋時期的束腰，戰國中期以後，腰線逐漸上提。錞于的口部在春秋時期微微外侈，戰國晚期至漢代，逐漸過渡爲與肩徑持平的直口與內斂的收口。

4）紋飾

在錞于的紐、盤、肩、口部，一般飾有豐富的紋飾。這些紋飾常與錞于的功用或其文化屬性有關。例如，有些錞于的盤內刻的船紋上面有建鼓、旗的圖案，與戰爭相關；有些錞于的盤內刻有人面紋、船魚紋、手心紋、渦紋等被視爲巴人圖文的紋飾，體現了巴秦地區鮮明的民族屬性。錞于紋飾還具有鮮明的時代特徵，春秋時期多爲通體素面，戰國時期流行的紋飾有雲雷、蟠夔、漩渦、勾連雲雷紋。

①錞體素面及盤內紋飾。許多錞于通體素面。如沂水劉家店子、安徽宿縣、南京博物院藏虎紐錞于（戰國）、中國歷史博物館藏虎紐錞于（戰國晚期）。一些錞于的錞體素面，但其盤內有紋飾或銘文。如：南京博物院藏S紋虎紐錞于（戰國）、南京博物院藏水波紋虎紐錞于（戰國）、上海博物館藏「五乙」、「三乙」錞于，四川除了重慶環紐錞于外，餘下均錞體無飾。另外還有長陽千漁坪（戰國）、湖南桃江楊家灣（戰國）、湖南石門太子坡錞于（戰國）、漵浦大江口鎮（戰國）等。可知，通體素面的錞于在春秋時期已經出現，形制多樣。從戰國中晚期開始，此種素面的錞于的紋飾轉移至盤內，出現了大量盤內有紋飾、錞體素面的錞于。湘西、鄂西、川東、黔東戰國時期的錞于最爲明顯，反映了該地區重要族屬特點。除「虎紐」這第一大特徵以外，盤內，在紐的四周還常常出現多組符號紋飾。如人面紋、花蒂紋（手心紋）、船魚紋、梭紋等。這些被視作巴人圖文，體現了出土錞于鮮明的民族屬性。

②圓渦紋。目前出土的錞于資料表明，圓渦紋出現在錞體主要始於戰國時期，主要飾於錞于鼓部，少數飾於肩部與虎紐的紐部，飾於鼓部的渦紋飾意義不同於其他部位紋飾。圓渦紋，又稱火紋，圓圈內加飾四條方向相同的曲線，猶如水的渦流一般，故稱圓渦紋。也有學者認爲曲線表示火焰，整個紋飾代表太陽，故又稱火紋。這種紋飾早在湖北境內屈家嶺文化遺址中出土

的新石器時代的陶紡輪上就有出現，商代早期已十分普遍，且多出現於食器（鼎、簋）的腹部。〔註178〕青銅錞于器身也多見。《宣和博古圖》著錄的山紋錞和圓花錞，以及出土和發現的湖南漵溪大阪流錞于（戰國）、安徽阜陽錞于（戰國）、重慶環鈕錞于、上海獸紋橋紐錞于（戰國中晚期）、秭歸天登堡錞于（戰國）、湖北恩施白沙村錞于（戰國）等，都在錞體鼓部飾有圓渦紋。另外，湖北通山太平莊的錞于的肩部、腰下亦都飾圓渦紋，甚至一些虎紐錞的虎紐上也有圓渦紋。

③（勾連）雲雷紋、夔紋。雲雷紋是最常見的幾何紋飾之一，用柔和的迴旋線條組成的是雲紋，有方折角的迴旋線條是雷紋。如江蘇丹徒北山頂、上海獸紋橋紐錞于、四川重慶環鈕錞于、湖南漵溪大阪流錞于（2 件）、湖南株洲虎紐錞于、湖南靖州橋紐錞于、廣東連平縣虎紐錞于等。其中北山頂與連平錞于的肩部、口部飾有勾連雲雷紋，呈上下呼應關係。夔紋是殷墟僅次於獸面紋的一種重要紋飾。湖北通山太平莊橋紐錞于口部即飾有此種紋飾。陝西咸陽塔兒坡錞于中腰有變形夔紋。

④三角紋（蕉葉紋）。在許多錞于口部紋飾與肩部紋飾是呼應的。如咸陽塔兒坡龍紐錞于，其肩部為倒三角紋，口部是正三角紋。相似的還有廣東連平縣出土的虎紐錞于。

⑤豎棱紋（瓦棱紋）。豎棱紋，指連續的豎直線條組成的紋飾。這種紋飾最早見於殷墟青銅器第三期早段的銅觶蓋和腹部。故宮博物院所藏 1 件春秋時期傳世直紋橋紐錞于，直立盤，筒體向下漸收，口部微侈，器身飾豎棱紋。

⑥C 形紋（S 形紋）。C 形紋，包括一正一反的 2 個 C 形紋合成的 S 形紋。這類紋飾主要流行於江浙一帶，其有著鮮明的地域特殊性。以浙江海鹽黃家山、江蘇無錫鴻山甕錞于為例，這兩個墓出土了成套的原始甕樂器，包括甬鍾、句鑃、錞于、圓鍾，皆以「C」紋為飾。錞于頂面、筒體上部及鼓部皆飾有「C」字構成的各種紋飾。

（3）錞于的使用

錞于用於樂，也能在軍中使用，亦用於祭祀。在鄂西、川東、湘西一帶，如宜都、宜昌、長陽、秭歸、巴東、巫山、奉節、雲陽、萬縣、涪陵、黔江、

〔註178〕馬承源《中國青銅器》，上海古籍出版社，1988 年版，第 333 頁。

彭水等地，出土的上百件錞于大部分都屬於窖藏，且都出土於山頂、山坡或者山麓、江河之畔。但該地區商至兩漢時期的墓葬中卻很少有錞于發現。西南地區考古學、民族學研究的學者們認為，南方古代各族多信巫鬼，在山坡水畔祭祀時，常用銅鼓賽神、娛神。銅鼓作為祭器不能抬回家去，活動的最後一步就是隨地挖一個深坑，將銅鼓就地掩埋。將錞于埋藏於地下，其意圖當與西南地區埋藏銅鼓的意圖大致相同。古人對許多自然現象無法作科學的解釋，故信奉多種自然神祇，如天神、地神、樹神、石神等，屬於原始自然崇拜和巫教範疇。埋藏錞于的窖藏坑在河岸邊的，很可能用於祭祀水神；在山坡、山崗上的可能是祭祀山川風雨、星辰。〔註179〕此類出土於鄂西、川東、湘西一帶的窖藏錞于與出土於商代，同為窖藏的江西新幹大洋洲 4 件青銅器的使用方式相同，都用於祭祀山川、湖泊、風雨、星辰等。由此可見，南方出土的窖藏樂器用於祭祀。

與鎛、鏞組合用作祭祀不同，錞于多是與銅鼓組合使用，與《鼓人》「六鼓四金」組合相似。雲南發現的貯貝器是滇國特有的青銅器，用來貯存貝幣。雲南晉寧石寨山漢代滇族墓葬出土的 1 件貯貝器，錞于體呈束腰圓筒形，兩側有耳，平底，下有三足。這是一件表現盛大祭祀場面的貯貝器，器上鑄有 100 多個人物、牲畜，並有人祭銅柱的場面（見圖十）：演奏時，錞于和銅鼓懸空掛在一個木架之上，旁有一人，兩手執鼓槌，一手擊錞，一手擊鼓。〔註180〕現今遺留的戰國時期建鼓紋銅牌及出土銅鑒、銅器上呈現出的軍中矢射擊鼓、擊金圖像，亦是擊者兩手執鼓槌，擊鼓擊金，金、鼓面相同。所不同的是，軍之「鼓、金」，鼓為「建鼓」，「金」置於建鼓鼓座，「金」以鼓為聲，正鼓之位，鼓以進，金以止。此圖所示祭銅柱之錞于與銅鼓，錞于在東，銅鼓在西。錞于和鼓，《禮記·禮器》有云：「廟堂之下，縣鼓在西，應鼓在東。」銅鼓懸於木架，當為縣鼓，錞為「和」，錞于當作「和於」之義，以「應」縣之銅鼓，在東，即「錞于」在東。由此可知，鼓金用於軍事中，金以止鼓；鼓金用於祭祀中，金以「應」鼓。

陳暘、馬端臨所引錞及錞于，「陳錞」內有舌，以芒筒將之，振錞以合鼓；「馬錞」懸於地，灌之以水，於下有芒莖，以芒莖當「舌」，手振芒莖即振錞

〔註179〕楊華《三峽地區的「窖藏坑」──一種奇妙的古文化遺跡》，《巴蜀文化研究動態》2005 年第 3 期。

〔註180〕陸斐蕾《錞于及其文化區系研究》，中國藝術研究院，2007 年碩士學位論文，第 31 頁。

于以節樂。《南史‧齊始興簡王鑒傳》:「時有廣漢什邡人段祖,以錞于獻鑒,古禮器也。高三尺六寸六分,圍三尺四寸,圓如筩,銅色黑如漆,甚薄,上有銅馬,以繩縣馬,令去地尺餘,灌之以水,又以器盛水於下,以芒莖當心跪注錞于,以手振芒,則聲如雷,清響良久乃絕,古所以節樂也。」〔註181〕《南史》所列之錞于與馬端臨所引「錞于」相同,都是在錞中灌水,振之以節樂。

圖十:雲南晉寧石寨山漢代滇族墓葬出土貯貝器

　　文獻中亦有錞于、銅鼓懸於水上使用的記載。《蜀中廣記》引《益部談資》云:「諸葛鼓乃銅鑄,面廣一尺七寸,高一尺八寸,邊有四獸,懸於水上,用楢木槌擊之,聲極圓潤。」〔註182〕屈大均云:「銅鼓,或積水甕中,蓋而擊之,聲聞十餘里外。」〔註183〕此二則材料是有關銅鼓懸於水而擊的記載,古人言錞于、鼓懸於水而擊,均是爲使聲遠播如雷。錞于、銅鼓用於祭祀,當是若《鼓人》用於祀天的「雷鼓」之用,以聲大如雷而言錞于、銅鼓的用法。陳、馬二氏皆是據後周太常卿「斛斯」所言「錞于」以「振」錞,但據此圖所示,錞于與鼓同懸於木架上,擊者二手執枹,擊錞于、擊銅鼓,非是以芒筒或芒莖「振」錞。「懸於水」當指祭祀的場所近水,現今考古發現埋藏於河岸邊的錞于窖藏坑,大抵當是用於祭祀中錞于的擺放場所。

　　《國語》中亦有「錞于」用於軍的記載,與鼓、丁寧、鐸一同使用。從

〔註181〕（唐）李延壽《南史》卷四三,中華書局,1975 年版,第 1087 頁。
〔註182〕（清）曹學佺《蜀中廣記》(外六種),上海古籍出版社,1992 年版。
〔註183〕（清）屈大均《廣東新語》卷五,廣東人民出版社李育中、鄧光禮注疏本。

出土錞于的幾個墓葬看，山東沂水劉家店子出土了錞于、鉦、鈴鍾、甬鍾、鎛、磬，有樂器也有禮器；四川涪陵小田溪 2 號墓出土器物有生活用具、兵器和樂器三類，其中有錞于、鉦、扁鍾等；湖南漵溪大陂流錞于出土於湖南漵溪縣潭溪鎮大陂流村大吉坳山坡上的水井邊，同時伴出的還有鉦 10 件、扁鍾 6 件；湖南漵浦縣大江口鎮的戰國墓位於湖南省維尼綸廠一山坡上，墓室隨葬有鐸、鍾、銅盆及陶罐、陶豆等物，出土時，錞于與鐸、鍾、銅盆一起，置於墓室北端的中部。無錫鴻山越墓丘承墩出土的原始甕婷於內放置了與其相配的鉦。鐸、鉦、扁鍾，都是古代的軍樂器。錞于與之同出，說明其一同用於軍中。

錞，爲「四金」之一，用於樂以和鼓。但現今考古所發現名爲「錞于」春秋戰國時期的青銅器，非「錞」，在鄂西、川東、湘西一帶出土於窖藏的錞于大都用於祭祀以應鼓，此類錞于大都繼承了商代勾連雲雷紋、圓渦、紋夔紋、豎棱紋等裝飾紋飾特點，與江西新幹大洋洲所出土的晚商時期的「鎛」的紋飾相似，屬於吳城文化青銅器所特有的裝飾。新幹大洋洲大墓所出土的 4 件青銅樂器亦是窖藏樂器，用於祭祀，使用與用於祭祀的「錞于」相同，故許慎《說文》釋鎛爲「淳于之屬」，同「錞于」。但鎛與錞于的形制不同，鎛似商鈴，平口，有紐；錞于有束腰，其紐有環鈕、橋紐、虎紐、龍紐之別。錞于當是借鑒了殷商時期用於祭祀的「鎛」，產生於春秋戰國時期，爲吳越等地民族所使用的用於祭祀，亦用於軍、樂，與銅鼓一同使用的青銅器。錞于，用於祭祀以應鼓；用於軍事，與鉦、鐸、扁鍾等一起使用；用於樂事，擊之以節樂舞。而晚商的「鎛」則發展爲用於樂，懸掛使用的鍾鎛類的金類樂器。

3、考古所發現的鉦、鐸、句鑃與鐃辨明

（1）鉦、鐸、句鑃

現今考古發現的鍾類擊奏樂器，除常見的甬鍾、紐鍾之外，另有鉦、鐸、句鑃這三種帶自名的樂器。因爲其形制都是平頂、凹口、侈銑的合瓦形鍾體，故它們的名稱常會被互相混用。例如，郭沫若認爲鉦的「形制與句鑃同而自名爲征城，可知征城即是句鑃……其別名句鑃者，合音則爲鐲爲鐸，均一物之異名。」〔註184〕他進一步指出，「鉦與鐸，就現存古器看來，形制相同，殆

〔註184〕郭沫若《兩周金文辭大系圖錄考釋》，科學出版社，1958 年版。

一物而二名。」〔註 185〕從文獻中可知，鉦與鐸的外形相當，但有無舌與有舌之別，郭氏將鉦與鐸混為一談，有誤。從鉦與鐸考古文物中看，鉦、鐸的器形大小不同，柄的形制也有明顯差異。這些差別，李純一已詳加辨正〔註 186〕，這裡歸納為三點：一是鉦體大而鐸體小；二是鉦用長柄而鐸用矮方銎以續木；三是鉦為擊奏而鐸為搖奏（指體內有舌者）或擊奏（體內無舌者）。（考古文物中除了有舌的鐸外，另有無舌的鐸——筆者按）

　　句鑃也是打擊樂器，但不見於古籍。形制與鉦相似，但較鉦稍小。兩者的主要區別在於柄制，大體表現在以下兩個方面：一、鉦柄上有穿、旋或柄頂有冠、冠頂加環，而句鑃柄卻是光的，無此類構造。二、鉦為執持或懸、植置擊奏而句鑃則一般為置奏或執奏。有些文物專家認為句鑃就是鉦的別稱，主要盛行於春秋晚期到戰國時期。一般考古學家把圓筒腔體、棱柱柄、柄端設衡的稱為鉦，把合瓦形腔體、扁方柱柄、柄端無衡的稱為句鑃。句鑃有用於燕享的記載，如見著錄的姑馮句鑃有「以樂賓客，及我父兄」銘文。句鑃有數件大小有序、自成編列的，稱為編句鑃。迄今所見較為完整的二例編句鑃為：1975 年江蘇高淳松溪編句鑃，7 件；1958 年江蘇武進淹城編句鑃，7 件〔註 187〕，測音結果表明，其音高不成列。大抵句鑃用於樂，正如鐃，以節樂舞，為「武」非「文」。

　　據考古發現，鉦的演奏方式有執持、懸置、植置三種。鉦旋上一般無干，大部分為植置（將柄插入木座中擊鳴）或執持（持於手中擊鳴），但有時鉦也可以懸置演奏：部分出土的鉦，鉦柄有穿孔，穿孔或方或圓，以繩索穿於其中，便可懸掛敲擊（如 1977 年山東沂水縣劉家店子春秋中期前段莒墓出土鉦）。沒有穿孔的鉦則在甬上設置環紐，以供懸掛（如 1951 年長沙識字嶺戰國前期楚墓出土鉦）。鉦在植置時需將口朝上，以柄插入木座中，部分出土鉦只有口朝上才可順讀其銘文，也證實了這一點。馬承源認為：「鉦形體鼓部短闊，體部似兩瓦復合狀，口部呈凹弧，兩側尖銳，底（舞）部正中有一管狀甬（柄），甬於鉦體內腔相通，甬近舞部上，或有一寬凸棱（即旋）。使用時，

〔註 185〕郭沫若《曾子斿鼎、無者俞鉦及其他》，《文物》1964 年第 9 期。
〔註 186〕李純一《無者俞器為鉦說》，《考古》1986 年第 4 期。
〔註 187〕另有 1978 年浙江紹興城南狗頭山南麓出土的二件配兒句鑃、山東章丘明水鎮小峨眉山出土的二十二件句鑃、湖北廣濟鴨兒洲長江內出水的二件句鑃和 1983 年廣州象崗山越王墓出土的一組八件句鑃。（見王子初《音樂考古》，文物出版社，2006 年版，第 133 頁。）

口部向上，柄插入木柄座中。」〔註188〕馬氏所述之鉦爲植置之鉦。

考古發現春秋戰國時期的鉦，現知帶自名的大約有三例，即無者俞鉦〔註189〕、冉鉦〔註190〕、徐䣄尹鉦〔註191〕，後兩例分別自名爲鉦鍼和征城（城）。無字俞鉦經郭沫若考釋，認爲其自名也可能是鉦鍼之類。從上述論述中可知，東周銅鉦的這種自名，並不見與先秦文獻。漢代，鉦鍼一名仍有所見。青海大通上孫家寨115號墓所出漢簡中，有一簡記有「軍吏六百以上，兵車御、右，及把摩（麾）、干（竿）、鼓、正（鉦）鍼者，拜爵賜論」〔註192〕，即爲一例。東漢許慎《說文》中收有鉦字，出土的漢鉦，其自名可以與《說文》印證。河南襄城范湖堯城宋所出新莽天鳳四年鉦〔註193〕和《歷代鍾鼎彝器款識》所錄一漢「平周鉦」〔註194〕的自名均爲「鉦」，便是其例。由上可知，東周時期的鉦鍼一詞，到漢代省稱爲鉦。

鐸，是「四金」中唯一有舌的金類樂器。鐸如甬鍾，但體較小。下口部呈凹弧形；頂部有長方形內空之銎，用以納木柄。〔註195〕與錞、鐲、鐃敲擊演奏不同，鐸裝有木把，腔內有金屬舌，使用時執把搖擊，使鐸舌撞擊鐸體發聲。〔註196〕鐸在中國北方的周、三晉等和南方的楚、吳、越等墓葬均有發現。

（2）鐃

鐃作爲「四金」中又一銅製鍾體體鳴樂器，現今考古文物未見帶自名的「鐃」，近代學者皆以在南方，發現於長江中下游地區體大單件使用的青銅器與在北方，發現於地處中原的河南地區，少量出土於魯中南和山西關中一帶的編縣使用的青銅器視作同一類樂器，稱爲「鐃」，南方的爲「大鐃」，中原的爲「小鐃」。另有學者認爲此類青銅器不應稱作「鐃」，應稱作「鉦」、「庸」、「執鍾」等，對南方及中原地區皆有出土青銅器的命名有以下五種說法：

〔註188〕馬承源《中國青銅器》，第276～277頁。
〔註189〕胡悅謙《安徽省宿縣出土兩件銅樂器》，《文物》1964年第7期。
〔註190〕容庚《兩周彝器通考》，哈佛燕京學社，1941年版。
〔註191〕郭沫若《兩周金文辭大系圖錄考釋》，科學出版社，1958年版。
〔註192〕國家文物局古文獻研究室等《大通上孫家寨漢簡釋文》，《文物》1981年第2期。
〔註193〕姚壘《襄城縣出土新莽天鳳四年銅鉦》，《中原文物》1981年第2期。
〔註194〕（南宋）薛尚功編著《歷代鍾鼎彝器款識》卷一九，遼瀋書社，1985年版，第419頁。
〔註195〕錢玄《三禮通論》，南京師範大學出版社，1996年版，第266頁。
〔註196〕王子初《中國音樂考古學》，第276頁。

　　①容庚以「鉦」名「鐃」。容庚認爲：「鐲之爲用也，與鉦同，鐲、鉦一聲之轉，故鐲可能是鉦。出土樂器中有自名爲『鉦鋮』和『征城』的。丁寧、鉦鋮都是鉦的合音。」關於中原出土的「編鐃」，容氏認爲：「安陽出土的這種樂器，形制多短闊，柄中上下通，柄皆在下，以大中小三器爲一組，不著器名，與周器柄皆在上，自銘爲『鉦鋮』的形制也不盡同，可能是漸漸地改變。殷周形制之異的其名稱未必異，故仍從《博古》所定鉦的名稱。」〔註197〕

　　②郭沫若以「鐸」名「鐃」，且鉦、鐸、鐲、鉦、句鑃爲一。郭沫若認爲：「殷人無鍾，鍾乃周人所造，大率起第二世（殷商後期及周初成康昭穆之世）之末造。然其形制，實有所本，即古器中，昔人所稱爲鐸者是也。其形狀與鍾相同而小，器之古者，口向上，有柄，執而鳴之。……器本無自名，亦無自注其年代者，然而可知其必爲鐸，且必爲商器，蓋其器之演進，入第四期（春秋中葉至戰國末年）於徐越諸國有所謂句鑃者在也。句鑃，即鐸之音變。而越器之姑馮句鑃，言『鑄商句鑃』，猶後人言胡弓洋琴，足證鐸實商制也。蓋商人文化，多爲徐人所保，越又受徐人之影響，故其器制亡於中原者，而存於『化外』。徐人之句鑃又自名爲征城，別有器名鉦鋮者，是又鉦鐸爲一之證。蓋鐸之始以木竹爲之，其聲署蜀，故呼之爲鐸，爲鐲。後以金爲之，其聲丁寧，故舊文獻中即呼之爲丁寧，而器銘則書之爲征城，若鉦鋮。其後更簡稱爲鈕也。此鉦鐸本身之演進，形制固不無差異。古鐸形較短，徐越之器形較長。紋績銘體亦迥有時代之別，然其一脈相承之跡，不能掩也。」〔註198〕

　　③羅振玉主張將殷墟出土的這類短柄、小而短闊之青銅樂器稱作鐃。羅振玉說：「《博古圖》載鉦甚多，以予所藏之鉦與圖校，則彼皆鐃也。鉦與鐃不僅大小異，形制亦異：鉦大而狹長，鐃小而短闊；鉦柄實故長，可手持，鐃柄短故中空，須續以木柄乃便執持。蓋鐃與鉦皆柄在下而口向上。《周官·鼓人》注：『鐃如鈴，無舌，有柄，執而鳴之。』其言固甚明。前人著錄，每多誤鐃爲鐸，無知爲鐃者，正之，蓋自予始。然予不見古鉦，亦不能知鐃與鉦之別。宋人以鐃爲鉦，其失尙近；近人以鐃爲鐸，則其失愈遠。予故詳記之。」〔註199〕錢玄認爲：「鐃爲較早的打擊樂器，行於殷商，形如鈴，稍大。

〔註197〕容庚、張維持《殷周青銅器通論》，科學出版社，1958年版。
〔註198〕郭沫若《兩周金文辭大系·圖編序說》，科學出版社，1957年版。
〔註199〕羅振玉《貞松堂集古遺文》卷一，第24頁。

口部呈弧形。體短，體闊大於體高。執柄，口向上，執槌擊之。」〔註200〕馬承源認爲：「鐃的體形似鈴而稍大，口部呈凹弧形，鐃體橫截面呈闊葉片，兩側角尖銳，底部置有一中空圓管狀短柄，與體腔相通，柄中可置木段。」〔註201〕此二說均與羅振玉所言「鐃柄短故中空，須續以木柄乃便執持」相吻合。

④陳夢家以「執鍾」稱「鐃」。陳夢家認爲：「鉦之名始見《詩·采芑》，鐃則戰國晚世秦漢之名，皆軍樂器也。而商世執鍾爲祭祀宴享之編鍾，其形制雖與鉦鐃同而異用，今故不用其名。其形爲後世鍾所本，而執以鳴之，故權名之爲執鍾。」〔註202〕

⑤李純一以「庸」作「小鐃」，他說：「庸字《說文》謂從用從庚。舊釋多附會牽強，故未能得其本義。惟宋人戴侗謂『庚蓋鍾類，故庸從之』。戴說久爲人所忽視，至近時才由郭沫若考定其爲一種樂器。我以爲庸字上所以加庚字，乃表明其爲樂器之用，而非其他意義之用。早期文獻所以多稱鍾爲庸、爲鏞，殆即由此。……鍾或爲周人始有之新名，而用、庸、鏞可能爲殷人固有之舊稱。」〔註203〕「裘錫圭認爲『卜辭所說的庸當即商周銅器裏一般人稱爲大鐃的那種樂器』則屬千慮一失。因爲那種大鐃都出土於長江中下游，很難和卜辭中的『庸』聯繫在一起。據迄今考古發現來看，能夠和卜辭中的『庸』對上號的，恐怕只有那些出土於殷朝統治中心地帶殷王室成員和奴隸主貴族墓葬的一般所謂的『鐃』了。」〔註204〕

各家的稱謂都各有所據，由於缺乏確鑿的出土資料的佐證，有關這一問題的討論恐怕仍將繼續下去。青銅器中有自名爲鐸的禮器，如「口外卒鐸」、「口郢率鐸」〔註205〕，其腔體較小，呈合瓦形如鍾，稍短闊。舞部中心置一矮方銎，方銎內安木柄。木柄在腔內另一端裝一鐸舌，似鈴而大，與《說文》所言「鐸，大鈴也」相符。金鐸用以武，木鐸用以文。青銅鐸，即所謂金鐸，是在軍中夜間振之以戒備之「金」，說明鐸在使用時確是以手持之使其舌撞擊腔體振動而發聲，與鈴同。所以「鐸」這種器物的名實確定無疑，非爲鉦或

〔註200〕錢玄《三禮通論》，第261頁。
〔註201〕馬承源《中國青銅器》，第276頁。
〔註202〕陳夢家《西周銅器斷代》，載《考古學報》1956年第3期。
〔註203〕李純一《試釋用、庸、鏞並試論鍾名之演變》，《考古》1964年第6期，第311頁。
〔註204〕李純一《庸名探討》，《音樂研究》1988年第1期。
〔註205〕中國社會科學院考古研究所《殷周金文集成》（第二冊），中華書局影印本，1988年版，第362～363頁。

鐃之類的樂器。

句鑃有自名，形制與鐸不同，爲鉦屬樂器，用於樂，如鐃，以節樂舞。

鉦與鐃，從文獻中可知，鉦以止鼓，鐃亦以止鼓，二器的用途相同，但「鉦」不見於文獻，僅有「鉦人」，與「鼓人」相對。現今考古文物界認爲，鐃雖然至今未見有自名的，而鉦卻可以見到有自名的，如冉鉦自名爲「鉦鍼」、徐瀋尹鉦自名爲「征城」，容庚指出鉦是鉦鍼、征城的合音，學者多從之。各家的論證結合出土實物資料，對鉦、鐸、句鑃形制已有了明確的認識，是幾種起信號作用的響器，不設固定的音律。「鐃」之用同於鐸、鉦，用於軍以止鼓，用於樂以節樂舞《武》，所用爲「武」事而非文。木鐸雖用於「文」，但所用之事多爲立法及修禁之事，爲政教之文事，非爲樂。樂，文之以五聲，奏樂之器稱爲樂器，樂器用於樂當合律呂。故「三禮」所記用作奏樂的金類樂器僅有鍾、鎛二種，用於軍或用以節樂舞之鉦、鐃、鐲、鐸爲「武」用之器，非奏樂之器。

第三節　石類樂器：磬

以鍾、磬類樂器作爲樂制表徵的「金石之樂」，在禮樂制度中佔有重要的地位。其用於樂主要有兩種形式：一種是單用磬以和歌，無鍾鎛；另一種是鍾磬成編使用，即不同大小的鍾磬依次編縣於一虡之上使用，編鍾編磬之數，少的只有三枚，多的有十六枚，根據用樂的等級有不同的變化。〔註206〕

一、特縣磬用於和歌

磬是中國最古老的樂器之一，傳說是古代的毋句氏發明的。早期的石磬爲打製而成，表面粗糙，厚薄不均，形制不甚穩定，音高也不規則，表明當時磬的製作工藝尚處於低級階段。典型的出土物爲山西襄汾陶寺遺址 3002 號大墓中的陶寺類型早期特磬，爲現今考古發現時代最早的 1 件石磬。石磬利用天然石片打製而成，灰色，磬表有明顯的麻點和裂面，粗糙不平，厚薄不均。有倨句雛形，鼓、股分明。鼓部修長而股部短闊。磬體厚重，懸掛時呈 5° 傾角，穩定性能高。倨孔圓形，兩面對鑽而成。孔內也有繩索磨痕，應爲

〔註206〕關於不同等級用樂制度使用編鍾編磬的差別，在《樂縣》章中進行討論，此節主要探討出現在「三禮」中笙鍾笙磬、頌鍾頌磬的命名及意義的問題。

實用樂器。〔註207〕此器屬龍山文化晚期，類似出土物另有山西襄汾陶寺 3015 號大墓特磬、河南禹州閻砦石磬、山西聞喜南宋村石磬及河南偃師二里頭 3 號墓石磬等，均爲石製，河南偃師二里頭 3 號墓坑內出土的還有銅爵、銅戈、銅戚、圓形銅器以及玉鏟、玉鉞、玉戈等玉器。

　　商代的石磬多出土於黃河中下游地區，多爲晚商遺物。從殷墟的發掘情況來看，晚商石磬出現了重大變化：特磬不論在型式方面還是在選料和製造工藝方面，都有不同程度的進步。龍紋和虎紋磬的表面光潤美觀，發音渾厚洪亮、延音較長，除了石料和敲擊部位的選擇較好外，應與精細磨製有關。另外，晚商特磬都出土於奴隸主貴族墓葬和居住遺址，它們的大小精粗總是和主人的身份地位大致成正比，可見它們並非單純的樂器，還具有權力和地位象徵意義。〔註208〕

　　文獻中稱此特懸使用的石磬名爲「玉磬」，見《禮記・明堂位》：「拊搏，玉磬，揩擊，大琴，大瑟，中琴，小瑟，四代之樂器也。」〔註209〕所謂四代，即虞、夏、殷、周也。此云「玉磬」當如河南偃師二里頭 3 號墓坑所示石磬與銅器、玉器同用而被冠以「玉」，「玉」爲特懸之磬名，非是特磬由玉製。

　　《尚書・益稷》「戛擊鳴球」孔安國傳：「球，玉磬。」孔穎達疏：「《釋器》云：『球，玉也。』『鳴球』謂擊毬使鳴，樂器惟磬用玉，故球爲玉磬。《商頌》云『依我磬聲』，磬亦玉磬也。鄭玄云：『磬，懸也，而以合堂上之樂。玉磬和，尊之也。』然則鄭以球玉之磬懸於堂下，尊之，故進之使在上耳。」〔註210〕

　　孔氏言《尚書》中鳴球爲玉磬，位於堂上，合堂上之歌。但說磬本應懸於堂下，玉磬爲玉所製，故能位於堂上。清黃以周亦有云：「玉磬最尊，故惟天子有之，諸侯惟有編磬，以石爲之，無特懸之玉磬也。《郊特牲》以擊玉磬爲諸侯之僭禮可知諸侯不得有玉磬矣。」〔註211〕

　　孔、黃皆以堂上之磬爲玉製，與石製磬有別而言可立於堂上。現今出土的考古實物可以證明，磬僅爲石製，非有玉、石材制之別。磬列於堂上與歌

〔註207〕王子初《中國音樂考古學》，第 88 頁。
〔註208〕李純一《中國上古出土樂器綜論》，文物出版社，1996 年版，第 42 頁。
〔註209〕《禮記正義》卷三一，第 1103 頁。
〔註210〕《尚書正義》卷五，第 151～152 頁。
〔註211〕（清）黃以周《禮書通故》卷四四，《續修四庫全書》本。

者、琴瑟合，僅是磬用於樂的形式之一，用以和堂上歌。由此可知，磬用於樂，不僅可以與鍾編列使用，亦能單獨使用於樂，用以和歌。

殷墟文化二期開始出現了編磬，1935 年出土於殷墟的一套編磬，已經出現了明顯的倨句，「鼓二股三」的比例也十分清楚，具備了後世編磬的基本造型。原始石磬由單件單音使用發展到 3 件成組，構成一定的音律關係配合使用，是磬具有作爲樂器意義的進化，說明晚商時期人們已經有了用石磬來演奏旋律的要求和實踐。〔註212〕

二、笙磬、笙鍾、鎛與頌磬、鍾、鎛

鍾、磬編列使用，形制可見於《儀禮・大射》，即笙磬、笙鍾、鎛與頌磬、鍾、鎛。西階之西有頌磬、鍾，鄭玄注云：「鍾不言頌，義同，省文也。頌，庸也。」〔註213〕先儒皆以此鍾爲「頌鍾」，合西階之頌磬爲「頌磬頌鍾」，與阼階東之「笙磬笙鍾」相對。笙、頌與鍾磬同文還見於其他文獻，《周禮・春官・眂瞭》「擊頌磬、笙磬」，《周禮・春官・笙師》「凡祭祀、饗射，共其鍾笙之樂」，《虞書》「笙鏞以間」，《左傳・襄公十一年》「歌鍾二肆」〔註214〕，《詩・小雅・鼓鐘》「笙磬同音」〔註215〕。其中與鍾磬同文的僅有笙，有笙磬、頌磬、鍾笙、笙鏞；而言「頌」之鍾磬，僅有「頌磬」一例，《左傳》有「歌鍾」，爲「歌」不爲「頌」。《大射》云「西階之西之頌磬、南鍾」當是僅有磬言「頌」，不可以阼階東有「笙鍾」而言此「鍾」爲「頌鍾」。

編鍾編磬之「笙」、「頌」之義，歷代學者對此有兩種解釋：一是以笙、頌作爲方位東、西而命名，位於東之鍾磬名爲笙鍾笙磬，位於西之鍾磬名爲頌鍾頌磬；二是以笙、頌作爲樂器笙及歌而命名，笙鍾笙磬爲應笙之鍾磬，頌鍾頌磬爲應歌之鍾磬。

方位之說始於鄭玄。鄭玄注《儀禮・大射》云：「笙猶生也。東爲陽中，萬物以生。《春秋傳》曰：『大蔟所以金奏，贊陽出滯，沽洗所以修潔百物，考神納賓。』是以東方鍾磬謂之笙。成功曰頌。西方陰中，萬物之所成。《春秋傳》曰：『夷則所以詠歌九則，平民無貳。無射所以宣佈哲人之令德，示民

〔註212〕王子初《中國音樂考古學》，第 130 頁。
〔註213〕《儀禮注疏》卷一六，第 348 頁。
〔註214〕《春秋左傳正義》卷三一，第 1034 頁。
〔註215〕《毛詩正義》卷一三，第 943 頁。

軌義。』是以西方鍾磬謂之頌。」〔註216〕鄭箋「笙磬同音」:「笙磬,東方之樂也。」鄭玄以笙象生,東方萬物生,故爲東方,東方之鍾磬名爲笙鍾笙磬。頌爲成功,西方萬物成,故爲西方,西方之鍾磬名作頌鍾頌磬。

宋陳暘同意鄭玄說以方位命名鍾磬,他說:「蓋笙磬在東而面西,頌磬在西而面東。笙入立於縣中之南而面北,故頌磬歌於西,是南鄉北鄉,以西方爲上,所以貴人聲也,笙磬吹於東是以東方爲下,所以賤匏竹也。《大射》鼗倚於頌磬西紘,頌磬在西而有紘,是編磬在西而以頌磬名之,特磬在東而以笙磬而名之。」〔註217〕與鄭玄以頌磬爲特磬,笙磬爲編磬不同的是,陳暘認爲笙磬爲特磬,頌磬爲編磬。

元敖繼公認爲笙與笙磬笙鍾相應,歌與頌磬頌鍾相應,他說:「笙磬笙鍾皆與笙相應者也。《周官》曰:『凡縣鍾磬,半爲堵,全爲肆。』肆謂十六枚也。此笙磬笙鍾,其各一肆。頌之言誦也,謂歌樂也,此磬與歌樂相應,故曰頌磬,此鍾之用亦宜,與磬同。」〔註218〕敖氏命名之說不同鄭注,且其認爲笙鍾笙磬與頌鍾頌磬一樣,均爲編縣,亦不同於鄭注,也不同於陳暘之說。後清李光地、何楷、薛季宜讚同敖氏之說。〔註219〕

清盛世佐認爲陳暘以笙磬爲應笙之磬,是特磬;頌磬爲應歌之磬,是編磬有誤,鍾磬均爲編縣。

(清)盛世佐:陳氏(暘)以笙磬爲應笙之磬,頌磬爲應歌之磬,諸儒多右其說,竊恐亦未的也。蓋樂以人聲爲貴,故歌者在上,匏竹在下。就堂下樂中亦有差等,笙管聲之發乎人也,磬鍾之屬聲之發乎器也,故有時以管爲主而磬以下應之,所謂下管也,《詩》云『嘒嘒管聲,既和且平,依我磬聲』是也。下經云『乃管《新宮》三終』則《大射》樂以管爲主矣,何以但有應笙之鍾磬而無應管之鍾磬耶,且歌者在上,西方安得有歌而云頌磬,歌乎西是亂上下之列矣。至於合樂之時,歌瑟與眾音並作,亦豈唯西縣爲與歌相應也。凡縣鍾磬皆編縣,而陳以編磬特磬爲頌笙之別,亦非毛氏萇云笙磬東方之樂也,則鄭說傳之有誤。愚故不敢有異議雲南陳謂向南陳之,

---

〔註216〕《儀禮注疏》卷一六,第347～349頁。
〔註217〕(宋)陳暘《樂書》卷一一二,《四庫全書》文淵閣本。
〔註218〕(元)敖繼公《儀禮集說》卷七,中華再造善本。
〔註219〕見(清)秦蕙田《五禮通考》卷七〇、七一、七五,《四庫全書》文淵閣本。

簨首在北也，皆磬鍾鎛也，陳之於堂爲縮。軒縣之法，東西北三面
各一肆，一肆之中而磬鍾鎛之屬具焉，磬與鍾編縣者也，其他則特
縣。笙磬笙鍾以其在東而名之，頌磬頌鍾以其在西而名之，鄭解蓋
得之矣。」〔註220〕

盛氏認爲陳暘以笙磬應笙、頌磬應歌有誤，樂有堂上堂下之別，歌在堂上，
匏竹在堂下，堂下之樂亦有等差之別，笙管由人所發，磬鍾爲器所發，故堂
下之樂，「下管」以管爲主，不得僅有應笙之鍾磬而無應管之鍾磬。並且歌者
在堂上，頌磬在西，方位不同，不可謂之「應」。又，盛氏認爲陳暘以磬有特
磬、編磬之別有誤，他認爲凡縣鍾磬皆爲編縣，鍾磬在兩階，簨首在北，向
南分別陳之磬、鍾、鎛；磬在階間，縮陳之於堂。《大射》樂縣爲軒縣，東、
南、西三面各有鍾磬一肆，當從鄭玄注，以東方之磬鍾作爲笙磬笙鍾，以西
方之磬鍾作爲頌磬頌鍾。

　　盛氏引《大射》「下管」之文，指出《大射》是以管爲主，無笙，而歌者
在堂上，頌鍾頌磬在西，無法應歌，陳暘以笙鍾笙磬應笙，頌磬頌鍾應歌有
誤。但是他沒有注意到陳暘笙、頌命名之說其實是採用鄭玄方位說，且鄭玄
認爲頌磬爲特縣，亦非以鍾磬均爲編縣，此處是其論述之疏。

　　（清）黃以周：笙之與鍾聲相應者曰鍾笙，見笙師職。兹曰笙
鍾取東方生生之義，鄭注是也。鍾笙，笙也。笙鍾，鍾也。笙以應
鍾，鍾不可謂應笙，故《國語》云：「琴瑟尚宮，鍾尚羽，石尚角，
匏竹利制。」韋注云：「匏，笙也，竹簫管也，利制以聲音調利爲制，
無所尚也。」若然則笙無所尚，以應鍾磬爲利，而鍾磬爲笙之制矣。
敔氏謂鍾磬應笙，不其□乎。頌字從頁，公聲，本古容貌字。《說文》
「頌，兒也，籀文作□」又云：「兒，頌儀也。」《詩序》：「頌者，
美聖德之形容，以其成功告於神明者是也。」是頌又兼成功義，古
文作庸，庸亦功也，聲義相近。敔氏循文立訓，於古今字不能兼通。
《左傳》之歌鍾二肆，一爲笙鍾，一爲頌鍾。敔氏訓頌爲誦，而以
歌鍾當之，豈鄭人所賂二肆，備西縣而不備東縣乎，豈頌鍾與歌相
應，笙鍾不與歌相應乎。合樂之時，眾音並作，固不獨頌磬與歌相
應矣，則歌鍾之兼笙鍾愈可知也。〔註221〕

〔註220〕　（清）盛世佐《儀禮集解》卷一三，《四庫全書》文淵閣本。
〔註221〕　（清）黃以周《禮書通故》卷四四，《續修四庫全書》本。

黃以周認為鄭玄以笙為東方、頌為西方名鍾磬為確。笙以應鍾而鍾不能應笙，應鍾之笙之例為《笙師》「鍾笙之樂」，不為笙鍾笙磬。敖氏將鍾磬視作能應笙之器，不見樂器尊卑之別，有誤。《左傳》「歌鍾二肆」當釋作笙鍾一肆、頌鍾一肆，不應只有頌鍾應歌，合樂之時，眾器並作，笙鍾、頌鍾都能應歌。「歌鍾」是兼笙鍾、頌鍾而言，不應如敖氏所說，僅以頌鍾應歌而笙鍾不應歌。

　　諸儒皆以笙鍾笙磬、頌鍾頌磬言鍾磬之別，但樂縣中亦有「鎛」，有關鎛之縣，僅有盛世佐釋鎛為特懸，當鍾磬設於兩階時，懸於鍾虡之南。笙磬笙鍾、頌磬頌鍾，鄭玄認為頌磬為玉磬，特懸，笙磬為編縣；陳暘認為笙磬為特懸，頌磬為編懸。現今考古所發現之最早之「特磬」為石磬，非玉製，且在西周以後，編縣之磬代替特磬，由此可知，《大射禮》樂縣中之磬當成編，非特，磬可應管奏之樂亦可應歌。

第四節　絲絃樂器：琴與瑟

　　絲絃樂器，見於先秦文獻中的主要有兩種：琴與瑟。兩者都是彈絃樂器，瑟只彈散音，一弦一音；琴利用按音變更振動弦分發音，一弦奏多音，瑟之聲大於琴。

　　琴、瑟於「三禮」，在《禮記》《周禮》中多是一同出現，如《禮記·月令》「均琴、瑟、管、簫」；《禮記·明堂位》「大琴、大瑟、中琴、中瑟」；《周禮·春官·大司樂》「雲和之琴瑟、空桑之琴瑟、龍門之琴瑟」等。但《儀禮》中載有樂之四章《鄉飲酒》《鄉射》《燕禮》《大射》，與歌工一共入堂之絃樂器僅有瑟，無琴。《鄉飲酒》《鄉射》《燕禮》均是工四人、二瑟，《大射》禮重，工六人，四瑟。由於琴、瑟用竹木類材質製成，不易長久保存，現今所見先秦考古實物都是春秋後期至戰國前期的器物。琴僅有二例，曾侯乙墓出土的十弦琴與荊州郭店出土的七絃琴，與現今古琴「全箱制」有較大差異，均為「半箱制」。瑟出土實物比起琴要多許多，主要被發現於湖北、湖南、河南南部等古代楚國的範圍，如當陽曹家崗 5 號墓瑟、當陽趙巷 4 號墓瑟、江陵雨台山楚墓瑟、荊門包山墓瑟、信陽長臺關 1 號墓瑟以及曾侯乙墓瑟等，僅曾侯乙墓一處就出土瑟十二件。這些瑟大多飾有精美的刻紋和彩繪，形制也十分豐富。弦數各有不同，一般多見二十三和二十五弦。考古發現的瑟比

琴多的多，同樣是竹木製樂器，爲何較多的瑟能爲今天的考古學家所發現？是否先秦時期瑟的使用要比琴廣泛呢？王子初認爲：「考古出土的漆土樂器絕大多數在中國的南方，北方幾乎沒有。這顯然是和南方地下水位高有關。因爲，漆木質的樂器只有在於空氣完全隔絕的飽水狀態下，才能保存數千年。琴在先秦時期主要是中原地區流行的絃樂器。由於氣候和地理的原因，這些地下的樂器難以保存至今。而瑟的主要流行地區爲楚國。楚地在今江陵一帶爲核心的中國南方廣大地區，這裡也正是考古學家大量發現瑟的地區。」〔註222〕王氏依據瑟主要流行於楚地而琴主要流行於中原地區，且南方的氣候適宜於琴瑟的保存，此爲先秦瑟多琴少的原因，這是就琴瑟自身材質與南北方氣候而言。不僅如此，據文獻所載，亦出現了瑟在儀式中的使用多於琴的狀況。古之諸儒認爲琴瑟之別在於琴屬陽、瑟屬陰，陳暘云：「琴瑟其聲尚宮，其音主絲，士君子常御。古人作樂，聲應相保而爲和，細大不踰而爲卑，故用大琴必以大瑟配之，用中琴必以小瑟配之。」羅泌云：「琴統陽，瑟統陰，以陰佐陽，不可易也。瑟惟陰也，故朱襄鼓瑟而陰氣來，琴惟陽也，故虞氏鼓五弦之琴而南風至。陰陽之應，各從其類，是以伯牙鼓琴而馬仰秣，瓠巴鼓瑟而魚出聽，魚水物而馬火，物以類應也。」楊泉曰：「琴欲高張，瑟欲下聲，數不踰琴以佐陽也。」〔註223〕琴瑟除有陰陽之別，形制又有何差異呢？瑟的奏法易於琴，且聲音大於琴，兩器的使用場所又有何不同呢？以下就文獻中所記載的琴瑟與考古發現的琴瑟實物來綜合分析兩器的形制、奏法及使用等方面的問題。

一、琴

1、琴之始說，作於漢代，有神農所造和伏羲所造兩種。

神農說出於《世本》《說文》，後《風俗通》《帝王世紀》傳之。《風俗通·聲音》云：「《世本》：『神農作琴』。」〔註224〕《說文·珡部》：「琴，禁也，神農所作。洞越，練朱五弦，周時加二弦。」〔註225〕《急就篇》「竽瑟空侯琴築箏」顏師古注：「琴，神農所作也。長三尺六寸六分。大琴謂之離，二十七絃者也。五弦曰宮商角徵羽，周文王增二弦曰少宮少商。」〔註226〕《廣韻·

〔註222〕王子初《音樂考古》，第151～152頁。
〔註223〕見於（清）秦蕙田《五禮通考》卷七六，《四庫全書》文淵閣本。
〔註224〕《風俗通義校注》卷六，中華書局，1981年王利器校注排印本，第293頁。
〔註225〕（清）段玉裁《說文解字注》卷二四。
〔註226〕（漢）史游撰，（唐）顏師古注《急就篇》卷三，安徽教育出版社《中華漢語

侵韻》：「琴，樂器。神農作之。本五弦，周加文武二弦。」〔註227〕《玉海》引《帝王世紀》云：「神農始作五弦之琴」。

伏羲說出於馬融的《長笛賦》《琴操》。馬融《長笛賦》「昔庖犧作琴」李善注：「庖犧，伏羲也。」《琴操》云：「昔伏羲氏之作琴，所以以修身理性，返天眞也。」

2、琴的弦數，初爲五弦，長三尺六寸六分，繼而有七絃之說。《廣雅・釋樂》：「神農氏琴長三尺六寸六分，上有五弦，曰宮、商、角、徵、羽。文王增二弦，曰少宮、少商。」

3、琴有大琴、中琴、小琴之名。《爾雅・釋樂》「大琴謂之離」郭璞注：「琴大者二十七絃，未詳長短。」《宋書・樂志》云：「《爾雅》：大琴曰離，二十弦；今無其器。」陳暘《樂書》：「蓋五弦之琴，小琴之制也。兩倍之而爲十，中琴之制也。四倍而爲二十弦，大琴之制也。」「古者大琴二十弦，次者十五弦。」大琴有二十七絃、二十弦之說；中琴爲十弦；小琴爲五弦，另有文王七絃之琴。

以上是文獻中琴的創造說以及弦制說，關於其眞實性，我們不能確認，但是，琴是分明在周代已經存在的樂器。至於琴的起源，可以上溯至遠古，比現今戰國時期考古實物要早得多。曾侯乙墓戰國早期十弦琴與荊門郭店戰國中期七絃琴爲現今所發現最早的琴的實物。

曾侯乙墓十弦琴出自曾侯乙墓的東室。木質，近長方體，弧面，平底，首寬厚，尾狹薄而翹。通長67.0cm，通高11.4cm，寬19.0cm。同出琴軫4枚。琴身繫用整木雕成，可分音箱和尾板兩部分。音箱長41.2cm、首寬18.7cm、中寬19.0cm、尾寬6.9cm、首高6.5cm、中高6.0cm、尾高6.4cm。音箱形近長方體，但不甚規則，表面圓鼓尚有波狀起伏。無徽〔註228〕。近於首端並與之基本平行互一條嶽山，高低因琴面弧度而有不等，嶽山內段距音箱首沿較近，外端距首沿較遠。嶽山上遺有被弦勒過的痕跡，右邊尚並列10個弦孔與弦痕相對。接近首、尾邊沿，音箱表面循邊各陰刻一套弦紋帶，紋帶由幾道

工具書書庫》2002年影印本。

〔註227〕（宋）陳彭年、邱雍《廣韻》下平之二一，安徽教育出版社《中華漢語工具書書庫》2002年影印本。

〔註228〕琴徽是琴弦音位標誌。在琴面鑲嵌有十三個圓形標誌，以金、玉或貝等製成。其位置根據弦長的整數比，即發出泛音的地方，從琴頭開始，依次爲第一徽、第二徽……直至琴尾的第十三徽。琴徽出現當在漢、魏之際。

陰線構成，音箱中部，同樣的紋帶構成了一個近似「回」字的方框。音箱內空，底面開有兩孔與內相通，一孔爲大半圓形，緊靠首沿；一孔較長，頭寬腰細，置底面中部。尾板與音箱尾部表面相連，是一段實木，長 25.8cm、首寬 11.4cm、尾寬 6.8cm、首厚 4.4cm、尾厚 2.2cm。尾板條狀，表面及底側面亦不平直，如波狀起伏，面上與音箱相連處，陰刻圓圈紋，中間以兩道弦紋帶相剖，底部倒立一足。尾板末端微微上翹，表面可見勒弦痕跡。琴身表面挖有與音箱底面的開孔相對應的長方形淺槽，其與音箱扣合十分嚴密。底板淺槽內存有 4 枚琴軫。軫，木質，均長 2.6cm。琴通髹黑漆，出土時仍光澤柔潤。〔註229〕

湖北荊門郭店戰國中期七絃琴，是繼 1978 年曾侯乙墓十弦琴出土之後，另一件罕見的先秦琴的標本，爲目前發現的最早的七絃琴實物標本。琴木質，保存基本完整，通長 82.1cm、隱間 79cm。琴身（共鳴箱體）長 50.8cm、首尾等寬 12.4cm、最寬處 13.5cm、束腰處寬 12.5cm，由剜空的面、底板蓋合而成。面板挖成長方形空間，靠近首端、弦孔下似成軫盒，未見弦軫。底板僅剜鑿一「T」字形凹槽。面板尾端即琴尾，琴尾實心，尾端寬 6.0cm、最寬處 9.1cm、厚 2.3〜3.3cm。琴尾下設一足，既可保持琴身平衡，又作弦枘使用。首嶽上有弦痕數道，嶽山外側有弦孔 7 個。〔註230〕郭店琴與曾侯乙墓十弦琴形制相近，具明顯的同源關係，均爲「半箱式」，但與今天的古琴有較大的差異。自唐代以後，歷代都有古琴的實物傳世至今，即今天所見的全箱式古琴。從各種式樣的古琴圖像資料可見，現在古琴的形制，是在西漢早期到魏晉時代之前這一時期內形成的。從文獻資料來看，中國琴學興盛於魏晉，而高潮在唐宋，至明清不衰。〔註231〕

先秦時期之琴，雖然沒有如後世琴成熟，但文獻中也出現了許多有關琴曲及琴人的記載。如《列子·湯問》：「匏巴鼓琴而鳥舞魚躍，鄭師文聞之，棄家從師襄，柱指均弦，三年不成章。」張湛注：「匏巴，古善鼓琴人也。」梁玉繩曰：「『匏巴鼓琴』《荀子·勸學篇》作『鼓瑟』，蓋因下有『伯牙鼓琴』句改爲瑟也。」馬敘倫曰：「古書言琴瑟不甚別異。《史記·魏世家》『中旗憑琴而對』，《韓非子》作『推瑟』，《說苑》作『伏瑟』，是其例也。」〔註232〕

〔註229〕湖北省博物館《曾侯乙墓》，文物出版社，1989 年版。
〔註230〕王子初《中國音樂考古學》，第 241 頁。
〔註231〕王子初《音樂考古》，第 150 頁。
〔註232〕楊伯峻撰《列子集釋》卷五，中華書局，1979 年版，第 175 頁。

匏巴即師襄善彈琴，此段文獻講述鄭國的樂師師文離開自己的家向師襄學琴的故事。可見，琴自古以爲君子的樂器，作爲君子修身之具而加以尊重的。〔註233〕文獻中雖僅有「琴」之文，梁氏、馬氏亦以瑟注琴，琴瑟不分，由此可見，雖然琴多用於獨奏，同時也可與瑟、歌相合。

二、瑟

1、瑟之始說，同琴，作於漢代，諸儒皆以瑟由伏羲（伏羲另有名宓犧、庖犧）所造。

《風俗通·聲音》引《世本》：「宓犧作瑟，長八尺一寸，四十五弦。」〔註234〕《廣雅·釋樂》：「伏羲氏瑟長七尺二寸，上有二十七絃。」《玉篇·琴部》：「瑟，庖犧造也，弦多至五十，黃帝使素女鼓瑟，哀不自勝，破爲二十五弦也。」〔註235〕《慧琳音義》「簫瑟」注：「瑟，庖犧造瑟也。其瑟長八尺二寸，四十五弦，黃帝使素女鼓之，悲不能止，改爲七尺二寸，二十五弦也。」〔註236〕《急就篇》「竽瑟空侯琴築箏」顏師古注：「瑟，庖犧氏所作也。長七尺二寸，二十七絃。今則二十四。大瑟謂之灑，長八尺一寸，廣尺八寸者也。」〔註237〕

2、《禮記·明堂位》瑟有大瑟、中瑟之別。

大瑟有四十五弦、五十弦，八尺二寸及八尺一寸之別；中瑟則有二十七絃、二十五弦之說，長七尺二寸。關於大瑟、小瑟之別，《律呂正義》以大瑟用於郊廟祭祀而小瑟用於燕飲，「近時之瑟，除郊廟大樂外，用之者少，雖相傳有譜，不過並兩弦以取聲，猶笙之合兩管爲一聲耳。《詩》云『鼓瑟吹笙』，蓋二者理同而聲相和也。《記》稱大琴、大瑟、中琴、小瑟爲四代之樂器，《爾雅》『大瑟謂之灑』，注『長八尺一寸』，又《鄉飲酒禮》：『工四人，二瑟，瑟

〔註233〕《白虎通》云：「琴者，禁也，所以禁止淫邪，正人心也。」《風俗通》云：「君子所常御者，琴最親密，不離於身。」《琴操》云：「昔伏羲氏之作琴，所以修身、理性、返天真也。」

〔註234〕《風俗通義校注》卷六，第285頁。

〔註235〕（南梁）顧野王撰《玉篇》卷一六，安徽教育出版社《中華漢語工具書書庫》2002年影印本。

〔註236〕（唐）釋慧琳撰《慧琳音義》卷二五，安徽教育出版社《中華漢語工具書書庫》2002年影印本。

〔註237〕（漢）史游撰，（唐）顏師古注《急就篇》卷三，安徽教育出版社《中華漢語工具書書庫》2002年影印本。

先。相者二人，皆左何瑟，後首，挎越，內弦，右手相。』《鄉射禮》：『相者皆左何瑟，面鼓，執越，內弦，右手相。』《燕禮》《大射禮》皆同。夫相者，右手相工而左手荷瑟，又多使童子爲相，使其形制過大，非童子一手之力所能勝。是知《爾雅》所載大瑟乃郊廟所用，《儀禮》所載則古之小瑟，爲燕飲所用。」〔註238〕

3、《儀禮》中相持瑟入堂有兩種手法，執越與挎越。

《鄉飲酒禮》《大射禮》左何瑟，後首，挎越；《鄉射禮》《燕禮》左何瑟，面鼓，執越。鄭玄注：「越，瑟下孔，所以發越其聲也。前越言執者，內有弦結，手之淺也。」賈公彥疏：「瑟體首寬尾狹，內越孔雖長，廣狹亦等，但弦居瑟上，近首鼓處則寬，近尾不鼓處並而狹。側持之法，近鼓持之入則近，手入則深，是以通與《燕禮》言面鼓，則云執之手入淺也。《大射禮》與《鄉飲酒禮》言後首，則云挎越，手入深故也。」〔註239〕瑟體首鼓處大、尾不鼓處小，執越近尾不鼓處，手入淺，面鼓；挎越近首鼓處，手入深。

目前所知瑟最早的標本，是 1984 年出土於湖北省當陽縣河溶區曹家崗 5 號楚墓的瑟，時代爲春秋晚期。墓中之瑟有兩件：一件漆瑟、一件木瑟。漆瑟，二十六弦。嚴重朽蝕，但各部件無缺。通長 120.0cm，寬 38.0cm。瑟面弧拱，首端大於尾端。通體木質，局部用鉚釘加固。原係整木製作，因縱裂爲不相等的兩塊。緊倚首嶽外側有 26 個弦孔（依首嶽與尾嶽上的弦痕計數）。瑟面近尾部嵌尾嶽 3 條，分別有弦孔外 10 個，中、內各 8 個。瑟尾有 3 個弦枘，枘頭作禽喙狀。尾檔接「過弦槽」之後附設一凹字形承弦槽，其內側磨有很深的弦痕。底板縱向開鑿一條連接首、尾越的槽口。未見弦柱。瑟身除底板外，髹朱、黑漆彩繪及浮雕裝飾。尾部雕一饕餮紋和禽、龍等動物圖案。檔面饕餮紋之上有一隻鳥，其後一隻鷙雕類猛禽，身飾鱗紋，尾分叉，兩爪各抓一條龍，龍體環繞弦枘。內、外側也有浮雕對稱的龍獸類圖案；瑟體以朱漆爲地，以黑漆勾勒出物體輪廓，再描繪動物眉目及肢體紋飾，輔以少量幾何形紋及邊沿裝飾。紋飾總體以龍鳳爲主體，以勾連雷紋爲裝飾。木瑟，二十一弦。通長 191.0cm、寬 31.0cm。形制與漆瑟相近。面作拱形，首端大於面端。瑟體用整木鑿成，瑟面首端橫嵌一條首嶽，首嶽右側有 21 個弦孔。尾

〔註238〕見（清）秦蕙田《五禮通考》卷七六，《四庫全書》文淵閣本。
〔註239〕《儀禮注疏》卷一一，第 214 頁。

嶽 3 條，左側弦孔分別爲外 6 個、中 8 個、內 7 個。瑟尾插立二個浮雕的矩形弦柄。底板中間縱開一條直通兩端的槽口。首越較寬，無尾越。尾部浮雕圖案：檔面一饕餮紋，左、右各 7 條呈經緯勾連的喙式龍，內、外兩側各四條龍，呈方圈連環形捲曲，由右向左延至尾檔。〔註 240〕

　　瑟之標本，與先秦文獻所述之瑟相似，首寬尾狹，可見當時所用之瑟確實如此。瑟與琴對比，爲整木製作，瑟體內空，面、側、檔、底面相連成共鳴箱，弦數也多於琴。值得注意的是，琴通身髹黑漆，而瑟髹朱、黑漆彩繪及浮雕裝飾，另在尾部雕饕餮紋和禽、龍等圖案〔註 241〕，較琴華麗許多。用於儀式中的樂器，除了有樂的作用之外，更多的顯示其禮的功能。如用於儀式中的金、鼓之器，器身就有各種裝飾紋飾，十分華麗。〔註 242〕瑟作爲絃樂器，除了能有與琴一樣和歌以用於樂之外，其身上華麗的花紋，與用於禮之金、鼓等禮器相似，表示瑟亦可當作禮器，使用於各種儀式中，有禮的作用。而琴的聲音微弱，不適合於喧噪的多數樂器合奏，天生是一種宜於獨奏的樂器。〔註 243〕

　　由此可見，琴、瑟雖同爲絲絃樂器，形制不同，使用的場所也不同，瑟多用於禮儀活動中，與眾多樂器一起演奏，其禮之用重於樂；琴作爲君子修身之具，多用於獨奏，僅與瑟、歌等合奏，其樂之義重於禮。故《儀禮》四章僅有瑟，不見琴，而考古實物瑟之數量大大多於琴亦爲先秦時期用於禮的瑟之數量大於用於樂的琴這一現象提供了具體的實物資料。

第五節　竹匏樂器：管與笙

　　匏、竹之屬樂器若按演奏方式而言，屬於歙奏樂器。《周禮·春官·笙師》所載歙奏樂器有竽、笙、塤、籥、簫、篪、篴、管八類（塤屬土類，不於此討論）。竹之屬爲竹製的管樂器，籥、簫、篪、篴、管屬於此類。有關竹類樂器的關係及發展歷程，可見於筆者《先秦竹類樂器考》一文，現將主要觀點

〔註 240〕湖北省宜昌地區博物館（趙德祥執筆）《當陽曹家崗 5 號楚墓》，《考古學報》1988 年第 4 期。

〔註 241〕除文中所述曹家崗楚瑟外，湖北江陵天星觀 1 號楚墓瑟、曾侯乙墓瑟等均有如此圖案。（《王子初《中國音樂考古學》，第 243～237 頁）。

〔註 242〕見第一節鍾的有關論述。

〔註 243〕（日）林謙三《東亞樂器考》，人民音樂出版社，1962 年版，第 140 頁。

列於下：龠之「龠」為「龠」類樂器之始，是最早的斜吹單管樂器，其實狀為賈湖出土的斜吹樂管，即「賈湖古龠」；「籥」、「簫」（蕭）、「篪」（䶵）、「篴」都是由「龠」作為意符的字表示的管樂器，屬「龠」係樂器，由古龠發展而來。「籥」與「簫」是由「龠」發展而來的豎吹之竹類樂器，兩者都有一別名為「籟」，前者為「地籟」，眾竅（多孔）之管，即豎吹單管樂器；後者為「人籟」，比竹之管，即豎吹編管樂器。「篪」是由「龠」發展而來的橫吹之單管竹類樂器，「篴」不同於後世之「笛」，為「籥」之南音，俗呼為楚，是與「篪」的形制相類似的橫吹按孔單管樂器。

管不同於以上諸「龠」係吹奏樂器，「管」與「龠」都是由甲文「𠦪」這一字形發展而來，為竹類樂器的總名，用作樂之律管。「管」為竹類樂器的總名，可以兼籥、篪、篴、簫等各種竹類樂器。這是因為，不論為單管或是多管，橫吹、豎吹或是斜吹的樂，它們都有一個共同特徵，形皆為管狀。「管」表竹類樂器之「形」，「龠」表竹類樂器之「意」。

匏屬樂器笙、竽之形較竹屬樂器不同，由管、匏、簧三部分組成。以笙而言，先是集長短之管置於匏內，再在各管之端置簧片。笙的發聲與直接用口唇吹奏之竹類也不同，為吹氣於吹孔以鼓簧振動而發聲，即《詩·小雅·鹿鳴》所言「吹笙鼓簧」之類。

《周禮·春官·笙師》「掌教龡竽、笙、塤、籥、簫、篪、篴、管」中所載 8 種吹管樂器，竽、笙為匏之屬，塤為土之屬，籥、簫、篪、篴、管為竹之屬。籥、簫、篪、篴都屬於「龠」係樂器，前兩者為豎吹但管數不同的樂器，後兩者為橫吹但流行地域不同的樂器。「管」為吹奏樂器之總名，放於後統竹、匏之屬。

從以上論述可知，「三禮」言禮樂之文僅有「管、笙」的原因有異，「管」是因其為吹管樂器之總名而得用；「笙」是因為其管中有簧，可「鼓」而得用。「管」、「笙」都用於樂，但使用情況各不相同，本節所探討的即是「三禮」中「笙」、「管」的使用規範，分作三個部分進行說明：首先是笙、和名義辨析；其次為管的形制與使用；最後討論樂用吹管樂器之二節，「笙入」與「下管」的區別與聯繫。

一、笙、和名義

《儀禮·鄉射禮》「三笙一和而成聲」鄭玄注：「三人吹笙，一人吹和，

凡四人也。」〔註244〕「笙」與「和」，鄭玄認爲「和」爲笙之小者。《爾雅‧
釋樂》：「大笙謂之巢，小者謂之和。」郭璞注：「大者十九簧，（小者）十三
簧。」〔註245〕宋陳暘釋「巢、和」同郭璞：「笙爲樂器，其形鳳翼，齊聲鳳鳴，
其長四尺。大者十九簧謂之巢，以眾管在匏，有鳳巢之象也。小者十三管謂
之和，以大者唱則小者和也。《儀禮》有之，『三笙一和而成聲』是已。」

　　漢宋學者大多認爲鄭玄注和爲確，爲小笙。但元敖繼公對此提出異議，
他認爲「三笙一和」爲「三人吹笙而一人歌，其所吹之詩以和之而後笙之辭
顯且成聲也。」〔註246〕「和」不爲小笙而爲歌工歌詩，「三笙一和」即是三人
吹笙、一人歌，以和笙之辭而成聲，明郝敬同意其說。

　　清代學者對「三笙一和」的解釋大多同意鄭說而認爲敖說爲誤。以下詳
列諸儒之說，分別進行論述。

　　　　秦蕙田：鄭注以和爲笙小者，敖繼公、郝敬謂三人吹笙，一人
　　歌以和之，二說不同。案《爾雅》釋樂，大笙謂巢，小笙謂和，即
　　有明文。陳暘《樂書》、陳祥道《禮書》並云大者十九簧而以巢名之，
　　以其管在匏，有鳳巢之象也。小者十三簧而以和名之，以其大者唱
　　則小者和也，是小笙爲和，確有明證。又《國語》云「匏竹利制」，
　　又曰「匏竹尚議」，韋昭云利制以聲音，調利爲制議，從其調利也。
　　凡匏竹之器，皆取其大小相調，竽簫篪管籥皆然，則笙與和之相調
　　信矣。若敖氏所謂歌詩以和，不知升歌之時無笙，笙入之時無歌，
　　間歌亦一歌一笙，無歌笙並作之事。若合樂，則歌者二人，又不止
　　於一和，且《記》云「歌者在上，匏竹在下，貴人聲也」，則堂下安
　　得有歌，敖說非也。〔註247〕

秦氏列舉《國語》之文，指出「凡匏竹之器，皆取其大小相調」，「三笙一和」
中笙與和也應是採器之大小相調而得。他從兩個方面駁斥敖說：首先，樂有
四節，升歌、笙入、間歌、合樂。升歌時無笙奏，笙奏時無歌，即使是間歌，
也是歌與笙相繼而作，並無歌與笙並奏的情況。合樂時，歌笙並奏，但此時
歌者有二人，不僅僅爲「一」，敖氏將「一和」釋作「一人歌」爲誤。其次，

〔註244〕《儀禮注疏》卷一三，第 269 頁。
〔註245〕《爾雅注疏》卷五，第 172 頁。
〔註246〕（元）敖繼公《儀禮集說》卷五，中華再造善本。
〔註247〕（清）秦蕙田《五禮通考》卷一六二，《四庫全書》文淵閣本。

秦氏又引《禮記·郊特牲》〔註248〕之文，歌者在堂上，笙者在堂下，堂下無歌者，不可能有「一歌」，此亦證明敖氏之說有誤。清乾隆十三年敕撰《欽定儀禮義疏》反對敖說之據與秦氏駁敖說第一據相同。〔註249〕

> 盛世佐：此當以注說爲正。……夫有志而後有詩，有詩而後有歌，於是五聲以依之，十二律以和之，然後被之八音而爲樂，此帝舜命夔之言，所以爲千古論樂之本也。笙特八音之一耳，歌乃人聲也，謂笙以和歌，則可謂歌以和笙可乎哉，其誤一也。《記》曰：「歌者在上，匏竹在下，貴人聲也。」堂下安得有歌，其誤二也。況此篇無升歌笙間，但有合樂，謂堂上歌瑟，堂下笙磬合奏《二南》六篇之詩也。堂上既有二人之歌，安得堂下又有一人歌乎，其誤三也。敖氏亦自說其說不可通而謂此在無算樂之時，則其辭遁矣。郝氏襲其謬而反譏鄭失，豈公論乎。〔註250〕

盛氏認爲敖說之誤有三：其一，歌爲人聲，笙爲樂器，歌貴於器，只能用笙和歌，不能說以歌和笙。清姚際恒反敖之論與此同。〔註251〕其二，同秦蕙田駁敖說之二，盛氏皆以堂下無歌。其三，《鄉射》無升歌、笙入、間歌，僅有合樂一節。「合樂」當是堂上歌者歌、瑟奏，堂下笙與磬合奏《周南》、《召南》。工歌者有二，堂上既有二人歌，堂下當無另一歌者與笙和。黃以周引盛氏之文，認爲其說甚確，敖說爲誤。〔註252〕

　　以上諸說，均指出歌不應於堂下、且無徒歌者，敖繼公之說不能立。「三笙一和」之「和」爲「小笙」。此說敖之誤爲確，但即言「和」爲「小笙」，是否「三笙一和」當云「笙」有四笙之名？見於文獻，笙亦有大笙名「巢」，《爾雅·釋樂》：

〔註248〕見《禮記正義》卷二五，第903頁。

〔註249〕見（清）乾隆十三年敕撰《欽定儀禮義疏》卷一○：「案升歌時無笙，笙入時無歌，間歌亦一歌一笙，無歌笙並作之事。若合樂，則歌者二人又不止於一和，敖說非是。」（《四庫全書》文淵閣本）

〔註250〕（清）盛世佐《儀禮集編》卷一○，《四庫全書》文淵閣本。

〔註251〕見（清）姚際恒《儀禮通論》卷五：「古人歌笙間合各有名義，歌自歌，笙自笙，間者一歌一笙，合者歌與眾音並作也，故歌者在下，匏竹在下，未有歌在下者。歌者稱曰工，笙者即稱曰笙，未有笙亦歌者。且間歌，歌與笙間之，謂若笙復歌，豈得爲間乎。又和者，彼歌，而此和之之名。亦有以歌爲主，而八音諸器爲和者，如歌之有瑟合樂，歌《二南》，眾音並作是也，豈有以八音之器爲主而歌反謂之和者乎。古今之樂皆無是說，故特辯之。」（《續修四庫全書》本，第86冊。）

〔註252〕見（清）黃以周《禮書通故》卷四四，《續修四庫全書》本。

「大笙謂之巢，小者謂之和。」郭璞注：「巢，十九簧；和，十三簧。」郭氏以大笙爲十九簧，小笙爲十三簧。但《說文》云「笙，十三簧。」和既爲小笙，爲何其形制與笙相同，都爲十三簧呢？以「巢」、「和」言笙，有何意義？

巢，《說文・巢部》段玉裁注：「巢之言高也。」《爾雅・釋樂》「大笙謂之巢」陸德明釋文：「巢，高也，言其聲高。」二儒以「巢」爲笙之名，是取巢之義有「高」，故以此言笙聲高。

和，《爾雅・釋樂》「徒吹謂之和」郝懿行義疏：「謂之和者，吹竹其聲繁會，取相應和爲義也。」《爾雅・釋樂》「小者謂之和」邢昺疏：「小者名和。李巡云：『小者聲少，音相和也。』孫炎云：『應和於笙。』」諸儒以「和」言小笙，以「笙」爲竹音，竹聲繁會，需取小者應和於笙，以成笙聲。巢言笙聲高，指笙聲高，此言「和」爲應和，同是指笙不能單獨成聲。但此云「大笙、小笙」，「笙」僅有二，何以言「三笙一和」。笙爲匏，但郝氏將其作竹，非也，「笙」作爲樂器名，其義爲何？

笙，《說文》云：「（笙）象鳳之身也。正月之音，物生，故謂之笙。」《玄應音義》：「笙也，象物貫地而生也。」《白虎通義》：「笙者，大蔟之氣，象萬物之生，故曰笙。」《釋名・釋樂器》：「笙，生也，竹之貫匏，象物貫地而生也。」笙作爲樂器，其形爲「竹貫之於匏，象萬物貫地而生」。故其命名是以器中之管爲竹，從「竹」之旁；以其之形象「生」爲義，合之爲「笙」。

> （宋）陳暘：和非笙，無以倡始，笙非和，無以成聲，笙必入
> 於縣中者，以有鍾磬之縣而笙獨處中與之相應故也。《磬師》有笙磬
> 之樂，《笙師》有鍾笙之樂，相與聯事合治故也，後世以竽笙、巢笙、
> 和笙爲三笙失之遠矣。〔註253〕

陳氏明言笙之三名爲竽笙、巢笙、和笙爲誤。（和）歌非笙，無以倡始；笙非歌，非以成聲。以笙不可單獨奏，故「笙」奏之時必入於縣中，需與縣中鍾磬相合以成聲。「三笙」爲笙與鍾磬相合成樂的形式有三種：單磬，笙磬之樂；單鍾，鍾笙之樂；縣鍾磬，笙與鍾磬縣之樂。

笙由匏、竹、簧三部分組成，「笙」名所由從樂器本體象物貫地而生之義而來；「匏竹爲利制」，笙無法單獨成樂，需與鍾磬相合以成樂。笙中之「簧」爲金，以金可「鼓」成金奏之鼓而設，奏於樂需合於鍾磬。《鄉射》所言「三笙一和而成聲」即是笙入縣中與鍾磬相合成樂，笙與鍾磬的組合有三種，鍾

〔註253〕（宋）陳暘《樂書》卷五一，《四庫全書》文淵閣本。

笙之樂、笙磬之樂，笙入縣之樂。

二、「下管」之管的形制與使用

　　樂有四節，歌、笙、間、合。在這四節之外，另有一節──「下管」，雖
與笙同爲吹奏之器，但管屬竹、笙屬匏，二器不同。「三禮」中所載「下管「之
節有以下諸條：

　　　　《儀禮・燕禮記》：「升歌《鹿鳴》，下管《新宮》，笙入三成，
　　　合鄉樂，舞《勺》。」鄭玄注：「管之入三成，謂三終也。」〔註254〕

　　　　《儀禮・大射》「簜在建鼓之間」鄭玄注：「簜，竹也，謂笙簫
　　　之屬，倚於堂。」「乃管《新宮》三終」鄭玄注：「管，謂吹簜以播
　　　《新宮》之樂。其篇亡，其義未聞。」〔註255〕

　　　　《禮記・文王世子》：「下管《象》，舞《大武》。」鄭玄注：「《象》，
　　　周武王伐紂之樂也。以管播其聲，又爲之舞，皆於堂下。」〔註256〕

　　　　《禮記・仲尼燕居》：「下管《象》《武》，《夏籥》序興。」鄭玄
　　　注：「《象》《武》，武舞也。《夏籥》，文舞也。序，更也。堂下吹管，
　　　舞文、武之樂，更起也。」〔註257〕

　　　　《周禮・春官・大師》「下管播樂器」鄭玄注引鄭司農云：「下
　　　管，吹管者在堂下。」賈公彥疏：「樂器，即笙簫及管皆是。」〔註
　　　258〕（《小師》等職同有「管」之文，略。）

「三禮」所載「下管」之章不盡相同，所記「下管」之禮各有其事。《儀禮・
燕禮記》所記「下管」之節，非常燕，屬於納賓之樂。鄭玄在此無明文指出
管爲何器，僅指其「下管」如「笙入」爲三成，賈公彥疏：「下管《新宮》，
乃始笙入三成者，止謂笙奏《新宮》三終，申說『下管』之意。」賈氏以「管」
爲「笙」，「下管《新宮》，笙入三成」即「始以笙入三成，止以笙奏《新宮》
三終」。《儀禮・大射》所記之樂用諸侯禮，與《燕禮記》納賓之樂禮同，也
用「下管」。鄭玄在此表明管爲簜，簜即是《大射》樂縣中倚於階間兩建鼓之
間，如笙簫之屬的吹奏樂器。賈疏云：「上云簜，解爲竹，謂笙簫之屬。竹即

〔註254〕《儀禮注疏》卷一五，第336～337頁。
〔註255〕《儀禮注疏》卷一六，第349、369頁。
〔註256〕《禮記正義》卷二〇，第759頁。
〔註257〕《禮記正義》卷五〇，第1619頁。
〔註258〕《周禮注疏》卷二三，第719頁。

管也。今此經云管,已解簜爲管,復云笙從工而入者,《燕禮記》云『下管《新宮》,笙入三成』。則吹管者亦吹笙,故兼言笙,欲見笙管相將也。」賈氏以鄭玄以管爲簜,將《大射》之「下管」釋作「笙與管兼作《新宮》之樂」,賈疏《大射》之文與其疏《燕禮記》「下管」以笙入爲始,僅以笙奏《新宮》三終不同;賈公彥將「下管」釋爲管與笙合奏,與鄭玄僅以簜釋作管亦不同。

《仲尼燕居》中所記「下管《象》《武》《夏籥》序興」鄭玄認爲《象》《武》爲武舞,又另於《文王世子》「下管《象》」注《象》爲周武王伐紂之樂,所謂「下管」是堂下先以管播其聲,又作《大武》之舞。孔穎達正義:「『下管《象》,舞《大武》』者,謂登歌之後,笙入立於堂下,《象》謂象武王伐紂之樂,堂下管中,奏此《象》《武》之曲,庭中舞此《大武》之舞,《大武》即《象》也,變文耳。」即管奏《象》《武》之曲,庭中舞《大武》之舞,《大武》爲《象》之變文。賈疏《燕禮記》不同於《大射》,孔疏《記》亦不同於賈,三處說「管」樂之文各不相同,且鄭玄注《記・仲尼燕居》之《象》與《武》同爲武舞,無言管用之樂《新宮》,注《記・文王世子》之《象》《大武》,又以《象》爲樂,即舞《大武》之樂。前後差異如此,讓人甚是不解。

《周禮・春官宗伯》所云載樂官之職,大師、小師、瞽矇、笙師之職均有「管」之文,賈公彥疏《大師》「下管播樂器」中所播樂器爲笙簫及管,與其疏《大射》之管同,認爲「下管」之管兼笙與管。《小師》職:「掌教鼓鼗、柷、敔、塤、簫、管、弦、歌。」〔註259〕小師掌教鼓、鼗等,鼓爲鍾、鼗爲鎛,屬金,柷、敔屬木,吹奏之器有塤、簫、管,塤屬土,簫、管屬竹,弦屬絲,小師所教之器有金、木、土、竹、絲五類。小師教瞽矇,瞽矇掌播的吹奏樂器也僅有塤、簫、管〔註260〕,無笙。可見賈疏「下管」之管兼有管笙不確,當僅有「管」一類。《周禮》另有一職,《笙師》「掌教歙竽、笙、塤、籥、簫、篪、笛、管」〔註261〕,笙師掌教「歙」之器亦爲管樂器,不僅笙、管均有,還另有竽、籥、篪、笛,遠多於小師所掌。但要注意的是,小師所掌爲「播」,而笙師所掌爲「歙」,就竹管類樂器而言,「播」之器僅有管與簫,而「歙」之器,諸器兼有。

〔註259〕《周禮注疏》卷二三,第 722 頁。
〔註260〕《瞽矇》:「掌播鼗、柷、敔、塤、簫、管、弦、歌,諷誦、世奠繫,鼓琴瑟。掌《九德》、六詩之歌,以役大師。」(《周禮注疏》卷二三,第 725 頁。)
〔註261〕《周禮注疏》卷二四,第 737 頁。

由此可見，要解決「下管」中「管」為何器的問題，關鍵有三：一是「下管」的樂章《新宮》《象》《武》《大武》為樂舞還是管奏之樂？二是「下管播樂器」中用「播」的管、簫之屬與《笙師》中用「歙」的歙奏樂器的用法有何不同，為何「下管」用播，不用歙？三是鄭玄注管為篴，篴僅見於《儀禮》，此篴為何器，為何將其作為「下管」之管？

《新宮》，鄭玄注云：「其篇亡，其義未聞。」《新宮》之篇已亡，其義亦不可得。後世學者有關《新宮》的解釋有：

> （元）敖繼公：《新宮》，詩名，三終者，管《新宮》並及其下
> 二篇也，二篇之名未聞，三詩蓋亦有依管而歌以明之者，如笙之有
> 和者然也。〔註262〕

> （清）褚寅亮：周公時已有《新宮》，其非《斯干》可知，宋公
> 享叔孫昭子賦《新宮》則有辭可知，故注云《小雅》逸篇。〔註263〕

敖氏、褚氏皆以《新宮》為《小雅》逸篇，同鄭注，古之諸儒的大都持此意見，鮮有新說。僅有宋陳暘提出《新宮》為舞，他說：「下管不過《象》、《武》，《新宮》則舞。升歌下管之詩雖不經見之，歌以示德，管以示事一也。德成而上歌以詠之於堂上，事成而下管以吹之於堂下，豈非以無所因者為上，有所待者為下耶？……管為樂器，其來尚矣，至周而大備，教之於小師，播之於瞽矇，吹之於笙師，辨其聲用，則孤竹以禮天神，孫竹以禮地示，陰竹以禮人鬼，凡各從其類故也。」〔註264〕但陳氏對《新宮》之篇並未作過多說明，為孤證。故筆者同諸儒之說，認為《新宮》是由管奏之樂章，有三終，有聲有辭。〔註265〕

《象》《武》，如上文所述，鄭、賈、孔之說各不相同：鄭玄一說《象》《武》同為武舞，與文舞《夏籥》對應；另一說又云《象》為舞《大武》之樂。孔穎達以《象》為樂，但卻將《武》並作《象》，俱為簫管笙奏之樂，和《大武》之舞。

> （元）陳澔：「下管《象》」者，堂下以管奏《象》舞之曲也。「舞
> 《大武》」者，庭中舞《大武》之舞也。《象》是文王之舞，《周頌·

〔註262〕（元）敖繼公《儀禮集說》卷七，中華再造善本。
〔註263〕（清）褚寅亮《儀禮管見》卷上之六，《續修四庫全書》本，第88冊。
〔註264〕（宋）陳暘《樂書》，《四庫全書》文淵閣本。
〔註265〕見（清）黃以周《禮書通故》卷四四，《續修四庫全書》本。

維清》乃《象》舞之樂歌。《武》則《大武》之樂歌也。《武頌》言
勝殷過劉，《維清》不言征伐，則《象》舞決非武舞矣。注疏以文王
武王之舞皆名爲《象》，《維清》《象》舞爲文王，下管《象》爲武王，
其意蓋謂《清廟》與管《象》若皆爲文王，不應有上下之別。殊不
知古樂歌者在上，匏竹在下，凡以人歌者皆曰升歌，亦曰登歌，以
管奏皆曰下管。《周禮·大師》「帥瞽登歌，下管播樂器」，《書》言
「下管鼗鼓」是也。《清廟》以人歌之自宜升，《象》以管奏之自宜
下，凡樂皆有堂上堂下之奏也，此嚴氏之說，足以正舊說之非，故
今從之。〔註266〕

陳澔認爲注疏以文王武王之舞皆名爲《象》，將《象》《維清》釋作文王之
樂，「下管《象》」釋作武王之樂，有誤。注疏不分文王之樂與武王之樂的區
別，亦將《清廟》與管《象》都作爲文王之樂，是不明樂之上下有別。

　　陳氏以爲，「下管《象》」當爲堂下以管奏《象》舞之樂歌《維清》；「舞
《大武》」爲庭中舞《大武》之舞，《武》爲《大武》之樂歌。古樂自有上下
之別，歌者在上，管奏在下，「升歌《清廟》」在堂上，《清廟》爲歌之樂；「下
管《象》」，管奏在堂下，管奏《象》之曲。

　　　　（清）郭嵩燾：笙、管蓋堂下之樂，以詩協之。《象》者，《維
清》之詩以入管，「管《象》」與《儀禮》「樂《南陔》」、「管《新
宮》」同義。《仲尼燕居》：「下管《象》《武》《夏》《籥》序興。」
《象》，維清，《武》，於皇，則《象》《武》二詩並以入管；而所舞
者，《大夏》《籥》，文舞也，「管《象》」或入舞，或不入舞。《大
武》之舞又與皇之奏《大武》，以入樂者別。《荀子·禮論》：「《韶》
《夏》《濩》《武》《酌》《桓》《箾》《簡》《象》，上四者，舞也，下
五者，詩之入樂者也。」《左傳·襄二十九年》：「舞《象》《箾》《南》
《籥》。」《箾》，籥樂也，所以舞，《象》《南》則歌之，入樂者
也，杜注以爲文王之樂。鄭據《詩序》「《維清》奏《象》舞」以爲
武王制，遂謂《象》，武王伐紂之樂，又爲之舞，似失管《象》之
義。〔註267〕

郭嵩燾認爲笙、管之樂皆奏於堂下，鄭玄據《詩序》將「下管《象》」釋作歌

〔註266〕（元）陳澔《陳氏禮記集說》卷四，《四庫全書》文淵閣本。
〔註267〕（清）郭嵩燾《禮記質疑》卷八，《續修四庫全書》本。

《維清》舞《象》舞，爲武王之樂有誤。他認爲《仲尼燕居》中「下管《象》
《武》」，爲《象》之詩《維清》《武》之詩《於皇》二詩並爲堂下管奏之樂，
而所舞爲《大夏》《籥》，爲文舞。奏《象》樂之管或入舞、或不入舞。《大武》
之舞與用於王的《大武》之樂有入樂之別，《荀子》言《武》爲舞，《象》爲
入樂之詩，爲歌。《左傳》杜預注入樂者有《象》《南》二章，爲歌，同《荀
子》以《象》爲入樂之歌，《象》是文王之樂。

陳澔與郭嵩燾雖都認爲鄭玄注《象》《武》有誤，但陳氏認爲《象》爲管
奏之曲，《維清》爲《象》的樂歌，《象》是文王之樂，《武》爲《大武》之樂，
《大武》是武王之樂；但郭認爲「管《象》」爲詩《維清》入管者，《象》入
樂爲歌，是文王之樂，同陳氏之說。「管《武》」爲詩《於皇》入管者，此或
入樂或不入樂，入樂之《武》是《大武》，爲武王之樂。

> （清）乾隆十三年敕撰《欽定禮記義疏》：案先儒……顧《象》
> 有，但以管吹之者，此所謂「下管《象》」，與「升歌《清廟》」相對，
> 一歌一吹也。有執籥以舞之者，所謂《象箾》《南籥》，與朱干玉戚
> 以舞《大武》相對，一文一武也。鄭每合《象》《武》爲一而云以干
> 戚舞《象》，顯與「下管」字違。孔又云「下管」謂吹，《大武》又
> 顯與《象》字違矣。〔註268〕

此言「下管《象》」與升歌《清廟》相對應，歌在堂上，管在堂下；執籥之文
舞《象箾》《南籥》與執干之武舞《大武》相對。鄭玄將《象》《武》合爲武
舞，《象》爲執干之武舞，與經文「下管《象》」不合；而孔穎達將《大武》《象》
都釋作堂下管吹之樂，又與武舞《大武》之義不符。

從以上之說可以得出，《大武》爲武舞，執干而舞，爲武王之樂；《象
箾》《南籥》爲文舞，執籥而舞，爲文王之樂。堂上升歌《清廟》，堂下管奏
《象》《大武》之樂歌，即《頌》之《清廟》《於皇》，有聲有辭。

「播」與「歙」，宋黃度有文云：「小師用於下管，故以教瞽矇，謂之播。
笙師用於凡樂，謂之歙，但歙之無詩也。」〔註269〕用「播」之樂，如《新宮》
《象》之類，有聲有辭，故「下管」《新宮》《象》均由小師掌教，瞽矇播管
進行演奏，無笙。而笙師掌歙之笙用於凡樂，如《南陔》《白華》等之類有聲

〔註268〕 （清）乾隆十三年敕撰《欽定禮記義疏》卷四四，《四庫全書》文淵閣本。
〔註269〕 （宋）黃度撰（清）陳金鑑輯《宋黃宣獻公周禮說》卷三，《續修四庫全書》
　　　　 本，第78冊。

無辭之樂章，管等其他吹奏樂器也能用於此，但由笙作主導，故將掌「歙」的樂官稱作「笙師」。

笙僅用於「笙入」，不用於「下管」。《大射》中無「笙入」之節，簜設於樂縣，倚於堂。簜僅見於《儀禮》，不見於其他禮書，鄭玄釋簜為笙簫〔註270〕之屬。笙、簫分屬於兩類樂器，前者為匏之屬，後者為竹之屬，為何鄭玄會將這兩類屬性不同的樂器放在一起釋簜為管呢？

《律呂正義》云：「古稱簫為鳳簫而笙亦鳳笙，蓋以笙之長短參差亦如排簫，然故並稱耳。笙與排簫管數之多寡，管體之鉅細雖不同，而倍半相資以為用者，其理則一也。」又云：「管之見於經書者，未必如今之頭管。《詩》曰『嘒嘒管聲』，《記》曰『下管《象》《武》』，蓋古以律呂管音先諸樂，其所謂管即排簫之管也。」〔註271〕鄭玄注簜為笙簫之屬，與賈公彥以笙簫的材料為匏、為竹而言「簜」有匏有竹，而是以笙、簫之形釋「簜」。笙、簫均是由長短參差之竹管排列而成，象鳳翼之形。故此處之簜，雖其制不傳，但其形必如笙、簫之類，由長短參差之竹管排列而成，「下管」之管便是此物。《尚書・禹貢》：「篠簜既敷。」孔安國注云：「簜，大竹。」孔穎達疏：「《釋草》云：『篠，竹箭。』郭璞云：『別二名也。』又云『簜，竹』。李巡曰：『竹節相去一丈曰簜。』孫炎曰：『竹闊節者曰簜。』郭璞云：『竹別名。』是篠為小竹，簜為大竹。」〔註272〕簜為大竹，合上之言，即簜為由多個竹管排列而成的竹製樂器。

管為簜，為排管竹製樂器。「下管」之樂由小師掌教，瞽矇播於堂下，奏《新宮》《象》之樂歌等有聲有辭的樂章。

三、笙、管使用辨析

「笙」與「管」，兩者均為吹奏樂器，前者屬於匏類，後者屬於竹類。用於樂，笙於「笙入」之節，管於「下管」，前者屬於正樂四節歌、笙、間、合之一，後者屬於「升歌下管」，與堂上歌相對應之堂下管。從上節論述可知，由於笙、管之形極為相似，在樂中又都用於吹奏之節，先儒對於笙、管的使用有很大分歧，筆者通過對「三禮」中所載「笙入」與「下管」的材料進行

〔註270〕古簫與現今所見單管豎吹之簫不同，為多管之排簫。
〔註271〕（清）秦蕙田《五禮通考》卷七七，《四庫全書》文淵閣本。
〔註272〕《尚書正義》卷六，第174頁。

整理，發現可以從演奏者、演奏樂章、管與笙的位置三個方面來對比分析兩者的區別和聯繫，考述笙、管使用於禮樂中的差異：

1、歙笙者與播管者

笙入，按《儀禮・鄉飲酒》所載，於工歌之後，「笙入堂下，磬南，北面立。」鄭玄注：「笙三人，和一人，凡四人。」〔註273〕即吹笙者在工歌之後，執笙入堂下，有四人。《鄉射》無歌、笙、間，僅有合樂一節，笙入之時在堂上歌者與瑟者入之後入堂下，「笙入，立於縣中，西面」〔註274〕，後乃合樂。《燕禮》有樂四節，與《鄉飲酒》不同的是，工歌之後，有為大夫舉旅之節，而後「（旅卒）笙入，立於縣中」〔註275〕。

下管，據《儀禮・燕禮記》所載，在常燕樂之四節之後，「升歌《鹿鳴》，下管《新宮》，笙入三成。遂合鄉樂。」〔註276〕此處有下管，也有笙入，可見奏此二器之人不盡相同。《大射》之樂有二節，在升歌《鹿鳴》三終之後，「大師及少師、上工皆降，立於鼓北，群工陪於後。乃管《新宮》三終。」〔註277〕「下管《新宮》」之人當是堂上升歌之大師及少師、上工歌後降於堂下而播，無笙入之節，後也無合樂。

元敖繼公云：「歌者降而以管奏《新宮》，亦三終。」〔註278〕從上文所引《大射》之文也可以看到，待大師及少師、上工及相者降立於鼓北之後才奏「下管《新宮》三終」之節，當是堂上歌者降於堂下而奏管，且「管」之器籥，在奏樂之前已經設於《大射》樂縣中，「籥在建鼓之間」，倚於堂，大師、少師等從堂上降到堂下之後，可直接舉籥吹奏，上下文互見。

清黃以周同意敖說，並對此說釋之甚詳。他先從《鄉射禮》工降之位與《大射》大師等降之位的差異，說明《大射》「升歌下管」之樂與「合樂」的不同。「考《鄉射禮》工於降時即就阼階之東南，堂前三笱，西面北上坐，今（《大射》）何以先立西縣鼓北，至卒管而後遷於東，是明為管，故而就位遲也。」其次，黃氏以《燕》《鄉飲》《鄉射》獻工的規律，即「獻訖而後就事者，其於事訖之時則不復重獻」對《大射》「有管不獻」的原因進行說明，提

〔註273〕《儀禮注疏》卷九，第172～173頁。
〔註274〕《儀禮注疏》卷一○，第215頁。
〔註275〕《儀禮注疏》卷一五，第316頁。
〔註276〕《儀禮注疏》卷一五，第336頁。
〔註277〕《儀禮注疏》卷一七，第368～369頁。
〔註278〕（元）敖繼公《儀禮集說》卷六，中華再造善本。

出管者爲大師。「又既管後，經不言獻，注以爲略下樂。通考全經，凡工於就事訖無不尋獻者，此燕與鄉飲升歌獻工，笙奏獻笙，鄉射唯有合樂，笙工並爲，俱有獻，惟尋獻訖而後就事者，其於事訖之時則不復重獻。故此燕與鄉飲間歌不獻，然則即經之不云獻，而管者之即爲大師益明矣。」最後，黃氏對比下管之「下」，與笙入之「入」，認爲「下」表堂上歌者降於堂下而奏管。「記文於歌言升，於管言下，於笙言入，則所謂下者明是指人，言之謂下堂而非堂下矣。」〔註279〕

對《燕禮記》「下管《新宮》」後另有「笙入三成」之節，賈公彥疏「下管」爲笙，下管始於「笙入三成」，止於笙奏《新宮》三終。曹元弼引《周禮》大師、小師之職，言下管並非大師、小師爲之，管爲《笙師》所掌歙之管。

> 曹元弼：工降乃管者，……經意謂大師當大祭祀帥瞽與之登歌，先擊拊以令奏，下管播樂器時則擊柷以令奏。小師偕大師登歌亦擊拊，下管時則擊應鼓，是大師小師有事於下管時，非下管即大師小師爲之。故先鄭注《大師》云：「管，吹管者，在堂下。」鄭注《大射》云：「管謂吹蕩以播《新宮》之樂，笙從工而入。」義正合一，惟下管非大師少師爲之，故蕩在建鼓之間，與笙入之位相當。而《郊特牲》云：「歌者在上，匏竹在下。」惟大師少師有事於下管，故必大師少師降乃管。卒管，大師少師乃遷於東坫東。而《祭統》云「下而管《象》」也，既大師少師有事於下管，則笙統於工，故《大射》略笙入不言且不獻笙，亦猶磬人鼓人之不特獻，故鄭注云：「既管不獻，略下樂也。」明有爲上樂者在，則下樂略之不獻也。後人不以《周官‧大師職》與《大射》細心合勘而謂管即大師爲之，將先儒讀大射經者無計及此者乎，誠以望文生義，不合經悟也。經例歌笙管間合必皆舉其詩，此經云「下管《新宮》，笙入三成」，則「笙入三成」爲申說下管，管、笙一事，管即笙者管之明矣。〔註280〕

曹氏關於「下管」非大師、小師之職說爲確，大師、小師不直接歌或管，只是「掌教」播、鼓，以「擊拊」、「擊應鼓」令樂工歌或管。《周禮‧小師》：

〔註279〕（清）黃以周《禮書通故》卷四四，《續修四庫全書》本。
〔註280〕曹元弼《禮經校釋》卷七，《續修四庫全書》本，第94冊。

「掌教鼓鼗、柷、敔、塤、簫、管、弦、歌。」鄭玄注：「教，教瞽矇也。」
〔註281〕《瞽矇》職：「掌播鼗、柷、敔、塤、簫、管、弦、歌。」賈公彥
疏：「此八者，皆小師教此瞽矇，令於作樂之時，播揚以出聲也。」〔註282〕
可見，由瞽矇播管、歌，並非大師、小師直接播管、歌。但是曹氏由此就認
為笙者奏管有誤。筆者在上節論管時說道，「下管」為播，「笙奏」為歙，笙、
管所作之樂各不相同。《周禮·笙師》「掌教歙竽、笙、塤、籥、簫、篪、
笛、管」鄭玄注：「教，教眡瞭也。」〔註283〕歙笙之人為眡瞭，故《鄉飲
酒》《鄉射》《燕禮》所記「笙入」之節，笙工均是在工歌之後自行進入，而
播管者為瞽矇，他們不能自行進入，需要跟從大師、小師、上工等一同，眡
瞭為瞽矇之相〔註284〕，故《大射》中有云：「大師及少師、上工皆降，立於鼓
北，群工陪於後。」此云「群工」既是瞽矇即其相眡瞭，他們在堂上歌《鹿
鳴》，堂下管《新宮》。曹氏無視播管與吹笙之樂不同之處；無視大師、小師
之後還有群工，僅據大師、小師在下管之時有擊拊、擊應鼓等事，不能奏管
就云為笙者奏管，不免有以偏概全之嫌。應如敖氏所說，歌者降而以管奏，
歌者與管奏之人均為瞽矇，其相為眡瞭，由大師、小師命令而奏。笙僅由眡
瞭歙，由笙師掌教。

2、下管與笙奏的樂章

下管的樂章，據《燕禮記》《大射禮》所載，為《新宮》，已闕。據《禮
記》《仲尼燕居》《文王世子》所載有《象》《武》，筆者在前文對此已有論述，
認為管所奏的樂章為有聲有辭的樂章，即《新宮》《象》之樂歌《維清》《武》
之樂歌《於皇》。

笙入的樂章，據《鄉飲酒禮》《燕禮》所記，為「《南陔》《白華》《華黍》」
鄭玄注云：「《南陔》《白華》《華黍》。皆《小雅》篇也，今亡，其義未聞。昔
周之興也，周公制禮作樂，採時世之詩以為樂歌，所以通情相風切也，其有
此篇明矣。後世衰微，幽、厲尤甚，禮樂之書，稍稍廢棄，孔子曰：『吾自衛
反魯，然後樂正，《雅》《頌》各得其所。』謂當時在者而複重雜亂者也，惡

〔註281〕《周禮注疏》卷二三，第722頁。
〔註282〕《周禮注疏》卷二三，第725頁。
〔註283〕《周禮注疏》卷二四，第737頁。
〔註284〕見《周禮·春官·眡瞭》：「凡樂事，相瞽。」（《周禮注疏》卷二三，第727
　　　頁。）

能存其亡者乎？且正考父校商之名《頌》十二篇於周大師，歸以祀其先王。至孔子二百年之間，五篇而已，此其信也。」〔註285〕笙入之後，除笙奏《南陔》《白華》《華黍》三篇之外，另有「間歌《魚麗》，笙《由庚》；歌《南有嘉魚》，笙《崇丘》；歌《南山有臺》，笙《由儀》。遂歌鄉樂，《周南》：《關雎》《葛覃》《卷耳》；《召南》：《鵲巢》《采蘩》《采蘋》。」〔註286〕間歌時，笙奏《由庚》《崇丘》《由儀》，皆《小雅》之篇，今已闕；合樂時奏《二南》：《周南》與《召南》，《國風》之篇。

《儀禮》中下管的樂章僅有《新宮》。《大射》樂節僅有「工歌《鹿鳴》之三，下管《新宮》之三」二節，無合樂之文；《燕禮記》中除「工歌《鹿鳴》，下管《新宮》」之外，另有「笙入三成」之節，笙者非歌之人，有笙才能合樂，故其有「合鄉樂」一節。由此可見，「笙入」是合樂的前提，若有「笙入」則有合樂之節，僅有「下管」無「笙入」則無合樂。這也可以證明，「下管」之工與升歌之工相同，合樂時需要歌、笙（或管）並奏，若僅有「升歌下管」則無法達成，瞽矇或堂上歌或堂下管，不能兩者兼作。歡笙之眡瞭奏笙，才能使堂上歌與堂下笙、管齊作，得以合樂。

3、管奏與笙入的位置

由於禮的不同，笙入的位置也有所不同。《鄉飲酒禮》磬縮陳於階間，北面鼓，擊磬者在磬之北，面南，笙入堂下，磬南，面北。《鄉射禮》磬縣於阼階，西面，笙者入堂下縣中，西面，正對磬縣，此二禮樂縣僅有一面。《燕禮》是諸侯禮，重於《鄉飲酒禮》及《鄉射禮》，笙入於縣中，但《燕禮》僅言「樂人縣」，縣在堂還是室不可知，但可以肯定的是，笙入之處同《鄉飲酒禮》、《鄉射禮》之「笙入」，入於樂縣。

「下管」所用之其為簜，設於《大射禮》宿縣樂縣，階間建鼓之間。關於簜與樂縣的位置，張爾岐有云：「《燕禮》『笙入，立於縣中』注云：『縣中，縣中央也。』疏云：『諸侯軒縣，闕南面而已，故得言縣中，近北面縣之南也。』此經初設樂，無北面縣，但移東縣，建鼓在阼階西，又設一建鼓在西階東，正當北面一縣之處。『簜在建鼓之間』，注云：『簜，笙簫之屬，倚於堂。』又

〔註285〕《儀禮注疏》卷一五，第316頁。
〔註286〕《儀禮注疏・燕禮》卷一五，第317頁。《鄉射禮》合樂樂章同《燕禮》、《鄉飲酒禮》，略。

與《燕禮》笙入所立之位同。」〔註287〕張氏言《燕禮》「笙入」之處與《大射》設篪之位同，《燕禮》爲諸侯禮，諸侯軒縣，闕南面，笙入於縣中即近北面縣之處，北縣之南；阼階西及西階東建鼓爲大射北面縣，篪設於建鼓之間，當爲北縣之南，同《燕禮》。

下管與笙入兩者的位置相似，近於縣，在縣旁或縣中。

4、「下管」與「笙入」的差異

管於笙都是吹奏樂器，在樂中所處的位置也相同，但兩器奏之人不同，所奏樂章也不同，爲何會有如此差異呢？宋陳祥道對此問題的論述甚爲詳細，以下就陳氏之文論笙、管之別。

（1）陳祥道認爲《禮記》所記「升歌《清廟》，下管《象》」用於天子祭祀、養老、饗諸侯、諸侯之相見、魯之嘗禘之禮。《清廟》《象》皆爲文王之樂，爲《頌》，樂之用有尊卑之分，天子用文王之樂，諸侯當用他樂。《大射》爲射禮，所用「升歌下管」之樂不同於《禮記》祭祀、燕饗、嘗禘等禮之用樂，「升歌《鹿鳴》，下管《新宮》」，爲《小雅》之樂章。

> 天子之祭祀、養老、饗諸侯、諸侯之相見、魯之嘗禘皆」升歌
> 下管」，貴人聲也。歌《清廟》，示德也。管《象》，示事也。德莫盛
> 於文王之《清廟》，事莫先於文王之《象》，輕者德之，法而非任也，
> 象著事之，始而未形也。

> 《書》曰「下管鼗鼓」；《周官》小師教簫管，笙師教竽、笙、
> 塤、龠、簫、篪、笛、管，大司樂祀天神有孤竹之管，祭地示有孫
> 竹之管；《詩》曰「嘒嘒管聲」、「管磬鏘鏘」、「簫管備舉」，則管之
> 用重於笙矣。故鄉飲、鄉射、燕禮皆以笙配歌，特大射將祭擇士之
> 禮，乃用管焉，則祭享而管《象》宜矣。

（2）管之用重於笙，《儀禮》記樂之四章《鄉飲酒禮》《鄉射禮》《燕禮》《大射禮》，《大射禮》爲射禮，「諸侯將有祭祀之事，與其群臣射以觀其禮。數中者，得與於祭祀；不數中者，不得與於祭祀。」〔註288〕大射禮即擇士之禮，重於《鄉飲禮》《鄉射禮》及《燕禮》，故用管。管之樂章爲《新宮》。

> 然《鄉飲》《燕禮》有歌笙與間，而後合樂；《鄉射》有合樂而

〔註287〕（清）黃以周《禮書通故》卷四四，《續修四庫全書》本。
〔註288〕《儀禮注疏・大射》卷一六，第341頁。

無歌笙與間；《大射》有歌而無間笙，有管而無合樂。歌必《鹿鳴》
之三，間歌必《魚麗》之三，笙必《南陔》之三，間笙必《由庚》
之三，合樂必《周南》《召南》之三。《大射》之歌止於《鹿鳴》而
管止於《新宮》，何也？《鹿鳴》之三，忠臣之事也；《南陔》《白華》，
孝子之事也，《華黍》則物之豐而已，此笙歌所以異也；《魚麗》雖
物也，以之告之神明，故兼《嘉魚》之與賢，《有臺》之得賢而歌之；
《由庚》《崇丘》《由儀》，則物之遂而已，此間笙歌所以異也。蓋《鹿
鳴》之三、《魚麗》之三，所以象宗廟朝廷之治，故歌之堂上。《南
陔》之三、《由庚》之三，所以象庶民萬物之治，故奏之堂下。特《周
南》《召南》之三，正始之道，王化之基，故歌與八音合奏焉。然《風》
可施於鄉而《燕禮》亦用於國，《小雅》可施於國而《飲酒》亦用於
鄉者，蓋禮盛者可以進取，禮輕者可以下逮，故用之鄉人者可用之
邦國，用之邦國者可用之鄉人也。《鄉射》志於射而已，故止合樂，
《大射》主於擇士而已，故歌止於《鹿鳴》，此所以與《鄉飲》《燕
禮》異也。〔註289〕

（3）《儀禮》中歌、笙、間、合各樂章的涵義如下：《鹿鳴》之三為忠臣
之事，《魚麗》之三言告神明之事，此六章象宗廟朝廷之治，故由堂上工所歌
也；《南陔》《白華》表孝子之事，《華黍》言物之豐，《由庚》之三表物遂，
此六章象庶民萬物之治，故由堂下笙所吹奏。《二南》：《周南》《召南》之三
為正始之道、王化之基，故用於合樂。《鄉飲酒禮》《鄉射禮》《燕禮》《大射
禮》四章，《鄉飲酒禮》《燕禮》樂之四節俱有，《鄉射禮》志於射、略於樂，
故僅有合樂一節，無歌、笙、間。《大射禮》主於擇士，禮重於《鄉射禮》，
故僅有升歌《鹿鳴》，後用下管《新宮》，以示其禮之重。

笙用於樂，有各種組合形式，關於「笙」之用，陳暘說道：

《周官·笙師》：「掌教吹笙，共其鍾笙之樂，以教祴樂。」《書》
曰「笙鏞以間」，是鼓應笙之鍾而笙亦應之也。《眡瞭》「掌擊笙磬」，
《詩》曰「笙磬同音」，則磬，干音也，笙磬則異器而同音，笙鍾則
異音而同樂。《儀禮》有眾笙之名而簜在建鼓之間，蓋眾笙所以備和
奏洽百禮，豈特應鍾磬而已哉。《鹿鳴》所謂「鼓瑟鼓琴，吹笙鼓簧」，
應琴瑟之笙也。《賓之初筵》曰「籥舞笙鼓」，應鼓之笙也。《檀弓》

〔註289〕　（宋）陳祥道《禮書》卷一一八，《四庫全書》文淵閣本。

「孔子十日而成笙歌」，《儀禮》歌《魚麗》，笙《由庚》之類，應歌

之笙也。〔註290〕

陳暘認爲笙有應和的作用，用於樂，有應鍾之「鍾笙」、「笙鏞」；有應磬之「笙磬」；有應琴瑟之「鼓瑟鼓琴，吹笙鼓簧」；有應鼓之「笙鼓」；有應歌之「笙歌」。笙於八音，無所不應，且笙冠以樂師之名，掌教「龡竽、笙、塤、籥、簫、篪、笛、管，舂牘、應、雅，以教祴樂。」王昭禹曰：「掌教龡竽、笙、塤、籥、簫、篪、籆、管、舂牘、應、雅，而獨以笙師名官，笙，東方之樂，有始事之意故也。鄭鍔曰笙常繼於間歌之後，觀《鄉飲》《燕禮》間歌之後即笙《由庚》笙《崇丘》笙《由儀》，則笙者，繼人聲之後爲最貴，故特名官。」〔註291〕可見，笙用於樂中爲繼人聲之後最貴，可以統領八音之樂，故有笙入才有合樂一節，《大射禮》無笙入則無合樂。

管與笙，前者之用重於禮，後者之用重於樂。兩者奏樂的位置是相同的，但是下管用播，由瞽矇播之，堂上歌者歌《鹿鳴》三終後至堂下而管，僅有《新宮》三成，祭享之禮升歌《清廟》《文王》之詩，下管《象》；笙奏用吹，由眡瞭吹之，工歌之後入而吹之，笙奏《南陔》之三後，還用於間歌笙《由庚》三節，合樂《二南》。

小　結

本章旨在辨明「三禮」中樂器的選擇、形制及使用的問題，試圖明確周代諸類樂器使用的區別於聯繫。全章共分五節，分別對「三禮」中出現的三類樂器：打擊樂器鼓、鍾、鎛、磬；彈絃樂器瑟與琴；吹奏樂器管與笙進行考述。

一、打擊樂器鼓、鍾、鎛、磬。此問題在本章中按照「八音」屬性分作革類樂器、金類樂器、石類樂器三節。

（一）革類樂器：鼓。

1、「六鼓」名義辨析。《周禮·鼓人》「六鼓」分作祭祀用鼓與非祭祀用鼓兩類。雷鼓、靈鼓、路鼓三鼓爲祭祀用鼓，關於三鼓的形制，鄭司農、鄭

〔註290〕（宋）陳暘《樂書》卷一二二，《四庫全書》文淵閣本。

〔註291〕（清）允祿、張照等奉敕纂《御製律呂正義後編》卷六五，《四庫全書》文淵閣本。

玄、陳暘有不同意見，筆者認爲三者說鼓之制的方向各不相同：先鄭以祭祀場所所需設鼓之面注《大司樂》之「鼓鼗」，當指祭祀中所設雷鼓雷鼗、靈鼓靈鼗、路鼓路鼗的面數，表設鼓鼗的方位數；後鄭以鼓的面數注《鼓人》之「鼓」，指用於祀天、祭地、享鬼的雷鼓、靈鼓、路鼓三鼓面的數量，表擊鼓面數；宋代陳暘是以擊鼓樂工的數量言鼓面的數量。將三者所說鼓制結合起來，對祭祀中「雷鼓雷鼗、靈鼓靈鼗、路鼓路鼗」的用法可釋作：祀天時，地上之圓丘設雷鼓六面，每面有一鼓一鼗，即雷鼓、雷鼗分別有六面，雷鼓爲八面鼓；祭地，澤中方丘設鼓四面，每面有二鼓二鼗，即靈鼓、靈鼗各有八面，靈鼓爲六面鼓；宗廟享人鬼，設鼓二面，每面有二鼓二鼗，即路鼓、路鼗各有二面，路鼓爲四面鼓。

　　非祭祀三鼓，鼛鼓、鼖鼓、晉鼓。鄭玄與陳暘對鼛鼓鄭玄與陳暘論「鼖鼓、鼛鼓、晉鼓」三鼓，鼛鼓同，爲《考工記》所言「臯鼓」，用于役事；但對於鼖鼓、晉鼓二鼓，鄭玄認爲鼖鼓用於鼓鼙，晉鼓爲臯陶，用以金奏；陳暘認爲鼖鼓即用以進兵，又用於節樂，即《詩》「鼖鼓維鏞」，晉鼓用於軍事，爲「進」之義，擊鼓以進，擊金以止。筆者查閱《詩·大雅·靈臺》之詩，發現陳暘所舉「鼖鼓維鏞」當爲「賁鼓維鏞」，通過對「賁」與「鼖」二字形的考證，發現作爲「賁鼓」之「賁」與作爲「鼖鼓」之「鼖」義不同，「賁」分作「卉」與「貝」二形，「鼖」以鼓上有「卉」，同「賁」上「卉」，以作鼓飾，表大鼓。「賁」下「貝」爲海介蟲，此形之義當如《爾雅》所言「三足龜」是也。賁從「貝」，「卉」表三足。「賁」，爲贛之省，贛即《大司馬》之「賁鼓」。《鼓人》「以鼖鼓鼓軍事」，指鼖鼓用於軍事；《詩》「賁鼓維鏞」，用於樂事爲「賁鼓」而非「鼖鼓」。陳暘說「鼖鼓」用於樂，誤。「鼖鼓」特用於軍事，「凡軍旅，夜鼓鼜」，鄭玄云「以鼖鼓鼓鼜」爲是。「賁鼓」可用於軍、亦可用於樂，用於軍，爲諸侯所執；用於樂，用以和鏞。

　　與金奏有關的四類鼓：晉鼓、鼓鼜、鼖鼓、臯陶。晉鼓爲在鼓前加表鼓用之義爲「晉」的鼓；鼜、鼖是字形中含「鼓」之鼓，「鼓鼜」表鼓用，用於軍事，「鼖鼓」表鼓名；臯陶本身不帶「鼓」義，鄭司農、鄭玄均以「鞠」通「臯陶」，鞠即革屬之「陶」，爲「土鼓」。「土鼓」非「鼓」，而是以「鼓」之「鼓」義（奏鼓的動作）作用於「土」，築土爲節，以「蕢桴」擊土，蕢桴爲擊木。由此可見，通「臯陶」之「鞠」是以其作爲擊鼓之「鼓木」而言，取鼓作爲演奏「敲擊振動發聲」之義。軍中所建之鼓即爲晉鼓，現今遺留的建鼓

紋銅牌及考古所發掘的銅鑒、銅器上呈現出的矢射、擊鼓、擊金圖像，生動展現了軍中鼓、金的使用情況，從此類記載戰船、戰車之事的圖像上，我們可以得知鼓與金的關係，鼓爲「建鼓」，「金」置於建鼓鼓座，擊者雙手執桴，擊鼓金。金奏之建鼓「晉鼓」，鼓爲鼛鼓，擊鼓、金爲鼓木臯陶，用於軍旅，以鼓鼙。

2、「三禮」鼓制辨明。

（1）《詩・周頌・有瞽》「應田縣鼓」，對於「應」，毛傳與鄭箋觀點一致，認爲其爲小鼓；但對「田」的解釋，毛、鄭有異，毛直接釋「田」爲大鼓，鄭把「田」作爲通假字，通棷，爲小鼓。筆者整理了歷代學者中有關此問題支持鄭箋或毛傳以及非毛非鄭觀點的論述，結合現今南陽市出土一建鼓與一排簫的小合奏畫像石上的圖案。圖像中「應」與「朔」都爲懸於建鼓旁的小鼓，筆者認爲若從毛傳之說，以「田」作大鼓，那麼小鼓僅有「應」，不合畫像所示。當從鄭箋，以田通棷，應、田爲小鼓，縣鼓爲大鼓。

（2）按「三禮」所記載，朔、應、棷三者都爲小鼓，但是《儀禮》中有朔和應，無棷；《禮記》中僅有應，無朔和棷；《周禮》中有應和棷，無朔。鄭玄認爲應、朔、棷爲三種鼓，宋陳祥道提出朔鼙與棷爲一，分別與應鼙及應鼓相對，爲小鼓。棷爲引導之義，用以引鼓；朔爲始，用以始鼓，以其字義的不同而有兩種鼓名，此意爲確。由此觀之，朔、應、棷三類小鼓，朔、棷爲一類，取其義不同名鼓亦不同。祭禮用棷，以其引鼓，射禮用朔，以其始鼓樂賓。應爲應和之鼙，祭禮中應於棷，射禮中應於朔。「應」爲應和之義，以「鼙」言之，則朔鼙以「朔」有始義，應鼙應「朔」，朔鼙在前，應鼙在後；以「鼓」言之，「應鼓」、「縣鼓」之「鼓」並非均作鼓名，當如用於祭祀之「銅鼓、錞于」，銅鼓爲「縣鼓」在西，錞于「應」銅鼓，在東。《儀禮・大射禮》爲射禮，有「鼙」，《周禮・小師》《禮記・禮器》爲祭禮，無「鼙」，此爲禮之射與祭別也。

小鼓另有鼗，鼗有柄而不縣，言奏鼗以播而不以擊，即鼗非擊之以發聲，而是搖之使鼗之兩耳敲擊鼓面而發聲，以其字形有「兆」，用於樂，爲導樂之鼓，同棷、朔導引之義。鼗有三種字形：鼗、鞀、鞉，所表意義各不相同。《詩》中爲「鞉」，表三代之鼓般的鼓制；《周禮》《儀禮》爲「鼗」，用於導樂、導鼓；《禮記》爲「鞀」，與鞞、鼓同列，表習樂的革類樂器，從「革」。

《周禮》中「擊」、「播」、「鼓」，「鼓」爲「擊鼓者」，即以「鼓棷」引鼓，

以「應鼓」應縣鼓，為鍾。《小師》掌「鼓、鼗」，鼓為鍾，為金，「鼗」亦當為「金」，且鼗要成樂，需金聲，「播鼗」為鎛。「磬」在《周禮》《論語》明言「擊磬」，「擊」為磬。《左傳》《論語》言諸侯之事，所言之「師」即有樂官「師」，又有樂人，等級較《周禮·春官宗伯》「大師」低，《周禮》「大師」不僅掌樂，亦掌樂舞、軍事、祭祀、喪葬等事，文、武兼有，故掌金奏之鼓之「鎛師」不僅言用於祭祀、饗食、賓射金奏之樂的「鼓」，亦有言用於軍旅之「鼛」鼓的使用，有「文」亦有「武」。《周禮》與《左傳》《論語》言樂官有別的原因在於《周禮》言官文武兼有，《左傳》《論語》言樂官為文，非武。

（3）三代，即夏、商、週三代，《禮記·明堂位》以三代用鼓裝置的不同，分作足鼓、楹鼓、縣鼓三種。文獻中均以「縣鼓」為大鼓，足鼓、楹鼓都為小鼓，但隨著考古學的發展，有關先秦鼓的實物資料的增加，發現懸而用之大鼓僅有「建鼓」，「縣鼓」為扁鼓。曾侯乙墓懸鼓為「縣鼓」的實物資料，鼓的青銅鼓架上紋飾與出土於晚商時期的鎛身所飾渦紋、鎛體牛角獸面之上，陰刻雷紋或雲紋相似，與鎛同時出土的鎛乙身上的凸起螺旋紋，據學者研究認為此為乳釘的前身，而建鼓、懸鼓身上亦布有竹釘，此為革、金樂器形制上的相通之處。另，懸鼓的鹿角立鶴鼓架所飾之渦紋、圓圈紋、勾連三角紋，與春秋戰國時期錞于身上的紋飾相同，錞于為「應鼓」，此為「縣鼓」，用於祭祀。

由此可知，《儀禮·大射禮》所記建鼓旁有二小鼓，朔鼙與應鼙，用於樂事或軍事，而《周禮》《禮記·禮器》所記縣鼓與「應鼓」相應，擊應鼓即為「擊金」，用於祭祀。懸鼓、錞于身上的紋飾，今人學者認為此類紋飾為殷墟紋飾的特徵，周縣鼓之制繼承於殷建鼓之制。建鼓、縣鼓，鼓腔為木板，鼓皮為革，鼓座為青銅製品，即「金」，有木有金，合「木鐸」金聲玉振成樂之制，鼓皮為革，正如從革之「鞼、鞠」，表鼓之屬為革。

關於用於軍之建鼓有金而墓葬中之建鼓卻無金的問題，筆者認為此類用於軍之建鼓的鼓座當為木質，非青銅質，正如木鐸的使用，鼓的使用亦需有金有木，鼓腔、鼓木都為木質，故以插在鼓跗上之「金」代建鼓中之「金」（青銅質鼓座），建鼓的鼓座為青銅製品，故金插於建鼓鼓跗上。有木、有金、有革，數為「三」，合「賁」之三足龜之「三」之義，表事之成。

鼓之「三」制：「應田縣鼓」用於祭祀，應鼓為金，田為「梀」，導引縣

鼓，用以「通神」，應鼓、欒、縣鼓為一組。「建鼓」自身本就包含有「通神」之義，使用時無須以「金」作為引，有二小鼓設於建鼓之旁，分別為朔鼙與應鼙，與建鼓成一組。

（4）拊、相兩者不為一。拊，以韋為之，充之以穅，聲音輕，用於堂上奏樂，撫拊而絃歌。為幫助拊之聲音更大，就加上作為輔助的「相」。

（5）「三禮」說鼓，大多以「三」呈現，故筆者將鼓之用法稱作「三」制。

（二）金類樂器：鍾與鎛。

1、四金，錞、鐲、鐃、鐸辨析。鄭、賈均認為金錞與其他三金用法不同，用於樂以和鼓；形制不同，不為合瓦形鍾類，為圓形。宋元學者陳暘與馬端臨據後周太常卿「斛斯」所言「錞于」之器，證實「錞」用以和鼓，用於樂。陳、馬二氏對錞、錞于的奏法、用法的認識相同，均認為錞（錞于）有舌，形大，以芒振之以發聲，用於樂事，錞以合鼓、錞于以節樂。二氏說「錞」及「錞于」的不同之處在於對錞與錞于形狀的描述上，陳暘認為錞似鍾，並云後世有馬、有蛟龍之錞非為周制；而馬端臨所舉錞于正為有銅馬之錞，其說錞于的形狀與鄭玄所說「錞」相同，圓如碓頭，大上小下。另，馬氏說錞于體甚薄，且多出於「蜀」，這又與許慎言之「鏄」相似，鏄屬淳于，用於樂以節鐘鼓，同「鐲」之用，「鐲」從金，聲「蜀」，正與馬氏所言「錞于」所出之地「蜀」同。筆者認為，金錞不僅可以用於樂，亦能在軍中使用。用於樂，名「錞」，用於軍，名「錞于」。

據《周禮》記載，鐲、鐃、鐸皆為《大司馬》在軍中所用，諸儒論三器形制多與「鉦」、「鈴」互訓。鐲、鐃、鐸都是以鈴為形，鐲、鐸、鈴有舌，鐃無舌。

有關鐲的文獻記載，大都認為其是一種金制軍樂器，用以節製鼓聲。鄭玄與許慎都將鐲作鉦。段玉裁說鐲內有舌，項安世說鐲內無舌。據徐灝所云，鐲、鈴、鉦、鐃、鐸五者形制皆同，唯鈴、鐸有舌，鐲、鉦、鐃三者無舌。經已出土考古文物可以證實，部分鈴、鐸體內有舌，執奏，以舌撞擊器體使之振動而發聲，證實了徐灝的觀點。但在現今考古發現中尚無出現「鐲」，其形制到底為何，有舌還是無舌，尚無定論。

作為鐲的異名——「鉦」，在先秦文獻中並無作為「金」音出現，且《古今樂錄》中尚未提及鉦屬鍾類。鉦的出現，僅存於漢代學者的注中。文獻中

另有一金「丁寧」，韋昭、杜預將其釋作鉦，但宋元學者陳暘與馬端臨另加一器「鐲」，將鐲與丁寧、鉦三器當作異名同器之器。筆者認為，陳、馬二氏言「鉦」以形為義，說「鐲」又以聲為義，「鐲」、「鉦」字形都從金，且若要以聲言義，「鐲」當從「蜀」，而非「濁」。鈴、丁寧、鉦三器，鈴表「金」之形、使用的方法及場所；「丁寧」表擊鉦所發出的「丁丁」之聲；鉦表「金」之義，有形有聲有義，故諸儒多用鈴、丁寧、鉦訓金。鐲非鉦，鉦與鈴、丁寧為一物，鈴象形，丁寧為聲，鉦表義。

鍾體有鉦部也有鼓部。鼓表擊鍾之處，擊鍾之鼓以成聲；鉦在鼓上，節擊以成「正」聲；鼓以成聲，鉦以節鼓。故鉦鼓用於軍，以鼓進，以鉦止。「六鼓」中用以鼓金奏之「晉鼓」，又可指鍾體之「鼓」，「晉」同「金」，「晉鼓」表擊金之處，《大司馬》「軍將執晉鼓」指軍將執金，擊金之「鼓」，以節軍士。

鐃既用於軍亦用於樂，用於軍以止鼓，進軍擂鼓，退軍鳴鐃。用於樂以節武舞，孔穎達及聶崇義都以《樂記》所言「武」為金鐃，用以治舞。鐃既用於軍亦用於樂，用於軍，為武事，《樂記》「復亂以武」，「武」為金鐃，以金鐃治「武舞」，即節制樂舞，亦稱為武事，非為有音之「文」樂。此言用於武之金大抵只能稱作禮器，非樂用之樂器。

鐸以其舌有銅、木，分作金鐸、木鐸二種，金鐸用於武事，木鐸用於文事。

鄭玄注《鼓人》金鐸，振之以通鼓。按在軍擊鼓，必先振鐸，而後諸鼓齊鳴，故稱「通鼓」。用於樂事，鄭玄認為，天子與大將夾以舞，當「振」鐸為節，舞為《武舞》。用於武事，振旅、節舞。《周禮》所記木鐸用之事。包括田法、火禁、國禁，與金鐸用於武以「節」、「戒」之義相似，木鐸所用之事多為立法及修禁之事，為政教之文事。用於文，修五禁之法以木鐸徇於朝。

2、考古所發掘的商代、西周、春秋戰國時期有關「金」的實物資料辨別。

（1）鐻、鎛、鏞、庸：鐻與鎛是形制相似的兩類不同的打擊樂器。文獻中只作大鐘之解的「鐻」即為晚商至西周時期南方出土的單件大件青銅器「鐻」，而文獻中有大有小的「鎛」為西周中晚期以後於中原地區出土的「編鎛」，編列使用。鐻比鎛早，最早見於晚商時期南方地區的江西新幹大洋洲墓

葬中，與同屬大鐘的鎛平行發展，單獨用於禮樂中；鎛為編鎛，大多出於西周後期中原地區，與同是編配使用的甬鍾、紐鍾等樂器一起用作禮樂之器。

南、北方出土的青銅器屬於兩種體系，長江中下游地區所出的商代銅器一般體大質重，平口，演奏時將其置於木座上進行敲打，用於祭祀。江西新幹大洋洲大墓 1 件鎛與 3 件鏞亦是殷人在祭祀後將大量青銅樂器就地掩埋之物，出自窖藏，大約在商代中期前後出現，在西周早期走向衰亡。中原出土的商晚期編庸，器形一般較小，體呈合瓦形，侈銑，平頂，凹口，使用時口朝上，甬朝下，以手執把，以木槌敲擊，既能用於軍，以止鼓；也能用於樂，以節武舞。

（2）錞于：現今考古所發現名為「錞于」春秋戰國時期的青銅器，非「錞」，在鄂西、川東、湘西一帶出土於窖藏的錞于大都用於祭祀以應鼓，此類錞于大都繼承了商代勾連雲雷紋、圓渦、紋夔紋、豎棱紋等裝飾紋飾特點，與江西新幹大洋洲所出土的晚商時期的「鎛」的紋飾相似，都屬於吳城文化青銅器所特有的裝飾。新幹大洋洲大墓所出土的 4 件青銅樂器亦是窖藏樂器，用於祭祀，同「錞于」，故許慎《說文》釋鎛為「淳于之屬」，同「錞于」。但鎛與錞于的形制不同，鎛似商鈴，平口，有紐；錞于有束腰，其紐有環鈕、橋紐、虎紐、龍紐之別，錞于當是借鑒了殷商時期用於祭祀的「鎛」，產生於春秋戰國時期，為吳越等地民族所使用的用於祭祀，亦用於軍，與銅鼓一同使用的青銅。錞于，用於祭祀以應鼓，若「雷鼓」；用於軍，與鉦、鐲、青銅製扁鍾一起使用，用於樂，擊以節舞，若「晉鼓」。而晚商的「鎛」則發展為用於樂，懸掛使用的鍾鎛類的金類樂器。

（3）現今考古發現的鍾類擊奏樂器，除常見的甬鍾、紐鍾之外，另有鉦、鐲、句鑃這三種帶自名的樂器。鐃作為「四金」中又一銅製鍾體體鳴樂器，現今考古文物未見帶自名的「鐃」。鉦、鐲、句鑃形制已有了明確的認識，是幾種起信號作用的響器，不設固定的音律。「鐃」之用同於鐲、鉦，用於軍以止鼓，用於樂以節樂舞《武》，所用為「武」事而非文。木鐸雖用於「文」，但所用之事多為立法及修禁之事，為政教之文事，非為樂。樂，文之以五聲，奏樂之器稱為樂器，樂器用於樂當合律呂。故「三禮」所記用作奏樂的金類樂器僅有鍾、鎛二種，用於軍或用以節樂舞之鉦、鐃、鐲、鐸為「武」用之器，非奏樂之器。

（三）石類樂器：磬。

磬用於樂，設於堂下與鍾編列使用；列於堂上與歌者、琴瑟合，用以和堂上歌。

現今考古所發現之最早之「特磬」為石磬，非玉製，在西周以後，編縣之磬代替特磬。《大射禮》樂縣中之磬成編，非特，磬可應管奏之樂亦可應歌。

二、彈絃樂器：瑟與琴。《儀禮》四章僅有瑟，不見琴，而考古實物瑟之數量大大多於琴。琴、瑟雖同為絲絃樂器，形制不同，使用的場所也不同。筆者認為瑟多用於禮儀活動中，與眾多樂器一起演奏，其禮之用重於樂；琴作為君子修身之具，多用於獨奏，僅與瑟、歌等合奏，其樂之義重於禮。先秦時期用於禮的瑟之數量大於用於樂的琴。

三、吹奏樂器：「笙」與「管」。前者屬於匏類，後者屬於竹類。「三禮」言禮樂吹奏樂器之用僅有「管、笙」，「管」是因其為吹管樂器之總名而得用，「笙」是因為其管中有簧，可「鼓」而得用。「管」、「笙」都用於樂，但使用情況各不相同，文章對「三禮」中「笙」、「管」的使用規範，分作三個部分進行說明：首先是笙、和名義辨析；其次為管的形制與使用；最後討論樂用吹管樂器之二節，「笙入」與「下管」的區別與聯繫。

笙由匏、竹、簧三部分組成，「笙」名所由從樂器本體象物貫地而生之義而來；「匏竹為利制」，笙無法單獨成樂，需與鍾磬相合以成樂。笙中之「簧」為金，以金可「鼓」成金奏之鼓而設，奏於樂需合於鍾磬。笙與鍾磬的組合有三種，鍾笙之樂、笙磬之樂，笙入縣之樂。

用於樂，笙為「笙入」，管為「下管」，前者屬於正樂四節歌、笙、間、合之一，後者屬於「升歌下管」，與堂上歌相對應之堂下管。用於「下管」之「管」為籥，為排管竹製樂器。「下管」之樂由小師掌教，瞽矇播於堂下，奏《新宮》《象》之樂歌等有聲有辭的樂章。

管與笙，前者之用重於禮，後者之用重於樂。兩者奏樂的位置是相同的，但是下管用播，由瞽矇播之，堂上歌者歌《鹿鳴》三終後至堂下而管，僅有《新宮》三成，祭享之禮升歌《清廟》《文王》之詩，下管《象》；笙奏用吹，由眡瞭吹之，工歌之後入而吹之，笙奏《南陔》之三後，還用於間歌笙《由庚》三節，合樂《二南》。

第二章 「三禮」樂縣考述

　　周代禮樂制度是一套十分嚴密的封諸侯、建國家的等級制度。根據這套制度，周代各級貴族在使用編配、樂節、樂縣、樂曲、舞隊規格、用樂場合等方面，皆有嚴格的規定。樂縣制度，是周代禮樂制度的重要組成部分及具體體現。樂縣，是為了規定各級貴族的用樂規範而產生的制度，即樂器用於禮的規範。「三禮」所載有關樂的內容不太一致，《儀禮》記載樂之四章記錄的是於禮樂之儀式及樂章使用狀況；《周禮》記載的是樂官職責及用樂制度的有關內容；而《禮記》雜燴諸說，論樂範圍廣但無系統的論述。故筆者對樂的研究是從《儀禮》所記不同禮所用樂的儀式出發，再用《周禮》記載有關樂制對這些分散的儀式進行整合，在論述一些具體問題中兼及對比使用《禮記》所記樂之相關內容，希望能對周代用樂制度形成一套具體且有序的說明方式。

　　本章「樂縣述考」是以「三禮」中的文獻為基礎，結合目前中國音樂考古所見的出土實物，對樂縣的概念、樂器在樂縣中的位置等問題，進行系統的考述與研究。

第一節　樂縣概念

一、樂縣的定義

　　「樂縣」一詞，見於《周禮・春官・小胥》：「王宮縣，諸侯軒縣，卿大夫判縣，士特縣，辯其聲。」〔註1〕樂縣，另作「樂懸」，《中國音樂詞典》在「樂懸」這一詞條下是如此注釋的：「西周起有關鍾、磬樂器數量和設置方位

〔註 1〕 此引文在今人著作中均將縣寫作「懸」。(《周禮注疏》卷二三，第 712 頁。)

的等級規定。」〔註2〕《辭源》釋「樂縣」爲「懸掛的鍾磬一類的打擊樂器。縣，同懸」。〔註3〕兩釋均以縣通懸，爲懸掛之義，所謂「樂懸」即是指必須懸掛起來才能進行演奏的鍾磬類大型編懸樂器。

但筆者考察鄭司農、鄭玄注《禮》之文，其中並無以「縣」爲「懸」之文。鄭司農云：「宮縣四面縣，軒縣去其一面，判縣又去其一面，特縣又去其一面。四面象宮室四面有牆，故謂之宮縣。軒縣三面，其形曲，故《春秋傳》曰『請曲縣繁纓以朝』，諸侯禮也。故曰惟器與名不可以假人。」鄭玄注：「軒縣去南面，辟王也。判縣左右之合，又空北面。特縣縣於東方，或於階間而已。」〔註4〕二鄭皆以「面」來解釋樂縣之位，宮縣爲東西南北四面縣；軒縣爲東西北三面縣；判縣爲東西二面縣；特縣爲東一面縣或縣於階間一面。二鄭並沒有將「縣」作懸掛之義，也並未指明樂縣中有何樂器。

賈公彥認爲，樂縣中的樂器有鼓、鍾、磬、鎛四種。唐賈公彥疏：「玄謂軒縣去南面，避王也。若然，則諸侯軒縣三面，皆闕南面，是以《大射禮》云：『樂人宿縣於阼階東，笙磬西面，其南笙鍾，其南鎛，皆南陳。』『西階之西，頌磬東面，其南鍾，其南鎛，皆南陳。』又云：『一建鼓在西階之東，南面。』注云：『言面者，國君於其臣，備三面爾，無鍾磬，有鼓而已。其爲諸侯，則軒縣。』是其去南面之事也。以諸侯大射，於臣備三面惟有鼓，則大夫全去北面爲判縣可知。云『特縣縣於東方，或於階間而已』者，按《鄉飲酒禮記》云『磬階間縮霤』，注云：『縮，從也，霤以東西爲從。』是其階間也。按《鄉射禮》云『縣於洗東北，西南』，注云：『此縣，謂縣磬也。縣於東方，避射位也。』是其東方也。」〔註5〕賈疏注引《儀禮・大射禮》《鄉飲酒禮》《鄉射禮》之樂縣，對諸侯之軒縣、卿大夫之判縣、士之特縣所設的樂器作出解釋。從他的注解中可知，在樂縣中，鍾磬的確佔有重要地位，但並非僅是由懸掛的編鍾編磬所組成，還有如不編之鎛、鼓等其他樂器，且四類縣的不同，也不僅僅是去一方鍾磬的區別。後人將「縣」通作「懸」，僅僅取其懸掛之意，認爲懸掛演奏的鍾、磬才能稱之樂懸，忽視了樂縣中其他樂器的存在。

〔註2〕中國藝術研究院音樂研究所《中國音樂詞典》編輯部編《中國音樂詞典》，人民音樂出版社，1984年版，第484頁。

〔註3〕《辭源》，商務印書館，1981年版，第1629頁。

〔註4〕《周禮注疏》卷二三，第712頁。

〔註5〕《周禮注疏》卷二三，第712～713頁。

　　筆者認爲，樂縣非爲「樂懸」，應是通謂設於堂下（或庭中）〔註6〕的樂器，樂器有懸與不懸二類，懸掛者，有鍾磬之類的樂器；不懸者，有鼓、管之類的樂器，不懸者統於縣，統稱樂縣。樂縣用於表示樂器的排列組合形式。樂器的組成包括有懸掛著的編鍾編磬、特鑄，不懸的各類鼓（鼓、鼗、鼙）、管（篪）等此類先於樂作而縣之器，亦有在樂的進行中，由樂人帶入儀式中的瑟、笙等。

二、天子宮縣、諸侯軒縣、大夫判縣、士特縣

　　有關於樂縣的記載，最早見於《尚書・益稷》：「夏擊鳴球，搏拊琴瑟以詠。下管鼗鼓，合止柷敔，笙鏞以間。」〔註7〕文中所記載的是舜時奏樂的情景，堂上有夏擊，堂下有柷敔；堂上有鳴球，堂下有石磬；堂上有拊搏，堂下有鼗鼓。其中，夏擊，即柷敔也；鳴球，即玉磬也；拊搏，爲鼓之類樂器。

　　「三禮」中，《儀禮》記樂用之禮四章《鄉飲酒禮》《鄉射禮》《燕禮》《大射禮》記載的爲諸侯、大夫、士之禮；《禮記・仲尼燕居》所載爲兩君相見之樂的程序，無天子所用樂縣的內容。「天子宮縣」之文見於《周禮・春官・小胥》，但其中也並無說明宮縣樂器擺設之文，僅知宮縣有四面，象宮室四面牆。

　　《詩・周頌・有瞽》：「有瞽有瞽，在周之庭。設業設虡，崇牙樹羽。應田縣鼓，鼗磬柷圉。既備乃奏，簫管備舉。」〔註8〕瞽，見於《周禮・春官・瞽矇》：「掌播鼗、柷、敔、塤、簫、管、弦、歌」，是大師之屬，爲作樂之樂官。作樂在周之庭，且「既備乃奏」，樂縣本是爲作樂進行的樂器擺設準備工作，可見，此詩所記應爲周之天子宮縣的情況。毛傳：「業，大板也，所以飾栒爲縣也。捷業如鋸齒，或曰畫之。植者爲虡，衡者爲栒。崇牙上飾卷然，可以縣也。樹羽，置羽也。應，小鞞也。田，大鼓也。縣鼓，周鼓也。鼗，鼗鼓也。柷，木椌也。圉，楬也。」詩中「設業設虡，崇牙樹羽」爲縣，即

〔註6〕　《詩・周頌・有瞽》所記之縣在周之庭，而《儀禮》中諸禮之縣均在堂下，故筆者將樂縣釋爲在庭中或堂下之器，不包琴瑟等堂上之器。見於文獻，亦有此說。（清）姜兆錫《周禮輯義》卷六：「樂縣通謂庭之樂器也。」（《續修四庫全書》本，第78冊。）（清）李鍾倫《周禮纂訓》卷一二：「凡樂縣皆在堂下，惟琴瑟在堂上。」（《四庫全書》文淵閣本）

〔註7〕　《尚書正義》卷五，第152頁。

〔註8〕　《毛詩正義》卷一九，第1561～1562頁。

懸掛鐘、磬之類的樂器，另有革類樂器應、田、縣鼓、鞉；木類樂器柷、敔（即圉）；竹類樂器簫、管。

王之宮縣雖無文獻明確記載，但使用的樂器可見於《詩》《周禮》。諸侯軒縣見於《儀禮・大射禮》，文中對樂器的陳列順序述之甚詳。諸侯軒縣為王宮縣去南一面而得，王宮縣各面樂器之排列必與諸侯軒縣大同小異，通過對軒縣的考述必將可窺視宮縣的大致情況。筆者在下一節將對諸侯、大夫、士之縣作具體論述，在本節中就先不討論各縣樂器排列。《周禮・春官・小胥》在樂縣下文云：「凡縣鐘磬，半為堵，全為肆。」堵、肆即樂縣中所縣鐘磬之貌，為樂縣中重要組成部分，以下就對縣鐘磬的這兩種形制進行探討。

三、鍾磬編列考

1、鍾磬編列數量述考

（1）古代文獻述論

文獻中有關編鍾編磬的編列方式堵、肆的說法有四種：

①鄭玄注堵、肆，堵為一虡，編鍾八枚、編磬八枚設於一虡；肆為二虡，由編鍾一虡十六枚、編磬一虡十六枚構成，即：「鍾磬者，編縣之二八十六枚，而在一虡，謂之堵。鍾一堵，磬一堵，謂之肆。」賈公彥對鄭注之據述之甚詳，他說：「今所言縣鍾磬者，謂編縣之二八十六枚，共在一虡者也。鄭必知有十六枚在一虡者，按《左氏》隱五年，考仲子之宮，初獻六羽，眾仲云：『夫舞，所以節八音而行八風，故以八為數。』樂縣之法，取數於此，又倍之為十六，若漏刻四十八箭，亦倍十二月二十四氣，故以十六為數也。是以《淮南子》云『樂生於風』，亦是取數於八風之義也。」〔註9〕賈氏以八音、八風之數為「八」而云樂縣取數於「八」。

②杜預認為一肆中縣鍾之數有十六枚，但沒有說明編磬之數。《左傳・襄公十一年》「歌鍾二肆」杜預注：「肆，列也。縣鍾十六為一肆。二肆，三十二枚。」孔穎達正義：「以肆為列者，鍾磬皆編縣之，在簨虡而各有行列也。」〔註10〕

③服虔認為一縣有十九鍾，為十二辰鍾加七律所得。《左傳・昭公二十年》

〔註9〕《周禮注疏》卷二三，第 713 頁。
〔註10〕《春秋左傳注疏》卷三一，第 1034 頁。

「七音」，孔穎達正義：「聲之清濁，數不過五，而而得有七音者，終五以外更變爲之也。賈逵注《周語》云：周有七音，謂七律，爲七器音也，黃鐘爲宮，林鐘爲徵，大蔟爲商，南呂爲羽，姑洗爲角，應鐘爲變宮，蕤賓爲變徵。」〔註11〕《國語‧周語》：「武王克商，歲在鶉火，月在天駟，日在析木之津，辰在斗柄，星在天黿。鶉火及天駟，七列也。南北之揆，七月也。鼂氏爲鐘以律計，自倍半一縣十九鐘，鐘七律。十二縣，二百二十八鐘，爲八十四律。此一歲之閏數。」賈公彥云：「此服（虔）以音定之，以一縣十九鐘，十二鐘當一月，十二月十二辰，辰加七律之鐘則十九鐘。一月有七律，當一月之小餘，十二月八十四小餘，故云一歲之閏數。」〔註12〕

④陳暘認爲一堵縣鐘十二枚，二堵爲一肆，但也並無說明編磬之數。陳暘曰：「樂縣之制自夏商而上未有聞焉，自夏商而下其略。始見於《尚書大傳》，其詳備於《周禮春官》。以《書‧大傳》推之，自古天子將出，撞黃鐘，右五鐘皆應。黃鐘在陽，陽主動，君出則以動告靜而靜者皆和，故馬鳴中律，步者有容，駕者有文，御者有數，周旋中矩立，則磬折拱則抱鼓然後奏，登車告出也。入撞蕤賓，左五鐘皆應。蕤賓在陰，陰主靜，君入則以靜告動而動皆和，故狗吠鼃鳴及倮介之蟲莫不延頸以聽。在內者皆玉色，在外者皆金聲，然後少師奏，登堂就席告人也。然則十二鐘在縣之制權與與此歟？以《周禮‧春官》推之，《大司樂》『凡樂事，大祭祀宿縣，遂以聲展之』、《小胥》之職『正樂縣之位，王宮縣，諸侯軒縣，卿大夫判縣，士特縣，辨其聲。凡縣鐘磬，半爲堵，全爲肆』，蓋縣鐘十二爲一堵如牆堵，然二堵爲一肆。《春秋‧襄十年》『鄭人賂晉侯，歌鐘二肆』是也。」〔註13〕

四種說法中，除鄭玄說有云編磬之數，其他均無說磬之文，僅有縣鐘之數。若僅以縣鐘之數進行對比，鄭玄說縣鐘八枚爲一堵、十六枚爲一肆；杜預說無縣鐘「堵」之數，縣鐘十六枚爲一肆，此與鄭同；服虔說無堵、肆之說，僅云一縣爲十九鐘；陳暘說縣鐘十二枚爲一堵，其說肆爲二堵，但無明文此二堵爲一堵編鐘一堵編磬或是二堵均爲編鐘，縣鐘「肆」之數不明。江藩認爲服虔十九鐘爲誤，他說：「欲明宮縣之制，必先求鐘磬之數。賈不明康成之旨，漫引服說而不辨其是非。服氏所謂七律者，宮、商、角、徵、

〔註11〕《春秋左傳注疏》卷四九，第 1617 頁。
〔註12〕《周禮注疏》卷二三，第 713～714 頁。
〔註13〕（宋）陳暘《樂書》卷四五，《四庫全書》文淵閣本。

羽、變宮、變徵也。十二均分七律，得八十四律，即後世之七均八十四調
也。服以爲天子盛樂必備此八十四調之樂器，殊不知古人旋相爲宮之法，即
用此十六枚之鍾磬耳。如服說一虡十九鍾，則一虡之內既有十二月鍾矣，何
必又加五音二變之聲？服說非古制。」〔註14〕歷代學者多不取服虔之說，讚
同陳暘說的學者也甚少〔註15〕，關於堵、肆縣鍾磬數量的討論集中於鄭玄杜
預二說。

　　《藝文類聚》卷四一引《五經要義》：「周禮，鍾磬皆編縣之，
　　二八十六而在一簴，謂之堵。」

　　《夢溪補筆談》卷一：「律有四清宮，合十二律，爲十六，故鍾
　　磬以十六爲一堵。」

　　（宋）鄭鍔：編鍾八、編磬八，共十六枚用在一簴，名謂之堵，
　　堵如牆，堵謂其半也。十六編鍾爲一簴，十六編磬爲一簴，則謂之
　　肆。肆如市肆之肆，謂其全也。〔註16〕

　　（明）郝敬：「凡鍾磬編縣，以八爲全，樂本八音也。每簴各八
　　爲堵，二八爲肆。堵者，單立如牆堵，肆者，列行成肆。」〔註17〕
此四說同鄭之「堵」、「肆」說，認爲堵爲一虡，鍾磬各八共十六縣之。肆爲
一虡十六鍾、一虡十六磬。

　　薛氏（薛衡，字本仲，有《周禮序官考》）曰：杜氏以鍾十六枚
　　爲一肆，則堵者八枚矣，此說然也。而鄭氏以各十六枚爲一堵，鍾
　　一簴、磬一簴爲肆，宜不然。……吾因謂天子之士鍾磬各十六枚爲
　　一肆，諸侯之士鍾磬各八枚，故爲堵。
薛氏認爲杜預之說爲確，但是杜氏僅認爲鍾十六枚爲一肆，並無文指出鍾八
就爲堵。而他認爲鄭說鍾磬各十六枚爲堵，則是對鄭說的誤解，鄭說堵爲鍾
磬各有八枚，實與其說堵爲鍾、磬各八枚相同。

　　（明）朱載堉：「編鍾編磬，或云每架十二，或云每架二十四，
　　此皆不知者妄說也。太常鍾磬，各皆十六。蔡元定曰：『十六者，四

〔註14〕　（清）江藩《樂縣考》，《粵雅堂叢書》。
〔註15〕　同陳暘之說僅見於（清）姜兆錫《周禮輯義》卷六：「愚按肆堵之數說蓋不一，
　　　　陳氏以典同之說推之，即斷編鍾與零鍾皆以十二律爲準，其理信而有證，因
　　　　以考大司樂之諸調，意趣皆合，不可易也。」（《續修四庫全書》本）
〔註16〕　（宋）王與之《周禮訂義》卷四○，《四庫全書》文淵閣本。
〔註17〕　（明）郝敬《周禮完解》卷六，《續修四庫全書》本，第78冊。

象相因之數也。凡天地之變化，萬物之感應，古今之因革損益，皆不出乎十六。十六而天地之道畢矣。』是知編鍾編磬與夫排簫，每架各皆十六，亦自然之理也。」〔註18〕

朱載堉指出陳暘一縣十二鍾之說爲誤。並引蔡元定之說編鍾編磬均爲十六枚是合乎自然之理的，鄭說、杜說均以鍾爲十六枚爲確。但是其說中並沒有說明堵與肆的情況。

　　　（清）乾隆十三年敕撰《欽定周官義疏》：「案鍾磬在虡，作上下兩列，一列八枚謂之堵，即半也，合兩列則全爲肆。全者全十二律與四清聲也。注以合鍾與磬爲全遂致滋誤。」〔註19〕

　　　《廣雅・釋樂》「倕氏鍾十六枚」（清）王念孫疏證：「一虡二筍，筍各八鍾，共十六鍾，謂之肆，半肆謂之堵。磬亦如之。」〔註20〕

　　　（清）孫詒讓：「杜注以鍾縣自得稱肆，則是一虡二筍，筍各八鍾，共十六鍾，謂之肆，半肆爲之堵，磬亦如之。此與傳『歌鍾二肆』及《國語・晉語》『公賜魏絳歌鍾一肆』之文，亦自無迕，然非鄭義也。」〔註21〕

《欽定周官義疏》說虡分上下二列，王念孫則將虡之二列命名作筍，孫詒讓同王說。王氏釋肆之數半於鄭說，認爲一虡十六爲肆，分作二筍，一筍縣鍾八爲堵。後又有言「磬亦如是」，不知其說虡與筍的關係爲何，若與《欽定周官義疏》同，則一虡二筍，上一筍爲八鍾、下一筍爲八磬，合之共十六爲堵，亦與鄭說同。若堵如此類，二清學者之說釋肆亦與鄭說不同。鄭說一虡十六鍾、一虡十六磬成肆，而此說肆則是由兩列上八鍾加下八磬之虡所組成。兩說肆之虡不同，但編鍾、編磬的總數相同，均爲十六鍾、十六磬。對比二者，筆者想到，是否將十六鍾、十六磬分列於兩虡之上成肆是源於杜預呢？杜預雲一肆十六鍾，肆必有二虡，若十六鍾同在一虡之上，杜氏又何以用代表二虡之「肆」作爲鍾的編制單位呢？故十六鍾必分作二虡之上，成肆之一虡有

〔註18〕（明）朱載堉《律呂精義》內篇卷之九，人民音樂出版社，2006年馮文慈點注本，第713頁。

〔註19〕（清）乾隆十三年敕撰《欽定周官義疏》卷二二，《四庫全書》文淵閣本。

〔註20〕《廣雅詁林》卷八下，江蘇古籍出版社，1992年影印本。

〔註21〕（清）孫詒讓《周禮正義》卷四四，中華書局，1987年王文錦、陳玉霞點校排印本，第1831頁。

八鍾，與清代學者所言鍾用於肆，十六枚分列二虡相同。

這兩種關於肆的說法各有其據，無法辨明。所幸現今考古有成編的晚商、西周時期編鍾、編磬出現，為我們研究縣鍾、磬之「堵、肆」提供了寶貴的實物資料。

（2）商代墓葬出土金石禮器考古實物資料

青銅鐘類樂器的起源，最早可以追溯到銅鈴或陶鈴，最直接的來源則是商代的鏞及編庸。大抵最晚到殷墟文化二期之時，商王室控制中原腹地編庸的出現，標誌著青銅鐘類樂器的成熟，庸的腔體確立了鍾體的合瓦形基本形制及磬、庸成編列使用出現，為周代金石之樂編鍾編磬的使用規範奠定了基礎。「鏄」有紐，鏞、庸有甬，殷商時期編庸較西周甬鍾有以下二個特點：

其一，以形制而言，殷商編庸形體較小，體重較輕，而西周甬鍾較高大，體重較沈。庸，目前山東出土最大的一件「庸」為沂源東安編庸之一，高 23cm，重 2kg 左右；而甬鍾，例如陝西的二式疾鍾最大的一件甬鍾，通高 70.6cm，重達 40.8kg，遠比庸大且沈。

其二，以編列數而言，殷商編庸多 3 件一組，而西周編甬鍾大多 8 件一組，有些墓葬編甬鍾一套有二組，如西周早中期的晉侯穌鍾就有 16 件之多。

第三，就演奏而言，殷商編庸為植奏，西周甬鍾為懸奏。懸奏的方式更有利於青銅樂器的發聲。

第四，就音響效果而言，殷商編庸體上無枚〔註22〕，西周甬鍾體上有枚。枚一方面可以糾正鑄造的不均勻性，改善鍾的音響效果；另一方面對聲音的傳播有阻尼作用，能抑制過長的餘音。殷商編庸於口內皆無調音銼磨痕跡，而大多數西周甬鍾皆有調音，說明西周時期青銅樂鍾的音準較殷商時期有所提高。

有關鍾體各部位的稱謂，筆者借鑒《考工記圖・鳬氏》〔註 23〕所載甬鍾各部位的名稱，個別部位稍有改動，對鍾各部位名稱所作圖示如下（見圖十一）：

〔註22〕 枚，即鐘乳，鍾上隆起的部分。

〔註23〕 （清）戴震《考工記圖》，商務印書館，1955 年版。

圖十一：甬鍾各部位名稱示意圖

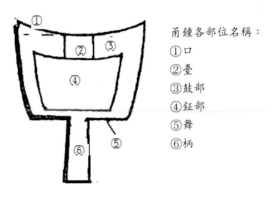

甬鍾各部位名稱：
① 口
② 臺
③ 鼓部
④ 鉦部
⑤ 舞
⑥ 柄

甬鍾呈合瓦形，鍾體兩側稱銑；兩銑之間敞開的部分稱口（或稱於）；口下為鼓部，鼓部正中方形凸起處稱為臺（或鼓突）；鼓部下為鉦部，鉦部大於鼓部；鉦部下方的平面稱舞（或頂，即甬鍾鍾體上的平面）；舞部正中接柄，柄多為圓管柱形，甬中空與體相通。鑮、庸使用時口朝上，甬鍾使用時口朝下，用槌敲擊鼓部發聲。

表1：商代墓葬出土金石樂器組合（按文化分期排序）

墓葬名稱	文化分期	樂器組合
河南安陽小屯 AXTM5 婦好墓〔註24〕	殷墟二期	編庸5，編磬3，特磬2，陶塤3
河南安陽花園莊 M54〔註25〕	殷墟二期	編庸3，特磬1
河南溫縣小南張商墓〔註26〕	殷墟二期	編庸3
江西新幹大洋洲商墓（南方）〔註27〕	殷墟二期	鑮1、鏞3，不成編
河南安陽大司空村 M663〔註28〕	殷墟二期偏晚	編庸3
河南安陽郭家莊 M26〔註29〕	殷墟二期偏晚	編庸3

〔註24〕 中國社會科學院研究所《殷墟婦好墓》，文物出版社，1980 年版。
〔註25〕 中國社會科學院考古研究所安陽工作隊《河南安陽市花園莊 54 號商代墓葬》，《考古》2004 年第 1 期，第 7～19 頁。
〔註26〕 楊寶順《溫縣出土的商代銅器》，《文物》1975 年第 2 期，第 88～89 頁。
〔註27〕 江西省博物館等《新幹商代大墓》，文物出版社，1997 年版。
〔註28〕 中國社會科學院考古研究所安陽工作隊《安陽大司空東南的一座殷墓》，《考古》1988 年第 10 期，第 865～874 頁。
〔註29〕 中國社會科學院考古研究所安陽工作隊《河南安陽市郭家莊東南 26 號墓》，《考古》1998 年第 10 期，第 36～47 頁。

河南安陽大司空村 M51〔註30〕	殷墟三期	編庸 3
河南安陽郭家莊 M160〔註31〕	殷墟三期偏晚	編庸 3、特磬 1
河南安陽戚家莊 M269〔註32〕	殷墟三期偏晚	編庸 3

商代墓葬出土金石樂器組合主要有以下 6 組：

①安陽小屯殷墟二期 AXTM5 婦好墓出土一組 5 件「亞弜」編庸與石磬 5 枚。

編庸一組五件出土位置不明，紋飾基本相同，大小依次遞減，出土時柄內有朽木痕跡。最大的 2 件口內壁皆有銘文「亞弜」二字。餘 3 件銹蝕較重，未見銘文。銘文「亞弜」均作上下排列，字跡較清晰。據學者研究，「亞是官名」，「弜」可能是方國或族之名，見於武丁時期卜辭，它和殷王國有極密切的關係，其地望可能在豫西一帶。據推測，這組銅器可能是「亞弜」的統治者在婦好生前獻納給殷王室的貢品，婦好死後被用作隨葬品而埋入墓中。

石磬 5 枚。兩件小石磬分別出於墓室填土中，其中一件小石磬爲青灰色碳酸鹽石，上窄下寬，呈長條形，僅頂端中部有一圓形穿孔，孔上方兩面有長期懸掛而形成的墜痕。在磬的一側上端刻有「妊冉入石」〔註33〕四字，大抵爲「妊冉」族入貢之石；另一件小石磬爲黑色石灰岩，呈扁平長方形，近頂端一側有圓形穿孔，亦可懸掛，磬體兩面均雕單線鴟鴞形紋。另外三件石磬出於槨內，這三件石磬石料相同，形亦相近，可能是一套編磬。〔註34〕

②安陽花園莊殷墟二期 M54 出土一組 3 件「亞長」編庸與石磬 1 枚。

編庸一組三件位於墓主人頭前方，形制紋飾相同，大小依次擺放，一側正鼓部內壁均有陰文銘文「亞長」，石磬位於棺上東南角。

③安陽大司空村殷墟二期偏晚 M663 出土一組 3 件編庸，無磬。

〔註30〕河南省文化局文物工作隊《1958 年春河南安陽市大司空村殷代墓葬發掘簡報》，載《考古通訊》，1958 年第 10 期，第 51～62 頁。

〔註31〕中國社會科學院考古研究所《安陽殷墟郭家莊商代墓葬》（1982 年～1992 年考古發掘報告），中國大百科全書出版社，1998 年版。

〔註32〕安陽市文物工作隊《殷墟戚家莊東 269 號墓》，《考古學報》1991 年第 3 期，第 325～352 頁。

〔註33〕此磬所刻銘文，發掘報告釋爲「妊冉入石」。中國社會科學院研究所《殷墟婦好墓》，文物出版社，1980 年版，第 199 頁。

〔註34〕劉新紅《殷墟出土編鐃的考察與研究》，中央音樂學院 2001 音樂學碩士學位論文，第 12 頁。

編庸一組三件，置於槨內東側。形制花紋如前述，一側正鼓部的內壁上皆有銘文「古」字。

④安陽郭家莊殷墟二期偏晚 M26 出土一組 3 件編庸，無磬。

編庸一組三件，放在槨內西南角，銅鈴 1 件出自殉人腰部一側，平頂，半環形鈕，兩側有扉，一側扉殘，面飾回形紋。

⑤安陽郭家莊殷墟三期偏晚 M160 墓出土一組 3 件「亞窶止」編庸與石磬 1 枚。

編庸一組三件（見圖十一）位於槨室最東邊，青銅質，保存完好。形制和花紋相同，從北往南，大小依次排列。甬呈中空管狀，上粗下細，舞頂平，於內凹呈弧形，銑間徑大於舞修。鉦鼓部呈方形凸起，兩面均飾饕餮紋（或稱牛頭紋）。饕餮，圓角方形眼，有長條形瞳孔，眼上有長角，角尖上翹，似水牛角，咧口，大鼻梁，鼻梁上飾菱形紋。三件庸均有銘文，甬上為「中」字，鼓內壁有「亞窶止」三字。經測音，每鐃可發出二個音。「亞」為武職官名。

石磬一件，灰白色，體近梯形，底邊微彎，兩側近底邊處內折頂部一側有圓孔，係兩面鑽穿。通體磨光，表面光滑，兩側有剝落痕跡。

⑥安陽戚家莊殷墟三期偏晚 M269 出土一組 3 件編庸，無磬。

編庸一組三件（見圖十二）置於槨室北端，南北擺開，大者在北，口向上；中者位其南，口向北；小者在南，口向東側置。形制紋飾如前所述，柄內皆有朽木質物。

圖十二：河南安陽郭家莊 M160 墓出土亞窶止編庸

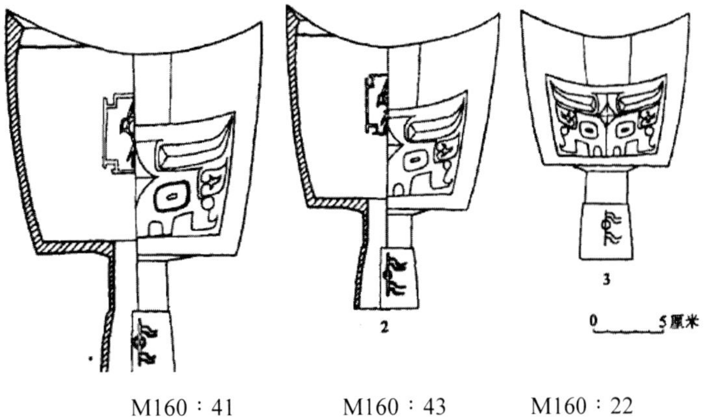

M160：41　　　　M160：43　　　　M160：22

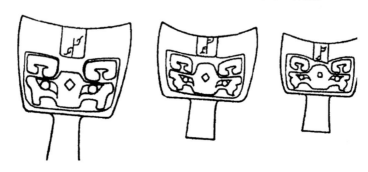

圖十三：河南安陽戚家莊 M269 出土編庸

　　殷商時期，編庸與磬同時出土的情況不是很多，可見當時還並未形成鍾、磬編列使用的形式。編磬除了婦好墓所出土的一組 3 件外，另有 1935 年於河南安陽殷墟一坑出土的編磬一組 3 件，爲學者于省吾舊藏〔註35〕。磬體上分別有銘文「永㲋（啟）」、「天余」、「永余」，形制基本上統一成倨頂形。殷商時期庸、磬編列使用，庸的數量多於磬的數量，若編庸數爲 3，磬爲特磬；作爲唯一編磬編庸之例的婦好墓出土庸、磬，編磬爲一組 3 件，編庸數量亦多於編磬，爲一組 5 件。西周以後，中原地區的編庸演變爲甬鍾，這個過程中亦受到了南方鎛的影響。此後，隨著生產力的發展，技術的進步，政治制度及禮樂制度的完善，青銅編鍾類的樂器獲得了高度發展，產生了甬鍾、紐鍾，且編縣的數量較殷商時期編庸之數爲多，西周時期鍾磬編縣的數量亦不相同，且用於編縣之磬的數量多於鍾，以下就西周墓葬、窖藏中出土金、石樂器的情況述考鍾磬編列使用的狀況。

（3）西周墓葬、窖藏出土金石樂器考古實物資料

表 2：西周墓葬、窖藏出土樂器組合（按時代或周王世系排序）

墓葬編號、窖藏	時代或周王世系	樂器組合
河南鹿邑太清宮長子口墓〔註36〕	成王時期	編庸 6（2 組）、磬 1
陝西寶雞竹園溝 M13弳伯墓〔註37〕	康王時期	庸 1

〔註35〕于省吾《雙劍誃古器物圖錄》，臺聯國風出版社，1979 年版，第 137～142 頁。

〔註36〕河南省文物考古研究所等《鹿邑太清宮長子口墓》，中州古籍出版社，2000 年版。

〔註37〕盧連成、胡志生《寶雞弳伯墓地》，文物出版社，1988 年版。

陝西寶雞竹園溝 M7強伯各墓〔註 38〕	康昭之際	甬鍾 3
陝西寶雞茹家莊 M1強伯𩓘墓〔註 39〕	昭穆之際	鐸 1、甬鍾 3
山西天馬村 M91 晉侯墓	厲王時期	甬鍾 7、磬約 20 件
山西天馬村 M64 晉侯邦父墓〔註 40〕	宣王時期	楚公逆鍾 8、磬 18、鉦 1
河南三門峽上村嶺 M2009 虢仲墓	宣王時期	甬鍾 8、紐鍾 8、磬 20
陝西扶風縣齊家村銅器窖藏	西周晚期	中義鍾 8、柞鍾 8
河南三門峽上村嶺 M2001 虢季墓〔註 41〕	宣幽時期	甬鍾 8、鉦 1、磬 10
山西天馬曲村 M93 晉侯墓	幽平時期	甬鍾 16、磬 10
河南三門峽上村嶺 M1052 虢太子墓〔註 42〕	西周末期或兩周之際	紐鍾 9、鉦 1

在樂器組合方面，西周早期既有承襲殷禮的一面，又有一定的發展變化。如作爲殷遺的河南鹿邑太清宮長子口墓葬出土編庸兩組，每組 3 件，且有特磬隨葬，金石組合全同殷制，但一墓出土兩組編庸則爲殷商所未見。另竹園溝 M13強伯墓仍有庸隨葬，但卻在甬上出現了旋。

1980 年 5 月，陝西寶雞市南郊竹園溝西周強伯各墓出土編鍾一套，有 3 件，是目前所見出土年代最早的一組西周編鍾。出現甬鍾，但仍承襲殷商編庸一組三件的舊制。西周早期樂器組合沿用殷禮的情況在成周地區似乎表現得更爲突出，如河南洛陽北窯 M14 西周早期墓葬出土的特磬、洛陽林校車馬坑出土的編庸等均爲其例。周滅商後，往成週一帶遷居殷遺民，其中亦包括殷舊貴族，他們在一段時間內仍然保持殷商禮樂傳統，不足爲奇。

整個西周階段出土的編鍾實例並不很多，加之盜掘盛行，許多出土編鍾成爲殘套，一些窖藏編鍾尚不能盲目確定爲成組編鍾，迄今爲止，西周編鍾中年代較爲可靠的，基本上都是西周中晚期以後的文物，目前確認爲整套出土並有測音數據的樂鍾以八件一組爲多，共有五例：

①1960 年，陝西扶風縣齊家村出土了兩組八件套的編甬鍾，時代爲西周

〔註 38〕《中國音樂文物大系》總編輯部：《中國音樂文物大系·陝西卷》，大象出版社，1996 年版，第 29 頁。

〔註 39〕同上，第 31 頁。

〔註 40〕山西省考古研究所等《天馬——曲村遺址北趙晉侯墓地第四次發掘》，《文物》1994 年第 8 期，第 4～21 頁。

〔註 41〕河南省文物考古研究所等《三門峽虢國墓地》，文物出版社，1999 年版。

〔註 42〕中國科學院考古研究所《上村嶺虢國墓地》，科學出版社，1959 年版。

後期前段製品，其中自銘「中義」作的一組編鍾雖紋飾稍有不同，但從形制、銘文、大小序列上可以確認爲是一組完整的編鍾，考古學家稱其爲「中義鍾」。〔註43〕

②同出於扶風縣齊家村出土窖藏樂器中的另外八件樂鍾，自銘爲「柞鍾」，並稱爲「大林鍾」，它們的形制相同，紋飾相似，器體大小相次，可確認爲應是一組編鍾。〔註44〕

③虢國編鍾：1990 年，河南三門峽市上村嶺虢國墓地 M2001 出土了一批樂器，其中包括一組八件的編甬鍾，時代爲西周晚期的虢季之墓。〔註45〕

④虢國編鍾：1990～1991 年，在三門峽虢國墓地 M2009 中又出土兩組編鍾，其中包括一組甬鍾和一組紐鍾，均八件成組。〔註46〕

⑤晉侯墓地（M93）所出兩組晉侯蘇鍾：1992 年 8 月，山西曲沃縣曲村鎮北趙村西南天馬——曲村遺址 8 號墓被盜掘，考古工作者隨即進行了搶救性發掘，從墓中出土了兩件劫後殘留編鍾及大量器物，經馬承源先生研究，兩件編鍾與上海博物館從香港搶救購回的十四件該墓被盜編鍾恰爲一套，經中國藝術研究院音樂研究所對其進行測音後發現，這是一套兩組（每組爲八件）音高大致相同的編鍾，十六枚鍾均爲甬鍾。〔註47〕

以上五例是迄今出土最爲完好並公佈了測音結果的八組成編的西周中晚期編鍾，雖然不可窺見先秦編鍾的全貌，但至少說明在西周中晚期諸侯一級的禮樂配置上，八件成組的樂鍾編配是一種常見通例。由此可以證明鄭玄和杜預編鍾編列之數爲八的說法是正確的。五例編鍾，除例一、例二爲窖藏出土樂器之外，其他三例均爲西周諸侯國君之墓中的隨葬品，能較好的說明文獻中所載諸侯樂縣的情況。目前雖然周王的編鍾僅有屬王所作的𫗧鍾和五祀𫗧鍾各 1 件，但從其形制和紋飾與西周時期完整組合的編鍾相同推測，周屬王的編鍾很可能也是 8 件組合。據此以推，西周中期之後，從周王到高級貴族，編鍾的組合一般都以 8 件爲常制。這種情況似在暗示，編鍾所

〔註43〕陝西省博物館等《扶風齊家村青銅器群》，文物出版社，1963 年版。

〔註44〕《中國音樂文物大系》總編輯部：《中國音樂文物大系‧陝西卷》，大象出版社，1996 年版，第 56 頁。

〔註45〕見《中國文物報》1991 年 1 月 6 日。

〔註46〕侯俊傑等《三門峽虢國墓地 2009 號墓獲重大考古成果》，《光明日報》1999 年 11 月 2 日第 2 版。

〔註47〕陳荃有《中國青銅樂鍾研究》，上海音樂學院出版社，2005 年版，第 55 頁。

體現的西周樂制可能比較統一，這種統一的樂制與嚴格的禮制形成鮮明對照。它一方面說明編鍾的組合必須符合一定的音階結構，以適應演奏具體的樂曲，充分體現編鍾的實用價值；另一方面則說明西周編鍾所呈示出的樂制在等級制度上並不明顯，原因是受到音樂實踐的制約，而不可能因編鍾所有人等級的差別而隨意增減編鍾的數目，那樣將無法滿足音樂演奏的需求。〔註48〕

後三例墓葬樂器，編鍾的編列以「8」為基本單位，形成兩種編配方式，即八件組成套或八加八件組成套。但是，與其同出的編磬的編列方式卻有所不同。河南三門峽市上村嶺虢國墓地 M2001 中與八件編鍾同出的是十件編磬；三門峽虢國墓地 M2009 中與八加八編鍾同出的是十加十編磬，即一組為八件甬鍾加十件編磬，另一組為八件紐鍾加十件編磬；山西曲沃天馬一曲村遺址 8 號墓出土的是一組八加八十六枚甬鍾，編磬僅發現八件（此墓曾被嚴重盜掘，石磬的數量不能妄下定論）。由此可見，西周中期以後，隨著樂器製造的發展，樂器組合發生了重大改變。編鍾的組合以 8 件為常制，並配以 10 件或 10 件左右為一組的編磬，異於殷商時期庸三磬特的形式。西周晚期，又有新興的鉦、鐸和紐鍾等樂器加盟。與商代樂制相比，西周的樂器品種增加，組合件數增多，音樂性能自然得到提高。

鄭玄與杜預「堵、肆」之說有關「肆」中編鍾的數量是相同的，為十六枚，鄭說編磬同為十六枚，杜說中未言編磬之數。肆有兩虡，若如杜說，則十六枚鍾應分列二虡之上，一虡有八枚鍾。河南三門峽市上村嶺虢國墓地 M2001 與三門峽虢國墓地 M2009 中編鍾編磬的配置情況，前者為八件鍾加十件磬，後者為二組八件鍾加十件磬，後者倍之前者。杜預說鍾磬之堵、肆應是此類。山西曲沃天馬一曲村遺址 8 號墓中是兩組八件編甬鍾，共十六枚，又與鄭說縣之「肆」，一虡十六枚鍾相合。鄭玄說編磬之數與編鍾之數同，都為十六枚，堵則鍾磬同為八枚，與上述兩例編鍾為八件、編磬為十件；鍾為十六枚、磬則為二十枚顯然不同，且 M2009 十六枚編鍾，八枚為甬鍾、八枚為紐鍾，分作二編，不能同在一虡之上，與鄭說一虡十六枚也不相符合。山西曲沃天馬一曲村遺址 8 號墓中僅見磬八枚，由於其墓被嚴重盜掘，具體的數量我們已經不可知了。但若這八枚磬是一組，就能和鄭說鍾八磬八同在

〔註48〕方建軍《商周時期的禮樂器組合與禮樂制度的物態化》，《音樂藝術》2007 年第 1 期，第 41～51 頁。

一虡爲堵相合，而其墓中十六枚編列成編的甬鍾則應和十六枚編磬分列兩虡成肆。

由此可見，西周鍾磬編列可分作兩類：一類如杜預所說，十六鍾分兩虡成肆，每虡八鍾，磬或爲十枚，大抵與鍾上下成列，鍾磬不同數。另一類大抵如鄭玄所說，十六鍾共一虡成肆，肆中另一虡大抵另有磬十六枚，半之以鍾八磬八同虡而爲堵，鍾磬同數。

2、鍾、磬編列位置考

鍾、磬編縣陳之位，見於《儀禮·大射禮》：「樂人宿縣於阼階東，笙磬西面，其南笙鍾，其南鏄，皆南陳。建鼓在阼階西，南鼓。應鼙在其東，南鼓。西階之西，頌磬東面，其南鍾，其南鏄，皆南陳。」〔註49〕其中笙磬、笙鍾、鏄與頌磬、鍾、鏄分別設於阼階東與西階之西，東西相對。《周禮·小胥》云：「凡縣鍾磬，半爲堵，全爲肆。」此處縣之笙磬、笙鍾與頌磬、鍾均爲編鍾磬，當是東西鍾磬縣各成一肆，磬一虡、鍾一虡，再加上鏄，依次排列。從《儀禮·大射禮》之文我們只能知道磬、鍾、鏄是由北向南列於階旁，其具體位置爲何呢？

古代學者對金石之樂排序提出意見的有元代學者敖繼公與明代學者郝敬，二氏之說如下：

> （明）郝敬：「西面，謂（笙）磬簴縮陳向西也。南，笙磬之南。笙磬笙鍾，小而編縣，各十有六成一簴。鏄，大鐘，特懸。笙鍾與鏄，其簴皆橫陳向南。」〔註50〕

郝敬認爲笙磬面西，縮陳，即笙磬豎列平行於阼階向西，笙鍾在笙磬之南，鏄在笙鍾之南，笙鍾與鏄之虡南陳，橫陳向南，笙磬縮陳向西，笙鍾、鏄橫陳向南，成直角。

> （元）敖繼公：「與磬外面爲股，內面爲鼓，西面者，鼓在西而擊者東面也。鍾鏄皆南陳亦以其北上也，其面有二，故不言西面而擊者亦與磬同也。」〔註51〕

敖繼公以磬「股、鼓」之處當是，外面爲股，內面爲鼓，鼓爲擊磬處，笙磬面西，鼓面在東，擊者在磬東面。鍾鏄皆南陳，東西縣皆以北爲上，鍾磬有

〔註49〕《儀禮注疏》卷一六，第347～348頁。
〔註50〕（明）郝敬《周禮完解》卷六，《續修四庫全書》本。
〔註51〕（元）敖繼公《儀禮集說》卷七，中華再造善本。

二面，不言擊面，擊鍾鎛者與磬同面。

1977 年 9 月，在湖北隨縣（今隨州市）城郊擂鼓墩附近的東團坡，發現一座戰國古墓：湖北隨縣擂鼓墩 1 號墓，即曾侯乙墓。〔註 52〕其中出土了大量的樂器，為我們研究先秦樂器的情況提供了可貴的實物資料。墓葬共分四室，與樂器的陳列有關的是中間最大一室和東邊次大一室；中間一室大致為「堂」，東邊一室大抵為「室」。

圖十四：曾侯乙墓編鍾、編磬方位圖示

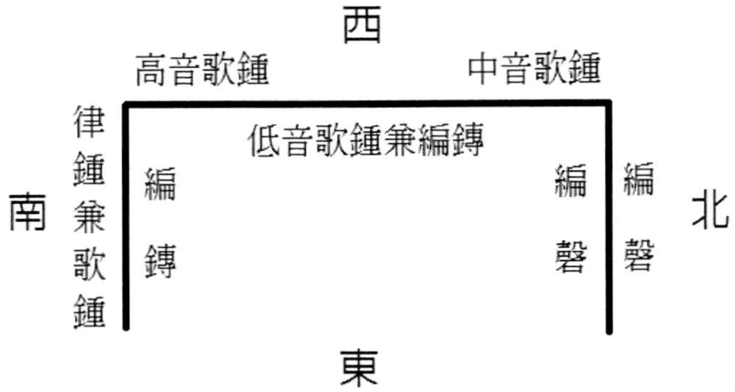

曾侯乙墓樂器大部分出自墓中室，金、石、革樂器計有編鍾六十五件，鍾架二副，有紐鍾、甬鍾、鎛鍾三種，分上、中、下三層八組：上層為三組紐鍾，中層為三組甬鍾，下層為二組大型甬鍾，另加鎛一件；編磬三十二件，二層，每層約十六枚，分兩組：一組六件，另一組十件；鼓三件。歐、絃樂器計有瑟七件，笙四件、排簫二件、篪二件，共十五件。出土時，它們基本保持著下葬時的位置和狀態。中室南側邊上是一些禮器、飲食器，其前是一排三層編鍾，鍾架東頭有一建鼓，鼓架座上垂直豎一根長杆，鼓腔從中間對穿過杆，鼓面朝南。編鍾靠西壁和南壁立架陳列，多數鍾仍舊懸掛在鍾架上，兩根彩繪撞鐘棒斜靠在鍾架上。靠西壁之鍾虞西端與靠南壁之鍾虞東端成直角，南壁鍾架上依然有三層編鍾，室正中長列為西面鍾虞，短列是南面鍾虞。編磬靠北壁立架，多數磬體保持著原來的懸掛形式和排列關係。編磬出土時，沿中室北壁呈單面雙層結構立架陳放，面南，西鄰編鍾長架之北段，北距槨牆 80cm。建鼓、編鍾和編磬之虞組成一長方形的三條邊

〔註 52〕湖北省博物館《曾侯乙墓》，文物出版社，1989 年版。

（其中一條長邊）。中室內另有吹奏樂器：四件笙、二件排簫（十三管異徑排簫）、二件篪，閉管，橫吹，吹孔開口向上，五個指孔開口向外，與吹孔成90°角；絃樂器：七張二十五弦瑟；另有柄小鼓一件。這些樂器在實際演奏時應列於室之東面，組成長方形的另一條「邊」。這樣一個四邊俱全的長方形樂隊，大抵爲西周禮樂制度規定只有天子能用的所謂「宮縣」。不過從它的排列來看，還是考慮到把高低音分開以及突出當中主奏旋律的樂器的。曾侯乙編鍾的音域跨越達五組，且其中間約三組十二音齊全。所有曾侯乙墓出土的樂器無不製作精緻，性能良好，達到了驚人的高度，有些甚至連今人都無法企及。

東邊室中放墓主棺槨一具及殉葬女子棺木八具，並有爲其他樂器調音用的「均」（今人稱爲「均鍾」）一件，十弦琴一件，二十五弦瑟五件，笙二件，加上一件懸鼓。這些應當是在「室」中奏「房中之樂」之樂器樂隊，無鍾磬，由吹奏樂器笙、彈奏樂器瑟爲主組合而成。

從曾侯乙墓編磬與編鍾之位可以發現，編磬靠北朝南，西壁編鍾靠西朝東，編鍾編磬之虡成直角，與《大射》樂縣笙磬與笙鍾擺放位置相似。我們再來看曾侯乙編磬「鼓部」的狀況，磬出土時坐北朝南，各磬之股部在北，鼓部在南，演奏者當席南面北而擊。《大射禮》中笙磬坐東朝西，敖氏釋笙磬鼓部在西，擊者在磬東，面西。此正與曾侯乙編磬鼓面相同，擊磬之法應如敖氏所言，阼階東笙磬面西，鼓部在東，擊者席磬東，面磬鼓，即擊者面西。笙磬之虡東端鄰笙鍾之西端，鑮設於笙鍾之南，與笙鍾橫陳南陳。西階之西之頌磬、鍾與鑮應與東縣相對，即頌磬鼓部在西，擊磬者席磬西，面磬鼓，即擊者面東。頌磬之虡西端鄰鍾虡之東端，鑮設於鍾之南，與鍾橫陳南陳。

第二節 《儀禮》諸禮樂縣考

一、樂縣的場所

筆者據《儀禮》記樂之四章《鄉飲酒禮》《鄉射禮》《燕禮》《大射禮》所列五禮鄉飲酒禮、鄉射、燕禮、納賓禮、大射禮中使用的樂器及奏樂的位置歸納如下：

表3：《儀禮》五禮用樂情況說明

禮	鼓	笙　管	笙　管	磬	鍾	設器場所
鄉飲酒禮	阼階之西	笙	笙	階　間	無	堂、階
鄉射禮	西階東	笙	笙	阼　階	無	堂、兩階
燕　禮	西階東	笙	笙	有	有	室、兩階
大射禮	兩階間	堂　邊	堂　邊	兩階外	兩階外	堂、兩階
納賓禮	有	管與笙	管與笙	有	有	庭

　　1、鼓的位置，《鄉飲酒禮》《大射禮》二章有明文記載，《鄉射禮》《燕禮》載鼓位處，於席工之位，二章中，工皆席於西階上，少東，工之相者在工右，面鼓，鼓筆者以為此二禮之鼓當設於西階東。

　　2、四章中僅有《大射禮》一章言「簜」即管的位置，而其他四禮只於奏樂時可見歈奏樂器。且笙無需設於縣，由歈者所攜，奏樂時入縣。

　　3、《燕禮》一章無樂縣之文，有關燕禮、納賓禮之樂使用樂器的種類及構成，是筆者參考諸家之說，在考察樂奏的情況下所進行的推衍。但僅可知器，不能確定樂器陳設的位置，故此二禮鼓、磬、鍾之條列下，無標明具體位置（燕禮鼓之位可知）。

二、樂縣屬性辨析

1、《大射禮》樂縣

　　《大射禮》是天子、諸侯在舉行大祭司前為選助祭之人而與其臣下舉行的射禮，在郊外學宮中舉行，樂縣設於東、西兩階〔註53〕。與上節所引《詩・周頌・有瞽》之樂縣位於庭中不同，階上便是堂，與堂相比，堂、階間是堂上，兩階及階邊均為堂下，故知此樂縣為設於堂、階、堂下樂器的排列之序。鄭司農注《周禮・春官・小胥》「諸侯軒縣」云，軒縣三面，形曲；鄭玄云軒縣為王宮縣去南面而得，有東、西、北三面。賈公彥疏：「先鄭雲軒縣判縣特縣，皆直云去一面，不辯所去之面，故後鄭增成之也。所引《春秋傳》者，按成二年《左氏傳》云：『衛孫良夫將侵齊，與齊師遇，敗。仲叔於奚救孫桓

〔註53〕階上、室外為堂，為設席行禮之處。見錢玄《三禮通論》，南京師範大學出版社，1996年版，第168頁。

子，桓子是以免。既，衛人賞之以邑，辭，請曲縣、繁纓以朝，許之。仲尼聞之曰：惜也，不如多與之邑。惟器與名，不可以假人。』注云：『諸侯軒縣，闕南方。形如車輿，是曲也。』引之者，證軒爲曲義也。玄謂軒縣去南面，避王也。若然，則諸侯軒縣三面，皆闕南面，是以《大射》云：『樂人宿縣於阼階東，笙磬西面，其南笙鍾，其南鑮，皆南陳。』『西階之西，頌磬東面，其南鍾，其南鑮，皆南陳。』又云：『一建鼓在西階之東，南面。』注云：『言面者，國君於其臣，備三面爾，無鍾磬，有鼓而已。其爲諸侯，則軒縣。』是其去南面之事也。」〔註54〕

　　《大射禮》樂縣三面，東面爲阼階東，有笙磬、笙鍾、鑮；西面爲西階西，有頌磬、頌鍾、鑮、建鼓、朔鼙；北爲階間，即阼階西西階東，有阼階西一建鼓、應鼙，西階東一建鼓。除此之外，另有簜位於階間建鼓之間，鼗倚於頌磬。東、西、北三面，東面有鍾、磬、鑮，無鼓；西面鍾、磬、鑮、鼓俱有；北面僅有鼓，無鍾、磬、鑮。諸侯軒縣之東、西、北三面所縣之器應相同，鍾、磬、鑮、鼓均有，爲何會出現東、北兩面樂器不全的情況？諸器（包括簜、鼗）陳列的情況又是怎樣的呢？曾侯乙墓葬所顯示的編鍾編磬之列呈「冂」，即爲曲形，與先鄭所言軒縣之形相同，但曾侯乙墓曲縣闕東面，而大射三面縣所闕爲南面，所闕之面不同。曾侯乙墓「曲縣」僅有鍾磬，大射三面縣鍾磬鼓管皆有，此二類「曲縣」有何區別與聯繫呢？歷代學者對《大射禮》三面縣的屬性有諸多意見，不盡相同。筆者擬先依據先儒之說探討《大射禮》東、北縣所陳樂器不同的原因，再探討《大射禮》三面縣與曾侯乙墓「曲縣」的性質及屬性。

　　（1）《大射禮》東縣

　　大射東縣設於阼階東，有笙磬、笙鍾、鑮，皆以北向南，依次陳列。諸儒皆以爲若是諸侯軒縣正位，東縣鑮之南還應有一建鼓與應鼙，如西縣所設。但此建鼓與應鼙移至阼階西，應鼙在右，建鼓在左。對於此變位的解釋，有三種：

　　①東漢鄭玄認爲鼓鼙在東縣以爲君，君之位近阼階西，故將其移於北縣，爲順君面故也。他說：「鼓不在東縣南，爲君也。」〔註55〕

　　②宋陳暘認爲由於《大射》爲射禮，耦次設在洗東南，而洗設於阼階東南〔註56〕，故移鼓鼙於阼階西。他說：「建鼓應鼙不設於東縣之南者，以耦次

〔註54〕《周禮注疏》卷二三，第712頁。
〔註55〕《儀禮注疏》卷一六，第348頁。
〔註56〕見《大射禮》：「設洗於阼階東南。」（《儀禮注疏》卷一六，第352頁。）

在洗東南故也。」〔註57〕

③元敖繼公認爲東縣鼓鼗之位本在鎛之南，爲了避君揖卿大夫及主人之位（皆在阼階東南即鎛之南）而將東縣鼓鼗移於阼階西。他說：「此鼓鼗乃在東縣南者也。以君當於阼階東南揖卿大夫，且主人之位亦在洗北，皆當鎛之南，故移鼓鼗於此，以辟之位也。鼓鼗若在東縣南，則鼓在左鼗在右，今設於此乃反之者，明其變位也。」〔註58〕

後世學者對此三說各有闡發，以下分列述之：

(清)乾隆十三年敕撰《欽定儀禮義疏》：案此鼓鼗所以移設之，故敖氏得之，陳說非也。耦次在洗東南，距階遠矣，何慮其相妨乎，此固以辟君揖卿大夫及主人之位。然移之，必於阼階西者，軒縣正法，其北面亦當有磬、有鍾、有鎛、有鼗、有鼓，自東而西。今惟存一鼓在西階東，故移此鼓於此，以與彼鼓爲對，乃得整齊也。〔註59〕

(清)孫希旦：人君樂縣之位，惟見於此。然人君軒縣，而大射以辟射故，惟西方之縣皆備，而東方與階間之縣則異於常法。其建鼓、應鼗在阼階西者，本在東方鍾、鎛之南，與西方之建鼓、朔鼗相對者也，因辟射位而移之於阼階之西。〔註60〕

曹元弼：蓋諸侯當軒縣，每面皆有磬鍾鎛鼓，今北方無磬鍾鎛者，降尊以就卑也，然猶設一鼓以備三面，明君禮也。既有一建鼓在西階東，而阼階西近君不可反空其位，因移東縣之鼓鼗於此以當之，明其爲君而移使階間，仍若全縣者。然禮之隆殺得宜，化裁無憾如此。繼公全沒禮意，妄謂以君當降立阼階東南，主人位在洗北，皆當鎛南，故移鼓於此，不知主人洗之位在東縣之西，並不在鎛南，何妨於鼓鼗而必遷之乎？至公降之位則更相去絕遠，何避之有，紕繆至此。〔註61〕

《欽定儀禮義疏》認爲陳暘說爲誤，耦次在洗東南，與階相距甚遠，不可謂避之，應如敖說爲避君揖卿大夫及主人之位而移鼓鼗之位於阼階西。移於阼階西（即北縣）的原因在於北縣僅有西階東一建鼓，將此建鼓與應鼗移於此

〔註57〕　(宋)陳暘《樂書》卷六〇，《四庫全書》文淵閣本。
〔註58〕　(元)敖繼公《儀禮集說》卷七，中華再造善本。
〔註59〕　(清)乾隆十三年敕撰《欽定儀禮義疏》卷一三，《四庫全書》文淵閣本。
〔註60〕　(清)孫希旦《禮記集解》卷二四，中華書局，1989年沈嘯寰、王星賢點校排印本，第661頁。
〔註61〕　曹元弼《禮經校釋》卷八，《續修四庫全書》本。

處與其相對，兩相備爾。

孫希旦與鄭玄之說意見相同，鼓鼙移位爲辟射位。

曹元弼反對敖氏之說，認爲敖繼公之說無禮意，主人洗之位在東縣之西，而公降之位更加遠，不可能是爲避主人位而移東縣之鼓鼙，當是爲君而將鼓鼙移至階間。

筆者認爲，諸家之說各異，實爲一。由於耦次在洗東南，是東縣鼓與應鼙之處，故將建鼓與應鼙移至阼階西以辟之；另西階之東有一建鼓，與阼階西建鼓與應鼙同列於階間，爲北縣，北縣近堂，即近於君，近君之縣不可一邊有鼓，一邊卻無，而從阼階東移來之鼓正好能補這一空位，正合禮義。由此可見，東縣鼓鼙移位既有避射位之用，又有明君之禮義，兩相備爾。

（2）《大射禮》北縣

諸侯軒縣爲王宮縣去南一面而得，即東、西、北三面均同，應都備有鍾、磬、鎛、鼓。但是《大射禮》樂縣三面縣，北面縣僅有一建鼓（不包括從東縣移至北面一建鼓和應鼙），無軒縣各面應備之鍾、磬、鎛。同是三面，《大射禮》樂縣是否爲軒縣呢？若是軒縣，爲何北縣僅存鼓呢？

> 《儀禮・大射禮》「一建鼓在西階之東，南面」鄭玄注：「言面者，國君於其群臣，備三面爾。無鍾磬，有鼓而已。其爲諸侯則軒縣。」賈公彥疏：「言國君合有三面，爲辟射位，又與群臣射，闕北面。無鍾磬鎛，直有一建鼓而已。若與諸侯饗燕之類，則依諸侯軒縣，三面皆有鼓與鍾磬鎛。」〔註62〕

鄭玄認爲大射爲國君與群臣射之禮，故特設三面縣，北面僅縣一建鼓，無鍾磬；若是國君與諸侯射所備三面縣即是諸侯軒縣。賈公彥與鄭玄之說有所不同，他認爲闕北縣的原因不僅是國君與群臣射，還有避射位之故，並指出，不止是國君於諸侯射有諸侯軒縣，國君與諸侯饗燕之禮亦當設諸侯軒縣，三面縣有鼓有鍾鎛有磬。鄭、賈二氏對於北縣闕的原因解釋不同，但都認爲諸侯軒縣之北面應是鍾、磬、鎛、鼓均有。

關於大射樂縣是否爲軒縣，另有學者提出不同意見。

> （宋）陳暘：「北位無鍾磬，以君於其臣備三面而已，非軒縣也。」〔註63〕

〔註62〕《儀禮注疏》卷一六，第 349 頁。
〔註63〕（宋）陳暘《樂書》卷六〇，《四庫全書》文淵閣本。

（宋）陳祥道：「(《儀禮·大射禮》)此於群臣備三面而已，非
軒縣也。先儒以爲宮縣四面皆鍾磬鎛，軒縣三面亦鍾磬鎛，判縣有
鍾磬而無鎛，特縣有磬而無鍾，《大射》辟射位，北方鼓而已。此說
是也。然則諸侯非《大射》，則阼階之建鼓蓋在東而南陳應鼙在其北，
與朔鼙相應，然則《大射》阼階北方之鼓非其常位也。《禮器》曰『廟
堂之下，縣鼓在西，應鼓在東』是也。」〔註64〕

宋代二陳皆同意鄭玄之說，認爲《大射》樂縣爲君與臣射特備三面，並明確指出
此非是軒縣。陳祥道更是指出若爲與諸侯射，不僅北縣闕之鍾磬鎛需要還原，且
設於阼階西的建鼓與應鼙應還原至東縣，與西縣的建鼓與朔鼙相對，《大射》所
記阼階西建鼓與應鼙之位，是《禮記·禮器》所記廟堂之下縣鼓與應鼓之位。

（明）郝敬：「按東笙西頌皆列磬鍾，東階之西，西階之東，列
鼓鼙皆南向，此即《周禮》所謂諸侯軒懸者也。鄭謂諸侯於其群臣
無三面，非也。」〔註65〕

郝敬認爲《大射禮》樂縣即是諸侯軒縣，但是其僅據三面均有樂器判定其爲
軒縣，沒有解釋爲何《大射禮》三面縣有不同，不免過於武斷，不足以信。

（清）姚際恒：「笙磬至應鼙皆設於堂東階，頌磬至鼗皆設於堂
西階，而東西階有各分東西，位次井然。其西多一建鼓與鼗與鼙，
鍾不言頌，朔鼙不言東鼓，後建鼓言南面不言南鼓。……鼓云南面
以配西面東面。鼗云西紘以配南鼓東鼓，無非如緒。西兩建鼓，故
皆云一以別之。若謂言面，見無鍾磬有鼓，則正須言鼓，何爲言面。
若謂備三面，則前兩建鼓亦須言面，何爲言鼓，皆未可通。《周禮》
軒縣之說不可據。」〔註66〕

姚際恒提出新說，他認爲《大射禮》「樂人宿縣」之樂縣不爲軒縣，而是以東
西兩階爲兩方所組成的，各階又各有東西，樂器排列位次井然。姚氏之說即
不言三面縣，也不言二面，陳於《大射禮》中的樂器是按照東西階排列。殊
不知，樂縣不僅是陳於庭中，在堂下也同樣適用，只是方位有所轉變，堂下
之東位爲阼階東，西位爲西階西，北位爲兩階間，即阼階西至西階東。姚氏
不考樂縣方位之義而將堂下樂縣妄分作東西二階，有誤。

〔註64〕 （宋）陳祥道《禮書》卷一二七，《四庫全書》文淵閣本。
〔註65〕 （明）郝敬《儀禮節解》卷七，《續修四庫全書》本，第85冊。
〔註66〕 （清）姚際恒《儀禮通論》卷七，《續修四庫全書》本。

由此可見，《大射禮》之樂縣即不是分列東西階之縣，也不是諸侯軒縣，
僅為三面縣。

（3）《大射禮》三面縣的性質

關於大射禮所設三面縣的性質，前文已經提及有鄭、賈二說，鄭玄認為
「三面縣」為國君與群臣射之禮所設之縣，國君與諸侯射備諸侯軒縣。賈公
彥認為「三面縣」有二種性質：其一即鄭氏所說為國君與群臣射禮所設之縣，
另此縣有避射位的形制。國君與諸侯射禮、國君與諸侯饗燕之禮設諸侯軒縣。
其後亦有其他學者提出對此問題的看法，以下分述之。

　　（元）敖繼公：「國君合有三面樂，東方、西方與階間也。階間
　　之縣，東上其鼓則西上，與在東方西方者之位相類也。大射盛於燕
　　亦備用樂，乃以辟射之，故去其階間之縣，但設其鼓於故位而已。
　　上言南鼓、東鼓，惟此言南面，蓋闕中縣則不擊此鼓，故異其文以
　　見之。此鼓不擊乃設之者，明有為而去其縣非禮殺也。」〔註67〕

敖繼公同意賈說，認為是由於避射位而去北縣，僅設一鼓。但是他認為北縣
之鼓僅有代北縣之意，不擊，不知其說之據為何，存疑。

　　（清）乾隆十三年敕撰《欽定儀禮義疏》：「存疑鄭康成曰國君
　　於其群臣備三面爾，無鍾磬有鼓而已。案樂之差次，以用樂者之尊
　　卑而殊，不以賓客之尊卑也，此闕一縣，自為辟射，即兩君之《賓
　　射》亦宜然矣。且大射重於賓射，謂大射闕而賓射備可乎。至屆射
　　時而遷樂，所遷者，工與瑟而已，不聞並其縣而遷之也。」〔註68〕

《欽定儀禮義疏》對鄭玄所說《大射禮》為國君於群臣設三面縣有疑義，認
為樂之等差是由用樂之人的等級決定的，與賓客的尊卑無。《大射禮》樂縣闕
北縣的原因是為避射位，且兩君《賓射》樂縣之位也與《大射禮》樂縣同闕
北縣。射時遷樂，所遷之樂為設於縣以外的樂器所奏之樂，如彈絃樂器瑟及
歌工之類，非為用樂縣中鍾磬鎛鼓之類的樂器所奏之樂。

　　曹元弼：「《鄉飲》大夫主其禮而從士制特縣，此《大射》為
　　擇士，序賓以賢，亦當降尊就卑從大夫制，但君不可全同於臣，
　　故特設西階東之鼓以當一，是君與群臣之禮，則然非專為避射位
　　也。……為諸侯則軒縣者，饗燕諸侯依軒縣之常，與諸侯射則移

〔註67〕（元）敖繼公《儀禮集說》卷七，中華再造善本。
〔註68〕（清）乾隆十三年敕撰《欽定儀禮義疏》卷一三，《四庫全書》文淵閣本。

> 北縣於東，三縣備亦軒縣也。《賓射》雖輕於《大射》，然《大射》
> 與群臣射，《賓射》與鄰國君射，其禮自不能無異。《鄉射記》曰：
> 『於竟，則虎中龍牖』其可見者也。禮以既改縣位，當依君於臣
> 之禮也，諸家説皆非。〔註69〕

曹元弼以《鄉飲酒禮》爲大夫主禮故降從士制而言由諸侯掌之大射之禮，本
當降從大夫制，樂縣設二面；但《鄉飲酒禮》爲臣之禮，《大射禮》爲君之禮，
君禮不能全同於臣之禮，《大射禮》是君於臣射之禮，除東西判縣之外，於北
縣特設一鼓，非僅爲避射位而設一鼓於北縣。對於何時用諸侯軒縣的問題，
曹氏認爲應當在君與諸侯射及王饗燕諸侯時設諸侯軒縣，而《賓射》爲國君
與鄰國國君射之禮，當依君於臣之禮，不用軒縣。

《大射禮》三面縣的性質，諸儒之説各有其據，無法辨明。關於《賓射》
是否用軒縣，北縣闕與不闕的問題，經中無明文記載，各家各以意揣，難定
孰是，但可以肯定的是，《大射禮》所設樂縣爲三面縣，不爲諸侯軒縣。而《大
射禮》爲國君用與群臣射之禮，禮的性質可以確定，爲諸侯之禮。

（4）曾侯乙墓曲縣的性質

曾侯乙墓出土的六十四件編鍾中，除十九件紐鍾外，四十五件甬鍾的鉦
部均有「曾侯乙乍時（或作寺）」的銘文。總計墓中出土的器物，「曾侯乙」三
字出現二百零八處。「曾侯乙」應當就是此墓的墓主，其身份爲諸侯國國君。
據《小胥》所言，諸侯軒縣，曾侯乙當用軒縣，墓中縣之鍾磬成「冂」，爲曲
形，與先鄭後鄭所言軒縣之形相同。按鄭玄注軒縣，當是闕南面，但曾侯乙
墓鍾磬之縣闕東面。《周禮》所記爲周王朝禮，曾侯乙爲曾國姬姓諸侯，此當
是戰國時期諸侯分裂，所導致的王、諸侯之禮的差異。

東周時期，今湖北境內列國林立。《左傳・僖公二十八年》有云：「漢陽
諸姬，楚實盡之。思小枯而忘大恥，不如戰也。」杜預注：「水北曰陽。姬姓
之國在漢北者，楚盡滅之。」〔註70〕從此可見，至春秋中期，江漢一帶的姬
姓諸侯先後爲楚國所併吞，楚人尚東，故闕北面縣。

曾爲姬姓封國，本不必遵循楚俗，但曾國地近楚域，曾、楚關係相當密
切。曾侯乙墓中最大的一枚鍾，即置於曲尺形鍾架長邊正中（下層）的「鎛」，
爲楚王贈給曾侯乙的。「鎛」上銘文清楚地記載著「楚王酓章乍曾侯乙宗彝，

〔註69〕曹元弼《禮經校釋》卷八，《續修四庫全書》本。
〔註70〕《春秋左傳正義》卷一六，第 514 頁。

窶之於西陽」。從音律上分析，這裡原來掛的應是一件甬鍾，但爲了陳「鎛」，特將鍾架短邊下層外端一件最大的甬鍾取出而將鎛置於此，葬於墓中。這在某種程度上亦體現了曾從屬於楚的關係，受楚文化和楚習俗的影響，曾人尚東是完全可以理解的。

從曾侯乙墓的墓坑佈局和器物擺放位置看，「尚東」的意識是很明顯的。墓坑按正方向挖掘，分中室、東室、西室和北室。在中室中的編鍾、編磬以及笙、排簫、瑟等樂器恰好是面東排列。

據湖北省博物館馮光生領導的古代音樂研究室的研究表明，全套曾侯乙編鍾包容著不同的定音基準、不同的標音體系，鍾組間結構彼此重疊。由此可知，此套鍾在使用時並非整套一起使用，當據使用之禮的不同，分組而奏。從曾侯乙墓出土時編鍾編磬之縣的位置可知，遵循了「諸侯軒縣」的原則，即諸侯用「曲縣」，但有關鍾磬使用於禮的具體情況，我們已無法得知了。

曾侯乙墓爲曾國姬姓國君，所用樂縣爲諸侯軒縣，有三面，由於曾侯乙所在時期，曾國爲楚國的附屬，故曾諸侯軒縣遵循楚俗，尚東，其縣三面分別爲南、北、西。

2、《燕禮》樂縣、《鄉射禮》樂縣與《鄉飲酒禮》樂縣

《儀禮》中記樂之禮有四章，文中詳細的記載了各禮用樂的程序，且各等級樂縣制度在其中亦可得以管窺。如《儀禮・大射禮》所記「宿縣」，爲三面縣，雖此三面縣的性質尚不能確定，但可以確定的是，《大射禮》三面縣並非爲諸儒所稱三面皆縣鍾磬鎛的諸侯軒縣，對我們認識和瞭解諸侯軒縣樂器陳列的情況提供了很大的幫助。《燕禮》《鄉射禮》《鄉飲酒禮》三禮所用樂之樂器、樂節、樂章情況兩兩相似，《燕禮》《鄉飲酒禮》樂之四節歌、笙、間、合俱有，《鄉射禮》無歌笙間，僅有合樂《二南》；《燕禮》之縣有鍾、磬、鼓，《鄉飲酒禮》《鄉射禮》二禮之縣僅設磬、鼓。大抵此三禮樂縣情況與《小胥》「卿大夫判縣、士特縣」有關。

（1）卿大夫判縣、士特縣與燕禮、鄉射禮、鄉飲酒禮樂縣

卿大夫判縣、士特縣，鄭玄注：「判縣左右之合，又空北面。特縣縣於東方，或於階間而已。」〔註71〕即判縣有東、西二面，較諸侯軒縣少北縣一面，而士特縣僅有一面，或縣於東，或設於階間。卿大夫、士又分作天子之卿大

〔註71〕《周禮注疏》卷二三，第 712 頁。

夫、士及諸侯之卿大夫、士，兩者樂縣的區別在於縣鍾磬之肆與堵的區別，即諸侯之卿大夫、士樂縣所懸鍾磬半於天子之卿大夫、士，天子卿大夫判縣東、西兩面各有鍾磬，諸侯之卿大夫判縣西面縣鍾、東面縣磬；天子之士特縣鍾磬一肆，諸侯之士僅縣磬而已。鑮，按賈公彥疏云：「天子諸侯縣皆有鑮，今以諸侯之卿大夫士半天子之卿大夫士言之，則卿大夫、士直有鍾磬無鑮也。若有鑮，不得半之耳。」〔註72〕《左傳・襄十一年》：「鄭人賂晉侯，……歌鍾二肆及其鍾磬。晉侯以樂之半賜魏絳，……魏絳於是乎始有金石之樂，禮也。」孔穎達正義云：「以魏絳蒙賜，始有金石之樂，知未賜不得有也。賜之而云『禮也』，知禮法得賜之也。」〔註73〕由以上二則材料可知，諸侯之大夫，未蒙君賜，在私家不得有鍾磬與鑮之樂，若有之，蓋當出於特典。據賈公彥說，卿大夫以下皆無鑮也，又按《左傳》所記魏絳爲大夫若要用金石之樂，需賜之乃備，可知大夫以下樂縣亦無鑮。

近代學者王國維不同意鄭玄卿大夫、士的樂縣之說，認爲僅有天子諸侯有鍾，大夫、士無鍾，僅有鼓。王氏在其《釋樂次》一文中說：「凡金奏之樂用鐘鼓，天子諸侯全用之，大夫、士鼓而已。」〔註74〕其依據爲《鄉飲酒禮》「賓出，奏陔」，鄭玄注：「《陔》，《陔夏》也。陔之言戒也，終日燕飲，酒罷，以《陔》爲節，明無失禮也。《周禮・鍾師》『以鐘鼓奏《九夏》』，是奏《陔夏》則有鐘鼓矣。鐘鼓者，天子諸侯備用之，大夫、士鼓而已。蓋建於阼階之西，南鼓。《鄉射禮》曰：『賓興，樂正命奏《陔》，賓降及階，《陔》作，賓出，眾賓皆出。』」〔註75〕

今人學者曾永義亦有關於卿大夫、士的樂縣的不同意見。他根據《儀禮・大射禮》的記載，認爲天子、諸侯之卿大夫和天子之士的樂懸配置均爲鍾、磬、鑮俱全，大夫、士之縣所表現出的等差之別只體現於規模大小而已。其後又根據《儀禮・鄉射禮》的記載，指出諸侯之士的樂縣也應鍾磬俱全，但無鑮。

以上兩位學者有關卿大夫、士之縣的認識都是在考察《儀禮》所載諸禮用樂基礎上所得出的。那麼，《儀禮》大射以下諸禮樂縣的情況又是怎樣的呢？

與《大射禮》三面縣之制存在爭議相似，歷代學者對《燕禮》《鄉射禮》《鄉飲酒禮》樂縣之制也各有看法。

〔註72〕《周禮注疏》卷二三，第713頁。
〔註73〕《春秋左傳正義》卷三一，第1033～1037頁。
〔註74〕王國維《觀堂集林》（卷二・藝林二），中華書局，2006年重印本，第101頁。
〔註75〕《儀禮注疏》卷一〇，第186頁。

①宋陳祥道、陳暘認爲《鄉飲酒禮》《鄉射禮》皆從士制，用諸侯之士特縣，特縣磬。鄉射禮磬縣東，爲東縣，鄉飲酒禮磬縮縣兩階之間，爲南縣；《燕禮》從大夫制，用大夫判縣。

> 《鄉射》「笙入，立於縣中，西面」，則東縣磬而已，《鄉飲》「磬，階間縮霤，笙入磬南」，則縮縣磬而已，此士特縣之制也。《鄉射》辟射位，故縣在東，《鄉飲》非辟射位，故縣在南。《鄉射》有卿大夫詢眾庶之事，《鄉飲酒》乃卿大夫之禮，皆特縣者以詢眾庶、賓賢能，非爲已也，故皆從士制。《燕禮》諸侯之禮，而工止四人，以從大夫之制，其意亦若此歟。」〔註76〕

②清凌廷堪以「笙入」之位說樂縣，他認爲《燕禮》用軒縣；《鄉射禮》爲大夫禮，用判縣，兩面；《鄉飲酒禮》爲士禮，特縣一面。

> 《燕禮》亦軒縣，故云「笙入，立於縣中」，《鄉射》用大夫禮判縣，兩面，故亦云「笙入，立於縣中」，《鄉飲酒》用士禮但特縣一面，故云「笙入，立於磬南也。」〔註77〕

二說對《鄉飲酒禮》爲士禮，特縣一面，用諸侯之士特縣無異議，問題的矛盾主要集中於《燕禮》、《鄉射禮》用何種樂縣上。後世學者對《鄉射禮》所用樂縣多持「爲特縣」的觀點，但對於特縣之器爲何，亦有諸說，鄭玄認爲天子之士特縣鍾磬，東縣磬，西縣鍾；而諸侯之士特縣僅有磬，賈公彥說諸侯以下無鎛。鄭、賈注疏所云僅是判縣、特縣中懸掛的鍾磬鎛的情況，但設於樂縣中不懸的如鼓、管等樂器陳列情況又當如何呢？

鼓，《儀禮》所載大夫、士之樂《燕禮》《鄉射禮》《鄉飲酒禮》中均有以鼓奏《陔》之文，可見，大夫軒縣、士之特縣中有鼓，以其非金石之樂，大夫士皆可用也。〔註78〕

管，《鄉飲酒禮》《鄉射禮》《燕禮》三章之中，僅有《燕禮記》所載納賓之禮用樂有「下管」一節，其他諸禮僅有笙入之節，笙不設於縣中，故大抵管不設於卿大夫、士之判縣、特縣中。

〔註76〕（宋）陳祥道《禮書》卷一二七，《四庫全書》文淵閣本。陳暘之說與此大致相同，略。見陳暘《樂書》卷四五，《四庫全書》文淵閣本。

〔註77〕（清）凌廷堪《禮經釋例》卷一三，《續修四庫全書》本，第90冊。

〔註78〕（清）盛世佐《儀禮集編》卷一三，《四庫全書》文淵閣本；（清）姜兆錫《周禮輯義》卷六，《續修四庫全書》本；曹元弼《禮經校釋》卷四，《續修四庫全書》本，均有大夫以下樂縣無鎛之說。

　　元敖繼公對《鄉飲酒禮》《鄉射禮》《燕禮》的認識不同於鄭說，他認爲《燕禮》《鄉射禮》鍾磬鎛鼓俱有，《鄉飲酒禮》樂縣有鍾有磬。

　　《鄉飲酒》樂縣：「磬南，阼階西南也。北面立，蓋亦東上如工立於磬南近其所用之樂也。《詩》曰：『笙磬同音』而《禮》有笙磬笙鍾，則吹笙之時亦奏鍾磬之屬以應之矣，不言主於笙也。凡樂自判縣而上，其鍾磬分別頌者笙者，若特縣則一。」〔註79〕

　　《鄉射》樂縣：「（磬）縣不近階者，權移於此宜辟東縣之位也。《大射》東縣在阼階之東，縣謂縣鍾磬與鎛於筍簴也。鼓鼗之屬亦存焉。凡爲士者之樂皆得縣鍾與磬，惟以特而別於其上耳。《大射儀》言國君西方之縣，先磬次鍾次鎛，鼓鼗在其南，下經云『不鼓不釋』，《鍾師》職曰『掌以鍾鼓奏《九夏》』《鎛師職》曰『掌金奏之鼓』，與（《鄉飲酒》）皆『賓出奏陔』，《陔夏》，金奏之一也。然則是禮亦有鍾鼓鎛明矣，其設之磬在北，鼓在南，略放《大射》西方之縣。」〔註80〕

　　《燕禮》「樂人縣」：「磬在阼階西南面，鍾鎛次而西，建鼓在西階東南，鼓鼗在其東。國君燕禮輕於大射，故不備樂且於其日乃縣之而與常時同。」〔註81〕

清代學者或宗注疏，或同意敖說，所據各不相同。宗注疏的學者有：清李鍾倫〔註82〕、清盛世佐〔註83〕、清姜兆錫〔註84〕、清曹元弼〔註85〕；同意敖說

〔註79〕（元）敖繼公《儀禮集說》卷四，中華再造善本。
〔註80〕（元）敖繼公《儀禮集說》卷五，中華再造善本。
〔註81〕（元）敖繼公《儀禮集說》卷六，中華再造善本。
〔註82〕見（清）李鍾倫《周禮纂訓》卷一二：「天子諸侯每面縣皆有鍾磬鎛及鼓，卿大夫士無鎛。天子之卿大夫東西各有鍾磬二肆相對，諸侯之卿大夫分鍾磬爲東西二堵相對，各之亦一肆。天子之士惟有鍾磬在東，亦爲一肆。諸侯之士縣磬爲鍾，則堵而已。」（《四庫全書》文淵閣本）
〔註83〕（清）盛世佐《儀禮集編》卷八：「天子之鄉大夫、州長遂大夫皆判縣，鍾磬二肆。諸侯之鄉大夫半之，鍾磬各一堵。天子之縣正，特縣鍾磬一肆，諸侯之州長半之，唯磬一堵，斯禮也，實兼此數者故也。大夫判縣當東西分列，今皆在洗東北者，辟君也。」（《四庫全書》文淵閣本）
〔註84〕見（清）姜兆錫《周禮輯義》卷六：「鄉大夫之判縣，皆以大夫與其賢士行射鄉之禮，故皆降用士禮。」（《續修四庫全書》本）
〔註85〕曹元弼《禮經校釋》卷四：「士有鍾磬無鍾，自無鎛，蓋鼓磬次於鍾鎛者也，有鍾鎛則奏鍾鎛，而以鼓磬應之，無鍾鎛則但奏鼓磬而已。……《左傳》凡言擊鍾者皆大夫禮，《論語》夫子取瑟而歌，擊磬於衛，及言小子鳴鼓而攻之皆士禮，有瑟磬鼓無鍾，與此禮吻合，則士無鍾鎛明矣。」（《續修四庫全書》本）

的學者有：清敕撰《欽定周官義疏》〔註 86〕、清王士讓〔註 87〕等。筆者認爲
《儀禮》中言大夫、士之樂僅有磬無鍾，敕氏以《大射》樂縣諸侯之縣言大
夫、士禮中樂縣的情況，忽略所言禮自身用樂的情況，不太合適。另，鄭、
賈注疏僅言樂縣中鍾磬鎛的情況，忽略鼓在樂縣中的使用，亦不太準確。需
要特別注意的是，清凌廷堪據《燕禮》《鄉射》之文均有「笙入，立於縣中」
之文而云《鄉射》同《燕禮》之縣，爲判縣；與《鄉飲酒》特縣一面，言「笙
入，立於磬南」不同的觀點，筆者認爲，凌氏以其他不設於樂縣中的樂器考
察樂縣中縣之器，甚有新意。以下對《儀禮》所記《燕禮》《鄉飲酒》《鄉射》
三禮樂縣的記載分別進行考察，嘗試說明三禮使用樂縣的差異。

（2）《燕禮》樂縣

《燕禮》是諸侯與其臣下燕之禮，有四等：諸侯無事而燕，一也；卿大
夫有王事之勞。二也；卿大夫又有聘而來，還與之燕，三也；四方聘客與之燕，
四也。〔註 88〕可見，《燕禮》雖是諸侯之禮，但由於其是諸侯燕大夫之禮，使用
大夫樂，樂縣制度也應用大夫之判縣。《大射禮》是諸侯將有祭祀之事，與其群
臣射以觀之禮，本應同《燕禮》使用大夫之制，但是由於是國君與群臣射，故
特設北面一鼓以代軒縣北縣，共三面縣。此三面縣也並非爲諸侯軒縣，凌廷堪
以《大射禮》三面縣爲諸侯軒縣而說《燕禮》用軒縣有誤。《燕禮》從大夫之制，
樂縣爲大夫判縣。關於《燕禮》樂縣之陳列，《儀禮》文中並無記載，僅有「樂
人縣」之文，鄭玄注：「縣，鍾磬也。國君無故不徹縣。言縣者，爲燕新之。」
賈公彥疏：「案《大射》樂人宿縣在射前一日，又具辨樂縣之位者，以其大射在
學宮。學宮不常縣樂，射乃設之，故射前一日縣之。又辨樂縣之位，此燕在路
寢，有常縣之樂。今言『樂人縣』者，爲燕新之而已，故不在燕前一日，亦不

〔註 86〕 （清）乾隆十三年敕撰《欽定周官義疏》卷二二：「存疑鄭氏康成曰：『半之
　　　　者，謂諸侯之卿大夫士也。』諸侯之卿大夫半天子之卿大夫，西縣鍾東縣磬，
　　　　士亦半天子之士縣磬而已。案經所言，原無諸侯之卿大夫士異於天子之卿大
　　　　夫士之差半之云者。鄭氏之臆說，敕氏以經證之當矣。」（《四庫全書》文淵
　　　　閣本）

〔註 87〕 （清）王士讓《禮記紃解》對鄉飲酒禮樂縣說道：「前虡兩端東西鄉，磬設其
　　　　下亦如之。此禮特縣，則有磬鍾鎛及鼓簨，惟言磬者，以其爲縣之主，且可
　　　　以取節於虡故也。北面鼓之，明磬南面，磬蓋在阼階西，鼓在西階東。士讓
　　　　按注疏皆以此禮有磬無鍾，今從敕氏說。」（《禮記紃解》卷四，《續修四庫全
　　　　書》本，第 88 冊。）

〔註 88〕 見《儀禮注疏》卷一四，第 286 頁。

辨樂縣之處。云「言縣者，爲燕新之」者，更整理樂縣之法，爲新之也。」〔註89〕從鄭、賈二氏之注疏，可知《燕禮》樂縣平日不撤，用時僅用整理即可，但有關燕禮樂縣的具體設置情況我們也就無從可知了。

（3）《鄉飲酒禮》《鄉射禮》樂縣

據鄭目錄所云〔註90〕，《鄉飲酒禮》是鄉大夫在三年大比選學士中的賢能之士於天子、諸侯時，在鄉學（庠序）中與這些賢能之士舉行的飲酒之禮，爲士禮。《鄉射禮》是每年春秋時，各州之長爲教民以禮而在州的學校（序）中舉行的射禮，爲卿大夫之禮，但此兼鄉大夫詢眾庶，非爲正，故亦從士制。兩者均爲士制，且樂中均僅見磬、鼓，不見鍾，是否兩禮當如鄭、陳之說，爲諸侯之士特縣，僅縣磬一面呢？《燕禮》與《大射禮》本也應用大夫制，若以大夫判縣來說，《燕禮》用大夫判縣，二面；但《大射禮》設三面縣。射禮與燕禮，射禮主於射、略於樂；燕禮重樂，樂之歌笙間合四節皆備。《鄉飲酒禮》《鄉射禮》，考其用樂之節，雖二禮同用士制但用樂不同，《鄉飲酒禮》樂之歌笙間合四節兼備，《鄉射禮》之樂僅有合樂一節，歌笙間三節皆無，當以其爲射禮，主於射、略於樂之故。《鄉飲酒禮》《鄉射禮》二禮的差異，與《燕禮》《大射禮》二禮相同，爲燕禮與射禮之別。是否《鄉飲酒禮》《鄉射禮》二禮在樂縣設置上的變化，與《燕禮》《大射禮》樂縣設置一致呢？

《鄉飲酒記》：「磬，階間縮霤，北面鼓之。」〔註91〕爲縣磬的情況，磬在阼、西階間，鼓面在北，擊者立於磬之北，面南擊之；「賓出，奏《陔》」鄭注云：「大夫、士鼓而已。蓋建於阼階之西，南鼓。」鼓在阼階之西，鼓面與擊磬者朝之面相同，面南。特縣磬、鼓鼓面相對，但不知特縣磬與鼓的位置當如何排列，磬在鼓東，抑或鼓在磬東？雖不知磬、鼓之位，但是考之《大射禮》西縣中磬與鼓朝面，磬與鼓的擊者之位與《鄉飲酒禮》二擊者之位是相似的，即擊磬者與擊鼓者朝向相反。《鄉飲酒禮》擊磬者面朝南、擊鼓者面朝北；《大射禮》西縣擊磬者面朝東，擊鼓者面朝西。由此可見，若樂縣中所設鼓與磬之鼓面相對，當同設於一縣。

《鄉射禮》所記縣磬之文有：「洗於阼階東南，南北以堂深，東西當東榮。

〔註89〕《儀禮注疏》卷一四，第288頁。
〔註90〕《鄉飲酒禮》見《儀禮注疏》卷八，第145頁，《鄉射禮》見《儀禮注疏》卷一一，第199頁。
〔註91〕《儀禮注疏》卷一〇，第198頁。

縣於洗東北，西面。」磬位於阼階東，面西。鼓之位，於「席工」有文云：「席工於西階上，少東。相者皆左何瑟，面鼓。」席工在西階少東，北面，相者在工右，亦面北，鼓與相者面相對，知此鼓當設於西階東，南鼓。《鄉射禮》之鼓與《鄉飲酒禮》之鼓分列阼、西階同面，《鄉飲禮》之鼓在阼階之西，南鼓。若以鄭玄注《鄉射禮》爲特縣，《鄉射禮》之鼓面本應與特磬同面西，但此縣中縣磬在阼階東，面西；縣鼓在西階東，面南，磬與鼓之面不同亦不相對。《大射禮》阼階東之縣有笙磬，面西；鼓與應鼙設於阼階西以避射位，面南，磬與鼓之面與《鄉射禮》同。《鄉射禮》也爲射禮，此處設於西階東之鼓當如《大射禮》東縣鼓鼙移位同理，移於西階以避射位，縣於二面。

由此可知，《鄉射禮禮》《鄉飲酒禮》樂縣的面數不同，《鄉飲酒禮》爲特縣，《鄉射禮》爲二面縣。又以凌廷堪所提出的「笙入」之文言《鄉射禮》《鄉飲酒禮》樂縣之別，《鄉射禮》縣二面，「笙入」之文爲「笙入，立於縣中，西面」，縣磬在阼階東，面西；鼓在西階東，面北，磬、鼓之面不同，才能說「立於縣中」。若磬、鼓一面，則當如《鄉飲酒禮》所云「笙入」之文，「笙入堂下，磬南」，直言磬面，不言縣中，此亦爲《鄉射禮》樂縣磬、鼓分立二面之證。

《鄉射禮》有二面縣，但此縣不能說爲大夫之判縣。據鄭玄所注大夫判縣東縣、西縣二面，東縣磬、西縣鍾。《鄉射禮》二面縣，一面磬在東，另一面僅有一鼓，就算以避射位而言，即是東縣之鼓爲避射位移至西階，但判縣西縣鍾一面不見，且此鼓還在西階東，近西階非近阼階，亦於避射位移鼓之位不同。

（4）《儀禮》四禮樂縣總說

《大射禮》設三面縣，是由於用禮者爲國君，位高於諸侯，故特設北面一鼓以代諸侯北面縣。《鄉射禮》用禮之人爲各州之長，無特設鼓之理，應用士制，只有特縣磬和鼓，同於《鄉飲酒禮》之樂縣。對比鄉飲酒、鄉射二禮，所陳樂器的種類相同，僅有磬與鼓，只是二禮樂縣中磬、鼓之位出現阼、西階大移位，鄉飲之磬於階間移至鄉射磬之位阼階東，而鄉飲酒之鼓於阼階西移至鄉射鼓之位西階東。再比《大射禮》樂縣，其於階間亦僅有建鼓，且一面在阼階西，一面在西階之東，均南鼓，與此二禮鼓的位置相似，但鄉飲酒、鄉射之鼓位分別爲「阼階之西」與「西階東」，有「之」的變化。若是禮之等差言鼓的數量，《鄉飲酒禮》《鄉射禮》爲大夫禮，較《大射禮》諸侯禮爲卑，故僅縣一鼓，且《鄉射禮》之鼓縣於西階東，而《鄉飲酒禮》設鼓在阼階西。

《大射禮》則阼、西階均有，且四鼓的位置各不相同。

設於縣中之鼓於四禮的使用均同，見《大射禮》《燕禮》《鄉射禮》《鄉飲酒禮》四章，禮終，主人送賓時有「奏《陔》」一節，都有鼓，但《鄉射禮》《鄉飲酒禮》僅有鼓，《大射禮》《燕禮》有鍾有鼓。從《鄉射禮》《鄉飲酒禮》之縣，我們可以看到，此二禮奏《陔》無鍾的原因在於縣中本無鍾，《大射禮》樂縣有鍾，故言「以鍾鼓奏《陔》」，《燕禮》言奏《陔》之文同《大射禮》，其縣中當有鍾，有鍾亦當有磬、有鼓，且《燕禮》「笙入」之位同《鄉射禮》，「笙入縣中」，鍾、磬鼓之朝面，兩兩相對。

三、樂縣中「不懸」樂器的陳列

《儀禮》所記樂之四章，以《大射禮》樂縣中的樂器最全面，按其種類而言，可分作金石之樂：笙磬、笙鍾，頌磬、鍾，鑮；鼓：建鼓與應鼙、朔鼙、鼗；管樂器：簜。關於鍾、磬、鑮之位，筆者於本章第一節第二部分已有所論述，以下所言樂器爲樂縣中不懸的鼓、管樂器，辨明其在樂縣中的陳設位置。（鼗雖爲鼓類，但由於其所處之位不是直接設於堂下，而是倚於頌磬，故另列進行討論。）

1、建鼓、朔鼙、應鼙

《大射禮》樂縣中鼓設之位有三，其一，西階有一建鼓及朔鼙，位於西縣鑮之南，朔鼙在建鼓北面，兩鼓皆東鼓。東鼓即伐鼓之面爲東面，鼓向東。建鼓及朔鼙皆坐西朝東，與西縣頌磬鼓面相反，擊磬者面西。其二，另有一建鼓在設西階之東，與阼階西建鼓應鼙同面，南面。其三，阼階有一建鼓與應鼙，設於阼階西，應鼙在建鼓東，二鼓階南鼓，鼓面朝南。陳祥道謂此正如《禮記‧禮器》所謂廟堂之下，建鼓在西，應鼓在東之位。若阼階西之建鼓與應鼙與阼階東之鍾磬鑮同設於東縣，作爲軒縣中東縣之鼓鼙，其位又當如何呢？

（元）敖繼公：「鼓鼙若在東縣南，則鼓在左，鼙在右。」〔註92〕

（清）孔廣林：「鼓鼙在東縣南，以西縣例之，亦鼙在鼓北，鼙左而鼓右也。今移設北方，以東爲上，故鼙右而鼓左，敖氏蓋誤。」〔註93〕

（清）孫希旦：「建鼓、應鼙在阼階西者，本在東方鍾、鑮之南，

〔註92〕（元）敖繼公《儀禮集說》卷七，中華再造善本。
〔註93〕（清）孔廣林《儀禮肊測》卷七，《續修四庫全書》本，第89冊。

與西方之建鼓、朔鼙相對者也，因辟射位而移之於阼階之西。」〔註94〕

曹元弼：「奏樂之法，先擊鼙次擊鼓，故在東西則鼙居鼓北，在北則鼙居鼓東，皆便其先擊小後擊大也。樂縣東西者南陳，南北者西陳，繼公說非。」〔註95〕「朔鼙在西，置鼓北，應鼙在東，置鼓南，東方諸縣西向，西方諸縣東向故也。」〔註96〕

古之學者所說鼓鼙設於東縣的位置不盡相同，元敖繼公認為鼓在左，鼙在右，即鼙在鼓南；清孔廣林認為鼙在鼓北，鼓在右，鼙在左，與敖氏所說不同；曹元弼、孫希旦均以孔廣林說為確，東西縣南陳，南北縣西陳，故朔鼙在西，置於鼓北，應鼙在東，置於鼓南，東、西縣相對而立。由此可知，若阼階西之應鼙與建鼓設於東縣，當與設於西縣的朔鼙與建鼓相對應，西縣朔鼙在建鼓北，東縣應鼙亦在建鼓北。

2、簜

《儀禮・大射禮》「簜在建鼓之間」鄭玄注：「簜，竹也，謂笙簫之屬，倚於堂。」賈公彥疏：「管擬吹之，不倚在兩建鼓間者，以不得倚於鼓，故知倚於堂也。」〔註97〕筆者在第一章管笙之節中說到，《大射禮》「簜」即管，為樂「下管《新宮》」用之器。「升歌《鹿鳴》三終，下管《新宮》三終」為堂上歌者至堂下播管，管無特設歊奏之工，故簜設於樂縣之中。鄭玄與賈公彥也都認為簜倚於堂。宋魏了翁云：「此簜亦竹也。其器則管也，是以下云『乃管《新宮》』注云『管為吹簜』，故知竹管也。按《小師職》注云：『管如篴而小，並兩而吹之。』今大予樂官有焉。《爾雅》云『大笙謂之巢，小者謂之和』，『簫，大者二十三管，長尺四寸，小者十六管，長尺二寸』，『大笙十九簧，小者十三簧』。若然，笙簫與管異，以其皆用竹故云笙簫之屬也。云倚於堂者，管擬吹之，不倚在兩建鼓間。」〔註98〕淩廷堪引戴震之說云：「凡樂器，吹者近堂，擊者遠堂，故笙簫之屬在此也。」〔註99〕上引二說均同鄭、賈注疏之說，可確定簜之位應設於兩階之間近堂之處，倚於堂。

〔註94〕 （清）孫希旦《禮記集解》卷二四，第 660～661 頁。

〔註95〕 曹元弼《禮經校釋》卷八，《續修四庫全書》本。

〔註96〕 曹元弼《禮經學》卷五，《續修四庫全書》本，第 94 冊。

〔註97〕 《儀禮注疏》卷一六，第 349 頁。

〔註98〕 （宋）魏了翁《儀禮要義》卷一六，《四庫全書》文淵閣本。

〔註99〕 （清）淩廷堪《禮經釋例》卷一三，《續修四庫全書》本。

3、鼗

鼗之位，見於《大射禮》「鼗倚於頌磬西紘」，鄭玄注：「鼗如鼓而小，有柄。賓至，搖之以奏樂也。紘，編磬繩也，設鼗於磬西，倚於紘也。」賈公彥疏：「紘若天子諸侯冕而朱紘用組之類。磬又編縣之，用紘，故知紘編磬繩也。鍾磬皆面向東，人居其前西面，故知鼗在磬西，倚之於紘也。」〔註100〕鄭、賈皆以紘爲編磬繩，鼗在磬上，倚於西紘。宋魏了翁之意與注疏相同：「紘若天子諸侯冕而朱紘用組之類，磬又編縣之用紘，故知紘，編磬繩也。知設鼗於磬西，倚於紘者。以其鍾磬皆面向東，人居其前西面，故知鼗在磬西，倚之於紘也。」〔註101〕魏氏以紘爲編磬繩，鼗在西的原因在於鍾磬皆面東，擊鍾磬之人面西，故設鼗於磬之西紘。魏氏言鍾磬之鼗位，與曾侯乙編磬編鍾之位相同，其說爲確。

另有學者認爲紘爲鼗鼓兩耳之繩，不爲編磬之繩。

> （明）郝敬：「鼗不縣設，倚置於頌磬東紘。鼗兩旁縣耳，繩如冠之有紘，倚於磬簴東，故其紘西委也。」〔註102〕

> （清）胡肇昕：「案經云倚以東西言，不以南北言。編磬繩可言南北不可言東西，且繩易非可倚之也物。郝說最確。」

> （清）盛世佐：「西紘之說，郝氏爲長，若從注說，則經西紘二字當是編磬繩，不可言東西也。」〔註103〕

此說從郝敬起，後多有學者認爲其爲確。筆者認爲郝氏之說將西紘釋作鼗兩旁縣耳之繩，殊不知鼗爲鼓之小，體小；而鍾磬爲樂之長，體大於鼗，用之樂亦異於鼗，何以能將鼗、磬並列陳之，此郝氏之說不合禮義之處。胡肇昕又言編磬繩可言南北不可言東西，《大射禮》言紘爲「西紘」，此紘不爲編磬繩。筆者以爲胡氏之說有誤，鼗倚於頌磬，自是對頌磬而言鼗的位置，頌磬面東，其繩當爲南北，非東西也，擊者面西，鼗倚於頌磬南北紘之西。

學者曹元弼亦對「紘」爲編磬繩及「鼗倚於磬西紘」之文的解釋有詳細論述。

〔註100〕《儀禮注疏》卷一六，第 350 頁。
〔註101〕（宋）魏了翁《儀禮要義》卷一六，《四庫全書》文淵閣本。
〔註102〕（明）郝敬《儀禮節解》卷七，《續修四庫全書》本，第 85 冊。
〔註103〕（清）盛世佐《儀禮集編》卷一三，《四庫全書》文淵閣本。

《士冠禮》「緇組紘」注：「有笄者，屈組爲紘。」則紘之制可知，豈兩垂之謂乎。注以紘爲編磬繩者，謂總編十六枚之橫繩也，此紘可總編十六磬，豈不能倚一鼗。漢時去古未遠，鄭氏自有禮圖，不可執後世之書以妄疑之。云「設鼗於磬西，倚於紘」者，鄭讀經西字絕句，謂經云「鼗倚於磬西」者著其位，復云紘者，明倚於紘，不在磬。若曰「倚於頌磬之西，在其紘也」，必倚在西者。禮樂之器宜各當其所，況磬爲縣之主，十六枚必盡見，斷不可使鼗居前令或掩之。如後人說倚於磬東，則磬爲鼗掩更成何制。且未擊磬先播鼗，西方爲賓所自來，鼗在磬西，先播之爲宜，猶先擊朔鼙，應鼙應之之意也。擊磬者立於磬東西面，播鼗者則立於鼗西東面，賓至播之。〔註104〕

曹說有二：其一，以《士冠禮》中「紘」之制爲冠冕上著於頷下的帶子，帶子兩端上結於笄，由此可見，紘有結，非鼗兩旁垂之耳。其二，以《儀禮》之章句而言，若以紘爲鼗之耳，當云「鼗倚於頌磬之西，在其紘」，此處言「頌磬西紘」，紘當爲磬之紘，非鼗之紘。由此可見，頌磬南北陳，鼗倚於頌磬之上，磬紘之西，鄭、賈注疏爲確。

第三節　樂之方位辨明

一、《大司樂》樂之方位考

　　筆者在樂縣名義辨析一節中已經指出，樂縣非爲固定的樂器陳列方式，而是與禮的等級、樂的使用場所都有關係。據以上的論述可知，樂用於禮，不僅與禮之等差、禮之用事有關，應還與禮中儀式的進行有關。禮之行進必有程序，是否其中也包含一準則，能說明各禮所用樂的設置及進程的規範呢？

　　　　《周禮·春官·大司樂》：凡樂，圜鍾爲宮，黃鐘爲角，大蔟爲徵，姑洗爲羽，雷鼓雷鼗，孤竹之管，雲和之琴瑟，《雲門》之舞，冬日至，於地上之圜丘奏之，若樂六變，則天神皆降，可得而禮矣。

〔註104〕曹元弼《禮經校釋》卷八，《續修四庫全書》本。

　　凡樂，函鍾爲宮，大蔟爲角，姑洗爲徵，南呂爲羽，靈鼓靈
鼗，孫竹之管，空桑之琴瑟，《咸池》之舞，夏日至，於澤中之方
丘奏之，若樂八變，則地示皆出，可得而禮矣。

　　凡樂，黃鍾爲宮，大呂爲角，大蔟爲徵，應鍾爲羽，路鼓路
鼗，陰竹之管，龍門之琴瑟，《九德》之歌，《九磬》之舞，於宗
廟之中奏之，若樂九變，則人鬼可得而禮矣。〔註105〕

《大司樂》所記載的是祭祀用事，有三，分別爲祀天、祭地、享鬼。共有三
段，每段之首「凡樂」，可知這段文獻所載當是祭祀用樂之事。對此段載周
代祭祀用樂的材料，古代學者多有論及，所作論述大抵有二類：其一，禮學
家多用陰陽、五行、八風等概念言其祭祀用樂的進行及設置所體現禮的意
義；其二，論及樂，諸儒多據文中所載「五聲」、「六律」、「六呂」，將其看
作周代祀天、祭地、享鬼之樂所奏的調式，作出了大量樂律、聲律的計算及
整合，試圖推演周代用樂聲律的邏輯，諸多演繹，各有其說。此條文獻也成
爲「三禮」言樂最難理解的材料之一，朱載堉云：「古人言樂，其理最明顯
者，其義最深奧者，莫如此條。由其深奧，是故先儒未達，由其未達，故有
竄改，由其竄改，故有錯誤。是以理之最舛，義之最謬者，亦莫如此條。」
〔註106〕

　　《周禮》所反映的那一時期的音樂形式，距今已有 2000 多年的歷史，
其具體面貌如何，的確已無法得知。但是《周禮》所記有關樂的制度規範卻
是可以明晰的，筆者以爲，若將《周禮》中言樂的制度條例提出，放於同時
代，可體現《周禮》制度規範之樂事，即《儀禮》所記有樂之禮用樂的程序
進行推演，考察制度與使用之間的關係，若能相合，大抵就能明晰周代制禮
作樂的規範。

　　《大司樂》所記爲用於祭祀之樂的制度，用樂的祭祀有三種：祀天神、
祭地示、享人鬼。將這三類用樂之祭祀，依作樂時間、地點、所用樂器、樂
之構成、樂變，重新整合排列（見表4）。三種祭祀用樂之禮選擇樂器的種類
其實是相同的，即鼓、管、弦三類，「樂聲」的構成也是相同的，有宮、角、
徵、羽四聲，不同之處爲何？首先是作樂的時間及地點的不同；第二是宮、
角、徵、羽有律呂的變化；第三是樂變數不同。

〔註105〕《周禮注疏》卷二二，第 689 頁。
〔註106〕（明）朱載堉《樂學新說》，《四庫全書》文淵閣本。

表4：《大司樂》祭祀用樂表

祭祀之用	時　間	地　點	樂　器	樂之構成	樂變
祀天神	冬日至	地上圓丘	鼓，管，琴瑟	圜鍾爲宮，黃鐘爲角，大蔟爲徵，姑洗爲羽	六變
祭地示	夏日至	澤中方丘	鼓，管，琴瑟	函鍾爲宮，大蔟爲角，姑洗爲徵，南呂爲羽	八變
享人鬼		宗　廟	鼓，管，琴瑟	黃鐘爲宮，大呂爲角，大蔟爲徵，應鍾爲羽	九變

　　對比《儀禮》所載有樂之諸禮，作樂場所大抵都設於寢堂之中，分作於堂、階、室、庭等處。先秦明堂、宗廟、王寢同制，且寢、廟都被設作行禮之處，那麼宗廟行禮作樂之制亦能體現寢廟中行禮作樂的規範。鼓、管、瑟用於樂，是樂的重要組成部分，瑟伴歌者歌，笙、管用於管笙之樂，鼓用以節樂，《大司樂》不言鍾磬，恐是與鍾磬並不能成爲奏樂任何一節的必要之器有關（此云樂賓之樂，不含金奏）。歌、管、鼓、鍾磬的設置見於各樂，四器關係爲何呢？筆者於論述《儀禮》五禮樂縣的過程中發現，樂器的陳設與禮的進行有關，且用於禮之樂對樂工、樂器的選擇，以及樂器的陳設位置、向位等都有十分嚴格的規定。

　　律呂一詞，最早見於《國語・周語下》伶州鳩論律：「律所以立均出度也。古之神瞽考中聲而量之以制，度律均鍾，百官軌儀，紀之以三，平之以六，成於十二，天之道也。夫六，中之色也，故名之曰黃鐘，所以宣養六氣、九德也。由是第之：二曰太蔟，所以金奏贊陽出滯也。三曰姑洗，所以修潔百物，考神納賓也。四曰蕤賓，所以安靖神人，獻酬交酢也。五曰夷則，所以詠歌九則，平民無貳也。六曰無射，所以宣佈哲人之令德，示民軌儀也。爲之六間，以揚沈伏，而黜散越也。元間大呂，助宣物也。二間夾鍾，出四隙之細也。三間仲呂，宣中氣也。四間林鍾，和展百事，俾莫不任肅純恪也。五間南呂，贊陽秀也。六間應鍾，均利器用，俾應復也。律呂不易，無奸物也。」［註107］其中所言六律六呂，六律是狹義的律，僅指單數的六個律，又稱「陽律」。六呂指雙數的六個律，亦稱「六同」，《國語》以雙數各律位於「六律」之間，稱之爲「六間」；六呂又稱「陰呂」。

律呂上下相間如下圖所示。〔註108〕周代「六律六呂」為狹義的律呂之義，律為陽、呂為251660288陰，陰要和於陽。

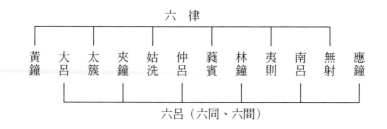

鄭玄注祭祀用樂云：「凡五聲，宮之所生，濁者為角，清者為徵羽。」〔註109〕五聲，宮、商、角、徵、羽，並非僅作五個音級之解，同時也代表了樂的形式。《禮記‧玉藻》有云：「君子必佩玉，右徵、角，左宮、羽。行則鳴佩玉，是以非辟之心無自入也。」〔註110〕可見，玉中亦有用左徵、角，右宮、羽之位來表禮。宮、角、徵、羽若能表樂，其作樂之位亦需應於禮之向位。筆者試圖將五聲與律呂組合，對歌、管、磬、鼓作樂之位的關係作此猜測：人聲最貴，歌於堂上，為宮；鼓聲嘭嘭，音濁，為角；古者以玉為管，後乃易之以竹，以玉作音神人和，管為徵〔註111〕；磬為石音，以其音聲清和，為羽。禮儀重向位，所以別尊卑、人鬼、男女、吉凶等。律為陽、呂為陰，表樂之向位，「黃鐘為宮，大呂為角，大蔟為徵，應鍾為羽」，即是用黃鐘、大呂、太簇、應鍾分別代表歌、鼓、管、磬的向位。即歌——黃鐘宮，為陽；鼓——大呂角，為陰；黃鐘、大呂為相對應的一組律呂。管——大蔟徵，為陽，與鼓互為陰陽；磬——應鍾呂，為黃鐘律之前一呂，為陰，與歌相對應。磬、歌、鼓、管，四樂之位為相鄰位之陰、陽、陰、陽互錯。以下就《儀禮》所記五種用樂之禮作樂時歌、笙（管）、

〔註108〕此云十二律的順序與朱載堉所云十二律不同，朱載堉所云十二律順序是黃鐘、林鐘、太簇、南呂、姑洗、應鍾、蕤賓、大呂、夷則、夾鐘、無射、仲呂，根據律而定。十二律的順序的得出，對於音樂而言，是有很大意義的。但周代之十二律呂與此不同，僅是以陰陽言十二律呂，並無樂之調式的意義，我們應根據樂之使用的不同情況來選擇十二律名的用法及順序，不能混作一談。（此圖引《中國音樂詞典》，第255頁。）

〔註109〕《周禮注疏》卷二二，第690頁。

〔註110〕《禮記正義》卷三〇，第1064頁。

〔註111〕管有吹奏樂器總稱之義，《儀禮》用於吹奏的樂器有管、笙二種，雖笙、管有禮之別，但於樂而言，都是成管奏之曲，筆者於此節論之重點為「樂」於「音」上的使用規範，故以「管」統笙、管，為徵。

鼓、磬的向位逐一進行分析，考察是否能與大司樂所云樂之陰陽規則相符，試圖尋找出樂器於禮的陳設規範。〔註112〕

用樂場所說明：

1、樂用的場所有堂、有階、有庭、有室。古人房屋內部，前稱堂，堂後以牆隔開，後部中央為室，室的東西兩側名房。如圖十五，寢廟正中有堂，階上、室外為堂。庭為堂前之地。

圖十五：寢廟圖〔註113〕

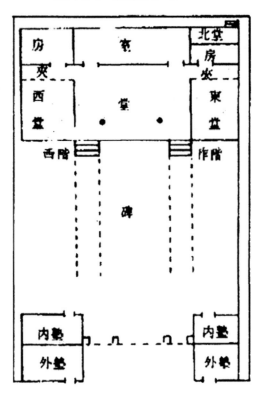

2、古之方位與今人不同，古人述堂下方位，是以堂邊為北，面向兩階，堂左為阼階，堂右為西階，此處作平面圖示意，以堂上為北，堂左為西階，堂右為阼階。堂之方位與階間不同，西階入堂東，阼階入堂西。特設室、堂、階、庭方位示意圖，見圖十六。

〔註112〕本節主要討論的是歌、鼓、管（笙）、磬在樂中的位置，所引《儀禮》之文僅與樂位有關，沒有節選用樂全文，特此說明。

〔註113〕此圖見於錢玄《三禮通論》（圖 40），南京師範大學出版社，1996 年版，第168 頁。

圖十六：室、堂、庭方位示意圖

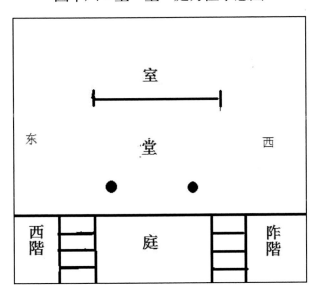

二、《儀禮》五禮樂之方位述考

1、《鄉飲酒禮》

樂作於堂。樂縣：縣磬於兩階間，北面鼓。鼓建於阼階之西，南鼓。

> 「設席於堂廉，東上。工四人，二瑟，瑟先。相者二人，皆左
> 何瑟，後首，挎越，內弦，右手相。樂正先升，立於西階東。工入，
> 升自西階。北面坐。相者東面坐，遂授瑟，乃降。笙入堂下，磬南，
> 北面立。」〔註114〕

（1）歌、鼓：歌陽、鼓陰。「設席於堂廉，東上」樂工之席在堂廉，即堂隅。「東上」，陽爲上，知工立於近阼階之堂隅，北面立。鼓設於阼階之西，面南。與堂廉樂工位置相對應。「右手相」，相在右、工在左，此禮以東爲上，相者在工東，相尊於工。

（2）歌、磬：歌陽、磬陰。「樂正先升，立於西階東」，樂正掌樂，先升，立於西階東，爲近樂之處。相者東面坐，知歌工位在堂，北面坐。磬縣於兩階間，歌工坐於堂上，北面，磬，面南。

（3）笙、磬：笙陽、磬陰。磬在階間，北面鼓。於堂下而言，磬在北。笙入堂下，堂下以北爲上，故笙在磬之南，北面立。

〔註114〕《儀禮注疏》卷九，第167～174頁。

（4）笙、鼓：笙陽、鼓陰。笙入堂下，鼓同在堂下，以東爲上，故鼓在西，笙在東。

圖十七：鄉飲酒禮用樂示意圖

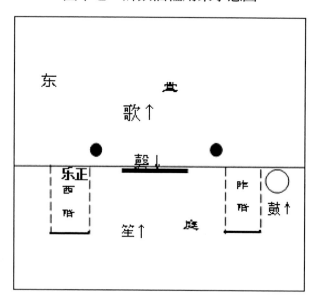

2、《鄉射禮》

樂作於堂庭。樂縣：縣磬在阼階，面西。鼓在西階東，南面。

> 「席工於西階上，少東。樂正先升，北面立於其西。工四人，二瑟，瑟先。相者皆左何瑟，面鼓，執越，内弦，右手相。入，升自西階，北面東上。工坐，相者坐受瑟，乃降。笙入，立於縣中，西面。乃合樂……工不興，告於樂正曰：『正歌備。』樂正告於賓，乃降。」〔註115〕

（1）歌、鼓：工席於西階，少東，鼓亦設在西階東，相者面鼓，工北面立，鼓南面。階以西爲上，故相者在工右，即工西，面鼓。工入堂東，北面，鼓在西階東，與工位相應。

（2）歌、磬：工席於西階，北面。歌在西，磬在東，磬以歌者之位爲上，故磬面西。工入堂上歌，磬在阼階，歌在磬北，以爲陰陽之合。

（3）笙、磬：笙入堂下，即兩階間之庭，磬在阼階，在笙位上方，故笙

磬同面，磬面西，笙亦面西。

（4）笙、鼓：鼓在西階東，面南，笙入於堂下縣中，在鼓位下方，鼓在笙東，笙面西。

圖十八：鄉射禮用樂示意圖

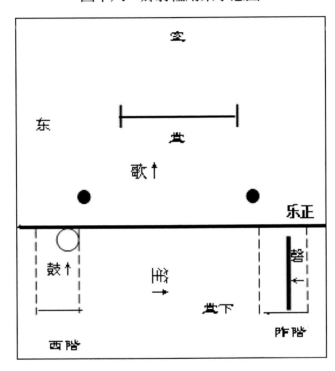

3、《燕禮》

樂作於室。樂縣：鼓在西階東，鍾磬之位不見於文中。

> 「席工於西階上，少東。樂正先升，北面立於其西。小臣納工，工四人，二瑟。小臣左何瑟，面鼓，執越，內弦，右手相。入，升自西階，北面東上坐。小臣坐，授瑟，乃降。工歌《鹿鳴》《四牡》《皇皇者華》。卒歌，主人洗，升獻工。工不興，左瑟，一人拜受爵。
> （公）以旅於西階上，如初。卒。笙入，立於縣中，奏《南陔》《白華》《華黍》。主人洗，升，獻笙於西階上。乃間歌……遂歌鄉樂。」
> 〔註116〕

〔註116〕《儀禮注疏》卷一五，第313～318頁。

（1）《燕禮》鼓在西階東、席工於西階、相在工右，設鼓、工、相之位與《鄉射禮》相同。《燕禮》相者爲小臣，禮尊於《鄉射禮》。

（2）《燕禮》工歌《鹿鳴》《四牡》《皇皇者華》畢，「笙入」較《鄉飲酒禮》多「旅」一節，即「公旅，至西階如初」；「旅畢，笙入於縣中」。爲何會有這樣的變化呢？燕禮不言樂縣，但又有「笙入縣中」，此「縣」設於何位？

《鄉飲酒禮》作樂在堂，《燕禮》樂作於室，室在堂後，故《燕禮》工入歌之節與《鄉飲酒禮》「工歌」之節不同。《燕禮》工歌之後，不離室。《燕禮》與《鄉射禮》之鼓都建於西階東，所以席工之位，工、相之位都是相同的。《鄉射禮》縣磬在阼階，「笙入縣中」，即堂下，笙與磬之位相應，同面西。《鄉飲酒禮》磬、笙之位亦是如此，笙入之位即縮縣階間磬之南。《燕禮》亦有「笙入縣中」之文，以其縣不見於堂，亦不見於階，大抵當設在室內。歌爲陽、磬爲陰，以歌在東，此「縣」當設於室西。磬與鼓同爲陰，同位但不同列，不在一平面，若縣磬在室內，鼓在西階，其中有堂，磬、鼓不在一面。鼓在西階東，面南，室中之縣磬，面東。歌陽、鼓陰，歌鼓之位相反但同列，鼓之位在西階東，面南，故歌入室，北面，東上，與鼓同列；縣磬不可與歌、鼓同列，歌、鼓在東，磬當在西，南北而立，面東。

又，「笙入縣中」，若僅有縣磬一堵，當如《鄉飲酒禮》「笙入堂下，磬南」，不言縣直接言磬之位；《鄉射禮》「笙入縣中」，磬在阼階、鼓在西階東，縣有東西，能言「縣中」。《燕禮》建鼓之位與《鄉射禮》相同，在西階東，以其縣在室，要言「中」，縣之面應有二。《燕禮》爲諸侯禮，與《大射禮》同，《大射禮》樂縣鐘鼓俱有，故奏送賓之樂《陔》爲「鐘鼓」，《燕禮》奏《陔》爲「鐘鼓」，可知其縣亦當有鍾。「縣鍾磬，全爲肆，半爲堵」，笙入成「肆」之縣，即是「入縣中」，磬，面東，鍾簴與磬簴成直角陳列，鍾在磬南，南陳。鍾磬之縣當設於室之西南隅。

（3）笙、歌、磬、鼓：笙爲陽，磬爲陰，笙入縣中，北面。笙與歌同爲陽，且都應於鼓合，笙、歌不能同在一平面。但《燕禮》工歌在室，北面東上。若歌在上，笙應在下。《燕禮》作樂在室，無堂上堂下之別，有歌不能有笙，有笙亦不能歌。筆者在之前已經論及，此禮「笙入」的程序較《鄉飲酒禮》、《鄉射禮》有變化，卒歌後，另有「旅」一節，「（公）以旅於西階上，如初。」「初」，當是席工之處，奏笙之人亦席於此。公在卒歌之後旅於西階至樂工處，示笙入室。故「旅畢」，笙入縣中，奏《南陔》《白華》《華黍》。

在此之後，樂還當有間歌、合樂二節，工在歌畢之後不離室，故笙畢，後有「獻笙」之節：「一人拜，盡階，不陞堂，受爵，降，主人拜送爵。眾笙不拜，受爵，降，坐祭，立卒爵。」鄭玄注：「一人，笙之長者也。《鄉射禮》曰：『笙一人拜於下。』」賈公彥疏：「引《鄉射禮》者，證笙一人拜，此與《鄉飲酒》皆直云『一人拜』，不言拜於下，故《鄉飲酒》與此注皆引《鄉射》以爲證，欲見拜者拜於階下。言不卒受爵降者，於階下受爵者亦盡階不陞堂。」〔註117〕《鄉飲酒禮》歌在堂上，笙在堂下。其「獻笙」之節：「一人拜，盡階，不陞堂，受爵，主人拜送爵。階前坐祭，立飲，不拜既爵，升授主人爵。眾笙則不拜，受爵，坐祭。」〔註118〕鄉飲、燕二禮獻笙之節均有「拜於階下」之文。由此可知，間歌之時，笙已不在室，降至階下，繼奏間歌、合樂之節。

《燕禮》爲諸侯禮，但此爲常燕，用大夫制，樂用歌笙間合四節，與《鄉飲酒禮》用之樂相同。《燕禮》與《鄉射禮》席工位、建鼓之位相同，且言縣都有二面（縣樂器不同但有二面），本應二禮縣磬、歌之位相同，但《鄉射》爲射禮，樂需於射時奏，奏射樂之位在兩階堂下〔註119〕，故縣磬設在阼階，其樂雖有歌入之節，但不歌，磬在阼階，笙於是入堂下庭中，歌、笙此時均不獻，在合樂之後才有「獻笙」之節。

《燕禮》與《鄉飲酒禮》所用樂章相同，但《鄉飲酒禮》樂作於堂，禮之進行較《燕禮》爲簡，二禮之樂的進行亦有不同。不同之處就在「獻笙」之後的間歌、合樂之節，《鄉飲酒禮》：「乃間歌《魚麗》，笙《由庚》；歌《南有嘉魚》，笙《崇丘》；歌《南山有臺》，笙《由儀》。乃合樂，《周南》：《關雎》《葛覃》《卷耳》，《召南》：《鵲巢》《采蘩》《采蘋》。」〔註120〕《燕禮》：「乃間歌《魚麗》，笙《由庚》；歌《南有嘉魚》，笙《崇丘》；歌《南山有臺》，笙《由儀》。遂歌鄉樂，《周南》：《關雎》《葛覃》《卷耳》；《召南》：《鵲巢》《采蘩》《采蘋》。」二禮使用樂節樂章樂器均相同，不同之處就在「間歌」之後，《鄉飲酒》「乃合樂」，《燕禮》「遂歌鄉樂」，以《鄉飲酒禮》工入堂上歌而笙入堂下，爲歌、管作樂之正位，禮簡而樂全也。

〔註117〕《儀禮注疏》卷一五，第317頁。
〔註118〕《儀禮注疏》卷九，第170頁。
〔註119〕見《儀禮·鄉射》：「樂正適西方，命弟子贊工，遷樂於下。弟子相工，如初入。降自西階，阼階下之東南，堂前三笴，西面北上坐。」（《儀禮注疏》卷一一，第224頁。）
〔註120〕《儀禮注疏》卷八，第173～174頁。

圖十九：燕禮用樂示意圖

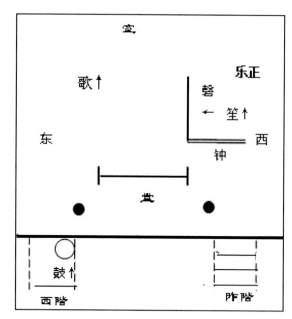

4、《燕禮記》：納賓禮

作樂在庭。

> 「若以樂納賓，則賓及庭，奏《肆夏》。賓拜酒，主人荅拜而樂
> 闋。公拜受爵而奏《肆夏》，公卒爵，主人升授爵以下而樂闋。升歌
> 《鹿鳴》，下管《新宮》，笙入三成。遂合鄉樂。若舞，則《勺》。……
> 有房中之樂。」〔註121〕

（1）鼓、磬

《燕禮記》所記為納賓之樂，作樂在庭。與《燕禮》相同，作樂在室內，亦不言樂縣。「賓及庭奏《肆夏》」，有迎賓金奏之樂，說明庭中應有鍾磬與鼓。但磬、鼓同為陰，不能設於一個平面，見於《鄉飲酒禮》《鄉射禮》《燕禮》諸禮，鼓之位都是依階而設，作樂於堂，則設鼓於兩階旁，作樂於室，則設鼓於兩階上。庭雖與室同，僅有一個平面，但室前有堂，設鼓於西階，鍾磬在室，其間有堂，為二面；若設磬於阼階，鼓在西階，亦屬兩平面。作樂於堂，有堂上堂下之別，歌、磬在堂，鼓設於階邊，正是堂下之位。庭在堂下階前，當以階邊為「庭下」，而庭與堂、室相對，入堂自西階，那入室亦當自

〔註121〕《儀禮注疏》卷一五，第 336～339 頁。

西階，鼓設於庭之位應在西階「庭下」。

考之《大射禮》樂縣，「西階之西，頌磬東面，其南鍾，其南鎛，皆南陳。一建鼓在其南，東鼓。朔鼙在其北。」西階之西，正是西階「庭下」，樂器順西階南陳，遠堂之器即是近庭之器。《大射禮》西縣的最南面爲鼓與朔鼙。鼓與鼙同爲鼓類，鼙爲朔鼙，鄭玄注：「朔，始也。奏樂先擊朔鼙，樂爲賓所由來也。」〔註122〕又見《大射禮》阼階西之應鼙與鼓，應鼙在鼓東，均面南。鄭玄注：「應鼙，應朔鼙也。先擊朔鼙，應之。」〔註123〕禮中樂器的陳列各有其用，有鼓有鼙，鼙爲樂賓，於禮之位亦當體現「樂賓」之義，西階爲賓，故西階之西鼓，東面。阼階西之鼓、鼙應西階之西朔鼙，故南面。

納賓之禮樂作於庭，《大射禮》樂作於堂，二者都屬諸侯禮，納賓之「庭」與大射之「堂」當是相對應之庭與堂。庭若設鼓，應設於西階邊，《大射禮》西階之西南端之鼓、朔鼙近於庭，且面東，納賓禮有《肆夏》之章，亦有迎賓之禮，當設鼓以迎賓，賓從西階至，朔鼙當用以始樂，磬與鼓同爲陰，朝向相同，不在同一平面，鼓在西階之西，面東，故磬設於庭中，當在庭之西，東面鼓，鍾在磬南，南陳，縣鍾磬於庭之西南隅。

（2）歌、管

歌、管都爲陽，若作於室，當工歌與管奏之樂不可同興。「升歌《鹿鳴》，下管《新宮》」，歌、管同工，樂工歌畢再下而播管，工歌在前、管奏在後，合於庭中用樂規範。納賓樂除了升歌下管之節外，另有「笙入，合鄉樂，若舞，則《勺》」之節，歌、管不能合樂，歌、笙亦不能合樂、舞，「合鄉樂」即「合樂《二南》」，故有「笙入」。但是有笙需有歌才得合樂，升歌之人已奏管，樂中並無其他歌工，笙與何合？合樂後另有樂舞《勺》，笙亦可用於舞器，但用於舞，又爲何另加「合鄉樂」之節呢？禮的場所、禮的屬性都會影響樂的使用，納賓禮不同於燕禮、射禮，作樂於庭亦異於他禮，其樂之用當異於燕、射，特爲納賓禮所用。《儀禮》五禮之樂，僅有此禮爲納賓禮，也僅有此樂作於庭，無法與他禮對比樂之用，要想得知納賓樂的使用規範就需要對同用於納賓禮，如「大饗」等禮用樂的情況作對比研究，僅以方位言樂，無法管窺特爲納賓所作樂的具體使用狀況。

〔註122〕《儀禮注疏》卷一六，第 348 頁。
〔註123〕同上。

圖二十：納賓禮用樂示意圖

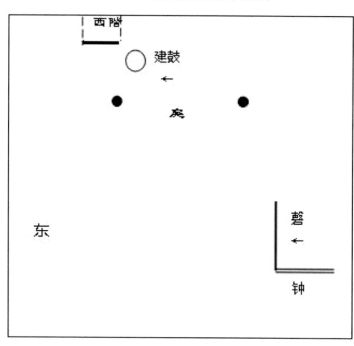

5、《大射禮》

　　樂縣：「樂人宿縣於阼階東，笙磬西面，其南笙鍾，其南鑮，皆
南陳。建鼓在阼階西，南鼓。應鼙在其東，南鼓。西階之西，頌磬
東面，其南鍾，其南鑮，皆南陳。一建鼓在其南，東鼓。朔鼙在其
北。一建鼓在西階之東，南面。鼗在建鼓之間。」〔註124〕
本節所討論的為樂賓樂的使用，不論及金奏《肆夏》之節（《肆夏》由成肆的
鍾磬所奏），樂賓樂始於「席工西階上，少東」，大射作樂於堂。

　　「乃席工於西階上，少東。小臣納工，工六人，四瑟。僕人正
徒相大師，僕人師相少師，僕人士相上工。相者皆左何瑟，後首，
內弦，挎越，右手相。後者徒相入。小樂正從之。升自西階，北
面，東上。坐授瑟，乃降。小樂正立於西階東。乃歌《鹿鳴》三終。
大師及少師、上工皆降，立於鼓北，群工陪於後。乃管《新宮》三
終。」〔註125〕

〔註124〕《儀禮注疏》卷一六，第347～350頁。
〔註125〕《儀禮注疏》卷一七，第365～369頁。

（1）樂正、樂工、樂師陞堂次序

《大射禮》大師、小師、上工及相入，小樂正從之，即樂工於小樂正之前入堂；《鄉射禮》《鄉飲酒禮》《燕禮》「樂正先升」，後瑟工、歌工入。《大射禮》爲「小樂正」，《鄉射禮》《鄉飲酒禮》《燕禮》爲「樂正」。漆子揚《從〈儀禮〉樂制的變通看周代樂禮的文化屬性》一文，對此變化解釋爲由樂正身份爵位的變化所致，漆氏之論概括起來有以下三點〔註126〕：

①諸侯的樂官是大樂正、小樂正，卿大夫的樂官爲小樂正，《鄉飲酒禮》《鄉射禮》是大夫禮，《燕禮》變通降行大夫禮，其樂官都爲小樂正。樂正是樂工之長，所以《鄉飲酒禮》《鄉射禮》《燕禮》在樂隊陞堂時樂正先升而樂工後升，體現出貴賤有別的禮樂等級思想。

②《大射禮》樂師爲上士和中士，而諸侯的小樂正皆以下士爲之。樂師雖然官職低於小樂正，但爵位高於小樂正。所以樂工先升，小樂正後升，體現了西周禮制「貴不讓賤，所以明尊卑」的等級觀念。

③有關於樂工陞堂時地位低的瑟工先升而地位少尊的歌工後升的問題，鄭玄認爲瑟工要提前調弦爲演奏做準備，爲節省時間所以先升，此爲《儀禮》樂制中的變通之處，體現了禮樂溫馨的人文關懷情結。

漆氏注意到《大射禮》言樂正爲「小樂正」與《鄉飲酒禮》《鄉射禮》《燕禮》「樂正」不同，認爲樂正爵位的尊卑會導致樂正、樂工入堂次序的改變，《鄉飲酒禮》《鄉射禮》《燕禮》三禮，「樂正」爲樂工之長，先升，樂工後升，尊者先入；《大射禮》樂師爲上士、中士，爵位高於「小士」小樂正，故樂師先升，小樂正後升，樂工、樂正、樂師入樂有先後之序，其論爲確。但樂正於樂，不止爲「樂工之長」，樂正所立之位亦表「近樂之處」。《鄉飲酒禮》《鄉射禮》《燕禮》中，樂正、樂工入堂（室）次序相同，但樂正的立位不同，《鄉飲酒禮》「樂正先升，立於西階東」，《鄉射禮》《燕禮》「樂正先升，北面立於其西」。而在樂師後入堂的《大射禮》「小樂正」「升自西階，立於西階東」，其立位與《鄉飲酒禮》「樂正」相同。筆者以爲，樂正變化不僅有樂師、樂正、樂工入堂（室）之序的改變，樂正立位亦發生了變化，且樂正立位的改變，與樂正入堂（室）之序的變化的原因不同。樂正與小樂正尊卑有別，故樂正先於樂工入堂，樂師先於樂工入堂；而樂正立位的變化，體現在等級不同的

〔註126〕漆子揚《從〈儀禮〉樂制的變通看周代樂禮的文化屬性》，《中國文化研究》2008春之卷，第15～17頁。

燕、射禮的交叉相對：《鄉飲酒禮》「樂正」立位與《大射禮》「小樂正」立位相同，《鄉射禮》「樂正」與《燕禮》「樂正」立位之言相同。爲何同爲樂正，立位有不同，爲何有「樂正」、「小樂正」之差，立位又同？

漆氏引方苞之文：「《鄉飲禮》《鄉射禮》『二禮笙入，間歌合樂備舉，而後樂正告樂備，故先升以示，並監堂上下之樂』；而《燕禮》『中間有使從升歌之工師而升，則似堂下之樂事，非其所掌，故先升而並監之』；《大射》『後升者，變於《燕》也』。」他認爲：「方氏所言不無道理，但撇開樂制生存的等級制背景，僅從角色的功用來分析似欠妥當。」

方苞之說是以樂正掌樂內容的變化而言四禮樂正的變化：《鄉飲酒禮》《鄉射禮》爲大夫禮，同等級禮，樂正掌樂相同，《鄉飲酒禮》《鄉射禮》樂正監堂上下之樂。《燕禮》爲諸侯禮，樂正掌堂上升歌之樂。《大射禮》同爲諸侯禮，「小樂正」後升；《燕禮》「樂正」先升，是小樂正與樂正等級不同導致同等禮的變化，即「大射變於燕」。漆氏認爲方苞拋開樂正的等級制，僅以樂正掌樂之事言樂正、樂工入樂之序的變化欠妥。殊不知，方苞「樂正掌樂」之說亦是以等級制言樂正變化，禮不同，故樂正掌樂之事不同。《鄉射禮》《鄉飲酒禮》二禮等級相同，樂正掌樂相同；《大射禮》《燕禮》二禮等級相同，卻有「小樂正」、「樂正」等級的改變。筆者以爲，方苞此說也沒有注意到同等級禮《鄉飲酒禮》《鄉射禮》樂正立位的不同。以樂正等級言「大樂正」與「樂正」入樂之序有別，此之爲確，但樂正變化包括樂正入堂之序的變化和樂正立位的變化二個方面，樂正立位與樂有關，立位有變，說明同等級但所用於事不同的禮之間，用樂亦有變化。筆者試圖從樂的角度，辨明《鄉飲酒禮》《鄉射禮》《燕禮》《大射禮》樂正立位，探尋樂正立位與樂的關係。

樂正升位：《鄉飲酒禮》「席工於堂廉」，樂正先升，立於西階東，北面。《鄉射禮》《燕禮》「席工於西階，少東」，樂正先升，北面立於其西。

樂正降位：《鄉飲酒禮》《鄉射禮》「樂正告於賓，乃降」，《燕禮》「樂正由楹內、東楹之東告於工，乃降」。

由此可見，席工之位，《鄉射禮》《燕禮》同，樂正立位之言亦同，《鄉飲酒禮》不同於二禮；樂正降位，《鄉飲酒禮》《鄉射禮》同，《燕禮禮》不同。《鄉飲酒禮》《燕禮》之樂的構成相同，即工歌、笙入、間歌、合樂四節；《鄉射禮》無工歌、笙奏、間歌，僅有合樂一節。《鄉射禮》《燕禮》席工之位

與鼓位相同，知二禮工入歌之位當爲室，不同於《鄉飲酒》工入堂歌。《鄉飲酒》樂正明言其位在「西階東」，但《鄉射》《燕禮》樂正之位卻是「北面立於其西」，「其」爲何？若以樂正降位而言，《鄉射禮》與《鄉飲酒禮》相同，《鄉飲酒禮》樂正立於西階「東」，「其」當不指席工之位「西階」。以向位言樂，有歌、鼓、磬、管（笙），樂的方位，於樂用之場所及樂器、樂工向位有關，樂正之位有「近樂之處」的意義，是否就是指樂正表樂之方位之義呢？樂正先升以掌樂，所掌之樂又爲何樂？「其西」，是指樂正在「其」所掌樂之西，即「其」指人；還是指樂正所掌樂在「其」西，即「其」指縣中樂器呢？

《鄉飲酒禮》《鄉射禮》《燕禮》三禮所用樂各不相同，但樂的構成是相同的，即工歌、笙，工歌向位均爲北面，東上，無論工入堂或入室，其歌之位的朝向是固定的，「歌」當非是樂正所掌之樂。

1）對比三禮「笙入」之位

《鄉飲酒禮》「笙入堂下，磬南，北面立」；《鄉射禮》「笙入縣中，西面。縣磬在阼階，東面」；《燕禮》「笙入縣中」（筆者推斷《燕禮》樂縣在室，即縣鍾磬成肆，設在室之西南隅。磬在室西，南北而立，面東。）《鄉飲酒禮》《鄉射禮》笙入於堂下，但朝向不同，而《燕禮》笙入於室，與《鄉飲酒禮》笙入之處不同，但《鄉射》「笙入」之處相同，爲「縣中」，且鄉射禮、燕禮所縣磬都面西。若以笙的朝位而言，《燕禮》笙，北面立，與《鄉飲酒》笙入磬南，北面立位相同。《鄉飲酒禮》《鄉射禮》《燕禮》三章言「笙入」，均是以磬作爲參照，笙奏之樂當與縣磬位置有關。是否樂正所立之位所近之樂，即爲笙奏之樂，而「其西」之「其」表磬呢？

2）對照三禮笙奏之樂與磬位

《鄉飲酒禮》縣磬於階間，北面，「其西」之位當爲西階，北面。樂正之位在西階東，北面，與磬西之位相合。笙入堂下，磬南，北面。鼓在阼階之西，笙當在堂下近西階之位，北面，正與樂正之位相對，樂正在上、笙在下，笙以樂正爲東上之位。

《鄉射禮》設樂縣本當於庭，但由於其樂用於射，故將磬設在阼階東，西面。磬西樂正之位當在阼階西，北面。笙入縣中，西面，即笙在阼階南，亦是以樂正爲東上之位。

《燕禮》笙入室之縣中，室中之磬在室西，面東，其西樂正立位爲室之

西北，南面。笙入縣中，北面立。笙與樂正相對，樂正在磬西，而笙在磬南，笙亦是以樂正爲東上之位。

3）樂正降位與樂正立位

《鄉飲酒禮》鼓建於阼階之西，《鄉射禮》鼓在西階東，金奏以鼓，鼓近賓位，前禮賓位爲阼階，後禮賓位爲西階。《鄉飲酒禮》《鄉射禮》有文「樂正告於賓，乃降」，可知樂正當降於主人位，《鄉飲酒禮》樂正降於西階，《鄉射禮》樂正降於阼階，正合樂正立位，西階東、阼階東。《燕禮》樂正降位與《鄉飲酒禮》《鄉射禮》不同，「樂正由楹內、東楹之東告於工，乃降」。楹爲堂廉，東楹之東對於堂，即是堂西北，正是樂正出室之位。

樂正在《鄉飲酒禮》《鄉射禮》《燕禮》《大射禮》中的立位分別是西階東，北面；阼階東，西面；室之西北隅，南面；西階東，北面。

爲何《燕禮》《鄉射禮》席工、設鼓之位相同，樂正之位卻不同呢？《鄉射禮》爲射禮，射時需奏樂，所以將磬設在阼階用於射。鼓在西階，磬在阼階，鼓、磬都爲陰在一平面，不可單有工歌之節或單奏笙之節，故《鄉射禮》不歌、不笙、不間（間是歌一章笙一章相間而奏，亦是單獨歌或單獨笙）。合樂之時，當是歌在上，笙在下，歌在堂，北面東上，磬在阼階西以歌爲上，故面西；磬在阼階西，鼓設於西階東，與堂上歌同列，鼓以歌爲上，面南；歌、笙皆陽，歌在堂上、笙在堂下，歌東上，故笙面西。歌、鼓、磬、笙之位合於律呂，得奏合樂《二南》。樂正立於阼階東，北面。

《燕禮》磬在室西，面東；鼓在西階東，南鼓；磬、鼓不在一平面，所以單有工歌之節或單有笙入之節均合樂之向位，故《燕禮》樂正立於室，磬西，表示笙奏之樂在室。由於歌、笙不能共一面，笙入室奏《南陔》《白華》《華黍》後，獻笙，將至階間，續奏間歌、合樂二節。笙在堂下，鼓在西階、磬在室、歌在室；笙、鼓之位與磬、歌之位隔有堂，非爲間歌、合樂之節，歌、笙、鼓、磬之正位。樂正立位在室之西，北面，爲笙入室奏樂之處而非笙奏間歌、合樂之節所在之堂下。由此可見，樂正所掌之樂不僅僅爲奏於禮中之樂，還應是合於禮之正樂，體現了行禮用樂的規範。

《大射禮》用樂不同於《鄉飲酒禮》《鄉射禮》《燕禮》之樂，「升歌《鹿鳴》三終，下管《新宮》三終」，大師、小師掌升歌下管之樂，爵位高於樂正，故《大射禮》言樂正爲「小樂正」，漆子揚認爲：「樂師先升，小樂正後升，體現了西周禮制『貴不讓賤，所以明尊卑』的等級觀念。」此爲確。

《鄉飲酒禮》《鄉射禮》《燕禮》之樂正為樂工之長，故先升，以確立禮中樂的規範。《大射禮》用之樂由大師、少師所掌，小樂正在樂師之後入堂，小樂正立位是否當如樂正立位，表管樂之正樂呢？

簜（管）設於縣，由瞽矇掌播；笙由笙者吹，用於禮之位卑於管，笙奏之樂為樂正所掌之樂，此為笙、管所體現出禮之差異，笙、管同為吹奏之器，笙奏與管奏之位又有何區別呢？《燕禮》《鄉射禮》二禮樂正立位不同，但是《燕禮》樂正立於室之西北與《鄉射禮》樂正立於阼階東同列不同面，其中有堂，故笙都入於縣中；《鄉飲酒禮》《大射禮》之樂，樂器、樂工、樂正均不相同，《鄉飲酒禮》「樂正」立位與《大射禮》「小樂正」立位相同，《鄉飲酒》笙奏於磬南，《大射》管奏之位與縣鍾磬之位又有何關聯呢？筆者以下就《大射》用樂之節，考察《大射禮》樂「升歌下管」歌、鼓、磬、管的方位。

圖二十一：大射禮用樂示意圖

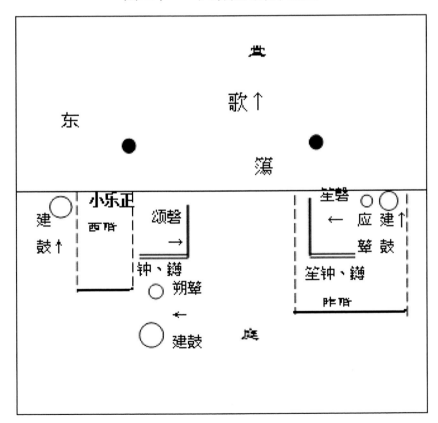

（2）大射禮用樂之節

1）歌、鼓

席工之位同於《燕禮》及《鄉射禮》，在西階上，少東，相者在工右。作樂在堂，與席工之位對應之鼓當爲設於西階之東的建鼓，南面。《大射禮》工席上相與《鄉飲酒禮》工席上相何瑟同，相者皆左何瑟，後首，內弦，挎越。《燕禮》《鄉射禮》相者在西階東，左何瑟，面鼓，執越，內弦，相者何瑟之位不同於《大射禮》《鄉飲酒禮》。相者何瑟的變化當與禮中建鼓之位有關。《燕禮》作樂在室，《鄉射禮》作樂堂上堂下（庭），鼓建於西階上，南面，鼓在階上，故何瑟之相「面鼓」，挎越。《鄉飲酒禮》鼓建於阼階之西，《大射禮》鼓建於西階之東，鼓不在階，相者在階上，與鼓不同面，挎越。建鼓之位的變化，與工入堂或室歌之位有關，室、堂、堂下成三平面，工歌以東爲上，故歌時工北面立於堂或室。工入堂歌，鼓在兩階旁，阼階之西或西階之東；工入室歌，若鼓在階邊堂下，無法與室相對，需將鼓設在階上與堂成一平面才能與室中之工相對應，歌工北面，鼓面南。

2）樂師、小樂正

僕人正、徒，相大師；僕人師，相少師；僕人士，相上工，樂工爲大師、少師、上工，大師之相有正、徒、少師、上工之相分別爲師、士，相爲尊。大師相徒入，小樂正從之。樂工升自西階，北面，東上，相坐授瑟後降；小樂正立於西階東，北面，與堂上樂工北面、東上相合。

大師之相有二，正與徒，即樂正、樂徒，樂正、樂徒尊於樂師，樂師尊於小樂正，故樂師大師、小師、上工先入堂，小樂正從大師相「徒」入，故《周禮》以大師爲樂工之長。

3）管奏之位

大師、少師、上工歌《鹿鳴》三終後，降立於鼓北。此鼓當爲工席之西階之東所建之鼓，鼓北，樂師降立之位當在堂階之間近於西階處。「群工陪於後」，鄭玄注：「群工陪於後，三人爲列也。」〔註127〕鄭注言工與樂師同列，亦在階間。《鄉飲酒禮》《鄉射禮》《燕禮》笙奏之時都是立於縣中、或磬之南，管尊於笙，亦當有縣。《大射禮》縣鍾磬有二肆，分列於阼階東與西階之西，西階之西縣在堂下，遠於堂階，非爲管奏之縣，管奏之縣當爲阼階東之縣。

〔註127〕《儀禮注疏》卷一七，第 368 頁。

管奏之器簜設於樂縣中，簜設於阼階西建鼓與西階之東建鼓之間，阼階西建鼓，南鼓，西階之東建鼓，南面；簜當設於西階、阼階之間，倚於堂。工在階間，簜倚於堂，工播管於堂邊近阼階東之縣處，面北。小樂正立於西階東，北面，小樂正之立位亦在管奏之東，與其他三禮樂正在笙奏之東同，小樂正亦表管樂之正樂。但管、笙與樂正之位有別，小樂正在西階東，管在階間，管在小樂正立位北。樂正與笙，樂正在笙北，管尊於笙，樂有尊卑於此可見。

4）歌、管、磬、鼓

《大射禮》建鼓有三，西階之東所設建鼓用於樂賓之樂，面南，管奏於階間，北面；鼓在下、管在上，合管陽鼓陰之位。歌者在堂，北面，東上，鼓設西階之東，同列不同面，合歌鼓陽陰、律呂之位。而管奏於近阼階東之階間，在西，歌、鼓在東，管與歌、鼓合律呂之位。笙磬縣於阼階東，西面，管在階間，與磬不列於一面，管、磬之位亦合。

值得注意的是，《大射禮》用於樂賓之樂的鼓、磬、管、歌分列於四面，鼓在堂下、磬在階、管在階間、歌在堂，歌、管樂無法合，故其樂僅有升歌、下管二節，無間亦無合樂。

管、磬之位與笙、磬之位亦有不同，笙無論是入於縣中還是磬南，均是磬之位在上，笙之位在下；而管磬之位，管在上、磬在下，管、笙之別於此亦可得見。

綜上所述，《周禮·春官·大司樂》中言宗廟用樂之「黃鐘為宮，大呂為角，大蔟為徵，應鍾為羽」，即以黃鐘、大呂、太蔟、應鍾分別代表歌、鼓、管、磬的向位規則是合乎禮的。歌，由歌工所歌，管（笙），以樂工持而奏，其向位均是以奏樂之人向位而定，故為陽。而磬和鼓，有擊「鼓」和非擊「面」之別，擊磬及擊鼓之人面磬、鼓之鼓面，擊者為陽，故磬與鼓面為陰。工歌之節在笙奏、管奏之節前，故歌為黃鐘、管為太蔟；磬屬石而鼓屬革，磬尊於鼓，故磬為應鍾而鼓為大呂。樂縣之設實與禮儀向位相合，都是以東上為原則。於歌工言相者，東上，相尊，故相在右。於堂、兩階言東上，故歌工入堂，北面東上；樂正立於西階東，北面；阼階上縣磬，西面。於階間言東上，故管設於階間，管奏時工立於阼階東上，北面；鼓於西階東或是阼階西均南面。於堂下言東上，《燕禮》笙入堂下縣中，西面；《鄉飲酒禮》笙入堂

下，磬南，北面立；鼓在阼階之西；《大射禮》西階之西所列不用於樂賓之樂之鍾磬鎛鼓鼗亦以東上爲原則。

小　結

本章論述「三禮」樂縣的狀況，是以「三禮」中的文獻作爲基礎，結合目前中國音樂考古所見的出土實物，對樂縣的概念、樂器在樂縣中的位置等問題進行了闡述：

（一）樂縣概念辨析。

1、筆者認爲樂縣非「樂懸」，樂縣爲樂器的排列組合形式。樂縣中的樂器不僅包括有懸掛著的編鍾編磬、特鎛，還有不懸的各類鼓（鼓、鼖、鼗）、管（簜）等此類先於樂作而縣之器，亦有在樂的進行中，由樂人帶入儀式中的瑟、笙等。

2、文獻中有關編鍾編磬的排列方式堵、肆的說法有四種，四種說法中，除鄭玄說有云編磬之數，其他均無說磬之文，僅有縣鍾之數。現今考古有成編的晚商、西周時期編鍾、編磬出現，爲我們研究縣鍾、磬之「堵、肆」提供了寶貴的實物資料。據考古實物中編鍾編磬的排列情況，可以將西周鍾磬編列可分作兩類：一類如杜預所說，十六鍾分兩虡成肆，每虡八鍾，磬或爲十枚，大抵與鍾上下成列，鍾磬不同數。另一類大抵如鄭玄所說，十六鍾共一虡成肆，肆中另一虡大抵另有磬十六枚，半之以鍾八磬八同虡而爲堵，鍾磬同數。

3、鍾、磬編列位置。從考古發現曾侯乙墓編磬與編鍾排列位置可知，編磬靠北朝南，西壁編鍾靠西朝東，編鍾編磬之虡成直角，與《大射》樂縣笙磬與笙鍾擺放位置相似。磬出土時坐北朝南，各磬之股部在北，鼓部在南，演奏者當席南面北而擊。《大射禮》中笙磬坐東朝西，敖繼公釋笙磬鼓部在西，擊者在磬東，面西，正與曾侯乙編磬擊鼓面相同，擊磬之法應如敖氏所言，阼階東笙磬面西，鼓部在東，擊者席磬東，面磬鼓，即擊者面西。笙磬之虡東端鄰笙鍾之西端，鎛設於笙鍾之南，與笙鍾橫陳南陳。西階之西之頌磬、鍾與鎛應與東縣相對，即頌磬鼓部在西，擊磬者席磬西，面磬鼓，即擊者面東。頌磬之虡西端鄰鍾虡之東端，鎛設於鍾之南，與鍾橫陳南陳。

（二）《儀禮》諸禮樂縣考。

1、《儀禮》五禮，大射禮爲國君用與群臣射之禮，爲諸侯之禮，所縣樂縣三面，非諸侯軒縣，分別縣於東、西、北三面。鄉射禮用士制，樂縣二面，一面磬在東，另一面僅有一鼓。鄉飲酒禮樂縣一面。燕禮、納賓禮所縣樂縣，禮中無明文，當有鍾磬與鼓。

曾侯乙墓爲曾國姬姓國君，所用樂縣爲諸侯軒縣，有三面，由於曾侯乙所在時期，曾國爲楚國的附屬，故曾諸侯軒縣遵循楚俗，尚東，其縣三面分別爲南、北、西。

2、《周禮・春官・大司樂》中言宗廟用樂之「黃鐘爲宮，大呂爲角，大蔟爲徵，應鍾爲羽」，筆者認爲，應解釋爲以黃鐘、大呂、太蔟、應鍾分別代表歌、鼓、管、磬的向位，是樂縣的向位規則。歌，由歌工所歌，管（笙），以樂工持而奏，其向位均是以奏樂之人向位而定，故爲陽。而磬和鼓，有擊「鼓」和非擊「面」之別，擊磬及擊鼓之人面磬、鼓之鼓面，擊者爲陽，故磬與鼓面爲陰。工歌之節在笙奏、管奏之節前，故歌爲黃鐘、管爲太蔟；磬屬石而鼓屬革，磬尊於鼓，故磬爲應鍾而鼓爲大呂。樂縣之設實與禮儀向位相合，都是以東上爲原則。於歌工言相者，東上，相尊，故相在右。於堂、兩階言東上，故歌工入堂，北面東上；樂正立於西階東，北面；阼階上縣磬，西面。於階間言東上，故管設於階間，管奏時工立於阼階東上，北面；鼓於西階東或是阼階西均南面。於堂下言東上，《燕禮》笙入堂下縣中，西面；《鄉飲酒禮》笙入堂下，磬南，北面立；鼓在阼階之西；《大射禮》西階之西所列不用於樂賓之樂之鍾磬鏄鼓鼗亦以東上爲原則。

第三章 「三禮」樂章

第一節 金奏樂章考

一、金奏二論

1、鄭玄「金奏」說

「金奏」見於《周禮・鍾師》，鄭玄注《禮》以金奏爲奏樂之節。

> 《周禮・春官・鍾師》：「掌金奏。凡樂事，以鐘鼓奏《九夏》：《王夏》《肆夏》《昭夏》《納夏》《章夏》《齊夏》《族夏》《祴夏》《驁夏》。」鄭玄注：「金奏，擊金以爲奏樂之節。金謂鍾及鎛。以鐘鼓者，先擊鍾，次擊鼓以奏《九夏》。」〔註1〕

鄭玄釋「金奏」爲祭祀、饗食、賓射等諸禮作樂時，擊金以爲奏樂之節。所用樂器爲「金」，即鍾鎛，所奏樂章爲《九夏》，先擊鍾，次擊鼓。所謂《九夏》，僅見於《鍾師》，西漢末年杜子春對《九夏》各章之用有所研究，鄭玄注引杜說：「王出入奏《王夏》，尸出入奏《肆夏》，牲出入奏《昭夏》，四方賓來奏《納夏》，臣有功奏《章夏》，夫人祭奏《齊夏》，族人侍奏《族夏》，客醉而出奏《陔夏》，公出入奏《驁夏》。」杜說《九夏》，前三章《王夏》《肆夏》《昭夏》可見於《周禮・春官・大司樂》：「凡樂事，大祭祀宿縣，遂以聲展之。王出入則令奏《王夏》，尸出入則令奏《肆夏》，牲出入則令奏《昭夏》。大饗不入牲，其他皆如祭祀。大射，王出入，令奏《王夏》。」

〔註1〕《周禮注疏》卷二四，第734頁。

〔註2〕此段文獻說明的是王用樂的情況：祭祀前一天，大司樂要將用於祭祀之樂的樂器陳列好，在祭祀當日，王入廟門（即祭祀場所）及出廟門時，樂縣皆奏《王夏》；「尸」是周人祭祀的一大特色，就是挑選被祭祀者的後代，尤其是孫子輩人物，作爲被祭者的象徵，代表神靈享用祭祀的酒食。尸進入及離開時，奏《肆夏》；「牲」爲祭祀用的犧牲，進入及離開時，奏《昭夏》。先言王、次言尸、後言牲，當以祭祀的次序而定。大饗，即饗賓客、諸侯來朝者之禮。「不入牲」，即不奏《昭夏》，有王出入所奏《王夏》，賓出入所奏《肆夏》兩節。王射，僅有奏《王夏》一節。以上是《王夏》《肆夏》《昭夏》用於王之用樂場所的情況。

杜子春注《九夏》，僅有前三夏於經傳中可見，至於後六夏之釋，恐是望文而說，是否正確，已無依據可以驗證。筆者認爲，從《大司樂》所記《九夏》前三夏的使用情況來看，三夏於禮各有其表。祭祀之禮有王、尸、牲出入，故三夏全有；大饗無牲，則無《昭夏》；大射於樂僅有《王夏》一章，三禮都屬於王之禮。但杜說《九夏》後六夏的使用，不分場合、不分使用範圍，將不同等級不同用事之樂所用樂章都混作一談。如杜氏所言《納夏》爲迎賓之用，至後一章《章夏》又以其用作表臣之功；而後言《陔夏》用於燕飲場合，客醉而奏《陔》，云《驁夏》又云僅用於《大射禮》，爲公出入所奏。各禮用樂自有其序，樂用於禮各有其事，豈能無視禮、樂之序，而將樂章雜而陳之？

鄭玄據《九夏》說《儀禮》金奏的樂章有《肆夏》《陔》《驁》三章，《陔》爲《陔夏》，即《祴夏》；《驁》爲《驁夏》。《肆夏》，鄭玄注云：「《肆夏》，樂章名，今亡。呂叔玉云：《肆夏》，《時邁》也。《時邁》者，太平巡守，祭山川之樂歌。《周禮》曰：『賓出入，奏《肆夏》。』」〔註3〕《陔》《驁》，鄭玄引杜子春之說「內當爲納，祴讀爲陔鼓之陔」，云「客醉而出奏《陔夏》，公出入奏《驁夏》。」〔註4〕

筆者以爲，《周禮》爲晚出之書，鄭玄據《周禮》所記《九夏》之名注《儀禮》中《肆夏》《陔》《驁》三章，似有不妥。對於其說，後世學者多有異議。

〔註2〕《周禮注疏》卷二二，第 695 頁。
〔註3〕見《儀禮・大射》「奏《肆夏》」鄭玄注。（《儀禮注疏》卷一六，第 355 頁。）
〔註4〕《周禮注疏》卷二四，第 734 頁。

2、姚際恒「金奏」說

> 按諸樂章之名，惟曰《肆夏》、曰《陔》、曰《驁》而已。自《周
> 禮・鍾師》有《九夏》之目，即襲《肆夏》「夏」字爲目，而以《肆
> 夏》居其一，又以《陔》爲《陔夏》，《驁》爲《驁夏》，其餘皆杜撰
> 填湊。鄭氏因而凡於《禮記》《儀禮》言《肆夏》《陔》《驁》者，概
> 以《九夏》爲解，不知《九夏》之目本屬烏有，其《陔》與《驁》皆
> 不可加以「夏」字也。果爾《儀禮》既稱《肆夏》，何獨於《陔》與
> 《驁》者刪去一「夏」字乎？若如刪去之例，則《肆夏》又當稱《肆》，
> 何獨不然乎？即此觀之，《周禮》之僞，可不攻自破矣。〔註5〕

姚際恒認爲《周禮》所記《九夏》之目本屬子虛烏有，不能將《儀禮》中樂
章《陔》《驁》與《九夏》相對，稱作《陔夏》《驁夏》。《儀禮》《禮記》所記
樂章之名僅有《肆夏》《陔》《驁》，《陔》《驁》無夏，僅《肆夏》有夏，不能
以有夏之《肆夏》說《陔》《驁》有夏，爲《九夏》之章；亦不能以《陔》《驁》
無夏而言《肆夏》無夏，爲《肆》。鄭注將三樂章都作爲金奏有《九夏》之章
有誤。

姚氏將樂章名進行對比後指出鄭注《九夏》有誤，其說固有理，但據此
而言《周禮》所記《九夏》爲虛有則不免有以偏概全之嫌。其說所指出的樂
章名的差異，僅是表面上的矛盾。筆者檢閱先秦其他文獻，《肆夏》也非僅有
《肆夏》一名。另有《左傳・襄公四年》：「晉侯享之，金奏《肆夏》之三，
不拜。」〔註6〕「《肆夏》之三」，「《肆夏》之三」可作二解：「之」爲「有」
義，奏《肆夏》三次；「之」爲「的」義，《肆夏》有三章。若《九夏》其他
八章均如《肆夏》，有「《肆夏》之三」，那麼無論是將「之」釋作「有」還是
「的」，諸夏樂章都應有三，《周禮》所列《九夏》九章名都僅爲其實際所含
樂章總數的三分之一。

若《九夏》共有二十七章，鄭注以《陔》《驁》爲金奏《九夏》之章亦可
通，《陔》《驁》樂章之名雖不見於《周禮》所列《九夏》之九章，但若以九
章各含有三章，那麼此二章也可云包含於《九夏》之中，大抵樂章《陔》屬
「《陔夏》之三」之章，而《驁》屬「《驁夏》之三」之章。

鄭、杜二氏將《九夏》九樂章均釋爲金奏之章，若以《九夏》各章都有

〔註5〕　（清）姚際恒《儀禮通論》卷四，《續修四庫全書》本。
〔註6〕　《春秋左傳正義》卷二九，第951頁。

三而言，金奏之章就有二十七章之多；但《左傳》云「金奏《肆夏》之三」，金奏之章僅有三章，筆者於論杜子春《九夏》之用時已經指出杜氏所言後六夏之用不合禮義，《左傳》金奏之章僅為《九夏》之《肆夏》，是否《周禮》所記《九夏》之章並非僅用於一樂，而是為九種樂奏之章？抑或是《九夏》之三章用於金奏，其他用於他樂？無論為何情況，我們都應該謹慎對待《周禮》中《九夏》諸章使用的問題。《儀禮》，鄭玄所注金奏之章有《肆夏》（此章亦見於《禮記》）《陔》《驁》三章，而《左傳》有「金奏《肆夏》之三」，禮之三章與「之三」有何聯繫與區別呢？以下就《肆夏》二名，「《肆夏》之三」與「《肆夏》」，辨明樂章使用於樂的情況，以其名辨其實。

二、「《肆夏》之三」與《肆夏》

1、「《肆夏》之三」的涵義

「《肆夏》之三」，杜預注：「《肆夏》，樂曲名。《周禮》以鐘鼓奏曰《九夏》，其二曰《肆夏》，一名《樊》；三曰《韶夏》，一名《遏》；四曰《納夏》，一名《渠》。蓋擊鍾而奏此三《夏》曲。」〔註7〕杜預認為「《肆夏》之三」即鐘鼓所奏《九夏》之《肆夏》《昭夏》《納夏》三章。

《國語·魯語下》亦有記載金奏樂章之文：「金奏《肆夏》《繁》《遏》《渠》，天子所以饗元侯也。」〔註8〕《國語》所言金奏之章有《肆夏》《繁》《遏》《渠》，其中就包含有《肆夏》一章，杜預注「金奏《肆夏》之三」，便是引此條文獻中除《肆夏》之外的其他樂章釋「之三」，他說：「《國語》云：『金奏《肆夏》，《樊》《遏》《渠》。』杜（子春）《三夏》之別名。呂叔玉云：『《肆夏》，《時邁》也，《樊》；《遏》，《執競》也；《渠》，《思文》也。」杜預以《肆夏》之後繁、遏、渠三字分作三樂章：《肆夏》又名《樊》，《昭夏》（《周禮》為《韶夏》）又名《遏》，《納夏》又名《渠》；以《樊》《遏》《渠》分別作三《夏》的別名，此所謂「《肆夏》之三」。之後杜氏又引呂叔玉文，將《樊》《遏》《渠》三章分別對應於《詩·周頌》《時邁》《執競》《思文》三章。

> 孔穎達正義云：「此傳直言『之三』，不辨其三之名。《魯語》同
> 說此事而云：『金奏《肆夏》，《繁》《遏》《渠》，天子所以享元侯

〔註7〕《春秋左傳正義》卷二九，第 951 頁。
〔註8〕《國語》卷五，第 186 頁。

也。《文王》《大明》《緜》，則兩君相見之樂也。』《文王》之三，盡《文王》《大明》《緜》，以《文王》爲首，並取其次二篇以爲三。則知《肆夏》之三，亦以《肆夏》爲首，亦並取其次二《夏》以爲三也。且下云：『三《夏》，天子所以享元侯也。』三者皆名爲夏，知是其次二《夏》並《肆夏》爲三也。《周禮》謂之《肆》《昭》《納》，《魯語》謂之《繁》《遏》《渠》。故杜以爲每《夏》而有二名，《肆夏》一名《樊》，《昭夏》一名《遏》，《納夏》一名《渠》。」〔註9〕

孔穎達將《文王》《大明》《緜》三篇連文稱作「《文王》之三」，將「《肆夏》之三」稱作爲《肆夏》《韶夏》《納夏》三《夏》連文，取首篇《肆夏》之名並後二《夏》作爲三。筆者認爲，雖然孔氏以「《文王》之三」爲《文王》《大明》《緜》作爲說明「《肆夏》之三」爲《樊》《遏》《渠》之例，但這兩種「之三」的方式似乎不太一致。孔疏杜氏引《國語》所云「金奏《肆夏》」是冠於《繁》《遏》《渠》之上的。冠於其上，當是後三章的總名爲《肆夏》，豈能以《肆夏》爲《繁》、《昭夏》爲《遏》、《納夏》爲《渠》，將三章別作三《夏》之名？先不言「《肆夏》之三」與其他樂章的關係，僅以杜預所引《國語》金奏樂章之文，鄭玄亦有引此段論「《肆夏》之三」：「《國語》曰：『金奏《肆夏》《繁遏》《渠》，天子所以享元侯。『《肆夏》《繁遏》《渠》，所謂三《夏》矣。」鄭玄認爲三《夏》爲《肆夏》《繁遏》《渠》三章，之後，鄭氏亦引呂叔玉之文將三《夏》分別對應於《周頌》，「呂叔玉云：『《肆夏》《繁遏》《渠》皆《周頌》也。《肆夏》，《時邁》也。《繁遏》，《執競》也。《渠》，《思文》。肆，遂也。夏，大也。言遂於大位，謂王位也，故《時邁》曰『肆於時夏，允王保之』。繁，多也。遏，止也。言福祿止於周之多也，故《執競》曰『降福穰穰，降福簡簡，福祿來反』。渠，大也，言以后稷配天，王道之大也。故《思文》曰『思文后稷，克配彼天』。故《國語》謂之曰『皆昭令德以合好也』。」〔註10〕鄭玄將「繁」、「遏」合成《繁遏》一章，與《肆夏》《渠》並列稱作「《肆夏》之三」，對應《周頌》三章，鄭氏所說金奏之章之名不同於杜預注《左傳》與韋昭注《國語》之文〔註11〕。孔穎達注意到鄭玄所注《國語》金

〔註9〕 《春秋左傳正義》卷二九，第952頁。
〔註10〕 見《周禮・春官・鍾師》鄭玄注《九夏》之文，第734頁。
〔註11〕 見《國語・魯語下》「金奏」韋昭注：「《肆夏》一名《樊》，《韶夏》，一名《遏》，

奏《肆夏》之後樂章名的不同，又有云：「先儒以樊、遏二字，共爲《執兢》，以渠之一字，獨爲《思文》。分字既無定限，文句多少任意，則杜以繁共《肆夏》爲句，何爲不可？」筆者以爲，孔氏即然認爲文句多少可以任意，爲何杜預所云三《夏》之名，將三章之名，字全作一就當爲有理呢？

據鄭、杜、孔之言，被稱作「○○之三」的有二例：《鹿鳴》之三：《鹿鳴》《四牡》《皇皇者華》；《文王》之三：《文王》《大明》《縣》。《國語》《左傳》均有載。

　　《左傳·襄公四年》：「工歌《文王》之三，又不拜；歌《鹿鳴》之三，三拜。」

　　《國語·魯語下》：「叔孫穆子聘於晉，晉悼公饗之，樂及《鹿鳴》之三，而後拜樂三。（叔孫穆子對曰）：夫歌《文王》《大明》《縣》，則兩君相見之樂也。皆昭令德以何好也，皆非使臣之所敢聞也。臣以爲肄業及之，故不敢拜。今伶簫詠歌及《鹿鳴》之三，君之所以貺使臣，臣敢不拜貺。夫《鹿鳴》，君之所以嘉先君之好也，敢不拜嘉。《四牡》，君之所以章使臣之勤也，敢不拜章。《皇皇者華》，君教使臣曰『每懷靡及』，諏、謀、度、詢，必咨於周。敢不拜教。臣聞之曰：『懷和爲每懷，咨才爲諏，咨事爲謀，咨義爲度，咨親爲詢，忠信爲周。』君貺使臣以大禮，重之以六德敢不重拜。」

據《魯語》所載，「《文王》之三」爲《文王》《大明》《縣》，「《鹿鳴》之三」爲《鹿鳴》《四牡》《皇皇者華》；依孔氏所言，以樂章字數多寡論，此二例「之三」均非三篇樂章名字數相同。非要辨其規律，也是三篇中前兩篇字數相同，有二字；第三篇異於前，爲一字。鄭玄注以《肆夏》《繁遏》《渠》作爲「《肆夏》之三」，才能合此字數規則，孔氏以字數論樂章名，甚不嚴密。筆者以爲，雖然「《肆夏》之三」中「之」爲何義不知，但取《九夏》中《肆夏》與其後二夏《昭夏》《納夏》並作「《肆夏》之三」，即是三《夏》的命名方法，經傳皆不見，此說不當立，杜預、孔穎達之說爲誤。

　　「金奏《肆夏》之三」與「金奏《肆夏》《繁遏》《渠》」，諸儒皆以《左傳》《國語》金奏之後，有「天子所以享元侯」之文而以二者可通，此當爲確。但是《左傳》所記，除「金奏《肆夏》之三」外，另有「工歌《文王》之三」及「歌《鹿鳴》之三」；而《國語》僅有「《鹿鳴》之三」，且樂章前無「歌」，

《納夏》一名《渠》，此三《夏》曲也。」（《國語》卷五，第186頁。）

帶「奏」的樂章有「金奏《肆夏》《繁遏》《渠》」及「歌《文王》《大明》《緜》」，
非「之三」。

　　筆者檢閱「三禮」各樂所奏之樂章，並無「之三」之名。若有三篇連奏
都是直列樂章名，如「工歌《鹿鳴》《四牡》《皇皇者華》」；「笙入，樂《南陔》
《白華》《華黍》」；「乃間歌《魚麗》，笙《由庚》；歌《南有嘉魚》，笙《崇丘》；
歌《南山有臺》，笙《由儀》」；「乃合樂，《周南》：《關雎》《葛覃》《卷耳》，《召
南》：《鵲巢》《采蘩》《采蘋》」之類。若以單個樂章名說連奏，則是云「三終」，
如「歌《鹿鳴》三終」、「管《新宮》三終」。《儀禮》中亦有多處奏《肆夏》
的情況，《燕禮記》及《大射禮》均奏《肆夏》兩次，但兩次《肆夏》並不是
連續出現的，而是隨著禮的進行有興有闋，可見單列樂章《肆夏》與其他連
續列或用「三終」之樂章使用方式的不同。《國語》中以「《鹿鳴》之三」言
《鹿鳴》《四牡》《皇皇者華》三章，此「之三」既說明樂章數有三章，亦說
明奏樂次數有三次；若以此法釋「金奏《肆夏》之三」，應說金奏《肆夏》之
章有三，且天子享元侯之樂有金奏等三節。但從《儀禮》中所記「奏《肆夏》」
來看，雖然奏《肆夏》之數有二，但樂章名僅為一，與上述「工歌」樂章奏
樂程序不盡相同。

　　由此可見，古禮用樂各有程序，各有等級。各樂樂章的使用也是不同的，
不能將用於同樂的單列樂章和連續樂章互做說明，也不能以同一樂章出現單
列與連續兩種形式就判定是用於同樂，應綜合樂章用於樂的具體情況來說
明。杜、孔二氏見《左傳》有「金奏《肆夏》之三」一節，又有三《夏》，數
都為三，就以《肆夏》之「夏」直接等同於三《夏》之「夏」。無視「《肆夏》
之三」的「三」在樂章名後，且中間有「之」相連；而三《夏》之「三」是
直接列在樂章名前，二種《夏》不同。又以樂的使用情況說「之三」，《左傳》
有《金奏》肆夏之三」、「工歌《文王》之三」、「歌《鹿鳴》之三」，共三樂。
下文有云三《夏》為天子享元侯之樂，《文王》為兩君相見之樂，《鹿鳴》《四
牡》《皇皇者華》為三拜之樂。〔註12〕若將天子享元侯之樂等同於「金奏《肆
夏》之三」，則兩君相見之樂也必等同於「工歌《文王》之三」，樂之作不應

〔註12〕《左傳‧襄公四年》：「三《夏》，天子所以享元侯也，使臣弗敢與聞。《文王》，
　　　　兩君相見之樂也，臣不敢及。《鹿鳴》，君所以嘉寡君也，敢不拜嘉？《四牡》，
　　　　君所以勞使臣也，敢不重拜？《皇皇者華》，君教使臣曰『必諮於周』。」（《春
　　　　秋左傳正義》卷二九，第954～956頁。）

僅有一節，唯有金奏或僅有歌。可見此處「之三」不能簡單的稱作是單種樂奏的樂章。《左傳》《國語》文中言「《鹿鳴》之三，三拜」，均是將「《鹿鳴》之三」的樂章逐一列出：《鹿鳴》《四牡》《皇皇者華》，且在說各章之用時樂章之前均無「歌」、「奏」或是其他樂，是把樂章作爲樂來說明用法。

筆者以下就文獻中所載有關「《肆夏》之三」的內容，說明金奏樂章的屬性以及在禮、樂中的使用情況。

2、「《肆夏》之三」與《肆夏》的使用

鄭玄注《周禮·鍾師》之文中，將「《肆夏》之三」作金奏《肆夏》《繁遏》《渠》三篇，與歌《鹿鳴》《四牡》《皇皇者華》和歌《文王》《大明》《緜》相比較，認爲《肆夏》爲詩，《九夏》皆詩篇名，爲《頌》。

> 「《肆夏》，詩也。……《肆夏》與《文王》《鹿鳴》俱稱三，謂其三章也，以此知《肆夏》詩也。……以《文王》《鹿鳴》言之，則《九夏》皆詩篇名，《頌》之族類也。此歌之大者，載在樂章，樂崩亦從而亡，是以《頌》不能具。」〔註13〕

鄭玄注《鍾師》職「掌金奏」，以《九夏》都作爲金奏的樂章。但其說「金奏」爲鍾鎛及鼓磬所奏，用以節樂。「金奏」即用於節樂，所用樂章又何以成《頌》？

孔穎達疏「《肆夏》之三」，又據鄭玄以《肆夏》爲《頌》而言「《肆夏》之三」實爲歌，「此晉人作樂，先歌《肆夏》。《肆夏》是作樂之初，故於《肆夏》先言金奏也。次，工歌《文王》，樂已先作，非復認金爲始，故言工歌也。於《文王》已言工歌，《鹿鳴》又略不言工，互見認從省耳。其實金奏《肆夏》，亦是工人歌之，工歌《文王》，擊金仍亦不息。其歌《鹿鳴》，亦是工歌之耳。」〔註14〕

杜預、孔穎達二氏以《左傳》「金奏《肆夏》之三」爲《肆夏》、《昭夏》、《納夏》雖爲臆說，但以《肆夏》作爲歌，當是從鄭玄云「天子享元侯，歌《肆夏》」始，孔氏亦沿用其說。雖然古之學者持此說者較少，但筆者認爲《九夏》既已不存，其爲歌、爲《頌》、爲樂，均是後人推測，要知其確，需對各種說法逐一進行分析，辨章學術，考其源流。

曹元弼《禮經校釋》對「《肆夏》爲歌」的論述甚爲詳細，他說：

〔註13〕《周禮注疏》卷二四，第734～735頁。
〔註14〕《春秋左傳正義》卷二九，第951～952頁。

　　金奏《肆夏》，有入門之樂，有升歌之樂。孔氏廣森曰，《肆夏》與《肆夏》之三不同。弼謂入門之樂但歌《肆夏》一篇作於堂下，升歌之樂乃歌《肆夏》之三於堂上，而先擊鍾鎛於堂下以爲節，既鼓鍾鎛乃弦而歌之。知者禮經之例，凡歌三篇者皆連舉三篇，工歌《鹿鳴》《四牡》《皇皇者華》是也，歌一篇者則但稱一篇，《鹿鳴》《新宮》《騶虞》《貍首》《采蘋》是也。《燕禮記》《大射儀》兩見《肆夏》單舉一篇，與《郊特牲》「賓入大門而奏《肆夏》」，《仲尼燕居》「入門而縣興」文同，是但歌《肆夏》一篇爲入門之樂也。《春秋傳》曰「金奏《肆夏》之三」，又曰「《三夏》」，《外傳》曰「金奏《肆夏》《繁遏》《渠》」，與入門之樂但云《肆夏》者絕不同，則必升歌之樂也。惟升歌，故三篇連歌，而曰金奏，故孔氏謂工歌亦先金奏。《論語》：「始作，翕如也，下，云以成。」成即「簫韶九成」之成，「正歌備」乃爲成，則上云「始作」必升歌也。設升歌不金奏何以有翕如之象乎？金奏《肆夏》一篇以納賓，金奏《肆夏》之三以樂賓。

〔註15〕

曹元弼認爲「《肆夏》之三」爲三篇連作，如工歌《鹿鳴》《四牡》《皇皇者華》。正如歌有三篇與一篇的區別，《肆夏》與「《肆夏》之三」樂之用亦分作二，前爲但歌（僅有歌者歌），後爲升歌。入門之樂爲「但歌《肆夏》」於堂下，用於納賓；升歌之樂爲「工歌《肆夏》之三」於堂上，用以樂賓。據《論語》所說樂成，有升歌必先金奏，作爲升歌之樂的金奏是先擊鍾鎛於堂下以爲節，堂上歌工隨鼓鍾鎛之節乃弦而歌之。《肆夏》用於納賓之樂，見《仲尼燕居》「入門則縣興」，《郊特牲》「賓入大門而奏《肆夏》」，入門時有用於金奏之樂縣，有縣且能歌，故「但歌《肆夏》」爲入門之樂。工歌之前必有金奏，金奏後必有歌，兩者不可分。

　　總之，曹氏以《肆夏》《肆夏》之三爲歌，其論可分作二個方面：第一，同爲歌的《肆夏》與「《肆夏》之三」不同，但歌一篇爲入門之樂，歌三篇爲升歌之樂。其二，「升歌之樂」，是先擊鍾鎛於堂下以爲節，繼之鼓鍾鎛乃弦而歌《肆夏》之三於堂上。

　　筆者以爲，歌用於雅樂，或以吹奏樂器和歌，或以絃樂器和歌，「但歌」之名僅見於俗樂中，並不見於雅樂中。曹氏所列作爲但歌的《鹿鳴》《新宮》

〔註15〕曹元弼《禮經校釋》卷四，《續修四庫全書》本。

《騶虞》《貍首》《采蘋》等諸樂章，非都爲「歌」，其中《新宮》爲下管之樂章；《騶虞》《貍首》《采蘋》爲射樂之節，分別王、諸侯、卿大夫之射節。《周禮・春官・小胥》有云：「凡射，王奏《騶虞》，諸侯奏《貍首》，卿大夫奏《采蘋》，士奏《采蘩》」。〔註16〕由此可知，樂章僅爲一之樂並非就僅有但歌之樂。另人聲爲貴，金石之器爲器之貴者。人聲細，用於樂需如琴瑟、管笙之類樂器相和，人聲爲主，樂器爲輔。而鍾磬用於樂，以其聲大，奏之以爲樂之節。若金奏與歌相合，以何爲主？故禮中無「但歌」之樂。曹氏以《郊特牲》「賓入大門而奏《肆夏》」，《仲尼燕居》「入門而縣興」禮同而言但歌時有金奏，是以《肆夏》爲歌爲前提而言。若無「但歌」，只見「奏《肆夏》」和「縣興」，只能說奏《肆夏》時有縣，何以言以歌合縣？

金奏與升歌之節，金奏奏於堂下已備之樂縣，鍾鎛兼及鼓磬而奏；升歌爲歌工所歌之節，工入堂而歌，合之以瑟。金奏之器已備故能先樂，但歌工並非一直在堂上，作樂時才陞堂。歌於何時登堂，在金奏之前，還是金奏之時，還是金奏之後？曹氏不辨樂之先後，僅以升歌有金奏才能樂備，而將金奏與升歌合，非能信之。「金奏」與「歌」的關係爲何？

（1）「奏」與「歌」

《欽定周官義疏》有云：「奏與歌各爲一事，非且歌且奏也。奏者但奏其樂而不歌，如《鍾師》職『以鐘鼓奏《九夏》』，《笙師》職『共其鐘笙之樂』，《鄉飲酒禮》《燕禮》『笙入，奏《南陔》《白華》《華黍》』，《大射儀》『管《新宮》三終』皆奏也。奏某律即以其律爲均，但無人聲耳。若歌詩則或止以琴瑟、或備用八音，皆隨人聲之高下疾徐而倚而比之，即以歌者之均爲均而不另爲均。其以琴瑟者，凡禮之『升歌三終』是也，其備用八音者，即謂之合樂矣。」〔註17〕奏是樂器奏，以樂器自律爲均，即是以樂器本身爲主。人聲尊於器，歌則是以人聲爲均，其用之琴瑟或備用八音，皆是隨人聲而倚，作爲人聲的伴和，仍是以歌者之均爲樂之均。此以用樂之均來說明「奏」與「歌」之異，若如曹氏所云，先擊金鼓磬，後又及弦而歌，不知其樂之均爲何？是器隨歌者均，還是歌者隨器均？曹氏釋樂不考慮樂之律法，又不考慮樂之禮，僅以字解，有誤。筆者以爲，「金奏」無歌，爲樂縣奏之樂。

〔註16〕《周禮注疏》卷二三，第 736 頁。
〔註17〕（清）乾隆十三年敕撰《欽定周官義疏》卷二二，《四庫全書》文淵閣本。

（2）「金奏」與「升歌」

筆者於前「下管與笙入」一節論及，掌升歌之職者爲大師、小師。作樂之時，大師、小師及瞽矇入堂上，由瞽矇歌。而掌金奏之職者爲鍾師和鎛師，擊者爲眡瞭。兩事不同，其職亦不同。

> （清）金榜：「金奏主器聲，升歌主人聲，《詩譜》以升歌與金奏混合爲一，誤也。《仲尼燕居》云『入門而金作』，此奏《肆夏》也，升歌則用《清廟》，何嘗歌《肆夏》乎？榜案升歌職於大師、小師、瞽矇，金奏職於鍾師、鎛師，既殊事異職。《大射儀》主人獻大夫後，乃納工升歌，先時獻賓獻公，奏《肆夏》，公尚未入。明金奏不得有工歌，《國語》言伶簫詠歌者，謂合樂也。晉侯享穆叔，蓋用兩君相見之樂，升歌《文王》，合《鹿鳴》，然則升歌《清廟》者，合《文王》可類推矣。天子享元侯，與元侯自相享，皆升歌《頌》，合《大雅》。天子享元侯，與諸侯相享，升歌《大雅》，合《小雅》。天子諸侯燕群臣及聘問之賓，升歌《小雅》，合《鄉樂》。其用金奏也，唯天子享元侯備三《夏》，餘皆奏《肆夏》而已，是其尊卑用樂之差。」〔註18〕

由金氏之說可見，金奏與歌爲二，各是樂中的一節，有金奏不得有工歌，樂工入堂有先後之序，不得以兩者同用於樂而云同時奏樂。

歌的等級：兩君相見之樂，升歌《頌》、合《大雅》；天子享元侯、元侯相享。升歌《大雅》，合《小雅》；元侯以下之諸侯、大夫、士升歌《小雅》、合《鄉樂》。

鄭玄以《肆夏》及《九夏》爲《頌》，孔穎達、曹元弼以《肆夏》爲歌，考其根源，均與《國語》「金奏《肆夏》《繁遏》《渠》」及《左傳》「金奏《肆夏》有三」有關，此言三《夏》都用於天子享元侯之禮，禮用樂各有差異，筆者亦嘗試從此兩條文獻所記天子享元侯、諸侯相見等禮所用之樂，來探明樂章「《肆夏》之三」的使用的等級。

（3）「《肆夏》之三」與《肆夏》的使用之別

曹元弼以《肆夏》爲但歌，「《肆夏》之三」爲升歌，《肆夏》與「《肆夏》之三」用於禮有等差之別。

〔註18〕（清）金榜《禮箋》卷二，《續修四庫全書》本，第109冊。

天子享元侯，入門奏《肆夏》一篇，升歌奏《肆夏》之三。元
侯相見，入門歌《肆夏》一篇，升歌《清廟》以避天子，自此已下
但有入門之奏《肆夏》，而無升歌《肆夏》之三者。晉爲穆叔既於入
門奏《肆夏》，又與升歌時金奏《肆夏》之三，不拜，乃復歌《文王》
之三，又不拜，乃歌《鹿鳴》之三。《肆夏》之三最在先，故曰先樂。
「金奏《肆夏》《繁遏》《渠》，天子所以享元侯也」，據此則鄭謂「天
子享元侯，歌《肆夏》。」據《左傳》明文與《仲尼燕居》不相背而
相成，此注云升歌《頌》，實包《肆夏》《清廟》言之。天子享元侯，
元侯相享、享諸侯，諸侯相享，諸侯燕大夫，大夫相與燕，其用樂
之事同，而所以爲事者不同，夫制禮自士始用樂亦然。〔註19〕

曹氏所說各禮所用的《肆夏》及「《肆夏》之三」樂章如下：天子享元侯，入
門「但歌《肆夏》」、「升歌《肆夏》之三」。元侯相見，爲避天子之禮，入門
「但歌《肆夏》」、「升歌《清廟》」。元侯之下諸侯、大夫、士之禮無「升歌《肆
夏》之三」，僅有入門「但歌《肆夏》」一節。《肆夏》《清廟》爲《頌》，故僅
有天子享元侯及元侯相見之禮有升歌之節，天子享元侯升歌《肆夏》之三，
元侯相見升歌《清廟》；諸侯、大夫、士之禮不得用「升歌」，僅有「但歌《肆
夏》」一節，作爲納賓之樂。

曹氏以《肆夏》及「《肆夏》之三」均爲歌而言諸禮使用之別，筆者於
之前的論述中已指出金奏與升歌的區別，金奏樂章《肆夏》與「《肆夏》之
三」的使用有別，有關二者的不同，古之學者多有所論，現列於下一一進行
論述。

關於納賓之樂《肆夏》，陳晹認爲天子、元侯、諸侯祭祀、相見饗燕之禮
可奏《肆夏》。

（宋）陳晹：《國語》曰「金奏《肆夏》」，《禮器》曰「其出也，
《肆夏》而送之」，蓋重禮也。《郊特牲》曰「賓入門而奏《肆夏》，
示易以敬也」，又曰「大夫之奏《肆夏》，由趙文子始也」《玉藻》言
「君子佩玉，行以《肆夏》」，《春秋‧襄四年》「晉侯享穆叔奏《肆
夏》」，《燕禮》「奏《肆夏》」，由此觀之，夏之樂，天子用之於祭則
送逆尸，用之於享則逮，元侯其施於身則行步登車佩玉而已，以其
所以施於身者，行於祭享之間，蓋重禮也。諸侯謹度於王有臣道焉，

〔註19〕曹元弼《禮經校釋》卷四，《續修四庫全書》本。

制節於國有君道焉，故《燕禮》與賓入門而奏《肆夏》以有君道也，
兩君相見奏《肆夏》可也。若夫以君而享臣，爲臣而用之，豈先王
之禮哉，此晉侯以享，穆叔春秋所以譏之，趙文子奏於家，《郊特牲》
所以非之也。〔註20〕

金奏《肆夏》重禮，天子、元侯均可奏《肆夏》，所用《肆夏》的不同在於使
用場所之別，天子奏《肆夏》於祭祀，用以逆尸；於饗燕，用以迎賓。元侯
奏《肆夏》於「行」，即祭祀、饗燕禮元侯行禮所奏。祭祀用之，以顯王之臣
道；宴饗用之，以顯君道。

　　關於《肆夏》之三與《肆夏》的不同，黃以周認爲王祭祀、大饗出入奏
《肆夏》，諸侯得用《肆夏》，不備用《肆夏》之三。納賓之樂《肆夏》使用
差別在於天子大饗，賓入大門金奏《肆夏》；兩君相見，賓入門而金奏；諸侯
燕射禮賓，及庭而奏《肆夏》。

　　　　（清）黃以周：「《大司樂》『尸出入奏《肆夏》』，大饗如祭祀，
　　是亦出入奏《肆夏》也。《仲尼燕居》：『兩君相見，入門而金作。』
　　謂金奏《肆夏》。《郊特牲》云『賓入大門而奏《肆夏》』是也，是大
　　饗入奏《肆夏》之證。《禮器》大饗其五事與其出也，《肆夏》而送
　　之，是大饗出奏《肆夏》之證。《燕禮記》以樂納賓奏《肆夏》，是
　　諸侯得用《肆夏》也。《記》言大夫之奏《肆夏》，自趙文子始，諸
　　侯用《肆夏》於禮無譏，但不得備用《昭夏》《納夏》也，故曰「《肆
　　夏》之三，天子所以享元侯」也，非謂僭《肆夏》，謂僭《肆夏》之
　　三爾，且《肆夏》先樂而奏不用於升歌。天子大饗元侯奏「《肆夏》
　　之三」，兩君相見及諸侯燕射禮奏《肆夏》，不用《昭夏》《納夏》。
　　天子大饗，賓入大門即金奏，兩君相見賓入門而金作，諸侯燕射禮
　　賓及庭乃奏，此其差也。金奏在升歌之前，下言工歌，《文王》之三
　　乃升歌也。孔疏甚誤。〔註21〕

筆者認爲，天子、元侯、諸侯使用《肆夏》之三與《肆夏》的區別，不在於
但歌《肆夏》與升歌《肆夏》之三。如金榜所云，歌用於禮，各有等級，歌
之節差顯現在歌、合樂之詩的選擇。《肆夏》作爲金奏之章，用於禮，等級差
別顯現在使用的場所及使用樂章的數量上。金奏與歌不同，不得混爲一談。

〔註20〕　（宋）陳暘《樂書》卷五○，《四庫全書》文淵閣本。
〔註21〕　（清）黃以周《禮書通故》卷二四，《續修四庫全書》本。

正如天子、元侯、諸侯使用金奏樂章有「《肆夏》之三」與《肆夏》之別，《儀禮》所記爲諸侯、大夫、士之禮，使用金奏之章又當有何區別呢？筆者以下就《儀禮》《禮記》中出現鄭玄以爲是「金奏」的樂章逐一進行分析，說明各樂章的屬性以及在禮、樂中的使用情況。

三、《陔》《肆夏》《驁》

《陔》《肆夏》《驁》是鄭玄注《儀禮》《禮記》所認爲的使用於金奏的樂章。鄭注以《陔》爲《陔夏》即《祴夏》；《驁》爲《驁夏》，同《肆夏》，爲《周禮》「金奏《九夏》」中的樂章。三樂章見於「三禮」之文如下：

> 《儀禮・鄉飲酒》「賓出，奏《陔》」，鄭玄注：「《陔》，《陔夏》也。陔之言戒也，終日燕飲，酒罷，以《陔》爲節，明無失禮也。《周禮・鍾師》『以鐘鼓奏《九夏》』，是奏《陔夏》則有鐘鼓矣。鐘鼓者，天子諸侯備用之，大夫、士鼓而已。」〔註22〕《鄉飲酒禮》：「樂正命奏《陔》，賓出，至於階，《陔》作。」賈公彥疏：「《陔》謂《陔夏》，《詩》篇名。命擊鼓者，賓降自西階，恐賓醉失禮，故至階奏之。」〔註23〕《鄉射》：「賓興，樂正命奏《陔》。賓降及階，《陔》作。」〔註24〕《燕禮》：「賓醉，北面坐取其薦脯以降。奏《陔》。賓所執脯，以賜鍾人於門內霤，遂出。」鄭玄注：「必賜鍾人，鍾人掌以鐘鼓奏九夏。今奏《陔》以節己，用賜脯以報之，明雖醉不忘禮。」〔註25〕《燕禮記》：「若以樂納賓，則賓及庭，奏《肆夏》。賓拜酒，主人荅拜而樂闋。公拜受爵而奏《肆夏》，公卒爵，主人升授爵以下而樂闋。」〔註26〕《大射》：「擯者納賓，賓及庭，奏《肆夏》。」〔註27〕又「賓醉，北面坐，取其薦脯以降，奏《陔》，以賜鍾人於門內霤，遂出。……公入，《驁》。」鄭玄注：「《驁夏》，亦樂章也。以鐘鼓奏之，其詩今亡。此公出而言入者，射宮在郊，以將還爲入。燕不《驁》者，於路寢，無出入也。」〔註28〕

〔註22〕《儀禮注疏》卷一〇，第 186 頁。
〔註23〕《儀禮注疏》卷一〇，第 197 頁。
〔註24〕《儀禮注疏》卷一三，第 263～264 頁。
〔註25〕《儀禮注疏》卷一五，第 331 頁。
〔註26〕《儀禮注疏》卷一五，第 336 頁。
〔註27〕《儀禮注疏》卷一六，第 355 頁。
〔註28〕《儀禮注疏》卷一八，第 410、411 頁。

《禮記・郊特牲》：「賓入大門，而奏《肆夏》，示易以敬也；卒爵而樂闋，孔子屢歎之。」〔註29〕《仲尼燕居》：「兩君相見，揖讓而入門，入門而縣興，揖讓而陞堂，陞堂而樂闋。」〔註30〕

《周禮・春官・鍾師》：「凡樂事，以鐘鼓奏《九夏》：《王夏》《肆夏》《昭夏》《納夏》《章夏》《齊夏》《族夏》《祴夏》《驁夏》。」《周禮・春官・笙師》：「掌教春牘、應、雅，以教祴樂。」鄭玄注：「牘、應、雅教其春者，謂以築地。笙師教之，則三器在庭可知矣。賓醉而出，奏《祴夏》，以此三器築地，爲之行節，明不失禮。」《周禮・春官・鎛師》：「掌金奏之鼓。凡祭祀，鼓其金奏之樂，饗食、賓射亦如之。」鄭玄注：「謂主擊晉鼓，以奏其鍾鎛也。然則擊鎛者亦眠瞭。」〔註31〕

1、《祴》

《祴》，《儀禮》：《鄉飲酒》《鄉射禮》《燕禮》《大射禮》四章均有所載，與入門而奏之《肆夏》之樂不同，《祴》奏於儀式結束，賓客離開之時。《周禮》所列《九夏》中並無《祴》，鄭玄將其當作《九夏》之一是以《笙師》中出現的「祴樂」用於庭，而將同用於庭的《祴》與之相等，認爲祴與祴通，以祴爲《祴夏》，以《祴》爲《祴夏》，音屬哀切一部，即gāi。

祴，《說文・示部》：「祴，宗廟奏祴樂。從示，戒聲。」而祴，載於《說文・阜部》：「祴，階次也。從阜，亥聲。」兩字不僅不同部，亦不同聲。祴於《玉篇》所記也屬於阜部，階也。

以祴爲祴，從漢始，《小雅・南祴》序，云：「《南祴》，孝子相戒以養也。」但「祴」之本義，《說文》言爲階次，《玉篇・阜部》「祴，隴也」，均非「戒」義。段玉裁注「祴」云：「《束晳詩》曰『循彼南祴』，言其蘭，是用階次之說矣。而禮經賓出奏《祴夏》，注曰以爲行節，序以戒釋祴，皆取引申假借之義。」〔註32〕可見，祴本無戒之義，僅表階次，其作「戒」實是鄭玄注禮附會詩序而來。而「祴」列於示部，當於宗廟所用，而《祴》爲賓出而奏，在階，非在堂或庭、室中，何以爲「祴樂」？

〔註29〕《禮記正義》卷二五，第903頁。
〔註30〕《禮記正義》卷五〇，第1619頁。
〔註31〕《周禮注疏》卷二四，第736～739頁。
〔註32〕（清）段玉裁《說文解字注》十四篇下。

　　考之「祴」，另有一字形爲「裓」（音 gé），從衣。《集韻‧點韻》：「祴，《祴夏》，樂章名。」此字不見於《說文》，《玉篇》《慧琳正義》等字書將「裓」釋作衣襟，字又作「襋」。襋見於《說文‧衣部》：「衣領也。從衣，棘聲。《詩》曰『要之襋之』。」襋爲衣領，裓爲衣襟。但筆者檢閱禮之文，僅有「袷」，無「襋」、「裓」之字，鄭玄注「袷」爲衣領之義。《禮記‧深衣》：「曲袷如矩，以應方。」鄭玄注：「袷，交領也。古者方領，如今小兒衣領。」〔註33〕《禮記‧玉藻》：「深衣三袪，……袷二寸。」鄭玄注：「曲領也。」〔註34〕《禮記‧曲禮下》：「天子視不上於袷，不下於帶。」鄭玄注：「袷，交領也。」〔註35〕袷作爲衣領，即是交領，亦是曲領。

　　《說文》亦有「袷」，《說文‧衣部》：「袷，衣無絮，從衣，合聲。」《說文》所云「袷」爲袷衣，與袍衣相對，袍衣爲外衣，袷衣爲夾衣，讀音爲合。但段注：「古洽切。」稱「袷」，古音作 jiá。

　　綜上所述，袷有兩解，若從《禮》「袷爲交領、曲領」之釋，則「裓」應與袷同。筆者注意到在禮中另有用於宗廟祭祀的「祫」字，與「袷」同「合」，所從不同，祫從「示」，袷從「衣」。「祴」與「裓」字形構造與「袷」、「祫」兩字相似，只是「祴」、「袷」、「祫」均可見於禮，而「裓」非。即然在禮中已有表示衣襟之義的「袷」，爲何又另作一字形「裓」呢？《說文》中亦無「裓」，而是將「襋」釋作衣襟，「袷」釋作夾衣，「袷」夾衣之義又當從何而來？鄭玄將「祴」作「陔」，許慎《說文》言「祴」：「宗廟用祴樂。從示，戒聲。」鄭、許二氏釋「祴」，義不同，音亦不同。以上諸字都作了許多的音義變化，變化之據當爲何？「袷」、「祫」與「祴」、「裓」二組字形與所從的「示」及「衣」的關係又當爲何？

　　「祫」，《儀禮》《周禮》《左傳》及其他先秦古籍都沒有說及，只有《禮記》三處言「祫」，《禮記‧王制》：「天子犆礿，祫禘、祫嘗、祫烝。」鄭玄注：「此蓋夏殷之祭名。周則改之，春曰祠，夏曰礿，以禘爲殷祭。《詩‧小雅》曰：『礿禘嘗烝，於公先王。』此週四時祭宗廟之名。」〔註36〕《曾子問》：「當七廟五廟無虛主。虛主者，唯天子崩，諸侯薨，與去其國，與祫祭於祖，

〔註33〕《禮記正義》卷五八，第 1823 頁。
〔註34〕《禮記正義》卷二九，第 1042 頁。
〔註35〕《禮記正義》卷五，第 188 頁。
〔註36〕《禮記正義》卷一二，第 454 頁。

為無主耳。」鄭玄注：「藏諸主於祖廟，象有凶事者聚也。」〔註37〕《大傳》：「大夫、士有大事，省於其君，干祫及其高祖。」鄭玄注：「干，猶空也。空祫，謂無廟祫，祭之於壇墠。」〔註38〕鄭玄認為祫與禘同，為四時祭以外的大祭，禘祭大於四時祭而小於祫祭。祫為合祭的名稱，所有毀廟之主及未毀廟之主合祭於太祖廟，而禘祭則分祭於各廟。魯國君三年喪畢，行祫祭，明年行禘祭，禘祭之後三年再行祫祭，五年之後再行禘祭，如此更迭而行，禘、祫各自相距五年。今人學者錢玄在其著作《三禮通論》中對鄭注「祫」提出了質疑，他認為祫不應與「禘」並列稱作祭祀之名，而應同「犆」，為一種祭祀的方式，犆為特祭，祫為合祭。他對《禮記》中出現「祫」的三條材料逐一進行分析，以明祫義：《王制》中犆，同特，是單獨之義，與祫對文，說明礿、禘、嘗、烝四種祭的方法。犆為各廟分別單獨祭，祫為合群廟之主於太祖廟祭。《曾子問》說「祫」亦指祭祀的方式，為合各祭於太祖廟祭，不應將其作為祭名言為三年喪畢之祭名。《大傳》「祫」言大夫士本無合祭於高祖之壇，但遇寇戎大事有功於國君，如將祭告先祖，可合祭於壇墠。此為大夫、士用祭的方式，亦非指喪畢三年之祭名。〔註39〕

由錢氏之論可知，「祫」、「袷」中的「合」，本是相疊、相加之義，加「示」旁用於祭祀，表明為使用祭祀的疊加，為一種祭祀的方式；加「衣」，表衣上之「合」，即左右衣襟的相交疊加，為交領。所謂交領，衣左襟兩幅，右襟一幅，左襟掩於右襟之上，故右襟亦稱裏襟。襟上繫帶結於右腋下，此所謂右衽。交領分兩式：一種左襟自領口斜直而下；另一種左襟在領口曲折作方形，深衣所謂「曲袷如方」者也，故稱「袷」為曲領或方領。〔註40〕鄭玄將二字都僅作為名詞，「祫」為合祭，「袷」為交領，失「祫」、「袷」之本義。

與鄭玄新加「祫」義，為喪畢三年之祭名相似，許慎《說文》亦加「襟」字釋作衣襟之義，而將本為「衣領、衣襟」之「袷」釋為「夾衣」。「襟」何以能釋作衣襟？段玉裁注云：「襟領者，頸項也。因以為衣在頸之名。《魏風》『要之襟之』毛傳曰：『要，要也。襟，領也。』按裳之上曰要，衣之上曰領，皆以人體名之也。襟之言亟也，領為衣之亟者，故曰襟。」〔註41〕段注以襟

〔註37〕 《禮記正義》卷一八，第686頁。
〔註38〕 《禮記正義》卷三四，第1162頁。
〔註39〕 錢玄《三禮通論》，第473頁。
〔註40〕 錢玄《三禮通論》，第94頁。
〔註41〕 （清）段玉裁《說文解字注》八篇上。

領言衣領，可見許慎以「襋」為衣襟之義，是以「襋領」相對於人體的位置而言，襋為要，故「襋領」為衣領，非《禮》所言「袷」，以衣之兩襟相交而成領。

「袷」於此時就出現了兩種解釋，為了區別二義，故古人將「袷」分作二音，「袷，有兩音，亦有兩義。作夾音讀者為複衣，作劫音讀者為曲領。」〔註42〕若同《說文》夾衣說，讀為 jiá；若作曲領，則讀為 jié。前一讀音可說以其釋為夾衣故以「夾」為音，而作曲領之義之「袷」，音「jié」，從何而來？

《說文》另以「襋」為衣領，音從棘，段玉裁注《說文》說此「襋」之「棘」同「亟」義，「亟」之本義為敏疾，後作敬、極之解。亟為極之義，衣之亟為「領」，即衣襟之義。

「亟」於文獻中另又通作「革」、「緪」。《爾雅・釋詁》：「亟，疾也。」郝懿行義疏：「亟，又通作革。」《廣雅・釋詁》：「緪，疾也。」王念孫疏證：「亟與緪通。」《慧琳音義》卷八十「緪徑」注：「亟，或作緪。」《詩・大雅・靈臺》「經始勿亟」李富孫異文釋：「玉海補遺作勿悈。案，釋言釋文云：悈，本又作亟。亟、悈聲相近。王氏所補，即本邢疏。」筆者認為，「亟」另有音讀為革，而「裓」讀作 gé，同「革」。「裓」，之音、義大抵由此而來。

「裓」讀作 gé，「襋」讀作 ji，前為衣襟、後為衣領，合二義即能表示衣之曲領「袷」，義合音亦合，故將作為曲領之義的「袷」讀作 jié。而「袷」，若作夾衣，讀為 jiá，義與「袍」對，以衣有內外之別，明有禮，當表「戒」之義。「裓」，為音 jiá 之「袷」與音 gé 之「裓」相合，前表裓之義為戒，後表裓之形，故「裓」音合從「衣」之袷、裓二字之音，讀作 gāi，同「陔」。鄭玄據此言陔同裓，以「裓」有戒之而言「陔」言「戒」。鄭玄注「陔」：「陔之言戒也，終日燕飲，酒罷，以《陔》為節，明無失禮也。」〔註43〕將《陔》作為《九夏》之《裓夏》。漢人多信緯，鄭玄以陔為裓，二字音通且義通，用於其注禮及箋詩中，導致異說。而後人並沒有辨明古之異說產生的原因，只是試圖將不同解之說相雜合，後出表衣襟之「裓」字就源於此，亦導致從衣之「裓」、「襋」，從示之「袷」、「裓」等一系列義移音轉的變化。

總而言之，「裓」非「陔」，其形與「袷」相似，當是以戒之義加「示」，

〔註42〕見李賀《染絲上春機》「白袷玉郎寄桃葉」王琦注。
〔註43〕見《儀禮・鄉飲酒禮》，（《儀禮注疏》卷一〇，第186頁。）

表示宗廟祭祀的規範。「祴樂」爲宗廟中使用之樂，不能特指用於送賓之《祴》。「祴」之本義爲階次，即近階之處。「奏《祴》」之節是由賓客至階始，《鄉射》：「賓興，樂正命奏《祴》。賓降及階，《祴》作。」階次名爲「祴」，所以將及階所奏之樂章名稱作《祴》，樂奏之位在祴，樂又爲何？是否爲金奏之樂？

金奏，諸儒皆認爲金奏必有鍾鎛，無鍾無以成金奏。《鄉飲酒》《鄉射》無鍾，其言奏《祴》當只有鼓，無鍾。故此二禮有云「樂正命奏《祴》」，可知，《祴》於無鍾時之奏，是由樂正所掌。但《燕禮》《大射》二禮言《祴》奏之文不同於《鄉飲酒》《鄉射》，「賓醉，北面坐取其薦脯以降。奏《祴》。」此二禮不言奏《祴》者，奏者當爲何人？《周禮》言樂師之職，鍾師掌金奏，鎛師掌金奏之鼓。《燕禮》《大射》鍾鎛、鼓皆有，此不言奏《祴》之人，當是有鍾則有鍾師、有鎛師則有鎛師，金奏由鍾師所掌，無須再言奏《祴》之人。二禮於《祴》奏之後，又云：「賓所執脯，以賜鍾人於門內霤，遂出。」正有「鍾人」，知《燕禮》《大射禮》掌金奏之樂師當爲鍾人（師）。樂有所成，均需拜謝，但並非要一一拜謝，僅需拜謝奏樂之長。鍾師掌金奏，爲金奏之長，故需拜謝，而《鄉飲酒》《鄉射》由樂正命奏金奏，樂正爲掌樂之官，於樂結束時已降，此時則無須再拜謝。可見，此之「鍾人」必爲掌金奏之「鍾師」，《祴》亦當爲金奏之樂。「金奏」爲樂名，恐是以其掌之人爲鍾師而冠之以「金」。正如掌教龡竽、笙、塤、籥、簫、篪、笛、管之職者名「笙師」，是以「笙」爲奏樂之主而冠之以師名；「工歌」非僅有歌，亦有如瑟、琴等絃樂器與歌合，由歌工所掌故統稱爲「工歌」之例。但僅以掌樂之人來言樂之義，所據亦不夠充分。以下筆者將對另一明爲金奏的樂章《肆夏》進行綜合考述，試圖尋得金奏之樂之眞義。

2、《肆夏》

《肆夏》，《禮記・玉藻》「趨以《采齊》，行以《肆夏》」，鄭玄注：「（趨以《采齊》）路門外之樂節也。門外謂之趨。齊，當爲『楚薺』之薺。《采薺》，《詩》篇名。（行以《肆夏》）登堂之樂節。」孔穎達疏：「路寢門外至應門謂之『趨』，於此趨時，歌《采齊》爲節。……路寢門內至堂，謂之『行』，於行之時則歌《肆夏》之樂。按《爾雅・釋宮》云：『室中謂之時，堂上謂之行，堂下謂之步，門外謂之趨，中庭謂之走，大路謂之奔。』此對文耳。若總而言之，門內謂之行，門外謂之趨。鄭注《樂師》云：『行，謂於大寢之中。趨，

謂於朝廷。』然則王出，既服至堂而《肆夏》作，出路門而《采薺》作。其反，入至於應門、路門亦如之。此謂步迎賓客。」﹝註44﹞鄭注、孔疏言《采薺》奏於路寢門外至應堂，《肆夏》奏於路寢門內至堂，於「趨」或「行」之時奏，此之為確。但不能僅以堂或寢作為奏樂樂章之別，將《采薺》稱作路門外所歌之節，《肆夏》為登堂所歌之節。考之《儀禮・大射》及《燕禮記》所云「奏《肆夏》」之節，非是賓至大門而奏，或賓至庭始興，以為納賓之樂；而是隨著主與賓禮之行進而有所興、有所闋。

> 《大射禮》：擯者納賓，賓及庭，公降一等揖賓，賓辟。公升，
> 即席。奏《肆夏》。賓升自西階，主人從之。賓右北面至再拜，賓答
> 再拜。主人降洗，洗南，西北面。賓將從降，鄉之，不於洗北，辟
> 正主。賓降階西，東面。主人辭降，賓對。主人北面盥，坐取觚，
> 洗。賓少進，辭洗。主人坐奠觚於篚，興對。賓反位。賓少進者，
> 所辭異，宜違其位也。獻不用爵，辟正主。主人卒洗。賓揖，升。
> 賓每先升，尊也。主人升，賓拜洗。主人賓右奠觚答拜，降盥。賓
> 降，主人辭降，賓對。卒盥。賓揖升。主人升，坐取觚。取觚，將
> 就瓦甒酌膳。執冪者舉冪，主人酌膳，執冪者蓋冪。酌者加勺，又
> 反之。篷前獻賓。賓西階上拜，受爵於篷前，反位。主人賓右拜送
> 爵。宰胥薦脯醢。賓升篷。庶子設折俎。賓坐，左執觚，右祭脯醢，
> 奠爵於薦右，興取肺，坐絕祭，嚌之，興加於俎，坐挩手，執爵，
> 遂祭酒，興，席末坐啐酒，降席，坐奠爵，拜，告旨，執爵興。主
> 人答拜。樂闋。……又主人盥，洗象觚，升酌膳，東北面獻於公，
> 公拜受爵，乃奏《肆夏》。主人降自西階，阼階下北面拜送爵。宰胥
> 薦脯醢，由左房。庶子設折俎，升自西階。公祭，如賓禮，庶子贊
> 授肺。不拜酒，立卒爵，坐奠爵，主人答拜。樂闋。升受爵，降奠
> 於篚。﹝註45﹞

以上所列為《大射》金奏《肆夏》的全文，奏《肆夏》之節有二：第一次，奏於納賓開始之時，非是賓及庭即奏，而是在公升，賓即席之後始奏之。奏之時，賓從西階升，主人從之，之後互相拜、獻；至賓降席，主人答拜，樂闋。第二次奏於主人拜送爵之時，公拜送爵，奏《肆夏》；主人送爵，答拜，

﹝註44﹞《禮記正義》卷三〇，第1065～1066頁。
﹝註45﹞《儀禮注疏》卷一六、一七，第355～359頁。

樂闋。案《大射禮》所記《肆夏》之樂，非徒以納賓，亦非登堂之節歌，而是兼迎賓與行禮及步趨之節。〔註46〕另，《禮記・郊特牲》有云：「賓入大門而奏《肆夏》，示易以敬也，卒爵而樂闋。」正如陳暘所云，奏《肆夏》以重禮，《郊特牲》所云《肆夏》之樂，是特爲迎賓而奏之，卒爵而闋，奏之《肆夏》，以示朝聘禮之臣道。由此可知，《肆夏》並非僅屬於樂之樂章，更多應具有禮的含義。故《周禮・春官・樂師》：「教樂儀，行以《肆夏》，趨以《采薺》，車亦如之，環拜以鐘鼓爲節。」樂師所教《肆夏》，非奏《肆夏》之樂，而是以其作爲儀式之樂節，非歌。其後文又有云：「凡樂，掌其序事，治其樂政。凡國之小事用樂者，令奏鐘鼓，凡樂成，則告備。」〔註47〕樂師之職在於對禮的整個行樂過程進行監督說明，其職「令奏鐘鼓」亦表明鐘鼓奏之樂章是爲提示各樂進行的程序而作，不同於諸樂工所奏樂賓之樂章。「行以《肆夏》，趨以《采薺》」非僅爲樂，更多應表現在以示儀式中樂節的作用上。

《肆夏》之「肆」，本爲陳列之義，「肆」於《周禮》，另載於《小胥》：「縣鐘磬，半爲堵，全爲肆。」筆者在上一章「樂縣」中通過對《大射》兩階邊編磬編鐘排列方式的考述，確定了縣鐘磬之「肆」與「堵」的形態。「肆」與「堵」，並非僅有縣鐘磬數量上的區別，還應表示縣鐘磬的陳列狀況，若縣鐘磬成「肆」，是以鐘虡與磬虡成直角而放置的，擊者於編鐘編磬之「肆」中擊編磬和編鐘的一面，爲王、諸侯之縣；大夫、士之縣鐘磬僅能成「堵」，即縣磬一虡。「肆」不僅表明了鐘磬陳列的形式，亦說明了奏樂者的位置及職能，更顯示了樂的禮儀規範。奏《肆夏》以鐘鼓，鐘鼓陳於樂縣，樂縣位的變化，表明奏樂場處的變化，《大射禮》宿縣於兩階邊，故奏《肆夏》於階至堂這個範圍，而《燕禮記》所記納賓禮之縣設於庭，「及庭」而奏《肆夏》，即鐘鼓奏《肆夏》始於庭；《郊特牲》及《仲尼燕居》設縣於廟，故「入門而奏《肆夏》」。由於各禮樂縣所設位置各有不同，奏《肆夏》之樂的長短亦有差別。《大射禮》縣鐘磬鼓於兩階，故賓由階入堂所行之禮及主人拜、受爵之禮多於納賓禮「賓及庭」而奏《肆夏》之禮，故《大射》之章所記「奏《肆夏》」的過程較《燕禮記》所記「奏《肆夏》」之文長。此爲同爲諸侯禮之射、饗所用《肆夏》之節的區別。

〔註46〕 王國維《釋樂次》，《觀堂集林》，第87頁。
〔註47〕 《周禮注疏》卷二三，第703～705頁。

　　諸侯之大夫、士之縣無鍾，不能成肆，也就不能奏《肆夏》，故《儀禮・鄉飲酒禮》《鄉射禮》無《肆夏》之節。但《燕禮》也爲諸侯禮，其縣亦有鍾，也無奏《肆夏》之節，原因爲何？「金奏《肆夏》」有金、有肆、有夏，《肆夏》以得奏，不僅有「金」，即鐘鼓之器，有「肆」，即縣有鍾有磬；亦得「行以《肆夏》」，即《肆夏》要在賓與公行禮及步趨的過程中奏，受爵而始，拜爵而樂闋。綜合「金」「肆」與「行」，才爲奏《肆夏》的規範。《燕禮》無迎賓之節，便不奏《肆夏》，當是以無用樂之禮亦無所用樂之故。

　　綜合《肆夏》及《陔》二樂章，前者用於禮賓，後者用於送賓，奏樂均爲禮。可見金奏之樂的意義不僅有樂，更備有禮義。《肆夏》奏樂之器爲「肆」，故以「肆」（縣鍾磬）的位置定奏樂的場所；以其隨「行」而奏，規定行樂之節及樂的長短。《陔》用於送賓，亦是主人爲禮賓所奏之樂章，其名「陔」，表明奏樂之處近階。若禮中樂縣僅有鼓，則由樂正所掌；若鐘鼓皆有，則由掌金奏之鍾師（人）掌奏，賓還應用賜脯報以鍾人，以示賓之禮。《陔》，賓至陔作以送賓，列於儀式之終，由於其所奏亦顯重禮之規範，與迎賓之「金奏《肆夏》」之節相應，故宜歸作金奏之節。

3、驁

　　鄭玄認爲金奏的樂章，除奏《肆夏》以迎賓，奏《陔》以送賓，亦有奏《驁夏》之章，見於《大射禮》之章所記禮尾，即「公入驁」。此前有云：「奏《陔》，以賜鍾人於門內霤，遂出。卿大夫皆出。公不送。」奏《陔》之後，禮本當止，爲何後又有云「公入驁」之節？鄭玄以《驁夏》爲金奏之樂，公從射宮還，將入庭而作。若以《大射》與其他禮之樂相較，以樂言之，《鄉射禮》《鄉飲酒禮》無掌金奏之「鍾人」，故迎賓奏《陔》之節爲「樂正命奏《陔》」，由樂正掌奏《陔》，賓出，眾賓皆出，樂正亦出。《大射禮》重於《鄉射禮》，有專掌金奏之「鍾人」，奏《陔》之後，賓賜鍾人，此後，禮中有「遂出」之明文，鍾人亦出。筆者以爲，鍾人出，禮中已無奏樂之人，又何言以鐘鼓奏《驁夏》，此爲鄭說於樂不當之處。

　　以禮言之，《大射禮》與《燕禮》同爲諸侯禮，雖然《燕禮》在室，《大射禮》在堂及射宮，禮用之事不同，其禮樂用之等級亦能相較。《燕禮》所記爲常燕，無須迎賓，故無奏《肆夏》之節；又以《燕禮》爲諸侯禮，故送賓奏《陔》之節與《大射禮》同，爲「公不送」。再較之同有奏《肆夏》之節的納賓禮《燕禮記》之文，無奏《陔》之節，此當與《燕禮》無迎賓之禮故不

奏《肆夏》的原因相同，納賓禮無送賓之禮故也無送賓之樂節《陔》。

《燕禮記》文尾另作一句「有房中之樂」。從以上的論述中可知，用於禮之樂得不得奏，不僅與表明等級的樂器陳列「樂縣」有關，還與樂用於禮的場所、進程有關。此言樂章「驁」，爲何不見於他禮，僅有《大射禮》有「驁」？若爲樂用之章，必有用於樂的規範，比如由何人所奏、在何地所奏、奏樂之禮又是如何進行等等。此僅有「公入驁」之言，既無奏樂之禮爲何之文，亦無奏樂之人，連奏樂所用之器均無記載，鄭玄注「驁」爲公出入之所奏之樂章，證據不足。《大射》爲射禮，有射之節，公於射宮射，送賓後，的確應有入門之節，只是此言「驁」爲何呢？表示公入門的儀式，表示奏樂之器爲金奏，還是表示公入的場所呢？

「庭」爲《燕禮記》所記納賓禮奏《肆夏》之處，「室」爲《燕禮》設樂縣之位，庭在堂前階下，室在堂後，即堂後楣以北。《爾雅・釋宮》：「西南隅謂之奧。」郭璞注：「室中隱奧之處。」邢昺疏：「此別宮中四隅之異名也。云奧者，孫炎云：『室中隱奧之處也。』古者爲室，戶不當中而近東，則西南隅最爲深隱，故謂之奧。而祭祀及尊者常處焉。《曲禮》云『凡爲人子者，居不主奧』是也。……禮：祭於奧，既畢，改設饌於西北隅，而匿隱之處，此祭之末也。」〔註48〕《儀禮・士昏禮》《士喪禮》《少牢饋食之禮》均可見「奧」，但《燕禮》與上述諸禮同用於室，卻無「奧」，《士昏禮》《士喪禮》《少牢饋食之禮》諸禮不用樂，室中西南隅「奧」爲尊者常處之位或祭祀之位，及祭禮結束後，徹奧之器，改設饌於西南隅。另《聘禮》亦有「奧」，爲賓禮，納賓禮亦爲賓禮，納賓之樂行於「庭」，「庭」在「室」下，隔有堂、階，室、庭之「奧」又有何關聯？《燕禮》文中無言樂縣，僅云「燕新之」，《燕禮記》有「房中之樂」，有樂當有樂器，但由於納賓禮作樂於庭，文中亦無言縣樂的狀況，與《燕禮》同。《大射禮》行於堂下，及階至堂，作樂之處在堂，故有「宿縣」之文。設樂縣之處又與作樂場所有關，納賓禮不送賓，故無奏《陔》之節，但有「房中之樂」，不知樂奏於何處，由何人奏。以禮言樂必有其所，《大射禮》言「公入」，「驁」與《燕禮記》「房中之樂」都記於文尾，相互呼應，是否「驁」即是奏房中之樂的場所呢？公爲主人，若是入「庭」，庭在階下，當是降於阼階，從庭之西南面入；若是入「室」，室在堂內，自當陞於阼階，從室之西南面入。由此可見，公入之位，無論在庭、在

〔註48〕《爾雅注疏》卷五，第 138 頁。

室，均入於西南。另，「奧」用於祭祀、用於賓禮，爲「室中西南隅」，室中最爲深奧處。「鷟」、「奧」同音，奧爲祭祀及尊者常處之位，祭後徹而設饌，故燕禮、納賓禮奏樂時室中有縣。另，《大射禮》奏樂之節結束後，作樂之樂師大師、小師、下士並無離堂，而是於「東坫之東南，西面北上，坐。」納賓禮若有縣鍾磬，縣當設於庭之西南，磬面東；「坫」即堂隅，大師、小師、下士在東坫，當在庭之東南，面西，北面，與設於庭之西南隅之縣相對，若有奏納賓禮所縣之鍾磬，擊奏者亦當爲大師、小師、下士諸人。《大射》「鷟」與《燕禮記》「房中之樂」之文，前後相應，「鷟」爲公入室之位，納賓於庭，縣鍾磬「肆」於庭之西南隅，奏《肆夏》，掌樂之人大抵爲大師、小師、下士之人。《大射禮》公入室，「鷟」若爲「房中之樂」所奏之位，此樂奏於室，燕禮之樂縣設於室之西南隅，正和「奧」。筆者以爲，是否正是爲區別祭與樂，特將祭祀言祭器所設室之西南隅「奧」換作同音之「鷟」，表設於庭中西南隅樂縣之位呢？以「鷟」作「奧」，還需對房中之樂爲何樂、奏於何處進行考述後才能言是否爲確。但可以肯定的是，《大射》「公入鷟」之「鷟」當釋作場所方位之義，不爲金奏之樂，鄭玄注「鷟」爲金奏之《鷟夏》之章，有誤。

　　用於金奏之樂的樂章有兩種，一爲《肆夏》，王、元侯、諸侯所用，奏以迎賓，隨賓及公行禮及步趨之節有興有闋，奏有二次；二爲《陔》，用以送賓，奏於賓出至階邊，即「陔」而名，諸侯、大夫、士均可用《陔》，諸侯以鍾鼓奏《陔》，大夫、士僅以鼓奏《陔》，即以奏樂之器的差異作爲禮用尊卑之別。

第二節　樂賓樂之樂章

　　所謂樂賓，即樂工及席之下至「樂正告於賓乃降」之間，主人樂賓之事。樂賓之樂大抵有四節：歌、笙、間、合，但是由於禮的不同，各樂節有節次之差，亦有使用樂章的差異。考之《儀禮》中五禮，於樂賓所奏之樂節有工歌、笙入、間歌、合樂、升歌、下管、舞七種。筆者於前一節關於金奏樂章的論述中發現，樂章的使用不僅與禮之等差有關，亦與用樂的場所有關，故對樂賓諸樂章的考述，亦分作各樂使用的樂章及諸樂章所用於樂的場所兩方面進行論述。

一、《儀禮》五禮樂節、樂章概述

　　《儀禮》十七篇，明確記述樂的篇目有《鄉飲酒》《鄉射》《燕禮》《大射》四章。《鄉飲酒》與《鄉射》為諸侯之大夫禮，《鄉射》有卿大夫詢眾庶之事，為鄉大夫之禮，用於射；《鄉飲酒》是鄉大夫用以詢眾庶、賓賢能之禮，從士制。《燕禮》《大射》為諸侯禮，《燕禮》有常燕及納賓之別，樂之使用自當有別。燕禮為常燕，即諸侯用以燕其臣子，從大夫制。另有納賓禮記於《燕禮記》，非常燕，是諸侯與四方賓客之燕，為饗禮，其禮重於燕，樂亦重於燕。

　　《大射》為射禮，諸侯將有祭祀之事，與其群臣射以觀其禮。數中者，得與於祭，不數中者，不得與於祭，是擇士之禮。

表 5：《儀禮》五禮所用樂節樂章

	鄉飲酒禮	鄉射禮	燕禮	大射禮	納賓禮
工歌	《鹿鳴》《四牡》《皇皇者華》	歌入不歌	《鹿鳴》《四牡》《皇皇者華》		
笙入	《南陔》《白華》《華黍》	笙入不奏	《南陔》《白華》《華黍》		笙入三成
間歌	歌《魚麗》笙《由庚》歌《南有嘉魚》笙《崇丘》歌《南山有臺》笙《由儀》		歌《魚麗》笙《由庚》歌《南有嘉魚》笙《崇丘》歌《南山有臺》笙《由儀》		
合樂	《周南》:《關雎》《葛覃》《卷耳》《召南》:《鵲巢》《采蘩》《采蘋》	《周南》:《關雎》《葛覃》《卷耳》《召南》:《鵲巢》《采蘩》《采蘋》	《周南》:《關雎》《葛覃》《卷耳》《召南》:《鵲巢》《采蘩》《采蘋》		合鄉樂《二南》
升歌				《鹿鳴》三終	《鹿鳴》
下管				《新宮》三終	《新宮》
樂舞					(《勺》)

　　《儀禮》五禮，以禮之等差而言，有諸侯禮與大夫禮之別；以禮之用事而言，有射、燕之別。以下就禮的這二種維度來考察樂的使用情況。

1、諸侯禮與大夫禮

以諸侯禮與大夫禮言樂，即指以禮的等差之別所導致用樂的不同。《鄉飲酒禮》《鄉射禮》為大夫禮，由於二禮用事各不相同，所用樂節也有所不同，但二禮樂工入樂的程序是一致的，《鄉飲酒禮》有歌工入堂、笙入於磬之南面之節，《鄉射禮》亦有歌入、笙入之節，不同之處在於《鄉飲酒禮》歌、笙、間、合四節兼備，而《鄉射禮》有工入笙入之節但不歌、不笙、不間，僅有合樂。禮用之事不同，樂之用亦有輕重之別。《鄉射禮》用於射，射禮重於射、略於樂，故其樂僅有合鄉樂《二南》一節，正如《大射禮》所用樂賓之樂，其禮雖屬諸侯禮，但樂賓之樂僅有「升歌《鹿鳴》三終、下管《新宮》三終」二節。而與《大射禮》同屬於諸侯禮之《燕禮》與納賓禮，《燕禮》為常燕，從大夫制，樂賓之章節同於《鄉飲酒禮》；納賓禮為諸侯享四方之賓之燕，雖與燕同屬飲食之禮，但其禮重於《燕禮》，為饗禮，故在禮之始有金奏《肆夏》二次以迎賓，樂賓時亦有如《大射禮》所用「升歌《鹿鳴》」、「下管《新宮》」之節，但納賓禮所用歌、管之樂章都僅有一章，其後又另有「笙入三成，合《鄉樂》，若舞則《勺》」之節，不知此「笙入三成」之節是否與《燕禮》之「笙奏」同，笙之樂章亦不知為何。筆者以為，若合《鄉樂》，則應如《燕禮》所用「工歌、笙入」之節，但納賓禮樂賓之樂又為「升歌《鹿鳴》、下管《新宮》」之節，且其後又另有樂舞《勺》，樂舞亦是合樂；二種合樂、二種吹奏之樂，樂之節在於何處不可確定，所用樂章亦不能確立。

2、射、燕禮

《鄉飲酒禮》《燕禮》用於燕，為食燕禮；《鄉射禮》與《大射禮》用於射，為射禮。《鄉飲酒》《燕禮》成樂之數為 3、樂節總數為 4；《鄉射禮》與《大射禮》成樂之數為 1，樂節總數為 2，同類禮之樂的成樂數與所用樂節數相同。〔註49〕但是燕、射兩類禮之樂的內部構成還是有很大差異的，《燕禮》與《鄉飲酒禮》二禮樂賓之樂所選擇的樂器、所奏樂章完全相同；但《鄉射禮》與《大射禮》二禮用樂完全不同，《鄉射禮》有工歌、笙入之節，但無工

〔註49〕樂數即成樂之數，樂成之數以歌與奏之樂均有三章計以為一，故工歌《鹿鳴》《四牡》《皇皇者華》加笙奏《南陔》《白華》《華黍》成樂一；間歌有歌有笙各三章成樂一；合樂《周南》《召南》共六章成樂一；升歌《鹿鳴》三終加下管《新宮》三終共六終，成樂一。樂節即用樂之節，禮不同，樂用之節也各不相同。

歌、笙入、間歌之樂，僅有合樂《二南》一節；《大射禮》樂有二節，「升歌《鹿鳴》三終」爲一節、「下管《新宮》三終」爲二節，歌三終加管三終合而成樂一。《鄉射禮》合樂《二南》，吹奏樂器爲笙；《大射禮》所用「升歌《鹿鳴》」歌之樂章，與《鄉飲酒禮》《燕禮》工歌樂章相同，都爲《小雅》之《鹿鳴》。但《大射禮》「下管」之章，所用吹奏樂器與鄉飲酒、鄉射、燕禮用之笙不同，爲管。笙之用重於樂，管之用重於禮，吹笙之人不同於播管之人。「工歌、笙入」之樂，工歌《鹿鳴》《四牡》《皇皇者華》之後，笙者持笙入縣而奏。「升歌下管」之樂由大師、小師所掌，大師、小師率樂工登堂升歌之後，入堂下而播管，此爲等級不同之射禮使用樂器的不同。另，《鄉射禮》與《大射禮》樂賓之樂的進行也不同，《鄉射禮》爲歌、笙合樂；《大射禮》爲歌、管之節，無合樂，這是由於《大射禮》之樂升歌與管奏之人相同，無法歌、管並奏以合樂。但值得注意的是，《鄉射禮》與《大射禮》雖同爲射禮，且成樂之數都爲一，若《鄉射禮》用樂「工歌《鹿鳴》《四牡》《皇皇者華》，笙入《南陔》《白華》《華黍》」二節，成樂之數亦爲一且作樂形式爲歌、笙，可與《大射禮》用樂歌、管二節同，二射禮歌之樂章《鹿鳴》相同，爲何《鄉射禮》有歌入、笙入之節而不歌、不笙、不間，僅奏合樂《二南》三章呢？筆者以爲，若僅以「射用禮重，故略於樂」來言射禮內部所用樂節樂章的不同，似乎並不能得以釋其全貌。

可見，僅就樂節及樂章之等差並不能說明各禮用樂之節次等差狀況，還是應該綜合考慮各禮用樂的場所來說明樂之節次等差，以下就諸禮所用樂章的涵義及進行來辨明樂中各節於禮的位置。

二、歌之樂章

「歌」有三種：一爲升歌、二爲工歌、三爲間歌，使用樂章各不相同。「升歌」樂章僅有《鹿鳴》，「工歌」樂章有《鹿鳴》《四牡》《皇皇者華》三章。「間歌」有歌、有笙，其中歌之樂章有《魚麗》《南有嘉魚》《南山有臺》三章。

1、《鹿鳴》《四牡》《皇皇者華》

歌是樂賓演出的第一節，有工歌、升歌之別，工歌是由堂上歌工演唱《鹿鳴》之三章，待歌工全部唱完後，笙工入堂下，演奏《南陔》《白華》《華黍》之章；升歌是由堂上樂師之工演唱《鹿鳴》，待《鹿鳴》三終後，歌者下堂，

以管播《新宮》之章。《鹿鳴》《四牡》《皇皇者華》爲《詩經·小雅》的開篇，是傳統燕飲詩的代表性篇章，但《鹿鳴》之章與《四牡》《皇皇者華》各不相同。孔穎達正義：「既以治內爲先，君爲元首，臣爲股肱，君能懇誠以樂下，臣能盡忠以事上，此爲政之尤急，故以《鹿鳴》燕群臣嘉賓之事爲首也。群臣在國則燕之，使還則勞之，故次《四牡》勞使臣之來也。使臣還則君勞之，去當送之，故次《皇皇者華》，言遣使臣也。使臣之聘，出即遣之，反乃勞之，則遣先勞後矣。此所以先勞後遣者，人之勞役，苦於上所不知，則已勞而怨；有勞而見知，則雖勞而不怨，其事重，故先之也。且使臣往反，固非其一，《四牡》所勞，不必是《皇皇者華》所遣之使，二篇之作，又不必一人，故以輕重爲先後也。」〔註50〕《鹿鳴》三章，章八句；《四牡》五章，章五句；《皇皇者華》五章，章四句。

　　《鹿鳴》，鄭玄注云：「《鹿鳴》，君與臣下及四方之賓燕，講道修政之樂歌也。以采其已有旨酒，以召嘉賓，嘉賓既來，示我以善道。又樂嘉賓有孔昭之明德，可則傚也。」〔註51〕《鹿鳴·詩序》云：「燕群臣嘉賓也。既飲食之，又實幣帛筐篚，以將其厚意，然後忠臣嘉賓得盡其心矣。」〔註52〕《鹿鳴》爲燕群臣與嘉賓之事。《詩序》首言「燕群臣」，可知此燕之主爲臣，以群臣與嘉賓並言，明嘉賓亦可爲賓。故不僅用於燕臣之鄉飲酒禮、燕禮「工歌」之樂用《鹿鳴》等章，納賓之禮、大射禮所用「升歌」之樂亦可用《鹿鳴》之章。國家的興盛，群臣的歡悅伴隨著和諧美妙的樂曲，在喜慶祥和的氣氛中得到充分的展現。從《鹿鳴》之詩的具體內容來看，一方面，所記樂有「瑟、笙」及「瑟、琴」之別。「我有嘉賓，鼓瑟吹笙。吹笙鼓簧，承筐是將。」瑟、笙之樂展現了熱烈地迎賓場面；「我有嘉賓，鼓瑟鼓琴。鼓瑟鼓琴，和樂且湛。我有旨酒，以宴樂嘉賓之心。」瑟、琴之樂體現了主人熱情以樂燕（招待）賓客的場景；另一方面，所記樂有「德音」。「我有嘉賓，德音孔昭。視民不恌，君子是則是傚。」〔註53〕「德音」，體現了主人對客人高尚德行的贊美。總之，《小雅·鹿鳴》之章體現了燕飲所用樂的面貌及用旨。

〔註50〕見《毛詩·鹿鳴之什訓詁傳·大小雅譜》：「小雅自《鹿鳴》至於《魚麗》，先其文所以治內，後其武所以治外。」孔穎達正義。(《毛詩正義》卷九（之一），第 632 頁。)

〔註51〕《儀禮注疏·鄉飲酒禮》卷九，第 169 頁。

〔註52〕《毛詩正義》卷九（之二），第 648 頁。

〔註53〕同上，第 650、654、652 頁。

　　《四牡》和《皇皇者華》二樂章與《鹿鳴》不同，二詩並非是對燕飲場合的描述。鄭玄注：「《四牡》，君勞使臣之來樂歌也。此采其勤苦王事，念將父母，懷歸傷悲，忠孝之至，以勞賓也。《皇皇者華》，君遣使臣之樂歌也。此采其更是勞苦，自以爲不及，欲咨謀於賢者知而以自光明也。」〔註54〕鄭注《四牡》如《毛詩序》所言：「勞使臣之來也。有功而見知，則說矣。」〔註55〕《四牡》描寫了「君勞使臣」之事，文王爲西伯之時，三分天下有其二，以服事殷。使臣以王事往來於其職，於其來也，陳其功苦以歌樂之。「君勞使臣」，體現了國君對忠孝臣子辛勞的體貼顧恤。《小雅・四牡》：「豈不懷歸？是用作歌，將母來諗！」〔註56〕是作詩之人常年在外對母親深切思念的表述，體現了使臣爲王事奔波，無暇照顧父母的悲傷之情。宴會上演奏此詩，彰顯了周代禮制中忠孝之道。

　　《皇皇者華・詩序》：「君遣使臣也。送之以禮樂，言遠而有光華也。」〔註57〕《皇皇者華》爲遣使臣出使鄰國之樂歌，雖然《鄉飲酒禮》《鄉射禮》爲大夫禮，但所用歌之樂章爲《小雅》，從演出的樂詩所反映內容來看，其中不僅有君臣之事，亦有言諸侯國之事，由此可知，此二禮所用禮、樂之事必然與諸侯有關。從《皇皇者華》之詩的實際描寫內容來看，「駪駪征夫，每懷靡及」描寫了使臣的勞苦之情；「載馳載驅，周爰咨諏」〔註58〕爲使臣咨諏之事，所體現之事亦是以君主體恤臣下爲主題，表現了君與臣之間、國與國之間親切和睦的關係。

2、《魚麗》《南有嘉魚》《南山有臺》

　　間歌，鄭玄注：「間，代也，謂一歌則一吹。六者皆《小雅》篇也。」〔註59〕即指工歌、笙奏相間而奏，工於堂上歌，所歌之章結束後，堂下笙奏，笙奏之樂章完畢，堂上之工又接著歌唱另一曲樂詩，歌、笙之樂章各有三，歌一笙一相間，直至六首曲子全部演奏結束。歌、笙的次序依次爲工歌《魚麗》，笙奏《由庚》；工歌《南有嘉魚》，笙奏《崇丘》；工歌《南山有臺》，笙奏《由儀》。

〔註54〕《儀禮注疏・鄉飲酒禮》卷九，第 169～170 頁。
〔註55〕《毛詩正義》卷九（之二），第 654 頁。
〔註56〕《毛詩正義》卷九（之二），第 657 頁。
〔註57〕同上，第 658 頁。
〔註58〕《毛詩正義》卷九（之二），第 659、660 頁。
〔註59〕《儀禮注疏・鄉飲酒禮》卷九，第 173 頁。

間歌六章中，《魚麗》與《南有嘉魚》《南山有臺》三章爲歌之樂章，《魚麗》屬《鹿鳴》之什，《南有嘉魚》《南山有臺》屬《南有嘉魚》之什。什，陸德明釋曰：「什音十。什者，若五等之君有詩，各繫其國，舉『周南』即題《關雎》。至於王者施教，統有四海，歌詠之作，非止一人，篇數既多，故以十篇編爲一卷，名之爲什。」〔註 60〕《魚麗》六章，三章章四句，三章章二句；《南有嘉魚》四章，章四句；《南山有臺》五章，章六句。

《魚麗》，鄭玄注云：「《魚麗》，言太平年豐物多也。此采其物多酒旨，所以優賓也。」〔註 61〕《魚麗·詩序》：「美萬物盛多，能備禮也。文、武以《天保》以上治內，《采薇》以下治外，始於憂勤，終於逸樂，故美萬物盛多，可以告於神明也。」〔註 62〕《魚麗》屬《鹿鳴》之什，爲武王之詩，此詩謂武王之時，天下萬物草木盛多，鳥獸蟲魚鼈五種皆可得所，歌《魚麗》之詩，可備禮、可告神明。其詩之文「君子有酒旨，且多。物其多矣，維其嘉矣。物其旨矣，維其偕矣。物其有矣，維其時矣。」演奏《魚麗》，用以表明主人對賓客的敬慕之意。

《南有嘉魚》《南山有臺》二詩屬《南有嘉魚》之什，爲成王、周公之小雅。鄭玄注云：「《南有嘉魚》，言大平君子有酒樂與賢者共之也。此采其能以禮下賢者，賢者累蔓而歸之，與之燕樂也。《南山有臺》，言太平之治以賢者爲本。此采其愛友賢者，爲邦家之基，民之父母，既欲其身之壽考，又欲其名德之長也。」〔註 63〕二章所言爲君與賢者之事。

《南有嘉魚·詩序》云：「樂與賢也。太平之君子至誠，樂與賢者共之也。」〔註 64〕君主與賢者，共享燕樂於朝。《南有嘉魚》之詩是表述君主禮賢下士、宴請有功之臣的作品，詩中「君子有酒，嘉賓式燕以樂」，「君子有酒，嘉賓式燕又思」〔註 65〕之文，描述了宴會的豐盛和君主頻頻勸酒宴酬臣下以及作爲賓客的臣下參加宴會的歡樂之情，君主在宴請的過程中，借助「樂」溫馨的審美情感魅力，強化了君主與臣子之間的親和關係。「美酒儘管能麻醉人們的神經，但永不能泯滅閃耀在周人頭頂的禮法的神光，在周人那裏，國家的

〔註 60〕《毛詩正義·鹿鳴之什訓詁傳》卷九（之一），第 630 頁。

〔註 61〕《儀禮注疏·鄉飲酒禮》卷九，第 173 頁。

〔註 62〕《毛詩正義》卷九（之四），第 706 頁。

〔註 63〕《儀禮注疏·鄉飲酒禮》卷九，第 173 頁。

〔註 64〕《毛詩正義》卷十（之一），第 714 頁。

〔註 65〕《毛詩正義》卷十（之一），第 714、717 頁。

禮制、社會道德、個人修養，都是通過日常往來活動很自然得以貫徹和實現的。」〔註66〕

　　《南山有臺·詩序》云：「樂得賢也。得賢則能爲邦家立太平之基矣。」〔註67〕君主得賢者，則國家根基鞏固。《南山有臺》是君主對賢臣的功業的肯定及贊美，歌頌君臣之間的友愛情誼，在君主眼裏賢臣爲「邦家之基」、「民之父母」，是國家的根本。

三、笙奏樂章

　　與歌之樂章相似的是，笙奏也有兩種：一是笙入獨奏之樂；二是間歌之節中的笙奏之樂。笙入樂章，據《鄉飲酒禮》《燕禮》所記，爲「樂《南陔》《白華》《華黍》」，鄭玄注云：「《南陔》《白華》《華黍》。皆《小雅》篇也，今亡，其義未聞。昔周之興也，周公制禮作樂，採時世之詩以爲樂歌，所以通情相風切也，其有此篇明矣。後世衰微，幽、厲尤甚，禮樂之書，稍稍廢棄，孔子曰：『吾自衛反魯，然後樂正，《雅》《頌》各得其所。』謂當時在者而複重雜亂者也，惡能存其亡者乎？且正考父校商之名《頌》十二篇於周大師，歸以祀其先王。至孔子二百年之間，五篇而已，此其信也。」〔註68〕笙入之後，除笙奏《南陔》等三篇之外，另有間歌之笙奏樂章，「間歌《魚麗》，笙《由庚》；歌《南有嘉魚》，笙《崇丘》；歌《南山有臺》，笙《由儀》。」〔註69〕間歌時，笙奏《由庚》《崇丘》《由儀》三章，與笙獨奏樂章相同，此三章皆爲《小雅》篇，今已闕。〔註70〕

　　鄭玄認爲，笙詩六篇均爲《詩·小雅》之篇章，關於笙詩六篇是否爲《小雅》之篇章，有清一代學者對此提出了不同意見，認爲笙詩非詩三百之篇章。

　　　　（清）姚際恒云：愚謂此乃當時作樂者撰此六詩用以吹笙，而
　　　　非三百篇之詩也。古惟以三百篇爲歌之用，而施於匏竹諸器者則準
　　　　之律呂，制爲詩焉。故《儀禮》本文以《鹿鳴》諸詩曰歌，以《南
　　　　陔》諸詩曰樂可驗。《郊特牲》云：「歌者在上，匏竹在下，貴人聲

〔註66〕漆子揚《〈儀禮〉樂制初探》，《社科縱橫》1993年第4期，第62頁。
〔註67〕《毛詩正義》卷十（之一），第718頁。
〔註68〕《儀禮注疏》卷一五，第316頁。
〔註69〕《儀禮注疏·燕禮》卷一五，第317頁。《鄉射禮》間歌與合樂之樂章同，略。
〔註70〕見《儀禮·燕禮》，鄭玄注「間歌」云：「六者皆《小雅》篇也。……《由庚》、
　　　　《崇丘》、《由儀》，今亡，其義未聞。」（《儀禮注疏》卷九，第173頁。）

也。」樂以人聲爲貴，匏竹爲賤，以堂上爲貴，堂下爲賤。故歌於堂上用三百篇之詩，笙於堂下用此六詩，既取其協於律呂且不敢褻用三百篇之意也。《南陔》之三則獨笙奏之，《由庚》之三則間歌奏之，至於間歌之後，歌《周南》之三，《召南》之三，眾樂與之並作是爲合樂，乃將終而極盛者也。當時之歌樂如此，其後禮樂崩壞，笙詩散佚。其名篇之義亦無由考，自序詩者見前世有此六詩，誤以爲三百篇之散亡者，而以其篇名捃拾於三百篇鍾，以《南陔》三篇名列於《小雅》《魚麗》之後，薈萃一處，悉本《儀禮》，蓋序詩者之妄也。〔註71〕

姚氏認爲笙詩爲作樂者特撰用以吹笙之篇章，非《詩》三百之詩篇。《詩》三百之章僅爲歌用之樂章，工於堂上歌之，故人聲爲貴；而吹奏之笙詩以匏竹之器爲準，工於堂下奏笙，故匏竹之器爲賤，不得將歌之詩篇與笙奏之詩相混。後清王士讓〔註72〕、夏炘〔註73〕同此說。

姚際恒等學者「笙詩非《詩》三百」之說，同注疏之說，也是在「笙詩篇目不可考」這一基礎上提出的假說，並無提出明確的證據進行證明，不足信。據今所見《毛詩》之文，《南陔》《白華》《華黍》三章篇名載於《魚麗》之下子夏序中，《詩序》云：「《南陔》，孝子相戒以養也。《白華》，孝子之潔白也。《華黍》，時和歲豐，宜黍稷也。有其義而亡其辭。」〔註74〕據詩序所云，《南陔》等三首笙詩所表達的主題是與敬親尊孝以及慶賀豐收的喜悅有關，宴燕中用笙歈奏此三詩，符合宴會歡樂喜慶的場景氛圍。《由庚》《崇丘》《由儀》三章載於《南山有臺》之下子夏序中，《詩序》云：「《由庚》，萬物得由其道也。《崇丘》，萬物得極其高大也。《由儀》萬物之生各得其宜也。有

〔註71〕（清）姚際恒《儀禮通論》卷四，《續修四庫全書》本。

〔註72〕（清）王士讓《儀禮訓解》卷四：「士讓按劉氏敞云：『《南陔》以下六篇，今無以考其名篇之義。』則《小序》所云，劉氏蓋疑之也。六詩有聲無辭，蓋如世之洞簫譜然。鄭氏樵云『東廣微補亡六詩』，皮日休補《肆夏》，不知六亡詩乃笙詩，《肆夏》乃金奏，初無辭可傳。可據數說，則注咎於幽屬廢棄者，未爲定論。」（《續修四庫全書》本，第88冊。）

〔註73〕（清）夏炘《學禮管釋》卷四：「炘按笙詩，堂下之樂，卿大夫飲，士與諸侯燕卿大夫同其詩，已逸，不可考。今《小序》尚存其目，乃東漢衛次仲所羼入，毛公實三百篇，無此六篇也。當周之時笙奏、簫、管，諸侯皆掌於樂人，非三百篇所宜有，康成誤信《小序》，以爲《小雅》之逸篇非也。」（《續修四庫全書》本，第93冊。）

〔註74〕《毛詩正義》卷九（之四），第711頁。

其義而亡其辭。」〔註75〕《由庚》等三首笙詩形容了萬物蓬勃生長的面貌。鄭玄箋云：「依《六月》序，《由庚》在《南有嘉魚》前，《崇丘》在《南山有臺》前。今同在此者，以其俱亡，使相從耳。」〔註76〕《魚麗》爲武王詩，與《南有嘉魚》《南山有臺》同爲間歌之歌樂章，鄭玄在此僅言《由庚》《崇丘》二章之序，是否間歌中笙奏之章與歌之章相似，也有所屬之別呢？

> 《毛詩·大小雅譜》：「小雅《南有嘉魚》下及《菁菁者莪》，周公、成王之時詩也。」孔穎達正義曰：「知小雅自《南有嘉魚》者，以《六月序》廣陳《小雅》之廢，自《華黍》以上皆言缺，《由庚》以下不言缺，明其詩異主也。《魚麗》之序云文、武，《華黍》言與上同，明以上武王詩，《由庚》以下周公、成王詩也。《南有嘉魚》云『太平』，《蓼蕭》云『澤及四海』，語其時事，爲周公、成王明矣。序者蓋亦以其事著明，故不言其號諡焉。《由庚》既爲周公、成王之詩，則《南有嘉魚》至《菁菁者莪》從可知也，故云『下及《菁菁者莪》皆周公、成王之時詩也』。以周公攝王事，政統於成王，故並舉之也。《由庚》在《嘉魚》前矣，不云自《由庚》者，據見在而言之。鄭所以不數亡者，以毛公下《由庚》以就《崇丘》。若言自《由庚》，則不包《南有嘉魚》，故不得言也。既不得以《由庚》爲成王詩首，則《華黍》不得爲武王詩末，故上說文、武之詩，不言至《華黍》也。」〔註77〕

由毛傳可知，間歌六章，除歌《魚麗》爲武王之詩，笙奏《由庚》以下皆爲周公、成王之詩，而笙獨奏樂章屬《魚麗》，同屬於武王之詩。若以間歌《魚麗》爲武王之詩，有歌又有笙，則與工歌樂章《鹿鳴》《四牡》《皇皇者華》僅有歌不同，毛傳云《鹿鳴》爲文事，《魚麗》爲武事。樂舞爲樂之武事，而笙獨奏之章屬《魚麗》，而《由庚》《崇丘》《由儀》之章與《南有嘉魚》《南山有臺》並列，同屬周公、成王之詩，與《鹿鳴》之什爲文、武之詩所屬不同，故《魚麗》六章分兩組，每組各有三章，三章章四句，三章章二句，有歌又有笙。而其餘僅屬歌之樂章的章句都是統一的，或爲五章五句、四句、六句；或爲四章四句、或爲三章八句。

〔註75〕《毛詩正義》卷十（之一），第719頁。
〔註76〕《毛詩正義》卷十（之一），第720頁。
〔註77〕《毛詩正義》卷九（之一），第634頁。

四、合樂樂章

合樂是歌與笙之樂合奏之節，是樂賓之節即將結束的標誌。「遂歌鄉樂，《周南》：《關雎》《葛覃》《卷耳》；《召南》：《鵲巢》《采蘩》《采蘋》。」〔註78〕合樂的詩歌是鄉樂，《二南》即《國風・周南》之《關雎》《葛覃》《卷耳》，《國風・召南》之《鵲巢》《采蘩》《采蘋》。有關「合樂」歌及笙奏的方式，賈公彥與孔穎達有不同意見。

1、「合樂」的演奏方式

《儀禮・鄉飲酒禮》「合樂」鄭玄注：「合樂，謂歌樂與眾聲俱作。」賈公彥疏：「此一經論堂上堂下眾聲俱合之事也。……堂上有歌瑟，堂下有笙磬，合奏此詩，故云眾聲俱作。」〔註79〕

《禮記・鄉飲酒義》「合樂三終」，孔穎達正義：「謂堂上下歌瑟及笙並作也。若工歌《關雎》，則笙吹《鵲巢》合之。若工歌《葛覃》，則笙吹《采蘩》合之。若工歌《卷耳》，則笙吹《采蘋》合之。」〔註80〕

賈公彥認為合樂即是堂上堂下並奏《二南》六詩，而孔穎達則將《周南》《召南》分以歌之樂章與笙奏樂章，歌《周南》三章《關雎》《葛覃》《卷耳》與笙奏《召南》三章《鵲巢》《采蘩》《采蘋》一一對應合之為「合樂」。

清學者認為賈公彥及孔穎達二說均非為確，應從賈疏「合樂」及孔疏「三終」，此說由萬斯大提出。

（清）萬斯大云：凡六詩而曰三終，賈疏謂堂上歌瑟、堂下笙磬合奏六詩曰三終者，《二南》各三終也。孔疏《鄉飲酒義》則曰「合樂三終」者，謂工歌《關雎》笙吹《鵲巢》合之，工歌《葛覃》笙吹《采蘩》合之，工歌《卷耳》笙吹《采蘋》合之。二說不同，如賈疏於合樂則是矣。以上文升歌、笙入、間歌之三終例之，則六詩當為六終而非三終也，如孔疏於三終則是矣。而《關雎》與《鵲巢》，《葛覃》與《采蘩》，《卷耳》與《采蘋》言乎，文詞則多寡殊言乎，音節則長短別，且《鵲巢》《采蘩》《采蘋》皆有詞，非笙詩，比雖欲合之，其何以合之。愚謂既雲合樂，無歌笙異詩之理，既云三終，

〔註78〕《儀禮注疏・燕禮》卷一五，第 317 頁。
〔註79〕《儀禮注疏》卷九，第 174～175 頁。
〔註80〕《禮記正義》卷六一，第 1907 頁。

無並用六詩之理。蓋《周南》《召南》各自三終，惟其所用不必同時並奏也。觀上文升歌、笙入、間歌皆小雅之詩，而不言小雅，以其篇什有定，不必言也。於合樂獨指言《周南》《召南》者，非以或《周南》《召南》，惟所用之乎。〔註81〕

萬氏認爲賈疏「合樂」的演奏方式爲堂上歌瑟與堂下笙磬共奏《周南》《召南》六詩爲確，但賈公彥以《周南》《召南》各有三終，《二南》爲六終有誤，當從孔穎達以合樂《二南》爲三終，「終」即成樂之數，歌一笙一成樂一。《周南》《召南》六詩音節章句長短有別，且二南皆有詞，並非是有聲無辭之笙詩，「合樂」爲歌、笙同奏但非並奏六詩，歌、笙在合奏《周南》《召南》六詩時，有時爲歌、有時爲笙、有時歌笙齊奏，共成三終。

（清）林喬蔭雲：《鄉飲》合樂，《周南》《召南》，即《記》所謂「合樂三終」者也，賈疏……孔疏……，二家之說不同。萬充宗（萬斯大字）以爲如孔疏於三終是矣。而《關雎》與《鵲巢》，《葛覃》與《采蘩》，《卷耳》與《采蘋》，文詞則多寡殊，音節則長短別離，欲合之，其何以合，如賈疏於合樂是矣。然以上文之升歌、笙入、間歌之三終例之，則六詩當爲六終，非三終也。因創爲《周南》《召南》，惟其所用不必同時並奏之說夫，孔疏之不如賈疏，誠有如萬氏所言。然謂《二南》不並奏，則經不當並言，即並言之以隨人所用，亦當如《射禮記》所云歌《騶虞》，若《采蘩》之例，安得直云乃合樂《周南》：《關雎》《葛覃》《卷耳》，《召南》：《鵲巢》《采蘩》《采蘋》乎？蓋終者，樂之一成非詩之一篇，若以詩之一篇言之，則《騶虞》《采蘋》亦不得合有五終也，是以《經》但敘其歌樂之名，《記》別括其歌終之數，升歌三終，笙入三終，間歌三終，合樂三終，謂每次合爲三闋，疏家徒見《關雎》等篇皆有三，遂誤以一篇爲一終也。〔註82〕

林喬蔭在萬氏的基礎上進一步說明合樂爲歌笙共奏《二南》，有三終之說，認爲「終」爲樂之一成，非詩之一篇，《儀禮》《禮記》所記樂賓之歌、笙、間、合四節之文不同，《儀禮》所記爲四節之樂章而《禮記》所記爲四節成樂之數，賈疏以詩一篇即爲樂一終有誤。

〔註81〕（清）萬斯大《儀禮商》卷一，《四庫全書》文淵閣本。
〔註82〕（清）林喬蔭《三禮陳數術義》卷一八，《續修四庫全書》本，第109冊。

　　由此可知，合鄉樂《二南》爲歌、笙並奏《周南》：《關雎》《葛覃》《卷耳》，《召南》：《鵲巢》《采蘩》《采蘋》六章，歌一笙一成一終，合樂六詩成三終。

2、《二南》的涵義

　　《詩》自《周南》至《豳風》，統稱十五國風，十五國風以《周南》、《召南》爲始。《詩譜序・周南召南譜》云：「周、召者，禹貢雍州岐山之陽地名。……文王受命，作邑於豐，乃分岐邦。周、召之地，爲周公旦、召公奭之埰地，施先公之教於己所職之國。武王伐紂，定天下，巡守述職，陳誦諸國之詩，以觀民風俗。六州者得二公之德教尤純，故獨錄之，屬之大師，分而國之。其得聖人之化者謂之《周南》，得賢人之化者謂之《召南》，言二公之德教，自岐而行於南國也。乃棄其餘，謂此爲風之正經。」〔註83〕此言《二南》之「周、召」爲周公、召公受封於文王之埰地，旦、奭二公「施先公之教於己所職治國」。至武王克商定天下（當時天下有九州，殷紂無道，文王三分天下有其二，得其六州）之後便陳詩觀風，「六州者得二公之德教尤純」即指周公旦、召公奭之「風」最爲純正，故特錄此二公之詩作爲「風」之始。《周南》爲聖人之化，《召南》爲賢人之化，風爲教化之德者，周、召爲地名，「南」亦指地名，《周南》、《召南》有「南」，故「二公之德教，自岐而行於南國也」，即指周、召二公教化的影響十分深廣，由二公屬地「岐山」推廣至南國之地，《二南》爲風之正經。因而，若以風詩爲合樂之樂章，當奏《周南》、《召南》之詩。

　　《周南》《召南》作爲合樂之樂詩，在《儀禮》中另被稱作鄉樂、房中之樂及無筭樂：《燕禮》合樂之節言此二南爲「鄉樂」，《燕禮記》「遂合鄉樂」；《燕禮記》「有房中之樂」，鄭玄注：「絃歌《周南》《召南》之詩，而不用鍾磬之節也。」〔註84〕，又鄭玄注「合樂」云：「《周南》《召南》，《國風》篇也。王后、國君夫人房中之樂歌也。」〔註85〕此言《二南》爲房中之樂；《鄉飲酒禮》《鄉射禮》《燕禮》樂賓樂之後另有「無筭樂」一節，（《大射禮》無「合樂」且有「筭」，無「無筭樂」，不用《二南》）鄭玄注有「無筭樂」之三禮所

〔註83〕《毛詩正義・詩譜序》，第11～14頁。
〔註84〕《儀禮注疏》卷一五，第339頁。
〔註85〕見《儀禮注疏・鄉飲酒禮》卷九，第174頁。

用樂各不相同〔註86〕，賈公彥疏「間歌用《小雅》，合用《二南》」。〔註87〕

（1）鄉樂

　　《二南》被稱作「鄉樂」，僅見於《儀禮·燕禮》一章，《燕禮》「正燕」在樂賓樂「間歌」之節後既言「遂歌鄉樂，《周南》：《關雎》《葛覃》《卷耳》；《召南》：《鵲巢》《采蘩》《采蘋》」；《燕禮記》爲納賓禮，其樂賓樂中亦有「遂合鄉樂」一節，但經中無鄉樂樂章爲《二南》之文。

　　有關《燕禮記》「鄉樂」之樂章，鄭玄注有云：「鄉樂，《周南》《召南》六篇，言遂者，不間也。」〔註88〕鄉樂，燕禮爲「遂歌」，納賓禮爲「遂合」。二禮不同的原因在於燕禮樂賓樂有四節，合鄉樂在間歌之節後，故不言「合」而言「歌」；而納賓禮無間歌之節，僅有「笙入三成」，故冠「合」於鄉樂之前，表明「鄉樂」樂章即是「合樂《二南》」之《二南》。關於「鄉樂」的屬性，鄭玄注《鄉射禮》「合樂《二南》」云：「昔大王、王季、文王始居岐山之陽，躬行《召南》之教，以成王業，至三分天下，乃宣《周南》《召南》之化，本其德之初，『刑於寡妻，至於兄弟，以御於家邦』，故謂之鄉樂。用之房中以及朝廷饗、燕、鄉射、飲酒，此六篇其風化之原也。是以合金石絲竹而歌之。」〔註89〕關於鄉樂的使用，鄭玄注《燕禮》「遂歌合樂」云：「鄉樂者，《風》也。《小雅》爲諸侯之樂，《大雅》《頌》爲天子之樂。《鄉飲酒》升歌《小雅》，禮盛者可以進取。燕合鄉樂者，禮輕者可以逮下也。」賈公彥疏：「（燕禮）云『遂歌鄉樂』者，《鄉飲酒》云：『乃合樂。』與此文不同者，以其《二南》是大夫士樂，大夫士或作鄉大夫，或作州長，故名鄉大夫樂。飲酒不言鄉樂者，以其是己之樂，不須言鄉，故直言合樂。此燕禮是諸侯禮，下歌大夫士樂，故以鄉樂言之。又《鄉飲酒》注云合樂謂歌與眾聲俱作。彼經有合樂之字故也。此經無合樂之字，故闕而不言。其實此歌鄉樂亦與眾聲俱作。是以彼處解合爲歌，與眾聲俱作耳。此歌而解合，明同也。」〔註90〕

〔註86〕見《儀禮·鄉飲酒禮》卷十，鄭玄注：「燕樂亦無數，或間或和，盡歡而止也。」（《儀禮注疏》卷十，第186頁。）《鄉射禮》鄭玄注：「和鄉樂無數次。」（《儀禮注疏》卷一三，第263頁。）《燕禮》鄭玄注：「升、歌、間、合無數也，取歡而已，其樂章亦然。」（《儀禮注疏》卷一五，第330頁。）

〔註87〕《儀禮注疏》卷十，第186頁。

〔註88〕《儀禮注疏》卷一五，第337頁。

〔註89〕《儀禮注疏》卷一一，第215頁。

〔註90〕《儀禮注疏》卷一五，第318頁。

由鄭、賈注疏可知，鄉樂的樂章有《周南》：《關雎》《葛覃》《卷耳》，《召南》：《鵲巢》《采蘩》《采蘋》六詩；周始居於岐山已有以周、召爲教，至武王成王業，宣《周南》《召南》之教化作爲「德」之初以御家邦，故《二南》又名「鄉樂」，《周南》《召南》六詩屬於「詩三百」之《風》；鄉飲酒禮、鄉射禮不言「鄉樂」，燕禮、納賓禮言「鄉樂」的原因在於無「鄉樂」二禮爲鄉大夫禮，所用之樂亦稱作「鄉大夫樂」，故無須另將《二南》稱作「鄉樂」，而有言「鄉樂」之二禮爲諸侯之禮，諸侯之樂本應爲《小雅》，但合樂之樂章用鄉大夫樂《二南》表樂之「德」者，故在前加「鄉樂」二字表禮之盛。

（2）房中之樂

鄭玄以《二南》爲王后、國君夫人房中之樂歌，《周南·關雎》位於十五國風之首，爲「風之始」。「風」之義有二，一即爲「風」，風以化之；二爲「教」，教以化之。用於合樂的六章，《毛詩序》云：「《關雎》，后妃之德也，風之始也，所以風天下而正夫婦也，故用之鄉人焉，用之邦國焉。」〔註91〕《葛覃》，后妃之本也」；「《卷耳》，后妃之志也」〔註92〕；「《鵲巢》，夫人之德也」；「《采蘩》，夫人不失職也」〔註93〕；「《采蘋》，大夫妻能循法度也」〔註94〕。

由此可見，合樂六詩之所以被稱作「房中之樂」，與其詩所云之事有關。《關雎》言夫婦之道，是人倫教育中最爲基礎的內容。《詩·周南召南譜》對夫婦之道的重要作用說到：「初，古公父亶來胥宇，爰及姜女。其後，太任思媚周姜，太姒嗣徽音，歷世有賢妃之助，以致其治。文王刑於寡妻，至於兄弟，以御於家邦。是故，二國之詩以后妃夫人之德爲首，終以《麟趾》、《騶虞》，言后妃夫人有斯德，興助其君子，皆可以成功，至於獲嘉瑞。」在周人看來其自身能推翻殷的原因除了篤行德政之外，還有「歷世有賢妃之助」：太王之妃太姜、王季之妃太任、文王之妃太姒，均能「以致其治」；后妃夫人有斯德，興助其君子故君可以成功。在周人看來，有夫婦然後有父子，有父子然後有君臣，有君臣然後有禮儀，所以夫婦爲人倫之基、王道之始，尤其重要。從這個意義上來說，以《關雎》爲代表的《二南》的價值在於「風天下而正夫婦」，故可以「用之鄉人焉，用之邦國焉」。后妃、夫人是天子、諸侯

〔註91〕《毛詩正義》卷一（之一），第5頁。
〔註92〕《毛詩正義》卷一（之二），第36、44頁。
〔註93〕《毛詩正義》卷一（之三），第74、77頁。
〔註94〕《毛詩正義》卷一（之四），第85頁。

的配偶，她們選擇《關雎》等作爲房中之樂的詩歌，正是爲了「興助其君子」。

（3）無算樂

無算樂是周代燕饗禮儀之正禮、正歌之後配合賓主宴飲、爵行無數、唯醉乃止的「無算爵」而演奏的樂歌。《鄉飲酒禮》《鄉射禮》《燕禮》三禮均有「無算樂」之節，鄭玄注三禮奏「無算樂」之節各不相同，鄉飲酒禮爲奏間、合二節；鄉射禮爲奏合樂一節；燕禮爲奏升、歌、間、合四節。而《大射禮》爲諸侯之射禮，有「算」，無「無算樂」。

筆者以爲，由於無算爵爲飲酒的禮儀，既然稱「無算」，時間長，演奏的曲子就多，時間短，演奏的曲子就少，但絕對不會少於正歌用曲。鄉射禮爲射禮，略於樂，故其所奏之「無算樂」僅有合樂一節；而鄉飲酒禮、燕禮爲宴饗之禮，重於樂，故所用「無算樂」之節長於鄉射禮；鄉飲酒禮爲大夫禮、燕禮爲諸侯禮，故燕禮所用「無算樂」之節有四節，亦長於鄉飲酒禮所用二節。「無算樂」的不同，體現了禮之用事不同、禮之尊卑不同所用禮儀的不同。

周人重視教化，故而採集十五國風，用以化民成俗。其中《周南》、《召南》體現的政教思想最爲純正篤厚，故被廣泛演奏，既可以在體現尊賢之道的鄉飲酒禮中演唱，也能在彰顯正德修身理念的鄉射禮中演奏。由於《二南》的主題是夫婦之道，故后、夫人在房中演奏，希冀教化、警示其夫君。而無算樂中所演奏的《二南》，只是沒有放在原有的演奏系統之中，但其所要表達的主題並沒有任何改變。有關《二南》的涵義，今人學者彭林先生有云：「鄉樂、房中之樂和無算樂，是同一個東西的三個方面：從它的來源而言，稱爲鄉樂；當用於后、夫人的房中之時，稱爲房中之樂；當它在正式儀節結束之後單獨演奏，稱爲無算樂。」〔註95〕

3、《二南》的演奏

（1）《二南》六詩的選擇

《周南》《召南》共有二十五首詩，樂之四節歌、笙、間、合均爲三終，歌一笙一爲樂之一終，「各樂」與「間歌」相似，都是有歌有笙之節。間歌樂章之詩有六，合樂樂章之詩之數亦當爲六，關於合樂所用之詩，清代學者金鄂有云：

〔註95〕彭林《說鄉樂、房中之樂與無算樂──評〈周代鄉樂考論〉》，《中國文化研究》
2007 年秋之卷，第 202 頁。

　　《周南》爲王化所始，《召南》爲王化所及，二者並重，不可偏
　　用，故並用六詩也。《二南》本分不可交錯而歌，亦不可連二詩爲一
　　終，故《二南》各三終，其爲六終也。然雖有六終卻止作三終論，
　　與間歌三終正自一例，間歌並歌笙爲一終，合樂並《周南》、《召南》
　　爲一終，故六終亦可謂三終也。大夫士升歌《小雅》，合樂《二南》；
　　天子諸侯升歌《頌》則合樂宜《大雅》，不宜並用《小雅》，此合樂
　　止用《文王》之三也。《二南》皆鄉樂，正大夫士所宜歌，故並用之，
　　《燕禮》諸侯燕大夫士故即用大夫士之樂，其合樂亦並用《二南》
　　也。〔註96〕

《周南》《召南》所用詩章各有三，《二南》中用於「合樂」六詩的章節數如
下：《周南》之《關雎》三章，一章四句，二章章八句（五章，章四句）〔註
97〕；《葛覃》三章，章六句；《卷耳》四章，章四句；《召南》之《鵲巢》三章，
章四句；《采蘩》三章，章八句；《采蘋》三章，章四句。《召南》三詩章之數
量相同，均爲三章，但各詩章句之數有異，前後二詩章句數相同，章四句，
其中《采蘩》章八句；《周南》三詩章句都不相同，若按鄭箋，以《關雎》爲
五章章四句，則與《卷耳》章四句相同，合於《召南》三詩首、尾章句之數
相同的規律，而章句數爲章六句的《葛覃》有三章，章之數與《召南》三詩
都相同。較之「間歌」之章節，「間歌」笙之章節不存，歌之章節分別爲《魚
麗》六章，三章章四句，三章章二句；《南有嘉魚》四章，章四句；《南山有
臺》五章，章六句。

　　「合樂」、「間歌」二節之樂章相較可見，一、間歌之歌之章數有三種，
合樂樂章之章數亦有三種，此應表示成樂之數爲「三終」之義。二、《魚麗》
有笙奏之章，故其章句分作二種，《關雎》章句若按毛傳所云爲三章，一章四
句，二章章八句，其章句亦有兩種。作爲合樂樂章之始，合「間歌」之首節，
《魚麗》《關雎》二詩之章句應表「間歌」、「合樂」奏樂的形式均是有歌有笙。
三、「間歌」歌之三詩章句有二、四、六之別，「合樂」六詩之章句有四、六、
八之別，「合樂」六詩章句之數分別在「間歌」歌詩章句上加二，「合樂」、「間
歌」都爲有歌有笙之節，「間歌」歌詩章句數二、四、六當表工歌之句，而「合

〔註96〕 （清）金鄂《求古錄禮說》卷一一，《續修四庫全書》本，第110冊。
〔註97〕 毛、鄭有關《關雎》章句之說有分歧，「五章」爲鄭玄所分；「三章」爲毛亨
　　　　所分。

樂」詩章句加之二句當爲笙奏之句。人聲爲歌，歌之章句可有變化，而笙奏爲樂器所奏，所奏詩之章句數應無變化，都爲二句。

（2）演奏《二南》所使用的樂器

《二南》不僅是合樂之節所用樂章，還用於房中之樂，鄭玄注「房中之樂」有云：「絃歌《周南》《召南》之詩，而不用鍾磬之節也。謂之房中者，后夫人之所諷誦，以事其君子。」賈公彥疏云：「知『不用鍾磬』者，以其此《二南》本后夫人侍御於君子，用樂師，是本無鍾磬。近若改之而用鍾磬，當云有房中之奏樂，今直云『有房中之樂』，明依本無鍾磬也。若然，案《磬師》云：『教縵樂、燕樂之鍾磬。』注云：『燕樂，房中之樂，所謂陰聲也。二樂皆教其鍾磬。』房中樂得有鍾有磬者，彼據教房中樂，待祭祀而用之，故有鍾磬也。房中及燕，則無鍾磬也。」〔註98〕

鄭玄、賈公彥都認爲《二南》作爲房中之樂的演奏方式異於合鄉樂所奏之《二南》，燕、饗合樂所奏《二南》，用鐘鼓；房中之樂所奏之《二南》，不用鐘鼓。但筆者考察《詩》各章所用樂器的情況如下圖所示，其中風、雅、頌詩篇中均有用鼓、鍾之文，由此可見，房中樂所奏之《二南》亦當有鐘鼓。

表6：《詩經》各章樂器的使用

樂器名稱	詩　　章	詩　　　　句
鼓	《國風・周南・關雎》	窈窕淑女，鐘鼓樂之
	《國風・邶・擊鼓》	擊鼓其鏜，踊躍用兵
	《國風・唐・山有樞》	子有鐘鼓，弗鼓弗考
	《國風・陳・宛丘》	坎其擊鼓，宛丘之下
	《小雅・南有嘉魚之什・采邑》	方叔率止，鉦人伐鼓
	《小雅・谷風之什・楚茨》	禮儀既備，鐘鼓既戒
	《小雅・甫田之什・甫田》	琴瑟擊鼓，以御田祖
	《小雅・甫田之什・賓之初筵》	鐘鼓即設，籥舞笙鼓
	《周頌・清廟之什・執競》	鐘鼓喤喤，磬筦將將
鼛鼓	《小雅・谷風之什・鼓鐘》	鼓鐘伐鼛
	《大雅・文王之什・緜》	百堵皆興，鼛鼓弗勝

〔註98〕《儀禮注疏・燕禮記》卷一五，第339～340頁。

賁鼓	《大雅・文王之什・靈臺》	虡業維樅，賁鼓維鏞
應、田、縣鼓	《周頌・臣工之什・有瞽》	應田縣鼓
鼉鼓	《大雅・文王之什・靈臺》	鼉鼓逢逢，矇瞍奏公
鞀	《周頌・臣工之什・有瞽》	鞀磬柷圉
鍾	《國風・周南・關雎》	窈窕淑女，鐘鼓樂之
	《國風・唐・山有樞》	子有鐘鼓，弗鼓弗考
	《小雅・南有嘉魚之什・彤弓》	鼓鐘既設，一朝饗之
	《小雅・谷風之什・鼓鐘》	鼓鐘將將，淮水湯湯
	《小雅・谷風之什・楚茨》	鼓鐘送尸，神保聿歸
	《大雅・文王之什・靈臺》	於論鼓鐘，於樂辟廱
	《周頌・清廟之什・執競》	鐘鼓喤喤，磬筦將將
鏞	《大雅・文王之什・靈臺》	虡業維樅，賁鼓維鏞
	《商頌・那》	庸鼓有斁，萬舞有奕
鈴	《周頌・臣工之什・載見》	龍旂陽陽，和鈴央央
磬	《小雅・谷風之什・鼓鐘》	笙磬同音
	《周頌・清廟之什・執競》	鐘鼓喤喤，磬筦將將
	《周頌・臣工之什・有瞽》	應田縣鼓，鞀磬柷圉
鸞（笙）	《國風・秦・駟驖》	輶車鸞鑣，載獫歇驕
	《小雅・南有嘉魚之什・采邑》	約軝錯衡，八鸞瑲瑲
	《小雅・南有嘉魚之什・蓼蕭》	和鸞雝雝，萬福攸同
	《小雅・魚藻之什・采菽》	其旂淠淠，鸞聲嘒嘒
	《小雅・鴻雁之什・庭燎》	君子至止，鸞聲將將
	《大雅・蕩之什・烝民》	四牡彭彭，八鸞鏘鏘
	《商頌・烈祖》	約軝錯衡，八鸞鶬鶬
	《魯頌・泮水》	其旂茷茷，鸞聲噦噦
笙	《小雅・鹿鳴之什・鹿鳴》	吹笙鼓簧，承筐是將
	《小雅・谷風之什・鼓鐘》	鼓瑟鼓琴，笙磬同音
	《小雅・甫田之什・賓之初筵》	籥舞笙鼓，樂既和奏

管（簫）	《周頌・清廟之什・執競》	鐘鼓喤喤,磬筦將將
	《商頌・那》	既備乃奏,簫管備舉
	《周頌・臣工之什・有瞽》	鞉鼓淵淵,嘒嘒管聲
籥	《國風・鄴・簡兮》	左手執籥,右手秉翟
	《小雅・谷風之什・鼓鐘》	以雅以南,以籥不僭
	《小雅・甫田之什・賓之初筵》	籥舞笙鼓,樂既和奏
琴、瑟	《國風・周南・關雎》	窈窕淑女,琴瑟友之
	《國風・鄘・定之方中》	爰伐琴瑟
	《國風・鄭・女曰雞鳴》	琴瑟在御,莫不靜好
	《國風・唐・山有樞》	何不日鼓瑟
	《國風・秦・車鄰》	即見君子,並坐鼓瑟
	《小雅・鹿鳴之什・鹿鳴》	我有嘉賓,鼓瑟鼓琴。鼓瑟鼓琴,和樂且湛
	《小雅・鹿鳴之什・常棣》	妻子好合,如鼓瑟琴
	《小雅・谷風之什・鼓鐘》	鼓鐘欽欽,鼓瑟鼓琴
	《小雅・甫田之什・甫田》	琴瑟擊鼓,以御田祖
	《小雅・甫田之什・車舝》	四牡騑騑,六轡如琴

小　結

　　本章論述了「三禮」中樂章的使用情況,主要闡述了金奏樂章及樂賓之樂樂章的問題:

　　（一）金奏樂章考。用於金奏之樂的樂章有兩種,一爲《肆夏》,王、元侯、諸侯所用,奏以迎賓,隨賓及公行禮及步趨之節有興有闋,奏有二次;二爲《陔》,用以送賓,奏於賓出至階邊,即「陔」而名,諸侯、大夫、士均可用《陔》,諸侯以鐘鼓奏《陔》,大夫、士僅以鼓奏《陔》,即以奏樂之器的差異作爲禮用尊卑之別。

　　「驚」非爲金奏樂章,表位置,爲房中之樂所奏之位。

　　（二）樂賓之樂大抵有四節:歌、笙、間、合,但是由於禮的不同,各樂節有節次之差,亦有使用樂章的差異。

　　1、「歌」有三種:一爲升歌、二爲工歌、三爲間歌,使用樂章各不相同。

「升歌」樂章僅有《鹿鳴》,「工歌」樂章有《鹿鳴》《四牡》《皇皇者華》三章。工歌是由堂上歌工演唱《鹿鳴》之三章,待歌工全部唱完後,笙工入堂下,演奏《南陔》《白華》《華黍》之章;升歌是由堂上樂師之工演唱《鹿鳴》,待《鹿鳴》三終後,歌者下堂,以管播《新宮》之章。「間歌」有歌、有笙,其中歌之樂章有《魚麗》《南有嘉魚》《南山有臺》三章。

2、與歌之樂章相似的是,笙奏也有兩種:一是笙入獨奏之樂,樂章有《南陔》《白華》《華黍》;二是間歌之節中的笙奏之樂,樂章有《由庚》《崇丘》《由儀》。

3、合樂是歌與笙之樂合奏之節,是樂賓之節即將結束的標誌。合樂的詩歌是《二南》,《二南》即《國風·周南》之《關雎》《葛覃》《卷耳》,《國風·召南》之《鵲巢》《采蘩》《采蘋》。合鄉樂《二南》為歌、笙並奏《周南》:《關雎》《葛覃》《卷耳》,《召南》:《鵲巢》《采蘩》《采蘋》六章,歌一笙一成一終,合樂六詩成三終。

《二南》有三種用法,一為合樂,二為房中之樂,三為無算樂。演奏時都用鐘鼓。

合樂之樂章,鄉大夫樂《二南》表樂之「德」者,故在前加「鄉樂」二字表禮之盛。

「房中之樂」是王后、國君夫人房中之樂歌。后妃、夫人是天子、諸侯的配偶,她們選擇《關雎》等作為房中之樂的詩歌,正是為了「興助其君子」。

「無算樂」為周代燕饗禮儀之正禮、正歌之後配合賓主宴飲、爵行無數、唯醉乃止的「無算爵」而演奏的樂歌。無算爵為飲酒的禮儀,既然稱「無算」,時間長,演奏的曲子就多,時間短,演奏的曲子就少,但絕對不會少於正歌用曲。鄉射禮為射禮,略於樂,故其所奏之「無算樂」僅有合樂一節;而鄉飲酒禮、燕禮為宴饗之禮,重於樂,故所用「無算樂」之節長於鄉射禮;鄉飲酒禮為大夫禮、燕禮為諸侯禮,故燕禮所用「無算樂」之節有四節,亦長於鄉飲酒禮所用二節。「無算樂」的不同,體現了禮之用事不同、禮之尊卑不同所用禮儀的不同。

第四章 「三禮」樂節

　　禮用之樂，有兩種呈現方式，一爲樂縣，二爲樂節。樂縣是用於諸禮各樂器的排列組合形式。所謂樂節〔註1〕，即奏樂的程序。「三禮」所記用樂之禮，如祭祀、迎送賓客之饗禮、燕飲禮、射禮等，禮不相同，樂的使用程序亦有不同，即《周禮・春官・大司樂》所謂「分樂而序之，以祭，以享，以祀」〔註2〕。考之「三禮」用樂之文，出現的樂節有十種：金奏、升歌（登歌）、下管、樂舞、工歌、笙入、間歌、合樂、射樂、房中之樂等。本章擬從《儀禮》所記用樂諸禮入手，對各樂節使用場所及樂章等問題進行考述，再對比諸禮用樂的異同，試圖掌握各禮用樂之節次等差狀況，即樂制的情況。

第一節　樂節等差

　　從以上有關諸禮所用樂器及樂章的論述中可知：1、樂的使用是由用樂場所、樂之用事所定。2、樂器的陳設是依據樂節中歌、管、鼓、磬之位所定。3、不同禮選擇樂節的不同是顯示禮之節次等差的重要因素。通過對《儀禮》中鄉飲酒禮、鄉射禮、燕禮、納賓之禮、大射禮五禮用樂之節比較得知，雖然樂的構成基礎是歌、管（笙）、鼓、磬，但是用於禮時，樂的組成方式卻各

〔註1〕 王國維先生稱作樂程序爲「樂次」，經傳及先儒均將此稱爲「樂節」，大抵王國維先生是爲了與柷、敔、鼓等用於「節樂」，即奏樂的節奏相區別。但是各禮用樂的次序及類型都有區別，「樂節」不僅有次序的含義，還能代表如作樂的進程、使用樂器、使用場所等其他「樂」的情況。不同之禮可以選擇以同種次序奏樂，但同一次序之樂行於禮亦能有各式各樣的變化，故筆者在此沿用古說，稱奏樂的程序爲「樂節」。

〔註2〕 《周禮注疏》卷二二，第682頁。

不相同。以樂賓之節言之：大射禮用升歌、下管二節，而鄉飲酒禮、鄉射禮、燕禮諸禮均用工歌、笙入，間歌、合樂四節。其中鄉射禮有歌入、笙入之節卻不歌、不奏笙，僅有合樂。而納賓禮則合而兼之，升歌、下管、笙入、合樂、樂舞都有。以金奏之節言之，有金奏《肆夏》及奏《陔》之別。鄉飲酒禮、鄉射禮、燕禮都僅有奏《陔》，無金奏《肆夏》；《燕禮記》所記納賓之樂有金奏《肆夏》卻無奏《陔》；僅有大射禮是金奏《肆夏》及奏《陔》兼有。除此之外，各樂節所用樂章亦有不同。樂節等差如何體現呢？

　　禮用之器，除樂之外，亦有其他用於禮表禮之等差的禮器，以旗幟之用為例。旗幟用於禮樹於車上，代表王用車的五種等級，根據禮的使用來選擇這五等級車的出入。見《周禮・春官・巾車》：「巾車掌公車之政令，辨其用與其旗物而等敘之，以治其出入。王之五路：一曰玉路，錫，樊纓，十有再就，建大常，十有二斿，以祀；金路，鉤，樊纓九就，建大旂，以賓，同姓以封；象路，朱，樊纓七就，建大赤，以朝，異姓以封；革路，龍勒，條纓五就，建大白，以即戎，以封四衛；木路，前樊鵠纓，建大麾，以田，以封蕃國。」〔註3〕

　　《巾車》掌公車政令，辨明車的擺設是否合禮制。王之五旗，可以分別樹於五種車上，用於祭祀、會見賓客、視朝、軍事、田獵。也可以將大旂、大赤、大白、大麾分別賜予同姓諸侯、有親戚關係的異性諸侯、四方一般諸侯、番服諸侯。王之五旗禮之節差不同，但是所用材料都為纓，如玉路、金路、象路，都是由樊纓所就，玉路，樊纓十有再就；金路，樊纓九就；象路，樊纓七就。除樊纓以外，另有條纓、前樊鵠纓，革路用條纓，五就；木路用前樊鵠纓。根據等級的變化，所用材料的選擇亦有不同。另有一規則是總五路而言，即是「就」的次數，玉路、金路、象路都是樊纓所就，但其所就之數各不相同，玉路，十就；金路，九就；象路，七就。而革路、木路較前三路，不僅材料不同，且就數亦不相同，前者用條纓，五就，後者僅言前樊鵠纓，一就。

　　由此可見，構成五旗等差的原因有二：材料的選擇以及旗的製作次數。材料分作三等：樊纓、條纓及前樊鵠纓。製作次數有五等：材料相同之樊纓各分以十就、九就、七就而成玉路、金路、象路；不同材料的革路及木鼓所就之數與前三路亦有減少，為五就及一就。正如五旗的等差構成，《儀禮》各

〔註3〕《周禮注疏》卷二七，第837～842頁。

樂，雖然都是由歌、笙、間、合、金奏所構成，但諸侯之樂與大夫、士之樂所使用的樂節樂次互不相同。《儀禮》五禮樂節如下：

《大射禮》：金奏《肆夏》二次，升歌《鹿鳴》三終，下管《新宮》三終，射樂《狸首》，奏《陔》。

《燕禮記》（納賓禮）：金奏《肆夏》二次，升歌《鹿鳴》，下管《新宮》，笙入三成，合鄉樂，舞《勺》，房中之樂。

《燕禮》：工歌《鹿鳴》《四牡》《皇皇者華》（以下省作《鹿鳴》三）；笙奏《南陔》《白華》《華黍》（以下省作《南陔》三）；間歌《魚麗》、笙《由庚》，歌《南有嘉魚》、笙《崇丘》，歌《南山有臺》、笙《由儀》（以下省作間歌《魚麗》三、笙《由庚》三）；合樂《周南》：《關雎》《葛覃》《卷耳》，《召南》：《鵲巢》《采蘩》《采蘋》（以下省作合樂《二南》）；奏《陔》。

《鄉射禮》：歌工入、笙入，但不歌、不笙、不合，僅有合樂《二南》、射樂、《陔》。

《鄉飲酒禮》：工歌《鹿鳴》三，笙入《南陔》三，間歌《魚麗》三、笙《由庚》三，合樂《二南》，奏《陔》。

五禮作樂情況雖然各不相同，但仍有其相似之處。如下三禮所記歌、笙、間、合四節樂節相同，使用樂章數有不同；《大射禮》與《燕禮記》所記升歌、下管之節相同，但所用樂章不同。諸侯之樂與大夫、士之樂的等差是由用於樂的樂器和樂章所決定的，但樂節的節次等差又是如何決定的呢？各禮選擇樂節的不同又有何涵義呢？禮之等差與樂之等差又有何關係呢？《大司樂》云於宗廟之中奏之樂有九變，有《九德》之歌、《九磬》之舞，在「樂縣」一章中，筆者嘗試使用以《大司樂》樂律來論《儀禮》六禮樂之方位與樂器排放，發現用《大司樂》所言用於宗廟中之樂的朝向制度是合乎《儀禮》所記用於寢堂之禮用樂的朝向規律的。由此可見，《大司樂》中用於宗廟諸禮所奏之樂應也符合寢堂的禮之用樂的規範。以下就《周禮》所記《九夏》、《禮記》所記「禮用九事」及《儀禮》中五禮所用樂節，來探討《九夏》所代表的涵義以及與樂節的關係。

一、《九夏》名義辨明

《九夏》：《王夏》、《肆夏》、《昭夏》、《納夏》、《章夏》、《齊夏》、《族夏》、《祴夏》、《驁夏》。《大司樂》祭祀用樂之文如下：「凡樂事，大祭祀宿縣，遂以聲展之。王出入則令奏《王夏》，尸出入則令奏《肆夏》，牲出入則令奏《昭

夏》。帥國子而舞。大饗不入牲，其他皆如祭祀。大射，王出入，令奏《王夏》；及射，令奏《騶虞》。詔諸侯以弓矢舞。王大食，三宥，皆令奏鐘鼓。王師大獻，則令奏愷樂。」〔註4〕

其中所記爲王所用四禮大祭祀、大饗、大射、大食〔註5〕的用樂之事的狀況。除王祭祀之禮，諸侯行禮在寢堂不可使用外，其他三類禮饗、射、食均可見於《儀禮》。《大司樂》所記《王夏》《肆夏》《昭夏》僅以「出入」言奏，不說如何奏，也不知由何人奏，但以其大祭祀、饗禮之文有言舞及射禮之後有《騶虞》之章，知此應爲說樂之文。《王夏》《肆夏》《昭夏》，爲《九夏》中的前三夏，在此用於王之樂，卻不見於其他經傳，《九夏》於樂所言爲何呢？筆者在之前論《肆夏》之文有云，「肆」表樂縣之義，表明金奏之樂演奏的範圍在賓與主的出入範圍內，金奏《肆夏》是隨著行禮及步趨之節而奏之樂，非僅有爲賓奏或爲主奏之義。可見，「夏」非僅有「樂章，大者」的含義，也表「肆」的位置，指明奏樂的方位及範圍。若以此言《王夏》《肆夏》《昭夏》可云：在王出入範圍內所奏之樂爲《王夏》；在尸出入範圍內所奏之樂爲《肆夏》〔註6〕；在牲出入範圍內所奏之樂爲《昭夏》。爲何其他六夏不用於此呢？正如《儀禮》中所記之樂使用範圍各不相同，「君子無物不在禮」，當是由於其他「六夏」不用於王之宗廟中，故《大司樂》不記。此言王之用樂，可知其他「六夏」應奏於諸侯、大夫、士作樂的場所中。於禮用之事及場所的不同，樂節的使用及樂器的擺放各有不同，此爲樂之節差所在。同樣的道理，用於同一場合之禮，其儀式的進行、禮節的順序也應有所規範，不能隨意更改。不管是禮的形式，還是樂的形式，都需用之有節，這樣才能做到「古之君子，不必親相與言也，以禮樂相示而已」。於禮能見樂，於樂能見禮。

《大司樂》王之四種樂，除了有言《三夏》之外，還有射樂：《騶虞》；舞：帥國子而舞、詔侯以弓矢舞；大食「三宥」。以射樂用於諸侯、大夫、士有異，舞亦有文舞、武舞、羽籥舞等之別，王大食之樂非日常所用，僅在大食時才奏。筆者認爲，正是由於此三樂所用樂節的不確定性，故不於王用之

〔註4〕 《周禮注疏》卷二二，第695頁。
〔註5〕 《周禮·天官·膳夫》：「以樂侑食，膳夫授祭，品嘗食，王乃食。」（《周禮注疏》卷四，第97頁）可知，王大食，當有樂，「三宥」應是指樂有三節。
〔註6〕 尸出入奏之《肆夏》不同於金奏《肆夏》，前一《肆夏》大抵是以尸、肆音相通而言，後一《肆夏》「肆」應如《周禮·小胥》「縣鍾磬，全爲肆」之「肆」之義，表明金奏《肆夏》的樂器。

樂言所奏樂節「夏」，三樂應另有所用樂節表《九夏》中的另外「六夏」。大饗禮所用樂，見於《禮記・仲尼燕居》：「禮猶有九焉，大饗有四焉。兩君相見，揖讓而入門，入門而縣興，揖讓而陞堂，陞堂而樂闋，下管《象》、《武》，《夏》籥序興，陳其薦俎，序其禮樂，備其百官。」〔註7〕

《仲尼燕居》所言大饗用樂四節爲：金奏，下管《象》，《武》，《夏》籥序興。以用樂的形式不同可分作三類：金奏、下管、樂舞（《武》、《夏》篇序興爲樂舞）。《儀禮》所記大射禮雖爲諸侯樂，國君亦可用於射。王射、諸侯大射的樂章雖有所不同，但所用樂的順序應相同，故特舉諸侯大射禮所用樂節來論王射用樂，王射之樂節也應有金奏、升歌、下管、射樂四節。對比大饗禮與王射禮所用樂節，金奏均爲第一節，第二節大饗禮言下管而射禮言升歌，射禮第三節爲下管，最後一節射禮有射樂，饗禮爲樂舞。對比王大祭祀之樂事：王出入則令奏《王夏》，尸出入則令奏《肆夏》，牲出入則令奏《昭夏》，帥國子而舞。大祭祀有四節，禮後文於饗言「大饗不入牲，其他皆如祭祀」，即饗若與祭祀相較，有三節；於射言有《王夏》，射樂二節；於大食言樂三宥，一節。

《大司樂》所記王射與大祭祀、大饗的樂事，都有《王夏》一節，《王夏》當爲射禮與大饗都有的第一節金奏。王祭祀與大饗最後一節都爲樂舞，樂舞樂章不定，故《大司樂》不言樂舞所代之「夏」，但以奏樂順序而言，樂舞應定作第四節，即《九夏》第四夏——《納夏》。

《大司樂》不言王射用樂之節，大抵當是王射用樂與諸侯大射禮用樂相同。王射用樂卑於王祭祀用樂，故諸侯大射所用「升歌下管」之節所用樂章非是王祭祀「尸出入奏《肆夏》」之樂節樂章。另，又較射禮「升歌下管」及饗禮「下管」二節來看，「大饗不入牲」，饗禮較祭祀少《昭夏》一節，饗禮「下管」較射禮「升歌下管」正缺「升歌」一節。王祭祀之樂所用樂章與王射之樂所用樂章在此時無法辨明，能確定的是饗禮無「升歌」一節，此節當爲《昭夏》，而《肆夏》大抵當是「下管」之節或是升歌、下管合奏之節，樂章不明。

《大司樂》不記王射用樂之節，僅言射之樂事有《王夏》及射樂。王用射樂之樂章亦非爲可稱作「夏」的射樂之節，當是以王用射樂尊於代射樂之「夏」之樂章，故特舉《騶虞》言王射所用射樂之樂章。

〔註7〕《禮記正義》卷五○，第1619頁。

　　以上是用於王之禮中的「四夏」，《王夏》、《肆夏》、《昭夏》、《納夏》。以禮
言射樂非言奏之處而言樂章名可知，必有樂節於《九夏》其他「五夏」中所屬。
遍尋諸禮，均不可見「五夏」之名，是否另有他說，正如以「王出入」、「尸出
入」、「牲出入」之文而言「五夏」呢？《仲尼燕居》在「大饗之四」後，另有
文云：「行中規，還中矩；和、鸞、中《采齊》；客出以《雍》；徹以《振羽》，
是故君子無物而不在禮矣。入門而金作，示情也。升歌《清廟》，示德也。下而
管《象》，示事也。是故古之君子，不必親相與言也，以禮樂相示而已。」對於
此言之五事，行中規，還中矩，和、鸞、中《采齊》，客出以《雍》，徹以《振
羽》，鄭玄將其釋作大饗禮所用樂事，鄭玄注云：「知仁焉，知禮樂所存也。《采
齊》《雍》《振羽》，皆樂章也。《振羽》《振鷺》及《雍》，金作，示情也，賓、
主人各以情相示也。金性內明，象人情。示德也，相示以德也，《清廟》頌文
王之德。示事也，相示以事也，《武》《象》武王之大事也。」〔註8〕

　　鄭注將《仲尼燕居》此段文獻都作爲說明大饗之四樂之文，王大饗所言
大饗之節有三，《王夏》、《肆夏》、樂舞。《仲尼燕居》大饗有四，以其爲兩君
相見之禮，當另加一節爲詔諸侯所用樂舞，即「詔諸侯以弓矢舞」。四節分別
爲：金奏，下管《象》，《武》，《夏》篇序興。《儀禮‧燕禮記》所記「納賓之
樂」爲諸侯所用饗禮，雖然對其中各樂節的劃分不易辨明，但是從樂節總數
來統計，亦共有四節。此處說「大饗有四」之文，應止於「如此而後，君子
知仁焉。」鄭注不辨大饗之樂節，說「大饗之四」時將「升歌《清廟》，示德
也」此類言樂節之義之文，混雜入說大饗之樂節之文中，以升歌《清廟》作
爲大饗樂節之一，不辨大饗樂舞有二，而無升歌的情況。鄭注說大饗用樂四
節之後「五事」「行中規，還中矩，和、鸞、中《采齊》，客出以《雍》，徹以
《振羽》」，或避言其義（如行中規，還中矩，注中不提），或將《采齊》《雍》
《振羽》均作樂章，或又以《振羽》《振鷺》《雍》當作金作之樂。筆者以爲，
但凡見於禮，且確定爲金奏之樂章僅有《肆夏》《陔》，不能將這些樂章都稱
爲金作之章。孔穎達亦「五事」有疏云：「『行中規』至『徹以《振羽》』者，
是大饗四禮之外，加有此五事，總爲九也。但以前四事，義廣意深，故特明
於上。此之五事折旋揖讓，其理淺露，故別於下。『行中規』者，謂曲行，配
前爲第五。『還中矩』者，謂方行也，通爲六也。『和、鸞、中《采齊》』者，
《采齊》，樂章名，言和鸞之聲中《采齊》之曲，謂出門迎賓之時。通前爲七

也。『客出以《雝》』者，《雝》，《詩》樂章名也。言客出之時，歌《雝》以送之。通前爲八也。『徹以《振羽》』者，《振羽》即《振鷺》詩，亦樂章名也。言禮畢通徹器之時，歌《振鷺》也。通爲九也。」〔註9〕孔穎達指出了大饗之後有五事，且將這五事與樂對應，但其所應之樂節是據鄭玄所注爲樂章而言。通過對《儀禮》各禮行樂方位的論述，我們已知樂之進行極具規範，歌、笙、間、合、金奏及舞都各有純虛。大饗禮第一節已有金奏之節，孔疏樂次，在第七節又行出門迎賓之節，金奏《采齊》，而在迎賓之節後又繼以送客之節，歌《雝》，最後一節又作禮畢通徹器，歌《振羽》。孔氏之說樂，全無順序可言，讓人大感疑惑！後世學者又在此基礎上發展出諸多有關大饗四節或九節的說法〔註10〕，使得此段文獻之義更加難以辨明。

〔註9〕 《禮記正義》卷五〇，第 1621 頁。
〔註10〕 宋陳暘認爲大饗有四，其中樂有三：「大饗有四，兩國之君相見不必親相與言也，以禮樂相示而已。揖讓而入門，禮也；入門而縣興，樂也；揖讓而陞堂，禮也；陞堂而樂闋，樂也；下管《象》、《武》，《夏》籥序興，樂也；陳其薦俎，備其百官，禮也。」（《樂書》卷三三，《四庫全書》文淵閣本。）
唐孔穎達引盧植及王肅解，認爲大饗有九：「大饗有九者：揖讓而入門，一也。入門而縣興，二也。揖讓而陞堂，三也。陞堂而樂闋，四也。下管《象》、《武》，五也。《夏》籥序興，六也。陳其薦俎，七也。序其禮樂，八也。備其百官，九也。」王肅以爲大饗九者，其下五事與鄭同，又以揖讓而入門、入門而縣興、揖讓而陞堂爲一也；陞堂而樂闋，二也；下管《象》、《武》，《夏》籥序興，三也；陳其薦俎，序其禮樂，備其百官，爲四也。添下五事爲九也。（《禮記正義》卷五〇，第 1622 頁。）
清李光坡認爲大饗有九節：「入門一也，陞堂二也，陞堂樂闋三也，升歌下管四也，陳其薦俎三句五也，行中規二者六也，和鸞中采齊七也，客出以雝八也，徹以振羽九也。」（《禮記述注》卷二二，《四庫全書》文淵閣本。）
清江永認爲大饗有四：「大饗有四，大饗謂諸侯來朝也。四者謂金再作，升歌《清廟》，下管《象》也，事之謂立置於位也，聖人已者是聖人也。縣興金作也，金再作者，獻主君又作也。下謂堂下也，《象》舞，武舞也。《夏籥》，文舞也。序，更也，下吹管，舞文武之樂更起也，知仁焉，知禮樂所存也。《采齊》《雝》《振羽》皆樂章也。振羽、振鷺及雝，金作示情也，賓主人各以情相示也。金性內明象人情也，示德也，相示以德也。《清廟》頌文王之德，示事也，相示以事也，《武》、《象》，武文王之大事也。（《禮書綱目》卷七，《四庫全書》文淵閣本。）
清黃以周認爲大饗有九節，樂有四節：「以周案《記》文，先總敘九禮，下又曰：入門而金作示情，升歌《清廟》示德，下而管《象》示事以明大饗之四，四者，金一歌二管三舞四也。再作皆金，《武》、《夏》、《籥》皆舞，舞亦示事，此不言者，文省。自鄭分金爲二事而不數舞，不及盧注爲當。其餘五事，陳薦俎，序禮樂，備百官不攝一，中規矩二，中采齊三，雝四，振羽五。」（《禮書通故》卷二四，《續修四庫全書本》。）

先拋開有關大饗之樂的論述，《仲尼燕居》這段文獻所云到底爲何事？在兩君相見之禮前，另有一句「禮猶有九焉，大饗有四焉。苟知此矣，雖在畎畝之中，事之，聖人已」在九事後又有云「是故君子無物而不在禮矣」。我們已經知道大饗用樂有四節，其後五事亦當是說禮，《大司樂》言樂之《九夏》，僅有前三夏《王夏》《肆夏》《昭夏》之文，其他「六夏」，由於不用於王用樂之場所故無記載。雖然王用樂諸禮說樂舞之章各不相同，但樂舞亦屬於王用樂範圍之內，故以《納夏》作爲「樂舞」之節。《王夏》、《肆夏》、《昭夏》、《納夏》分別爲金奏、（升歌）下管、升歌、樂舞。大饗無《昭夏》而詔侯以弓矢舞，加一樂舞，正和《仲尼燕居》「大饗有四」。當以先秦明堂、宗廟、王寢之應同制，而言行於寢堂中諸樂節的位置必與宗廟中行之祭祀之禮節的位置相同，才能以用於宗廟祭祀時王、尸、牲出入來說樂，而其他「夏」不見，當以君子無物故不在禮，以此《五夏》代其他禮樂用之樂節。對比《仲尼燕居》所云五事，代入《九夏》其餘《五夏》，據五事所表禮之用事，來對照是否有合於禮事之行位置的樂節。《五夏》與五事對文如下：《章夏》——行中規；《齊夏》——還中矩；《族夏》——和、鸞、中《采齊》；《祴夏》——客出以《雍》；《驁夏》——徹以《振羽》。還未言之樂節有：工歌《鹿鳴》三；笙入《南陔》三；間歌《魚麗》三、笙《由庚》三；合樂《二南》；射樂；房中之樂。現據五事，考辨《五夏》所代樂節之序。

二、「五夏」所代樂節

1、《章夏》——行中規，《齊夏》——還中矩，《族夏》——和、鸞、中《采齊》

《禮記·玉藻》：「古之君子必佩玉，右徵、角，左宮、羽，趨以《采齊》，行以《肆夏》，周還中規，折還中矩，進則揖之，退則揚之，然後玉鏘鳴也。故君子在車則聞鸞、和之聲，行則鳴佩玉，是以非辟之心無自入也。」〔註11〕此云玉有徵、角、宮、羽四位，正如《大司樂》：「黃鐘爲宮，大呂爲角，大蔟爲徵，應鍾爲羽」。筆者在之前論各禮用樂程序時，已經指出宮、角、徵、羽分別代表歌、鼓、管、磬。此言「行中規，行中矩，和、鸞中《采齊》」應與歌、鼓、管、磬奏樂之節有關。「周還中規，折還中矩」，周、折，若言樂，當是指由不同樂器共同奏之樂，鄭玄注云：「周還，反行也，宜圓。折還，曲

行也，宜方。」鄭注以周還、折還言行，知前者宜圓，後者宜方。樂中「行」之樂但有歌、笙、管之樂，但同爲吹奏樂器的笙、管用於樂，與歌合奏的形式並不相同，笙與歌構成的樂節有歌入笙入、間歌、合樂三種，但管與歌構成的樂節僅有升歌下管一種。此言「周、折」，行之法有二，知應是由相同樂器所奏但組合方式不同的兩種樂節。管於歌的組合方式僅有一種，必不能並周、折而言，當是以歌、笙組合言「周、折」之義。歌、笙組合有歌入笙入、間歌、合樂三樂節，以何爲周？以何爲折？

　　周還中規、折還中矩。規、矩，亦見於《禮記・深衣》：「袂圓以應規，曲袷如矩以應方。規者，行舉手以爲容，負繩、抱方者，以直其政，方其義也。故《易》曰：『《坤》六二之動，直以方也。』」〔註12〕以深衣制度言規、矩。在之前論「陔」之節，筆者對「袷」已有論述，認爲「袷」是形成「曲領」的「合」衣動作，即曲袷指衣襟左右互相疊置的穿衣方式，「矩」當是「袷」後衣襟所成方領之狀或方領。「方」爲何？此引《易》之文言「方」，王弼注：「動而直方，任其質也。」孔穎達正義云：「是質以直方，動又直方，是質之與行，內外相副。」〔註13〕「方」有質，又有動，內外相副。以此言樂，何樂爲「相副」之樂呢？相副，即是相應和、相輔相成之意，「間歌」之節爲歌《魚麗》，笙《由庚》；歌《南有嘉魚》，笙《崇丘》；歌《南山有臺》，笙《由儀》。歌一笙一，互相應和，正和「方」之義，由此可知，此言「行中矩」之樂節當指間歌一節。

　　「行中規」之「規」與「還中矩」之「矩」，規爲圓，矩爲方。方言應和，「規者，行舉手以爲容」，若以方言應和之義，規當言應和之後，得以相容的狀況，即「規」爲融合之義。「行中規」，融合歌與笙，即是合樂之節，歌與笙同奏《周南》《召南》。

　　「行以《肆夏》」，《肆夏》爲金奏之樂，《肆夏》表奏樂用之器及場所，「行」謂從大寢之庭至路門，表明金奏的範圍。「趨以《采齊》」之釋應同於「行以《肆夏》」，當是以「趨」表奏樂的範圍爲從路門至應門之間。《采齊》，「齊」爲整齊、齊同之義，「采」爲動作，表示如何成「齊」的方法。「和、鶯、中《采齊》」，歌爲和，笙爲鶯，以其形象鳳翼而名。〔註14〕「中《采齊》」之「中」言和、鶯有前後之別，《采齊》指和、鶯得以形成齊同的過程。於樂節論，當

〔註12〕 《禮記正義》卷五八，第 1823 頁。
〔註13〕 《周易正義》卷一，第 33 頁。
〔註14〕 （宋）陳暘《樂書》：「笙爲樂器，其形鳳翼，齊聲鳳鳴，其長四尺。大者十九簧謂之巢，以眾管在匏，有鳳巢之象也。」（《四庫全書》文淵閣本）

是指歌入、笙入之節，歌者於笙入之前入，工歌《鹿鳴》、《四牡》、《皇皇者
華》之後，其間亦有它禮，歌或在堂上、或旅至西階席工之處（燕禮）；後笙
入堂下或室中，奏《南陔》《白華》《華黍》；待笙奏之節結束後，歌與笙再一
同間、一同合樂。此即是歌、笙齊同的過程。

　　《章夏》：行中規，爲合樂之節；《齊夏》：還中矩，爲間歌之節；《族夏》：
和、鸞、中《采齊》，爲歌入、笙入之節。

2、《祴夏》──客出以《雝》，《驁夏》──徹以《振羽》

　　《雝》，作詩篇，見於《詩·周頌·臣工之什》：「天子祭於宗廟，歌之以
徹祭。」「相維辟公，天子穆穆」〔註15〕，爲《雝》詩之文。相，助也；維，
辭也；辟公，謂諸侯及二王之後；穆穆，天子之容貌。歌《雝》，以有諸侯及
二王之後來助祭故也。

　　「諸侯及二王之後助祭之詩」亦見於《周頌·臣工之什》，爲《振鷺》。
毛傳：「《振鷺》，二王之後來助祭。」孔穎達正義：「《振鷺》詩者，二王之後
來助祭之樂歌也。」其詩文云：「振鷺於飛，於彼西雝。我客戾止，亦有斯容。」
此亦言雝，雝爲何？毛傳：「雝，澤也。」鄭玄箋：「白鳥集於西雝之澤，言
所集得其處也。」〔註16〕雝，指白鳥的積聚之處，雝即是澤。「西」明其位在
西。《雝》是歌詩，用於祭祀，爲諸侯及二王之後來助祭所歌。二王之後來助
祭亦有詩《振鷺》，其中所載「雝」爲「西雝」，即「澤」。

　　以上是用於祭祀中之《雝》的情況，「雝」、「澤」用於禮的情況又是怎樣
的呢？《儀禮·射義》有云：「天子將祭，必先習射於澤。澤者，所以擇士
也，射中者得與於祭，不中者不得與於祭。」鄭玄注：「澤，宮名也。」孔穎
達疏：「澤是宮名，於是宮射而擇士，故謂此宮爲澤，澤所在無文，蓋於寬間
之處，近水澤而爲之也。」孫希旦云：「澤，澤宮也。辟廱謂之澤，以其雝水
於邱也。澤宮近辟廱爲之，故亦爲之澤。」〔註17〕祭祀之前，習射於澤。而
澤在祭祀中，正是上文所云「雝」。雝爲射不僅云射，由於在近水之處，故爲
白鳥的積聚之處，爲射之位。將澤作爲射之場所，除了便於射之外，亦以「擇」
與「澤」同音，射之用以擇士，故將射之位定於澤。

　　「客出以《雝》」，以「客出」言，可知此樂奏在寢堂之外。「澤」爲射之

〔註15〕《毛詩正義》卷一九，第1557頁。
〔註16〕《毛詩正義》卷一九，第1554～1555頁。
〔註17〕（清）孫希旦《禮記集解》卷六〇，第1447頁。

處，射時奏樂以爲節，所奏之樂爲射樂。澤在何處？孔疏「澤」爲宮名，但
無言其所在的具體位置，僅言射位當於寬間之處，近水澤而爲之。孫希旦又
云澤爲澤宮，即辟雝。所謂辟雝，漢代以後的學者們普遍認爲是古代禮制建
築的一種。但古代禮制建築有許多種，其功能、形制，多有不同。對於「辟
雝」，學者們也是人言言殊，今人學者張一兵《明堂制度研究》對「辟雝」功
能、形制兩方面特徵進行歸納後得出「辟雝」有二語義：一是爲獨立的與明
堂並列的建築物；二是爲明堂的構成部分之一，即明堂外圍一周。〔註18〕射
在外，表射位的「辟雝」當爲張氏所言辟雝的第二語義，即明堂外圍一周。
關於射所設的具體方位，《儀禮・大射》有云：「設洗於阼階東南，罍水在東，
篚在洗西，南陳。設膳篚在其北，西面。又設洗於獲者之尊西北，水在洗北，
篚在南，東陳。」射之位在阼階之外，離堂遠的罍水之西。由此可見，射位
在「辟雝」，即明堂外圍的阼階之外的罍水之西。「客出以雍」言射之事，所
代樂節爲射樂之節。

　　王射有射樂之節，但直接言射之樂章《騶虞》，說明射樂《騶虞》不屬於
王宗廟祭祀之禮的範疇。《騶虞》所屬「夏」爲何呢？《禮記・射義》：「古者
諸侯之射也，必先行燕禮。卿、大夫、士之射也，必先行鄉飲酒之禮。故燕
禮者，所以明君臣之義也。鄉飲酒之禮者，所以明長幼之序也。其節，天子
以《騶虞》爲節，諸侯以《狸首》爲節，卿大夫以《采蘋》爲節，士以《采
繁》爲節。《騶虞》者，樂官備也。《狸首》者，樂會時也。《采蘋》者，樂循
法也。《采繁》者，樂不失職也。是故天子以備官爲節，諸侯以時會天子爲節，
卿大夫以循法爲節，士以不失職爲節。」〔註19〕可見，射有諸侯之射、大夫、
士之射，無天子之射，故不於王樂言射樂之節。射樂之節所用樂章亦有等差
之別，天子以《騶虞》爲節，諸侯以《狸首》爲節，卿大夫以《采蘋》爲節，
士以《采繁》爲節。《祴夏》表射在辟雝的射樂之節。射在辟雝，在明堂外，
不屬於王祭祀用之場所。筆者在之前論金奏之樂中提到，祴樂爲用於宗廟祭
祀中之樂。此言《祴夏》，表在射位奏之射樂，雖然射樂不爲祭祀場所中所奏
之樂，但天子將祭，必擇士以取其是否可祭〔註20〕，天子以射擇士，士以射

〔註18〕 張一兵《明堂制度研究》，中華書局，2005 年版，第 69 頁。
〔註19〕 《禮記正義》卷六二，第 1913～1914 頁。
〔註20〕 《禮記・射義》：「天子以射選諸侯、卿、大夫、士。」「已射於澤，而後射於
　　　　射宮，射中者得與於祭，不中者不得與於祭。」（《禮記正義》卷六二，第 1916、
　　　　1927 頁。）

爲是否得與於祭的前提條件，故爲射所奏之射樂，也當屬於宗廟祭祀之樂，射樂亦屬於「九夏」中的一節。《祴夏》爲射樂之節，其事「客出以《雍》」表奏樂之事爲射，位在雍。

《驁夏》之「驁」，筆者在之前論金奏之節時，對《大射》所云「公入驁」中「驁」進行了考述，指出「驁」非「金奏《驁夏》」，應指方位。對比《燕禮記》「房中之樂」與《大射》「公入驁」，二文同在禮之末，「驁」大抵爲房中之樂所奏之處。另，筆者於辨樂之方位之節，推測《燕禮記》所記納賓之樂若有縣鍾磬，當設於庭之西南隅。《大射禮》作樂結束後，其作樂之人大師、小師、下士並無離開用禮之場所，而是於「東坫之東南，西面北上，坐」，與《燕禮記》所言縣鍾磬之位正和。若大射禮之後尚有樂奏，其用之器當是《燕禮記》所言設於庭之西南之鍾磬之縣，奏鍾磬之人當是大師、小師、下士諸人。《驁夏》對應之事爲「徹以《振羽》」，羽爲磬，「振羽」正是言擊鍾磬之事。由此可知，「房中之樂」，其用之樂縣爲鍾磬，掌樂之人爲大師、小師、下士，奏樂於「驁」。

「驁」指縣鍾磬之位，鍾磬設在庭之西南隅，「驁」即室中西南隅。室中西南隅另有一名，「奧」，奧爲祭祀及尊者常處之位，祭後亦徹而設饌。爲何於祭祀徹後縣鍾磬在「奧」之位，用於樂時將「奧」更以「驁」作爲縣鍾磬之位的名稱呢？《燕》《射》之時室中有樂縣無祭用之器，是否正是爲區別祭與樂，特將祭祀言祭器所設之西南隅「奧」換作同音之「驁」，表設於西南隅之樂縣之位呢？「驁」作爲方位之名，又當從何而來呢？

大夫、士與賓客燕飲，投壺以樂賓，此禮用於庭中，爲燕射。《禮記·投壺》：「請賓，曰：『順投爲入，比投不釋，勝飲不勝者。正爵既行，請爲勝者立馬，一馬從二馬。三馬既立，請慶多馬。』請主人亦如之。命弦者曰：『請奏《貍首》，間若一。』大師曰：『諾。』……正爵既行，請立馬，馬各直其筭。一馬從二馬，以慶。慶禮曰：『三馬既備，請慶多馬。』賓主皆曰：『諾。』正爵既行，請徹馬。筭多少視其坐。」〔註21〕投壺之禮亦有樂，大師爲其長，與大射樂之長者同。孔穎達疏：「『立馬』取算以爲馬，表於勝數也。行正爵畢，而爲勝者立馬者，則反取筭以爲馬，表於勝數也。必謂『筭』爲『馬』者，馬是威武之用，爲將帥所乘。今投壺及射，亦是習武，而勝者同表堪爲將帥，故云『馬』也。」馬即爲筭，表勝數。在投壺禮正爵行時表勝數。「正

〔註21〕《禮記正義》卷五八，第 1830～1831、1834 頁。

爵既行，請徹馬」鄭玄注：「投壺禮畢，可以去其勝算也，既徹馬，無筭爵乃
行。」徹馬爲何呢？下文有魯鼓、薛鼓擊之節。「薛鼓：取半以下爲投壺禮，
盡用之爲射禮」，可知用半鼓節爲投壺，用全鼓節爲射禮。又投壺在室在堂，
是燕樂之事，故知投壺禮於射爲燕射，非大射及鄉射也。燕射與納賓禮都行
於路寢，此有擊鼓之節，若用於樂，鼓與鍾磬相應，納賓禮中所奏「房中之
樂」當是由燕禮之樂縣所奏，即是縣於庭之西南的鍾磬。「徹以《振羽》」應
對《投壺禮》而言，此非大射、亦非鄉射，而是燕射。其筭用馬，正爵畢，
徹馬以縣鍾磬，奏射樂，故特將路寢用於樂的鍾磬之縣所設置之位，即庭中
西南隅，取「馬」之形及「奧」之音、義，前者表「徹以縣」爲燕射之徹，
徹之筭爲馬；後者表方位，室中西南隅，合而成「驚」，表路寢中縣鍾磬之位。
《驚夏》爲於此位所奏之樂節，即房中之樂。

綜上所述，《九夏》所代表的樂節大抵如下：《王夏》，金奏；《肆夏》，（升
歌）下管；《昭夏》，升歌；《納夏》，樂舞；《章夏》，合樂；《齊夏》，間歌；《族
夏》，歌入、笙入；《祴夏》，射樂；《驚夏》，房中之樂。

由於王用諸樂、樂節、樂章等情況尚不明確，此處所列出《九夏》樂節
多是以諸侯、大夫、士用樂情況所作的推斷，不夠全面，僅能說明樂節的大
致情況。以下將《儀禮》所記五種用樂之禮樂節使用情況代入九節，考察樂
之九節的具體內容及各禮用樂的節次等差狀況。

三、諸侯、大夫、士之禮所用樂節節次等差

1、《儀禮》「五禮」與「五夏」樂節次序辨明

除大射禮以外，其他四禮所包含的樂節總數相同，均爲四節，大射禮爲
三節。

表 7：《儀禮》「五禮」樂節使用情況表

樂 節		大射禮	燕 禮	納賓禮	鄉射禮	鄉飲酒禮
金奏	《肆夏》	2		2		
	《陔》	1	1		1	1
升歌 下管		《鹿鳴》三終 《新宮》三終		《鹿鳴》 《新宮》		
樂舞				(《勺》)		

合樂		合《二南》	笙入三成 合《二南》	合《二南》	合《二南》
間歌		間歌三章			間歌三章
歌入 笙入		《鹿鳴》三 《南陔》三		歌、笙不奏	《鹿鳴》三 《南陔》三
射樂	《狸首》			《騶虞》	
房中之樂			有房中之樂		
成樂總數	3	3＋《陔》	3	2＋《陔》	3＋《陔》
樂節總數	3	4	4	4	4

注：成樂總數是各樂節成樂之數相加而得，樂節成樂需有三終，若有歌、有管，則歌、管之章均需有三終才能稱成樂；歌、笙之節，間歌之節，歌之樂章與笙奏樂章均要有三節才稱為成樂；合《二南》，樂章共六節為成樂。射樂、房中之樂各以成樂，金奏樂章以《肆夏》有二加《陔》共三章為成樂，若僅有《肆夏》二或僅有《陔》都不能稱為成樂。納賓之樂樂章總數的計算，因各樂節都沒有完全成樂，故合併樂節計算成樂總數，金奏有二章加升歌下管一章成樂一，將笙入三成與合樂及樂舞並計成樂一。樂節總數的計算是依樂器進入的情況來定的，如《鄉射》歌入、笙入之節但不歌不奏笙，但以其有歌入和笙入的過程而計有此節。

　　《王夏》、《肆夏》、《昭夏》分別為王出入、尸出入、牲出入時所奏之樂，對應樂節分別是金奏之樂、（升歌）下管之樂、升歌，樂節等差是由作樂的程序及場所決定的，王尊於尸、尸又尊於牲，故金奏尊於升歌下管、升歌下管尊於升歌。樂節不用於所對應禮的程序，即金奏不奏於王出入之時，升歌下管之樂不奏於尸出入之時，升歌之樂不奏於牲出入之時。樂節之等差非樂之等差，而是指樂節所對應禮的場所及禮之進行的等差。禮、樂相互制約，禮越重，樂越輕。以《儀禮》五禮為例言禮與樂節關係：

　　《九夏》後「五夏」《章夏》《齊夏》《族夏》《祴夏》《驁夏》，為以諸侯、大夫、士用禮說明的樂節，其樂節之等位為：合樂尊於間歌，間歌尊於歌入、笙入，歌入、笙入尊於射樂，射樂尊於房中之樂。

　　《儀禮》五種用樂之禮樂節總數大抵均為四節，成樂總數卻各不相同。於禮而言，大射重於納賓禮，納賓禮重於燕禮，為諸侯之樂，燕禮用大夫制。鄉射禮重於鄉飲酒禮，為大夫、士之樂，用士制。將《儀禮》「五禮」按照由重至輕的順序與「五夏」相對應，「五禮」大射禮、納賓禮、燕禮、鄉射禮、鄉飲酒禮所對應樂節分別為合樂、間歌、歌入笙入、射樂、房中之樂。

（1）大射禮——合樂

《大射》樂節有三，成樂總數爲三，與其他四禮相較，樂節差一。其金奏、射樂之樂節無差，差之節爲樂（歌與奏）之節，即僅有「升歌、下管」之樂節，但無「合樂」之節。與大射禮相對應的樂節正是「合樂」，正是大射禮所缺之樂節。《大射禮》作樂，歌在堂上歌，管者在堂邊吹奏管，不入堂。「合樂」若奏在堂，當在堂下，正是大射樂於堂不奏樂之處。樂節不同於與其所對應之禮用之樂於此可見。

（2）納賓禮——間歌

納賓之樂，成樂總數爲三，少於《燕禮》，知其禮重於燕禮。納賓樂節多缺，金奏之樂有迎賓之《肆夏》，知其樂始於賓入庭。禮後無賓出奏《陔》之節，當以納賓之樂有房中樂，無送賓之節，故無送賓之樂。有納賓樂無送賓樂，可知行禮以樂的場所在庭，不出階，席工之處亦不在階，鼓在庭內，歌在堂上，管應在鼓南，即近庭門之處。「升歌下管」之樂章僅有一節，樂不成；於「歌入笙入」之節又僅有「笙入三成」，無歌之節。以升歌下管之樂不成，無法合樂舞，又僅有笙入，無工歌之節，亦無法合鄉樂。

納賓禮對應之樂節爲「間歌」之節，歌在堂上、笙在堂下，合樂舞。此處升歌爲《鹿鳴》，與工歌樂章同，若有笙奏之節，當能和鄉樂，但其中又有「下管」之節，據《大射禮》「下管《新宮》」亦與「升歌《鹿鳴》」相對應，若有「工歌《鹿鳴》三」之節才能與「笙入三成」相合以間歌。此處雖有笙入可作爲舞器，但「升歌《鹿鳴》」在堂上，「下管《新宮》」在堂下，「笙」用作舞器，無處可舞，只得亦將笙作爲吹奏之器，入於堂下，合鄉樂，有樂舞，則爲《勺》。用於舞也用於樂的「笙」非爲「間歌」之節所用僅作爲吹奏之器的笙。

納賓禮有笙入，有合樂、樂舞，樂用重於大射用樂，故大射禮重於納賓禮；燕禮歌、笙、間、合俱有而納賓禮僅有笙入，升歌、下管之節，故燕禮用樂重於納賓禮用樂，納賓禮重於燕禮。另樂舞之節重於合樂，饗禮有舞二節，但納賓禮樂舞僅有《勺》，後加合樂《二南》，其禮亦輕於饗禮。納賓禮爲諸侯之禮，其禮重於燕禮但輕於大射禮，其樂重於大射、輕於燕禮，所代樂節爲「間歌」之節。

（3）燕禮——歌入笙入

《燕禮》樂節有四，其與諸侯禮大射禮、納賓禮用樂相較，差在金奏之節，僅有《陔》，無《肆夏》之節，闕迎賓之樂，知其禮行於室。《燕禮》對

應之樂節為「歌入笙入」之節，但《燕禮》所用「歌入笙入」之節非為正。《鄉射禮》、《鄉飲酒禮》所用「歌入笙入」之節均是歌工入堂上歌、笙入堂下奏，歌笙上下相應，「乃間歌」，「乃合樂」。但《燕禮》由於鼓設在西階東，樂行於室（路寢），歌、笙不能同立於室中奏樂，當歌者在堂時，笙不得入堂，要待工歌畢，旅於席工處，旅卒，笙才得入縣中。「歌入笙入」之節所奏的方位是笙在室樂縣中奏，歌者在堂上東面北而歌，歌在下、笙在上，位不合於歌入堂上、笙入堂下的原則。《燕禮》雖有「歌入笙入」之節，但由於歌入、笙入之位不合禮之規範，亦不能說《燕禮》有此節。正如《大射禮》無「合樂」一節故以「各樂」為對應之樂節，燕禮缺「歌入笙入」之節，所對應樂節即是「歌入笙入」之節。

（4）鄉射禮──射樂、鄉飲酒禮──房中之樂

《鄉射禮》對應樂節為「射樂」之節，其射樂樂章為《騶虞》，《大射禮》射樂樂章為《狸首》。「天子以《騶虞》為節，諸侯以《狸首》為節」，《鄉射禮》用天子之節，《大射禮》用諸侯之節，天子用樂重於諸侯樂，故鄉射禮輕於大射禮。《鄉射禮》縣磬於阼階，西面，鼓設於西階東。笙入於縣中，西面。《大射禮》射位同王射，為「雍」，在阼階之外，所奏射樂樂章為《狸首》，而《鄉射禮》樂縣皆在階及堂下，非奏射樂之正位，大射射樂樂章為《狸首》，鄉射禮奏天子之射樂樂章《騶虞》。大射禮奏射樂之位為正，鄉射禮射樂所用樂章為正，鄉射禮為擇士之禮，故用《騶虞》，所對應樂節為「射樂」。

《鄉飲酒禮》樂之歌、笙、間、合均有，《鄉射禮》僅有合樂，故鄉飲酒禮輕於鄉射禮。以二禮於金奏之節都僅有《陔》無《肆夏》，知奏《肆夏》之「肆」不全，僅有磬無鍾。又，《鄉飲酒禮》對應樂節為「房中之樂」，房中之樂由庭西南隅之鍾磬所作，《鄉飲酒禮》奏樂不入堂，在堂廉上。又《大射禮》之後，公入「驚」，正是房中之樂奏之場所，需從阼階升自堂之西南，所以設鼓於阼階之西，用以迎公。《鄉飲酒禮》對應樂節為「房中之樂」，「房中之樂」與「合樂」樂章相同，都為《二南》，但鄉飲酒禮奏樂在堂廉上，非奏於寢堂的「房中之樂」樂奏之位，故鄉飲酒禮對應樂節為「房中之樂」一節。

2、樂節與禮的關係

各禮所對應之樂節非為用於禮之樂節。這僅是對整個樂節而言，那樂節中樂與樂章的關係又是如何呢？樂節用樂的規範又是如何呢？

（1）樂節用於所對應之禮

以《燕禮》、《鄉射禮》爲例，二禮所對應樂節與用於禮中之樂節相同。《燕禮》所對樂節爲歌入笙入之節，其樂所用樂節有歌入、笙入之節，且樂章名相同，不同的是作樂程序有所變化；王射、大射、鄉射均有射樂一節，以《鄉射禮》對應「射樂」之節，當是鄉射禮用射樂《騶虞》，樂章名與王用射樂《騶虞》同，不同的是奏射樂的位置，故非射樂之正，王之射樂奏於雍澤，《鄉射禮》射樂奏於阼階之洗。而從此二例可知，相對應的禮與樂節，若樂章相同，禮所用樂不同於相應之樂節在於作樂程序或作樂場所的改變。樂節用之禮尊於樂節所對之禮（如王射尊於鄉射），且二禮屬一類禮。

（2）樂節不用於所對用之禮

其他三禮與《燕禮》《鄉射禮》不同，所對應的樂節並不用於禮中，其樂之等差又表現爲何呢？《大射禮》所用樂節爲升歌《鹿鳴》三終，下管《新宮》三終，其對應之節爲合樂《二南》，咋看之下似乎沒有關係，《大射禮》所用升歌之樂章爲《鹿鳴》三終，與用於合樂之工歌在入堂所歌之樂章《鹿鳴》《四牡》《皇皇者華》相同。納賓之禮所對應之樂節爲間歌之節，其禮用之樂中有升歌《鹿鳴》，又有笙入三成，另有合《二南》，此亦是樂節不同，但有樂章相同。再看《鄉飲酒禮》，對應之樂爲房中之樂，鄭玄注房中之樂爲合樂《二南》，若是，亦是與《鄉飲酒禮》所用樂之合樂樂章相同。從以上三例我們可以看出，在樂節與禮用樂節構造不同時，有一半樂章相同。如《大射禮》之升歌《鹿鳴》同合樂工歌之樂章，納賓禮之升歌、笙入、合樂均有同於間歌之樂章，《鄉飲酒禮》亦有一半樂章同於其所對應之房中之樂。《大射禮》、納賓禮、《鄉飲酒禮》對應之樂節是禮用樂節的補充，是使禮之樂得以成樂的補充。

王宗廟祭祀之四禮與《九夏》上四夏相對，《王夏》「金奏」，對應之禮爲王大祭祀之禮，樂節用於王之大饗、大射，但不用於大祭祀之樂。《肆夏》「（升歌）下管」，樂節同於《大射》，與此樂節相對應禮爲王之大射；《昭夏》「升歌」，用於祭祀樂中，對應之禮爲大饗，大饗中無「升歌」一節。以《大射》升歌之樂章同於其所對樂節歌之樂章可知，此升歌之樂章必不同於《大射》之樂章。《納夏》「樂舞」，作於祭祀樂及大饗中，對應之禮爲王之大食。

王之用樂，雖然經傳中並無明文說明其用之節、其用之章，但是通過以上對樂節《九夏》與其對應之禮關係的討論，可得知禮與樂節使用的規範：

1、樂節與所應之禮用樂節同，樂章名相同，且樂節對應之禮與樂節所用之禮爲一類禮；2、若樂節與所應之禮用樂節不同，樂節作用的位置與禮用樂節同或是有相同樂節組合，所用樂章有部分相同。相對應的樂節與禮用樂節樂章不同之禮重於樂章相同之禮，禮爲同類禮。

第二節　王用樂樂節樂章

　　第一節中論《九夏》所代樂節是以《仲尼燕居》「禮猶有九事，大饗有四」爲始，由於文獻中對於各禮樂節的劃分，樂節、樂器的使用各有其說，故對於樂節等差的討論，我們也只能以「大抵」而言。以上通過對諸侯、大夫、士樂節的使用與「五夏」對比後，我們對禮用樂節的規範有了更深的認識，故就王用樂中樂節及樂章問題，對樂之九節的順序與樂章作進一步的劃分和判斷。

一、王祭祀、王射、大饗禮所用樂節樂章

　　王用之禮，以禮之輕重，由重至輕分別爲：王祭祀之禮、王射之禮、王大饗禮、王大食禮。所對應樂節分別爲：《王夏》、《肆夏》、《昭夏》、《納夏》。
　　見於文獻中有關祭祀、大饗用樂之文如下：
　　　　《禮記・祭統》：「夫大嘗禘，升歌《清廟》，下而管《象》，朱干玉戚以舞《大武》，八佾以舞《大夏》，此天子之樂也。」〔註22〕
　　　　《禮記・仲尼燕居》：「兩君相見，揖讓而入門，入門而縣興，揖讓而陞堂，陞堂而樂闋，下管《象》、《武》，《夏》籥序興，陳其薦俎，序其禮樂，備其百官。入門而金作，示情也。升歌《清廟》，示德也。下而管《象》，示事也。」
王祭祀之禮，所對應樂節爲《王夏》——「金奏」之節，見於《祭統》所言祭祀之樂，有升歌《清廟》、下而管《象》，朱干玉戚舞《大武》、八佾以舞《大夏》四節。四節中無「金奏」之節，合禮對應樂節不用於禮的規範。金奏樂章有《肆夏》與《陔》。
　　《仲尼燕居》所記大饗有四：一、金奏；二、下管《象》；三、《武》；四、《夏》籥序興。第三、第四節均爲樂舞。樂節數與祭祀之樂相同，爲四節。

〔註22〕《禮記正義》卷四九，第 1595 頁。

其後有云，「升歌《清廟》示情也」，可知若有升歌，樂章應爲《清廟》。《大司樂》有云大饗無「牲出入」《昭夏》之節，即無「升歌」之節，大饗禮所對應樂節爲《昭夏》——「升歌《清廟》」之節。

王祭祀用樂有「升歌《清廟》、下管《象》」之節，爲諸侯大射禮所用樂節。相對應之樂節與禮之樂節，樂節樂章不同之禮重於樂章相同之禮。由此可見，「肆夏」所代表的「（升歌）下管」樂章不同於大射禮所用「升歌《鹿鳴》、下管《新宮》」之樂章，由於「升歌《清廟》」爲《昭夏》升歌的樂章，「肆夏」也不同於王祭祀用樂「升歌《清廟》、下管《象》」之樂章。同爲射禮有三等：王射、大射、鄉射。鄉射禮有「合樂」之節，是大射禮對應之樂節；鄉射禮對應的樂節爲「射樂《騶虞》」，樂章名同於王射之射樂樂章，大射射樂樂章爲《狸首》，與王射樂章名不同，但射的場所同王射。以射樂而言，大射載王射射樂之用，鄉射載王射射樂之名。射禮用樂，鄉射禮僅有「合樂」一節，大射禮爲「升歌《鹿鳴》三終，下管《新宮》三終」。若依射樂，大射載王射之用，鄉射載王射之名，則王射所用樂，當爲「升歌、下管」之節，所用樂章爲「合樂」的樂章，王射用樂對應樂節爲《肆夏》。鄉射所用合樂，表樂節的形式；大射所用樂有歌、管，表樂節的樂器構成。

王祭祀用樂之節有《肆夏》《昭夏》，以「升歌《清廟》」爲《昭夏》，那麼「下而管《象》」應爲《肆夏》。《象》作爲樂，另有《象舞》，爲樂舞，符合鄉射所云爲合樂的形式。由此可見，作爲《肆夏》樂節「下而管《象》」，《象》非管樂，而是爲樂舞。《維清》爲奏《象舞》之樂，即合《大射》所云《肆夏》樂節的構成，爲合樂。《肆夏》樂節「下而管《象》」，有多種組合形式。大射用樂爲「升歌《鹿鳴》三終，下管《新宮》三終」，有升歌、有下管，「管」爲樂器不爲舞器。王射對應樂節爲「下管《象》」，所用「下管」之樂章應同於大射「下管」的樂章，爲管奏之樂，爲「下管《新宮》」。《肆夏》樂節爲「下而管《象》」，爲樂舞。正如金奏之樂分金奏《肆夏》、《陔》代表迎賓樂與送賓樂，「下管《象》」亦分作「下管《象》」與「下管《新宮》」，分別代表合樂《象》和管樂《新宮》，合樂成一樂，管樂不成一樂。「下管」之節於祭祀、大饗爲「下管《象》」，《象》爲樂舞，於射爲「下管《新宮》，爲管奏之樂。

王射用樂，「升歌」樂章爲何呢？《大射》所用升歌的樂章是合樂之工歌《鹿鳴》之章，表合樂的形式，《鹿鳴》爲《小雅》，合樂《二南》（屬《小雅》）。王射對應之樂節爲「下管《象》」，其「升歌」之樂章亦當表樂舞《頌》的形

式。樂舞《象》爲《頌》，其升歌亦當用《頌》，《清廟》爲《頌》，王射用樂的升歌樂章當是《清廟》，管用管奏之樂《新宮》。

王射用樂之節有四：金奏三章（《肆夏》《肆夏》《陔》）；升歌《清廟》；下管《新宮》；射樂《騶虞》。《大射》若以《肆夏》爲「升歌、下管」之節，其樂節總數僅有三，不合樂節數爲四的規範。若以《肆夏》爲「下管《象》」，《大射》有「下管《新宮》三終」，此爲一節，另將「升歌《鹿鳴》三終」作爲《族夏》「歌入、笙入」之節，此二樂節成樂數一，再加上射樂一成、金奏一成，成樂總數有三，樂節總數有四，合樂之規範。

綜上所述，王祭祀用樂有四節，分別爲升歌《清廟》、下而管《象》，朱干玉戚舞《大武》、八佾以舞《大夏》，對應樂節爲《王夏》，「金奏《肆夏》與《陔》」。王大射用樂有四節，分別爲金奏三章（《肆夏》、《肆夏》、《陔》），升歌《清廟》，下管《新宮》，射樂《騶虞》，對應樂節爲《肆夏》，「下管《象》」。王大饗用樂有四節，分別爲金奏三章（《肆夏》、《肆夏》、《陔》），下管《象》，《武》，《夏》籥序興，對應樂節爲《昭夏》，「升歌《清廟》」。

二、天子享元侯及兩君相見之禮及王大食禮所用樂節樂章

王祭祀所用樂舞有二，《大夏》和《大武》，《大司樂》有「帥國子而舞」與「詔諸侯以弓矢舞」二舞。大饗無升歌《清廟》一節，其他均同祭祀之樂，其樂舞亦有《武》《夏》二節，同王祭祀之樂舞。由此可見《仲尼燕居》大饗有四，金奏爲一；下管《象》爲二；舞《武》、舞《夏》爲三；除此之外，「籥序興」當爲四，「籥」亦是舞器，舞詔諸侯之舞，表《仲尼燕居》之大饗爲國君享諸侯之禮，但此無籥舞之樂章。王之大食，樂有三宥，知樂有三，對應之樂節爲《納夏》「樂舞」。從上述論述可知，王祭祀時用之樂舞有《大夏》、《大武》，應爲大食樂之二節，「下而管《象》」和「籥序興」均有樂舞之義，前者用於樂舞需有樂相合，又用於表射禮中的管樂；後者爲表詔諸侯之弓矢舞，但無舞之樂章。是否能以《象》爲樂舞之樂章，「籥」代管爲舞器，而合成一樂舞呢？《納夏》所代「樂舞」樂章爲何呢？

筆者在第三章第一節對金奏之樂節的討論中，提及《國語》與《左傳》所記載有關天子享元侯之樂及兩君相見之樂中金奏《肆夏》的使用。對於二條文獻樂節樂章的使用，學者的意見多不相同。據以上對禮與樂節規範的認識，筆者嘗試將兩種禮的樂節之用與大饗、大食之樂綜合分析，考述其樂節及樂章的使用情況：

《國語・魯語》:「金奏《肆夏》、《繁遏》、《渠》,天子所以享元侯也。《文王》、《大明》、《緜》,則兩君相見之樂也。」

《左傳・襄公四年》:「穆叔如晉,晉侯享之,金奏《肆夏》之三,不拜;工歌《文王》之三,又不拜;歌《鹿鳴》之三,三拜。」

1、兩君相見之樂

兩君相見之樂有《文王》《大明》《緜》。兩君相見之禮所用樂同於王大食禮所用樂,樂有三,《文王》《大明》《緜》分別爲樂之一。王之大食所對之樂節爲樂舞,即《大武》《大夏》及《象》。《文王》《大明》《緜》爲《大雅》之詩篇,而《大武》《大夏》《象》爲《周頌》之樂章。就禮所對應樂節樂章應尊於禮用樂之樂章來說,樂舞之樂章當尊於其所對應禮用樂之樂章。樂舞爲《頌》,其對應之禮用樂爲《大雅》,合於此規範。若《文王》《大明》《緜》爲《大武》《大夏》《象》對應之樂,其《詩》之章亦當合於樂舞歌與奏之節。

《大司樂》:「乃奏蕤賓,歌函鍾,舞《大夏》,以祭山川。乃奏無射,歌夾鍾,舞《大武》,以享先祖。」《大夏》《大武》均爲樂舞,以「奏、歌」而言,其用樂歌當包括吹奏樂器奏之樂與歌。《大夏》蕤賓爲律、函鍾(林鍾)爲呂,於律呂而言,都在第四位,一陽一陰且位置相對。《大武》無射爲律之最後一律,夾鍾爲呂之第二,互成陰陽但位置不相對。《象》舞不列於《大司樂》「六舞」,「蓋大合諸樂,乃爲此舞,或祈告所用」〔註23〕。

《文王》《大明》《緜》見於《詩》,均屬文王之《大雅》。《文王》,文王受命作周也。共七章,章八句。《大明》,文王有明德,故天覆命武王也。共八章,四章章六句,四章章八句。《緜》,文王之興,本由大王也。共九章,章六句。〔註24〕

《大夏》歌與奏陰陽相合,且二者位於律呂之位正中,當爲合樂。《文王》共七章,章八句,應爲《大夏》之樂。《大武》,歌呂之位在奏律之位前,且呂律位間隔爲四。《大明》,其樂章共八章,分作二,四章章六句,四章章八句。前爲歌、後爲樂,樂用四章,章八句,與《文王》合樂七章,章八句,樂章用之句相同,即爲《大武》之樂。《大武》有歌有樂,歌在樂前,而《大夏》歌與樂合。《象》較《大夏》、《大武》而言,其樂大,且後另有「篇」作

〔註23〕《毛詩正義》卷十九,「《維清》,奏《象舞》也」孔穎達正義,第1512頁。
〔註24〕見《毛詩正義》卷十六,第1114～1147頁。

為舞器進入樂中，其樂興，故以《縣》為其樂，共九章，章六句。歌、管、籥各三章。奏樂之樂章，其句有八，如《文王》七章及《大武》後四章，章八句；而歌、管、籥為歌或器奏之樂章，章句短，如《大武》前四章用於歌之樂章，章六句，《象》歌、管、籥共九章，章都為六句。

由此可見，兩君相見之樂：《文王》《大明》《縣》分別為王祭祀用樂舞《大夏》《大武》《象》對應之樂。舞《大夏》，僅有樂奏，其樂為《文王》；舞《大武》，有歌有樂奏，歌在樂前，樂為《大明》；舞《象》，有歌、有管、有籥，歌《清廟》、管《新宮》、籥為舞器。兩君相見之禮用樂同於王大食用樂，大食之樂節有歌、管、籥、舞四節，其樂名有三，分別為《文王》《大明》《縣》。

2、天子享元侯之樂

天子享元侯之禮即為饗禮，有四節。參見《仲尼燕居》，第一節為金奏；即「金奏《肆夏》」為一。第二節為「下而管《象》」，《國語》「肆夏」之下為繁、遏、渠，僅有三字，應各表一節。《象》為大舞，繁，多也，當以《繁》同《象》，為二。第三節為舞《武》、《夏》，此節不用《大武》、《大夏》，當是此禮較祭祀禮為小，用之樂舞亦應小於祭祀樂之樂舞。遏，止也，正表此節制之義，當以《遏》作舞《武》、《夏》之節，為三。第四節，「籥序興」，由於《象》舞不僅有歌和樂舞，亦有管奏之樂，故此節籥作為舞器入，以成《象》舞。渠，大也。言以后稷配天，王道之大也。「籥序興」，正是大合歌、管、籥之樂，以成此樂舞《象》。《渠》正是此意，當為四。

天子享元侯之樂為饗禮，非以《肆夏》後之樂章為《肆夏》之三或是歌之樂，而是金奏《肆夏》與《繁》《遏》《渠》一起作為大饗樂之四節，《繁》為「下管《象》」，《遏》為「舞《武》、《夏》」，《渠》為「籥序興」。

綜上所述，王大食禮與兩君相見之禮用樂相同，樂節為四節，樂名有三。兩君相見之樂：《文王》《大明》《縣》分別為王祭祀用樂舞《大夏》《大武》《象》對應之樂。舞《大夏》，僅有樂奏，其樂為《文王》；舞《大武》，有歌有樂奏，歌在樂前，樂為《大明》；舞《象》，有歌、有管、有籥，歌《清廟》、管《新宮》、籥為舞器。王大食之樂，有歌、管、籥、舞四節，其樂名有三，分別為《文王》《大明》《縣》，對應樂節為《昭夏》，樂舞《大夏》《大武》《象》。天子享元侯之樂為饗禮，樂有四節，分別為金奏《肆夏》《繁》《遏》《渠》。

小 結

本章旨在論述禮用樂節的等差問題，主要通過對《九夏》所代表樂節的意義說明王、諸侯、大夫、士用樂樂節的差異。

（一）樂節等差考。

1、通過對《大司樂》所記王所用四禮的用樂的考述，筆者提出，《九夏》之「夏」非爲「樂章，大者」的含義，而是表「肆」的位置，指明方位及範圍。若以此言王用樂樂節《王夏》《肆夏》《昭夏》可云：在王出入範圍內所奏之樂爲《王夏》，在尸出入範圍內所奏之樂爲《肆夏》，在牲出入範圍內所奏之樂爲《昭夏》。

除此「三夏」之外，另有「六夏」，不用於王之宗廟中，奏於諸侯、大夫、士作樂場所中。於禮用之事及場所的不同，樂節的使用及樂器的擺放各有不同，此爲樂之節差所在。同樣的道理，用於同一場合之禮，其儀式的進行、禮節的順序也應有所規範，不能隨意更改。不管是禮的形式，還是樂的形式，都需用之有節，於禮能見樂，於樂能見禮。

通過對《禮記·仲尼燕居》中禮之「九事」的考述，筆者認爲《九夏》前四夏對應「大饗有四」之節，後五夏分別與「五事」相對。《九夏》所代表的樂節大抵如下：《王夏》，金奏；《肆夏》，（升歌）下管；《昭夏》，升歌；《納夏》，樂舞；《章夏》，合樂；《齊夏》，間歌；《族夏》，歌入、笙入；《祴夏》，射樂；《驁夏》，房中之樂。

2、《儀禮》五種用樂之禮樂節總數大抵均爲四，成樂總數卻各不相同。於禮而言，大射禮重於納賓禮，納賓禮重於燕禮，爲諸侯之樂，燕禮用大夫制。鄉射禮重於鄉飲酒禮，爲大夫、士之樂，用士制。「五禮」相對應樂節分別爲合樂、間歌、歌入笙入、射樂、房中之樂之節。

通過對《儀禮》用樂「五禮」與其對應樂節關係的討論，筆者提出禮與樂節使用的規範有二：1、樂節與所應之禮用樂節同，樂章名相同，且樂節對應之禮與樂節所用之禮爲一類禮；2、若樂節與所應之禮用樂節不同，樂節作用的位置與禮用樂節同或是有相同樂節組合，所用樂章有部分相同。相對應的樂節與禮用樂節樂章不同之禮重於樂章相同之禮，禮爲同類禮。

（二）王用樂樂節樂章考。

1、王祭祀、王射、大饗禮所用樂節樂章考。據《祭統》所記，王祭祀用樂有四節，分別爲升歌《清廟》、下而管《象》，朱干玉戚舞《大武》、八佾以

舞《大夏》，對應樂節爲《王夏》，「金奏《肆夏》與《陔》」。王大射用樂有四節，分別爲金奏三章（《肆夏》《肆夏》《陔》），升歌《清廟》，下管《新宮》，射樂《騶虞》，對應樂節爲《肆夏》，「下管《象》」。《仲尼燕居》所記王大饗用樂有四節，分別爲金奏三章（《肆夏》《肆夏》《陔》），下管《象》，《武》《夏》，籥序興，對應樂節爲《昭夏》，「升歌《清廟》」。

2、天子享元侯與兩君相見之禮王大食所用樂節樂章及考。《國語》《左傳》有關於天子享元侯與兩君相見之禮用樂的記載。筆者認爲，王大食禮與兩君相見之禮用樂相同，樂節爲四節，樂名有三。兩君相見之樂：《文王》《大明》《縣》分別爲王祭祀用樂舞《大夏》《大武》《象》對應之樂。舞《大夏》，僅有樂奏，其樂爲《文王》；舞《大武》，有歌有樂奏，歌在樂前，樂爲《大明》；舞《象》，有歌、有管、有籥，歌《清廟》、管《新宮》、籥爲舞器。王大食之樂，有歌、管、籥、舞四節，其樂名有三，分別爲《文王》《大明》《縣》，對應樂節爲《昭夏》，樂舞《大夏》《大武》《象》。天子享元侯之樂爲饗禮，樂有四節，分別爲金奏《肆夏》、《繁》、《遏》、《渠》。

結　論

　　周代禮樂制度不是對各種禮之用及禮器之用無章法的堆砌而成，而是有著嚴密而清晰的規範制度。以樂制來說，樂的使用場所及行樂的程序規定了樂器的擺放和選擇、樂工作樂的次序及作樂時的朝向，亦能顯示樂節的節次等差。樂之等差與樂的進行息息相關，要結合樂與音而說禮樂，僅以禮來論樂，或僅以音來論樂都是不全面的。

一、九禮與九夏的關係

　　《九夏》所表樂節與九禮相互對應，亦相互制約。（九禮與《九夏》對應關係圖見圖 8）

1、樂節與禮之等差均是由尊至卑排列

　　《王夏》——金奏《肆夏》、《陔》——王祭祀

　　《肆夏》——下管《象》、下管《新宮》——王射

　　注：此二節樂節以樂節的使用分作兩種，金奏《肆夏》用於迎賓，其樂章有二，《陔》用於送賓，樂章為一，《肆夏》二章、《陔》一章合而成樂數一；下管《象》，《象》為樂舞，成樂一，下管《新宮》是管奏之樂，需與歌之節合以成樂數一。

　　《昭夏》——升歌《清廟》——王大饗

　　《納夏》——樂舞《大夏》、《大武》、《象》——王大食

　　此節包括「帥國子而舞」，「詔諸侯以弓矢舞」，即文舞及武舞。朱干玉戚為舞《大武》，為武舞；八佾舞《大夏》，為文舞；籥入舞《象》舞，即有文

舞又有武舞。

《章夏》——合樂《二南》——大射禮（鄉射禮此節為正）

《齊夏》——間歌——納賓禮（鄉飲酒禮間歌一節為正）

《族夏》——工歌《鹿鳴》三；笙入《南陔》三——燕禮（鄉飲酒禮此樂節為正）

注：此處工歌《鹿鳴》三章與笙入《南陔》三章亦可分開與其他樂節合併成樂。

《祴夏》——射樂《騶虞》——鄉射禮（王射之射樂為正）

《驁夏》——房中之樂——鄉飲酒禮（納賓之樂用之）

2、各禮用樂均有四節，成樂三成

王祭祀之樂：一、升歌《清廟》；二、下管《象》；三、舞《大夏》；四、舞《大武》。

王大射之樂：一、金奏三章；二、升歌《清廟》；三、下管《新宮》；四、射樂《騶虞》。

王大饗之樂：一、金奏《肆夏》二章；二、下管《象》；三、舞《夏》、《武》；四、「籥」序興。四節亦可用「金奏《肆夏》、《繁》、《遏》、《渠》」表示。（天子享諸侯）

王大食之樂：一、《文王》；二、《大明》；三、《縣》，分別是樂舞《大夏》、《大武》、《象》對應之樂。文獻中並無有關此樂節次的用樂場所的說明，《文王》三章是用於此禮的樂章，若與其同類樂《燕禮》相比較，還應有送賓樂《陔》一節。

大射禮之樂：一、金奏三章；二、升歌《鹿鳴》三終；三、下管《新宮》三終；四、射樂《狸首》。

納賓之樂：一、金奏《肆夏》二章；二、升歌《鹿鳴》；三、下管《新宮》；四、笙入三成，合《二南》，舞《勺》。

燕禮之樂：一、工歌《鹿鳴》三、笙入《南陔》三；二、間歌；三、合《二南》；四、奏《陔》。

鄉射禮之樂：一、歌入、笙入，不奏樂；二、合《二南》；三、射樂《騶虞》；四、奏《陔》。

鄉飲酒禮之樂：一、工歌《鹿鳴》三、笙入《南陔》三；二、間歌；三、合《二南》；四、奏《陔》。

表 8：九禮、九夏對應情況表

	鶩夏	祴夏	族夏	齊夏	章夏	納夏	昭夏	肆夏	王夏
王祭祀			■			■	■	■	
王射		■					■	■	■
王大饗				■		■		■	■
王大食			■	■	■			■	
大射			■					■	■
納賓	■			■				■	■
燕禮			■	■	■				■
鄉射		■	■		■				■
鄉飲酒			■	■	■				■

二、樂與玉瑞規範對比

　　作爲同用於禮中的禮器，樂的使用規範與玉瑞是否相同呢？

　　《周禮・春官・典瑞》：「典瑞掌玉瑞、玉器之藏，辨其名物與其用事，設其服飾。王晉大圭，執鎮圭，繅藉五采五就，以朝日。公執桓圭，侯執信圭，伯執躬圭，繅皆三采三就，子執穀璧，男執蒲璧，繅皆二采再就，以朝覲宗遇會同於王。諸侯相見亦如之。璪圭璋璧琮，繅皆二采一就，以覜聘。」〔註1〕

　　玉瑞有六個等級，王鎮圭，五采五就；公桓圭、侯執信圭、伯執躬圭爲一等級，三采三就；子執穀璧，男執蒲璧，二采再就。言五等諸侯朝見於王及自會見所執之玉瑞。與樂用於禮的等級相同。《九夏》前四夏均言王之樂，由於《王夏》與《肆夏》均有兩種樂節形式，《大射》用金奏三章但僅可下管《新宮》，而其他各禮金奏之章不全則用「下管《象》」，故實有五種樂節的組合形式。《大射》《燕禮記》《燕禮》，爲諸侯之樂，爲不同的三種樂節組合方式。《鄉射》《鄉飲酒》，爲大夫、士之樂，樂節的使用組合僅有二種。

　　「四圭有邸以祀天、旅上帝。兩圭有邸，以祀地、旅四望。祼圭有瓚以肆先王，以祼賓客。」

　　《大司樂》大祭祀所記的三種祭祀樂，其一爲祀天神；其二爲祭地示；

〔註1〕《周禮注疏》卷二○，第 626 頁。

其三爲享人鬼。

「圭璧以祀日月星辰。璋邸射以祀山川，以造贈賓客。土圭以致四時日月，封國則以土地。珍圭以徵守，以恤凶荒。牙璋以起軍旅，以治兵守。璧羨以起度。榖圭以和難，以聘女。琬圭以治德，以結好。琰圭以易行，以除慝。」

玉器有九種圭璧、璋邸、土圭、珍圭、牙璋、璧羨、榖圭、琬圭、琰圭，用於禮。樂亦有九節用於禮中之樂。

「駔圭璋璧琮琥璜之渠眉，疏璧琮以斂尸。」

上圭，下璧，南璋，東琮、西琥、北璜。下璧東琮以下東，表示玉器位陰，同於喪禮。上圭、南璋、西琥、北璜，用於樂，表示爲歌、鼓、管、磬，樂中位東上。可見樂之位與用於喪禮玉瑞之位相對應，玉瑞爲陰，樂爲陽。

玉瑞與樂器在禮中的使用方式於同一規範下，故《禮記・玉藻》亦有云「古之君子必佩玉，右徵、角，左宮、羽」，玉之位可用樂名表示。樂以九樂節的節次等差，玉瑞以九種玉器的組合方式，用於禮，即是樂與玉瑞都有九類用於樂的方式。玉瑞有六個等級，與樂節之用於禮的方式相同。王之樂，五采五就，即五種樂節的排列形式。諸侯之樂，《大射》、《燕禮記》、《燕禮》，三采三就，有三種不同的樂節，亦有三種樂的組合方式。大夫、士之禮《鄉飲酒禮》、《鄉射禮》，二采二就，即僅有二種用樂的形式，亦僅有兩類可供選擇的樂節。

三、樂縣陳設的規範

樂縣是樂器陳設的位置。筆者以《大司樂》「黃鐘爲宮，大呂爲角，大蔟爲徵，應鐘爲羽」來論歌、鼓、管、磬在樂中的位置及朝向。發現樂器的擺設均遵循「東上」的原則。《儀禮》記樂的五禮，《大射禮》作樂範圍在堂至兩階，其中包括堂上、堂邊、階間、東西階上、兩階外、兩階內（庭）。《燕禮記》所記納賓禮作樂範圍在庭。《燕禮》作樂於室及兩階。《鄉射禮》作樂於堂及兩階，此爲鄉大夫之禮。《鄉飲酒禮》作樂於堂廉及兩階。各禮樂縣陳設情況如下：

（1）《大射禮》：《大射禮》樂縣三面，東面爲阼階東，有笙磬、笙鐘、鎛；西面爲西階西，有頌磬、頌鐘、鎛、建鼓、朔鼙；北爲階間，即阼階西西階東，有阼階西一建鼓、應鼙，西階東一建鼓。除此之外，另有簜位於階

間建鼓之間，鼗倚於頌磬。東、西、北三面，東面有鍾、磬、鎛，無鼓；西
面鍾、磬、鎛、鼓俱有；北面僅有鼓，無鍾、磬、鎛。

（2）《燕禮記》（納賓禮）：縣於堂內，鼓在庭東南，北面。鍾磬，應設
於庭之西南，面南，東上。東縣與西縣。

（3）《燕禮》：鼓之位在西階東，縣鍾磬之位在室之西南，面南，東上。
南縣與北縣。

（4）《鄉射禮》：縣磬在東階，西面。鼓在西階東，南面。東縣與西縣。

（5）《鄉飲酒禮》：縣磬於兩階間，北面鼓。鼓在阼階之西，南鼓。北縣
一面。

《周禮・春官・大宗伯》：「以肆獻裸享先王，以饋食享先王，以祠春享
先王，以禴夏享先王，以嘗秋享先王，以烝冬享先王。」鄭玄注：「宗廟之祭，
有此六享。肆獻裸、饋食，在四時之上，則是祫也，禘也。」〔註2〕錢玄認爲
鄭玄將「肆獻裸、饋食」當作祫、禘爲誤。「肆獻裸、饋食」當爲天子諸侯四
時祭之禮。〔註3〕祫同牷，表示天子、諸侯四時祭的方式。

薦新及四時祭爲用於宗廟的祭祀。《禮記・王制》：「天子諸侯宗廟之祭，
春曰礿，夏曰禘，秋曰嘗，冬曰烝。天子牷礿，祫禘、祫嘗、祫烝。諸侯礿
則不禘，禘則不嘗，嘗則不烝，烝則不礿。諸侯礿牷，禘一牷一祫，嘗祫，
烝祫。」〔註4〕爲四時祭的方式。天子，春礿採用特祭的方式，夏禘、秋
嘗、冬烝採用合祭的方式。諸侯用只有三時祭，少一時祭，春礿採用特祭的
方式；夏禘則一年特祭，一年合祭，輪流；秋嘗、冬烝用合祭方式。牷爲特，
祫爲合。

將此方法與樂縣的擺設相對應，以春礿爲東縣，夏禘爲西縣，秋嘗爲南
縣，冬烝爲北縣。

1、「天子牷礿，祫禘、祫嘗、祫烝」

天子四面，諸侯三面，去南一面。天子、諸侯都以春礿爲特，即東面常
有，天子四時祭均有，如王有宮縣；諸侯用三時祭，如諸侯軒縣，即如《大
射禮》之樂縣，去北面，存東、西、南三面；再去南面，東、西縣，如《燕
禮記》之樂縣。

〔註2〕《周禮注疏》卷一八，第 540 頁。
〔註3〕錢玄《三禮通考》，第 630 頁。
〔註4〕《禮記正義》卷一二，第 451 頁。

2、「諸侯礿則不禘，禘則不嘗，嘗則不烝，烝則不礿。」

鄭玄云：「諸侯歲朝，廢一時祭。」以方位云此規律，則是有東無西、有西無南、有南無北、有北無東。爲大夫、士樂縣的方位。「有東無西」，《鄉射禮》樂縣在阼階上與西階東，即東縣與階間北面，無西階之縣。「有西無南」，《大射禮》西縣所縣樂器最全，但無南面縣。另納賓禮樂縣，鼓在庭之東南，北面，縣鍾磬在庭之西南，東上。鼓本在東縣，此處移於庭東南，縣鍾磬於庭中西南，闕南面。「有南無北」，《燕禮》縣鍾磬於室之西南隅面南，東上，爲南縣，而位於西階之東的鼓，本於堂下而言爲北縣，現縣鍾磬於室，就同作爲南縣了。「有北無東」《鄉飲酒禮》之鼓在阼階東，本屬東縣，但由於縣磬於兩階間，與鼓一面，同作北縣一面，無東面。

3、「諸侯礿犆，禘一犆一祫，嘗祫，烝祫。」

將此四時祭名，當作樂器，以礿爲磬，以禘爲鍾，以嘗爲管（笙），以烝爲瑟。「礿犆」即是指磬一直位於縣中。「禘一犆一祫」，鍾有兩種形式，一爲特縣之鍾，即鏄；一爲編鍾，且編鍾在縣則要和編磬成一肆，不可縣編鍾一堵。「嘗祫，烝祫」指笙與瑟不是常縣於樂縣中，在作樂時才有，瑟隨歌者入堂上，北面；而管要陳設於縣，則倚於堂邊，即南面縣；笙入堂下，亦面南而吹。鼓在樂中的作用若薦新，有樂無樂都在，故鼓人之職不列於春官，而是列於地官下。《周禮·地官·鼓人》：「掌教六鼓、四金之聲音，以節聲樂，以和軍旅，以正田役。以雷鼓鼓神祀。以靈鼓鼓社祭。以路鼓鼓鬼享。以鼖鼓鼓軍事。以鼛鼓鼓役事。以晉鼓鼓金奏。凡軍旅，夜鼓鼜。救日月，則詔王鼓。大喪，則詔大僕鼓。」〔註5〕

以四時祭春礿採用特祭的方式；夏禘則一年特祭，一年合祭，輪流；秋嘗、冬烝用合祭方式。礿重於禘、禘重於嘗、烝。禮越重，樂越輕。故於樂言，歌、管最重，鍾次之，磬又次之，鼓最輕。

此爲樂縣擺設和選擇樂器的規範。

參考文獻

1. 《周易正義》，《十三經注疏》整理本，北京大學出版社，2000 年版。
2. 《尚書正義》，《十三經注疏》整理本，北京大學出版社，2000 年版。
3. 《毛詩正義》，《十三經注疏》整理本，北京大學出版社，2000 年版。
4. 《周禮注疏》，《十三經注疏》整理本，北京大學出版社，2000 年版。
5. 《儀禮注疏》，《十三經注疏》整理本，北京大學出版社，2000 年版。
6. 《禮記正義》，《十三經注疏》整理本，北京大學出版社，2000 年版。
7. 《春秋左傳正義》，《十三經注疏》整理本，北京大學出版社，2000 年版。
8. 《論語注疏》，《十三經注疏》整理本，北京大學出版社，2000 年版。
9. 《爾雅注疏》，《十三經注疏》整理本，北京大學出版社，2000 年版。
10. （宋）王昭禹《周禮詳解》，《四庫全書》文淵閣本。
11. （宋）易祓《周官總義》，《四庫全書》文淵閣本。
12. （宋）王與之《周禮訂義》，《四庫全書》文淵閣本。
13. （宋）黃度，（清）陳金鑒輯《宋黃宣獻公周禮說》，《續修四庫全書》本。
14. （明）王應電《周禮圖說》，《四庫全書》文淵閣本。
15. （明）王志長《周禮注疏刪翼》，《四庫全書》文淵閣本。
16. （明）郝敬《周禮完解》，《續修四庫全書》本。
17. （清）李光坡《周禮述注》，《四庫全書》文淵閣本。
18. （清）李鍾倫《周禮纂訓》，《四庫全書》文淵閣本。
19. （清）姜兆錫《周禮輯義》，《續修四庫全書》本。
20. （清）方苞《周官析疑》，《續修四庫全書》本。

21. （清）惠士奇《禮説》,《四庫全書》文淵閣本。

22. （清）江永《周禮疑義舉要》,《四庫全書》文淵閣本。

23. （清）乾隆十三年敕撰《欽定周官義疏》,《四庫全書》文淵閣本。

24. （清）龔元玠《畏齋周禮客難》,《續修四庫全書》本。

25. （清）孫詒讓《周禮正義》,中華書局,1987 年王文錦,陳玉霞點校排印本。

26. （清）戴震《考工記圖》,商務印書館,1955 年版。

27. （宋）朱熹、黃幹、楊復《儀禮經傳通解》,《四庫全書》文淵閣本。

28. （宋）楊復《儀禮圖》,《四庫全書》文淵閣本。

29. （宋）魏了翁《儀禮要義》,《四庫全書》文淵閣本。

30. （元）敖繼公《儀禮集説》,中華再造善本。

31. （明）郝敬《儀禮節解》,《續修四庫全書》本。

32. （清）萬斯大《儀禮商》,《四庫全書》文淵閣本。

33. （清）姜兆錫注疏參議《儀禮經傳》,《續修四庫全書》本。

34. （清）方苞《儀禮析疑》,《四庫全書》文淵閣本。

35. （清）乾隆十三年敕撰《欽定儀禮義疏》,《四庫全書》文淵閣本。

36. （清）盛世佐《儀禮集編》,《四庫全書》文淵閣本。

37. （清）蔡德晉《禮經本義》,《四庫全書》文淵閣本。

38. （清）姚際恒《儀禮通論》,《續修四庫全書》本。

39. （清）王士讓《儀禮糾解》,《續修四庫全書》本。

40. （清）褚寅亮《儀禮管見》,《續修四庫全書》本。

41. （清）盧文弨《儀禮注疏詳校》,《續修四庫全書》本。

42. （清）焦以恕《儀禮彙説》,《續修四庫全書》本。

43. （清）孔廣林《儀禮臆測》,《續修四庫全書》本。

44. （清）胡匡衷《儀禮釋官》,《續修四庫全書》本。

45. （清）黃淦《儀禮精義》,《續修四庫全書》本。

46. （清）胡培翬《儀禮正義》,《四庫全書》文淵閣本。

47. （清）朱駿聲《儀禮經注一隅》,《續修四庫全書》本。

48. （清）夏炘《學禮管釋》,《續修四庫全書》本。

49. （宣統）吳之英《壽櫟廬儀禮奭固禮器圖》,《續修四庫全書》本。

50. （光緒）曹元弼《禮經學》,《續修四庫全書》本。

51. （光緒）曹元弼《禮經曉釋》,《續修四庫全書》本。

52. （宋）衛湜《禮記集説》,《四庫全書》文淵閣本。

53. （元）吳澄《禮記纂言》，《四庫全書》文淵閣本。

54. （元）陳澔《陳氏禮記集說》，《四庫全書》文淵閣本。

55. （明）胡廣等奉敕撰《禮記大全》，《四庫全書》文淵閣本。

56. （明）郝敬《禮記通解》，《續修四庫全書》本。

57. （清）王夫之《禮記章句》，《續修四庫全書》本。

58. （清）萬斯大《禮記偶箋》，《續修四庫全書》本。

59. （清）李光坡《禮記述注》，《四庫全書》文淵閣本。

60. （清）康熙年間敕編，乾隆年間敕校《日講禮記解義》，《四庫全書》文淵閣本。

61. （清）姜兆錫《禮記章義》，《續修四庫全書》本。

62. （清）汪紱《禮記章句》，《續修四庫全書》本。

63. （清）乾隆十三年敕撰《欽定禮記義疏》，《四庫全書》文淵閣本。

64. （清）陸隴其《讀禮志疑》，《四庫全書》文淵閣本。

65. （清）吳廷華《禮記疑義》，《續修四庫全書》本。

66. （清）杭世駿《續禮記集說》，《續修四庫全書》本。

67. （清）陳壽祺撰，陳喬樅述《禮記鄭讀考》，《續修四庫全書》本。

68. （清）郭嵩燾《禮記質疑》，《續修四庫全書》本。

69. （清）孫希旦《禮記集解》，中華書局，1989 年沈嘯寰、王星賢點校排印本。

70. （宋）聶崇義纂輯《新定三禮圖》，清華大學出版社，2006 年丁鼎點校本。

71. （宋）陳祥道《禮書》，《四庫全書》文淵閣本。

72. （清）江永《禮書綱目》，《四庫全書》文淵閣本。

73. （清）秦蕙田《五禮通考》，《四庫全書》文淵閣本。

74. （清）淩廷堪《禮經釋例》，《續修四庫全書》本。

75. （清）金榜《禮箋》，《續修四庫全書》本。

76. （清）林喬蔭《三禮陳樹求義》，《續修四庫全書》本。

77. （清）金鶚《求古錄禮說》，（清）王士駿《校勘記》，《續修四庫全書》本。

78. （清）黃以周《禮書通故》，《續修四庫全書》本。

79. （宋）陳暘《樂書》，《四庫全書》文淵閣本。

80. （宋）阮逸、胡瑗等奉敕撰《皇祐新樂圖記》，《四庫全書》文淵閣本。

81. （明）韓邦奇《苑洛志樂》，《四庫全書》文淵閣本。

82. （明）朱載堉《律呂精義》，人民音樂出版社，2006 年馮文慈點注排印本。

83. （清）允祿、張照等奉敕纂《御製律呂正義後編》，《四庫全書》文淵閣本。

84. （清）李光地《古樂經傳》，《四庫全書》文淵閣本。

85. （清）應撝謙《古樂書》，《四庫全書》文淵閣本。

86. （清）胡彥昇《樂律表微》，《四庫全書》文淵閣本。

87. 《國語》，上海古籍出版社，1978 年點校排印本。

88. （漢）司馬遷撰，（宋）裴駰集解，（唐）司馬貞索隱，（唐）張守義正義《史記》，中華書局，1982 年校點排印本。

89. （漢）史游撰，（唐）顏師古注《急就篇》，安徽教育出版社《中華漢語工具書書庫》（1）2002 年（據天壤閣叢書本）影印本。

90. （漢）班固撰，（唐）顏師古注《漢書》，中華書局，1982 年校點排印本。

91. （漢）劉熙《釋名》，安徽教育出版社《中華漢語工具書書庫》（51）2002 年（據上海涵芬樓《古今逸史》叢書本）影印本。

92. （漢）應劭《風俗通義》，中華書局，1981 年王利器校注排印本。

93. （魏）張輯《廣雅》，安徽教育出版社《中華漢語工具書書庫》（45）2002 年（據小學彙函本）影印本。

94. （梁）顧野王《玉篇》，安徽教育出版社《中華漢語工具書書庫》（1）2002 年（據小學彙函本）影印本。

95. （唐）杜佑《通典》，浙江古籍出版社，1998 年（據萬有文庫十通本）影印本。

96. （唐）陸德明《經典釋文》，安徽教育出版社《中華漢語工具書書庫》（52）2002 年（據通志堂經解本）影印本。

97. （唐）釋玄應《玄應音義》，安徽教育出版社《中華漢語工具書書庫》（52）2002 年（據磧沙藏刊本）影印本。

98. （唐）釋慧琳《慧琳音義》，安徽教育出版社《中華漢語工具書書庫》（53）2002 年（據頻伽精舍校刊本）影印本。

99. （宋）李昉等編《太平御覽》，中華書局，1960 年（據上海涵芬樓影印宋本）重印本。

100. （宋）陳彭年、邱雍等《廣韻》，安徽教育出版社《中華漢語工具書書庫》（59）2002 年（據小學彙函本）影印本。

101. （宋）司馬光編著，（元）胡三省音注《資治通鑑》，中華書局，1956 年校點排印本。

102. （南宋）范曄撰（唐）李賢等注《後漢書》，中華書局，1965 年校點排印本。

103. （南宋）祝穆、元富大用等編《事文類聚》，乾隆間積秀堂重刊本。

104. （南宋）王應麟《玉海》，江蘇古籍出版社，1988 年（據清光緒九年浙江書局刊本）影印本。

105. （南宋）薛尚功編著《歷代鍾鼎彝器款識》，遼瀋書社，1985 年影印本。

106. （元）馬端臨《文獻通考》，浙江古籍出版社，2000 年（據萬有文庫十通本）影印本。

107. （清）乾隆官修《續通志》，浙江古籍出版社，2000 年（據萬有文庫十通本）影印本。

108. （清）乾隆官修《續文獻通考》，浙江古籍出版社，2000 年（據萬有文庫十通本）影印本。

109. （清）永瑢等《四庫全書總目》，中華書局，1965 年（據阮元孳經室集本）影印本。

110. （清）段玉裁注《說文解字注》，上海古籍出版社，1988 年（據經韻樓藏版）影印本。

111. （清）朱駿聲《說文通訓定聲》，武漢市古籍書店，1983 年（據臨嘯閣刻本）影印本。

112. （清）桂馥《說文解字義證》，齊魯書社，1987 年（據咸豐二年連筠簃楊氏刻本）影印本。

113. （清）郝懿行《爾雅義疏》，北京市中國書店，1982 年校點排印本。

114. （清）徐灝《說文解字注箋》，安徽教育出版社《中華漢語工具書書庫》（36）2002 年版（據清桂林初刊本）影印本。

115. （清）孫星衍《尚書今古文注疏》，中華書局，1986 年陳抗、盛冬鈴點校排印本。

116. （清）皮錫瑞《今文尚書考證》，中華書局，1989 年盛冬鈴、陳抗點校排印本。

117. （清）洪亮吉《春秋左傳詁》，中華書局，1987 年李解民點校排印本。

118. （清）程樹德《論語集釋》，中華書局，1990 年程俊英、蔣見元點校排印本。

119. （清）李富孫《左傳異文釋》，皇清經解續編本。

120. （清）阮元等撰集《經籍籑詁》，中華書局，1982 年（據阮氏琅仙館原刻本）影印本。

121. 楊伯峻撰《列子集釋》，中華書局，1979 年版。

122. 郭沫若《兩周金文辭大系·考釋》，科學出版社，1957 年排印本。

123. 馬敘倫《說文解字六書疏證》，科學出版社，1957 年排印本。

124. 中國社會科學院考古研究所編輯《甲骨文編》，中華書局，1965 年版。

125. 李孝定編述《甲骨文字集釋》，臺灣中央研究院歷史研究所，1970 年版。

126. 周發高主編《金文詁林》，香港中文大學，1974 年版。

127. 于省吾《甲骨文字釋林》，中華書局，1979 年排印本。

128. 張舜徽《說文解字約注》，中州書畫社，1983 年版。

129. 容庚編著，張振林、馬國權摹補《金文編》，中華書局，1985 年版。

130. 姚孝遂主編《殷墟甲骨刻辭摹釋總集》，中華書局，1988 年排印本。

131. 中國社會科學院考古研究所《殷周金文集成》，中華書局，1988 年影印本。

132. 姚孝遂主編《殷墟甲骨刻辭類纂》，中華書局，1989 年排印本。

133. 羅竹風主編《漢語大詞典》，漢語大詞典出版社，1993 年版。

134. 宗福邦等主編《故訓彙纂》，中華書局，2003 年版。

135. 李圃主編《古文字詁林》，上海教育出版社，1999～2004 年排印本。

136. 容庚《兩周彝器通考》，哈佛燕京學社，1941 年版。

137. 容庚、張維持《殷周青銅器通論》，科學出版社，1958 年版。

138. 王國維《觀堂集林》，中華書局，1959 年版（2006 年重印影印本）。

139. 中國科學院考古研究所《上村嶺虢國墓地》，科學出版社，1959 年版。

140. 陝西省博物館等《扶風齊家村青銅器群》，文物出版社，1963 年版。

141. 于省吾《雙劍誃古器物圖錄》，臺聯國風出版社，1979 年版。

142. 中國社會科學院研究所《殷墟婦好墓》，文物出版社，1980 年版。

143. 張亞初、劉雨《西周金文官制研究》，中華書局，1986 年版（2004 年重印本）。

144. 馬承源《中國青銅器》，上海古籍出版社，1988 年版，。

145. 盧連成、胡志生《寶雞㝬伯墓地》，文物出版社，1988 年版。

146. 陳戍國《中國禮制史》，湖南教育出版社，1991 年版，。

147. 湖北省博物館等編《曾侯乙編鍾研究》，湖北人民出版社，1992 年版。

148. 錢玄《三禮通論》，南京師範大學出版社，1996 年版。

149. 楊華《先秦禮樂文化》，湖北教育出版社，1997 年版。

150. 錢玄、錢興奇編《三禮辭典》，江蘇古籍出版社，1998 年版。

151. 中國社會科學院考古研究所《安陽殷墟郭家莊商代墓葬》（1982 年～1992 年考古發掘報告）中國大百科全書出版社，1998 年版。

152. 沈文倬《宗周社會與禮樂文明》，杭州大學出版社，1999 年版。

153. 高至喜《商周青銅器與楚文化研究》，嶽麓書社，1999 年版。

154. 河南省文物考古研究所等《三門峽虢國墓地》，文物出版社，1999 年版。

155. 河南省文物考古研究所等《鹿邑太清宮長子口墓》，中州古籍出版社，2000 年版。

156. 王鍔《三禮研究論著提要》，甘肅教育出版社，2001 年版。

157. 金尚理《禮宜樂和的文化思想》，巴蜀書社，2002 年版。

158. 俞偉超《古史的考古學探索》，文物出版社，2002 年版。

159. 常金倉《周代禮俗研究》，黑龍江人民出版社，2004 年版。

160. 彭林《中國古代禮儀文明》，中華書局，2004 年版。

161. 張一兵《明堂制度研究》，中華書局，2005 年版。

162. 夏靜《禮樂文化與中國文論早期形態研究》，中華書局，2007 年版。

163. 魏建震《先秦社祀研究》，人民出版社，2008 年版。

164. （日）林謙三《東亞樂器考》，人民音樂出版社，1962 年版。

165. 楊蔭瀏《中國古代音樂史稿》，人民音樂出版社，1981 年版。

166. （臺灣）楊家駱主編《中國音樂史料（第四輯）》，臺灣鼎文書局，1982 年影印本。

167. 李純一《先秦音樂史》，人民音樂出版社，1994 年版。

168. 朱文瑋、呂琪昌《先秦樂鍾之研究》，臺北南天書局，1994 年版。

169. 李純一《中國上古出土樂器綜述》，文物出版社，1996 年版。

170. 方建軍《中國古代樂器概論（遠古～漢代）》，陝西人民出版社，1996 年版。

171. 《中國音樂文物大系》總編輯部《中國音樂文物大系》，大象出版社，1996～2001 年版。

172. 王子初《中國音樂考古學》，福建教育出版社，2002 年版。

173. 陳荃有《中國青銅樂鍾研究》，上海音樂學院出版社，2005 年版。

174. 王子初《音樂考古》，文物出版社，2006 年版。

175. 方建軍《商周樂器文化結構與社會功能研究》，上海音樂學院出版社，2006 年版。

176. 馮潔軒《金石回響》，上海音樂學院出版社，2006 年版。

177. 陳夢家《西周銅器斷代》，《考古學報》1956 年第 3 期。

178. 河南省文化局文物工作隊《1958 年春河南安陽市大司空村殷代墓葬發掘簡報》，《考古通訊》1958 年第 10 期。

179. 郭沫若《曾子斿鼎、無者俞鉦及其他》，《文物》1964 年第 9 期。

180. 胡悅謙《安徽省宿縣出土兩件銅樂器》,《文物》1964 年第 7 期。

181. 李純一《試釋用、庸、鏞並試論鍾名之演變》,《考古》1964 年第 6 期。

182. 曾永義《鄉飲酒禮音樂演奏的概況》,《孔孟月刊》1966 年 11 月第 5 卷第 3 期。

183. 曾永義《〈儀禮〉樂器考》,《中國東亞學術年報》1967 年 6 月第 6 卷。

184. 曾永義《禮經樂器樂懸鄭注質疑》,《孔孟月刊》1971 年第 10 卷第 3 期。

185. 楊寶順《溫縣出土的商代銅器》,《文物》1975 年第 2 期。

186. 姚壘《襄城縣出土新莽天鳳四年銅鉦》,《中原文物》1981 年第 2 期。

187. 蔣孔陽《談談先秦時代的「禮樂」制度》,《復旦學報》1984 年第 2 期。

188. 中國社會科學院考古研究所二里頭工作隊《1982 年秋偃師二里頭遺址九區發掘簡報》,《考古》1985 年第 12 期。

189. 李純一《無者俞器為鉦說》,《考古》1986 年第 4 期。

190. 高至喜《中國南方出土商周銅鐃概論》,《湖南考古輯刊》第 2 集,嶽麓書院,1986 年版。

191. 高至喜《論商周銅鐸》,《湖南考古輯刊》第 3 集,嶽麓書院,1986 年版。

192. 劉懷君《眉縣出土一批西周窖藏青銅樂器》,《文博》1987 年第 2 期。

193. 林奇、鄧輝《錞于芻議》,《江漢考古》1987 年第 4 期。

194. 李純一《庸名探討》,《音樂研究》1988 年第 1 期。

195. 中國社會科學院考古研究所安陽工作隊《安陽大司空東南的一座殷墓》,《考古》1988 年第 10 期。

196. 安陽市文物工作隊《殷墟戚家莊東 269 號墓》,《考古學報》1991 年第 3 期。

197. （德）羅素《論江西新幹大洋洲出土的青銅樂器》,《江西文物》1991 年第 3 期。

198. 王獻本、高西省《初論江西新幹大墓出土的三件鏞》,《華夏考古》1993 年第 3 期。

199. 漆子揚《〈儀禮〉樂制初探》,《社科縱橫》1993 年第 4 期。

200. 高至喜《論中國南方商周時期銅鐃的型式、演變與年代》,《南方文物》1993 年第 2 期。

201. 方建軍《兩周銅鐸綜述》,《東南文化》1994 年第 2 期。

202. 山西省考古研究所等《天馬——曲村遺址北趙晉侯墓地第四次發掘》,《文物》1994 年第 8 期。

203. 陳應時《有關周朝樂官的兩個問題》,《藝術探索》1995 年第 1 期。

204. 孫曉暉《先秦盲人樂官制度考》,《黃鐘》1996 年第 4 期。

205. 王鍔《三禮研究文獻概述》,《圖書與情報》1997 年第 3 期。

206. 彭適凡《贛江流域出土商周鍾鐃和甬鐘概述》,《南方文物》1998 年第 1 期。

207. 中國社會科學院考古研究所安陽工作隊《河南安陽市郭家莊東南 26 號墓》,《考古》1998 年第 10 期。

208. 朱孟庭《〈儀禮・燕禮〉用樂考》,《孔孟月刊》1999 年第 39 卷第 9 期。

209. 陳荃有《從出土樂器探索商代音樂文化的交流、演變與發展》,《中國音樂學》1999 年第 4 期。

210. 李露露《建鼓紋銅牌小考》,《中原文物》2000 年第 5 期。

211. 陳荃有《西周樂鍾的編列探討》,《中國音樂學》2001 年第 3 期。

212. 劉新紅《殷墟出土編鐃的考察與研究》,中央音樂學院,2001 年碩士學位論文。

213. 井中偉《我國南方出土商周銅鐃的類型學研究》,《文物春秋》2002 年第 1 期。

214. 陳雙新《青銅鐘鎛起源研究》,《中國音樂學》2002 年第 2 期。

215. 張樹國《樂官考源》,《文學前沿》2002 年第 2 期。

216. 王清雷《從山東音樂考古發現看周代樂懸制度的演變》,中國藝術研究院,2002 年碩士學位論文。

217. 仇鳳琴《商周鎛之考古學研究》,《文物春秋》2004 年第 1 期。

218. 中國社會科學院考古研究所安陽工作隊《河南安陽市花園莊 54 號商代墓葬》,《考古》2004 年第 1 期。

219. 鄭祖襄《出土磬和編磬的考古類型學分析》,《黃鐘》2005 年第 3 期。

220. 楊華《三峽地區的「窖藏坑」——一種奇妙的古文化遺跡》,《巴蜀文化研究動態》2005 年第 3 期。

221. 李瑾華《〈詩經・周頌〉考論——周代的祭祀儀式與歌詩關係研究》,首都師範大學,2005 年博士學位論文。

222. 馬智全《周代鄉飲酒禮與樂詩運用略探》,《西北成人教育學報》2006 年第 1 期。

223. 王安潮《從早期的石磬形制看石磬的起源》,《中國音樂》2006 年第 1 期。

224. 曲文靜《關於西周「大司樂」的人數》,《天津音樂學院學報》2006 年第 2 期。

225. 方建軍《商周禮樂制度中的樂器器主及演奏者》,《音樂研究》2006 年第 2 期。

226. 王清雷《西周樂懸制度的音樂考古學研究》，中國藝術研究院，2006 年博士學位論文。

227. 方建軍《商周時期的禮樂器組合與禮樂制度的物態化》，《音樂藝術》2007 年第 1 期。

228. 洛地《「樂」字考釋》，《音樂藝術》2007 年第 1 期。

229. 李婷婷《周代鄉樂考論——先秦諸樂考之一》，《中國文化研究》2007 年第 2 期。

230. 王勝華《先秦表演藝術史料彙箋‧樂官卷》，《中國音樂》2007 年第 2 期。

231. 梁冬梅《從笙磬、頌磬看古代中國音樂文化》，《黃鐘》2007 年第 2 期。

232. 彭林《說鄉樂、房中之樂與無筭樂——評〈周代鄉樂考論〉》，《中國文化研究》2007 年秋之卷。

233. 康瑞軍《歷代音樂機構與樂官制度研究現狀述評》，《中國音樂學》2007 年第 3 期。

234. 向桃初《南方系統商周鐘鎛再研究》，《南方文物》2007 年第 4 期。

235. 馬海敏《〈詩經〉燕饗詩考論——周代燕饗禮制度與燕饗詩關係研究》，首都師範大學，2007 年博士學位論文。

236. 張琳《商周青銅鐃研究》，武漢音樂學院，2007 年碩士學位論文。

237. 陸斐蕾《錞于及其文化區系研究》，中國藝術研究院，2007 年碩士學位論文。

238. 漆子揚《從〈儀禮〉樂制的變通看周代樂禮的文化屬性》，《中國文化研究》2008 年春之卷。

239. 王洪軍《〈樂學新說〉「大司樂」之音樂形態研究》，《中國音樂學》2008 年第 3 期。

附錄：春秋、戰國時期出土錞于一覽表

名　稱	時代	紐式	主要特徵	出　處	出土地／藏地
安徽蘆古城子錞于	春秋中期	無紐	盤壁兩側各有一方孔，通體素面。	《中國音樂文物大系》北京卷	安徽宿縣蘆古城子遺址
山東沂水劉家店子錞于（2件）	春秋中期	環紐	圓首無盤，口部微侈，通體素面。	《中國音樂文物大系》山東卷	沂水劉家店子春秋墓
安徽壽縣錞于	春秋晚期	橋紐	呈橢圓筒形，素面。	《壽縣蔡侯墓出土的遺物》科學出版社，1956年版	安徽壽縣蔡侯墓
陝西韓城梁帶村錞于	春秋中期	環紐	圓首無盤。	《考古與文物》2006年第2期	陝西韓城梁代村
上海蟠龍紋橋紐錞于	春秋晚期	橋紐	銹蝕嚴重。截面爲橢方形。口部微侈。盤底、口部外壁飾蟠龍紋，器身有銘文。	《中國音樂文物大系》上海卷	上海博物館
直紋橋紐錞于	春秋	橋紐	傳世品。直立盤，筒體向下漸收，口部微侈。器身飾直棱紋。	《中國音樂文物大系》北京卷	故宮博物院
湖北通山太平莊錞于	春秋	橋紐	截面爲橢方形。肩有4個圓渦紋，口部飾有夔龍紋帶。	《中國音樂文物大系》湖北卷	通山芳林鎮太平莊
湖北建始反窪坡錞于	春秋	橋紐	紐上有羽葉紋，器身素面。	《中國音樂文物大系》湖北卷	建始縣高坪區青花鄉
江蘇丹徒北山頂錞于（3件）	春秋晚期	虎紐	三件大小相次，形制相似。直立盤，口部飾繩索紋、雲雷紋，腰部下方有一方形紋飾。盤內紋飾三件各異。	《中國音樂文物大系》江蘇卷	丹徒縣大港北山頂

四川環紐錞于	春秋戰國	環紐	墨黑有光澤。口部微侈，腹部有火紋，口部有勾連雲紋帶。	《中國音樂文物大系》四川卷	重慶市博物館
安徽阜陽錞于	戰國	虎紐	直立盤，束腰，口外侈，鼓部有渦紋，立虎瘦小。	《收藏》2006 年第 10 期	徵集品
廣東連平縣錞于	戰國早期	虎紐	直立盤，肩部有勾連紋、三角形紋。鼓部有紋飾，與江蘇北山頂錞于相似。	《文博通訊》1978 年第 3 期	廣東連平縣彭山
浙江海鹽縣黃家山原始甔錞于（2 件）	戰國早期	橋紐	形制與鴻山原始甔錞于相似。	《文物》1985 年第 8 期	浙江黃山海鹽縣
無錫鴻山原始甔錞于(10 件)	戰國早期	橋紐	淺盤，鼓肩，紐側有一小孔，鼓部有出郭長方形，內填戳印的「C」形紋。	《文物》2006 年第 1 期	無錫鴻山越國墓
江西修水錞于	戰國中晚期	橋紐	呈橢方形，腰部兩面中央各有一渦紋。沿口部有蟠龍紋。	《考古》1965 年第 6 期	江西修水縣
陝西咸陽塔兒坡錞于	戰國	龍紐	直立淺盤，口比盤、肩大。肩、口兩邊飾三角紋，中腰有變形夔紋。	《中國音樂文物大系》陝西卷	咸陽塔兒坡
陝西博物館藏安康錞于	戰國	虎紐	肩下漸收成直筒狀。紐飾鱗紋。	《中國音樂文物大系》陝西卷	安康
湖北利川忠路錞于	戰國	虎紐	口沿內折。盤內飾錐髻人頭紋、雙魚紋、船紋。	《中國音樂文物大系》湖北卷	利川市忠路鎮
湖北長陽千漁坪大錞于	戰國	虎紐	形制特大，鑄造粗糙。	《中國音樂文物大系》湖北卷	長陽縣鴨子口區千漁坪
湖北秭歸下馬臺錞于（4 件）	戰國	虎紐	四器同式，肩下漸收，器身素面。	《中國音樂文物大系》湖北卷	秭歸縣楊林橋鎮下馬臺
湖北秭歸天燈堡錞于與小錞于	戰國	虎紐	錞于虎身有渦紋，小錞于形制較小，有渦紋，底口微外侈。	《中國音樂文物大系》湖北卷	秭歸縣城歸州鎮天燈堡
湖南漵浦縣大江口鎮錞于	戰國	虎紐	高大厚重，橢圓形。肩上設侈口平盤，盤橢圓形，鑄虎紐。虎身肥實，昂首卷尾。	《中國音樂文物大系》湖北卷	漵浦縣大橋口鎮
湖南桃江楊家灣錞于	戰國	虎紐	截面為橢圓形。肩上設侈口平盤盤內飾船紋，餘部均為素面。	《中國音樂文物大系》湖南卷	桃江縣大栗港鄉
湖南瀘溪大陂流錞于（2 件）	戰國	橋紐	截面為橢方形，圓凸肩，口部有內折沿。腰部有渦紋，底部口沿飾雲雷紋帶。	《中國音樂文物大系》湖南卷	瀘溪縣潭溪鎮

湖南石門太子坡錞于	戰國	虎紐	截面爲橢圓形。肩部圓鼓，底口平齊。虎紐上飾雲紋，餘部均爲素面。	《中國音樂文物大系》湖南卷	石門縣易家渡太子坡村
四川涪陵小田溪錞于	戰國	虎紐	橢圓錐筒形，上闊下縮。體素面，紐上飾雲雷紋。	《中國音樂文物大系》四川卷	涪陵小田溪戰國土坑墓群2號墓
四川黔江虎紐錞于	戰國	虎紐	墨黑髮亮。橢圓筒形。盤內有人首紋、龍紋、雷紋、魚紋、船紋。	《中國音樂文物大系》四川卷	黔江縣文物管理所
北京虎紐錞于	戰國	虎紐	截面爲橢圓形。肩下漸收，直口。通體素面無飾。	《中國音樂文物大系》北京卷	故宮博物院
虎紐錞于	戰國	虎紐	底口平，微外侈。器身前後腹部各有一圓渦紋。	《中國音樂文物大系》北京卷附錄	中國歷史博物館
虎紐錞于	戰國晚期	虎紐	傳世品。高大厚重，器身素面無飾。形制與湖北枝城市所藏戰國虎紐錞于相似。	《中國音樂文物大系》北京卷	故宮博物院
四川成都虎紐錞于	戰國	虎紐	圓筒形，盤內有十字紋、船魚紋。	《中國音樂文物大系》四川卷	四川省博物館
湖北巴東水谷壩錞于	戰國	虎紐	虎肋飾二行回字形重環紋，虎無爪趾。	《中國音樂文物大系》湖北卷	巴東縣耀英鄉水谷壩
湖南株洲虎紐錞于	戰國	虎紐	多處修復，橢圓形。胎質較厚。頂盤呈橢圓形，侈口，平底。口沿飾一周勾連雲雷紋，餘部爲素面。	《中國音樂文物大系》湖南卷	湖南省博物館
湖南靖州橋紐錞于	戰國	橋紐	束腰，口部外侈，口平折成沿。橫截面近橢方形。紐兩端有座。蟠螭紋，口沿飾一周紋帶，有凸弦紋、雲雷紋、繩索紋。	《中國音樂文物大系》湖南卷	湖南省博物館